# Erschöpft durch die Pandemie

Michael Hüther · Matthias Diermeier ·
Henry Goecke

# Erschöpft durch die Pandemie

## Was bleibt von der Globalisierung?

Michael Hüther
Institut der deutschen Wirtschaft
Köln, Deutschland

Matthias Diermeier
Institut der deutschen Wirtschaft
Köln, Deutschland

Henry Goecke
Institut der deutschen Wirtschaft
Köln, Deutschland

ISBN 978-3-658-34344-6      ISBN 978-3-658-34345-3    (eBook)
https://doi.org/10.1007/978-3-658-34345-3

Die Deutsche Nationalbibliothek verzeichnet diese Publikation in der Deutschen Nationalbibliografie; detaillierte bibliografische Daten sind im Internet über http://dnb.d-nb.de abrufbar.

Planung/Lektorat: Susanne Kramer
Springer ist ein Imprint der eingetragenen Gesellschaft Springer Fachmedien Wiesbaden GmbH und ist ein Teil von Springer Nature.
Die Anschrift der Gesellschaft ist: Abraham-Lincoln-Str. 46, 65189 Wiesbaden, Germany

# Vorwort

Anders als unser erstes Globalisierungsbuch „Die erschöpfte Globalisierung – Zwischen transatlantischer Orientierung und chinesischem
Weg", das seinen Ausgangspunkt in dem Forschungs- und Lehrauf-
enthalt von Michael Hüther im Jahr 2016 in Stanford hatte, legen wir
dieses zweite Buch durch die globalen Ereignisse getrieben spontan vor
und schneller als gedacht. Denn die Erschöpfung der Globalisierung hat
sich in den vergangenen fünf Jahre stärker profiliert, der Systemwettbewerb wurde zum Systemkonflikt und die Covid-19-Pandemie hat die
Welt herausgefordert. Der Titel „Erschöpft durch die Pandemie" verbindet bewusst den zeitlichen Kontext mit der Wirkungsperspektive.
Damit drängt sich die Frage auf: Was bleibt von der Globalisierung,
nachdem sie erschöpft durch die Pandemie ging?

Eine ökonomische Analyse der Pandemie ist indes nicht unser
Anliegen, wohl aber deren Einordnung als nahezu weltweites
Phänomen in die Strukturen und Bedingungen der Globalisierung.
Damit und in einer Fortsetzung der breiten Perspektive auf die Globali-
sierung mit ihren vier Transmissionswegen wollen wir neue Optionen
erkunden, Probleme und Defizite benennen sowie Chancen künftiger
Kooperation in der Welt skizzieren. Wir sind optimistisch und sehen

die Globalisierung nicht an ihrem Ende, sondern in der Chance, die Resilienz der offenen, freiheitlichen Welt mit ihren Ordnungsschwächen und Orientierungsverlusten neu zu begründen. Dabei folgen wir keinem naiven Glauben an die automatisch gute Globalisierung für alle, sondern der Erfahrung, dass die Globalisierung fragil, durchaus reversibel und stets mit Verliererpositionen verbunden ist, die ernst zu nehmen sind. Zu dem kritischen Diskurs darüber laden wir erneut unsere Leser ein und wir freuen uns auf das Feedback.

Das Buch konnte innerhalb eines Jahres – von Lockdown zu Lockdown – erarbeitet und geschrieben werden, weil wir wertvolle Unterstützung wiederum durch die studentischen Mitarbeiter in der Direktion des Instituts erfahren haben. Wir danken Florian Güldner, Nicolas Meys, Faton Rushiti und Renan Winkler.

Köln                                        Michael Hüther
im April 2021                         Matthias Diermeier
                                              Henry Goecke

# Inhaltsverzeichnis

# Abbildungsverzeichnis

# Tabellenverzeichnis

# 1

# Ein Blick auf die Welt

Als wir im Jahre 2016 mit unserem Buch „Die erschöpfte Globalisierung" (Hüther et al. 2019) (im Weiteren zitiert als HDG) begonnen hatten, da war trotz Trump und Brexit der Titel mehr *mutige These als unbestrittene Zustandsbeschreibung.* Von einer weltweiten Pandemie, die viele Fortschritte einer freiheitlichen Weltordnung bedroht und fundamentale Ängste begründet, war nichts zu ahnen. Gleichwohl schien uns nach den Erfahrungen der Ersten Globalisierung und den Problemen der Zweiten Globalisierung ein skeptischer Blick als geboten (vgl. Übersicht „Erste und Zweite Globalisierung – historisch-systematische Einordnung").

**Erste und Zweite Globalisierung – historisch-systematische Einordnung**

*Erste Globalisierung (im „langen 19. Jahrhundert" von ca. 1870 bis 1914 und in begrenztem Raum): Befreiung des Menschen, wirtschaftlicher Fortschritt, Nationsbildung, Entstehung von Öffentlichkeit*

• Ausreifung der Industrialisierung in Europa und im Osten der USA: Kapitalbildung und Produktivitätsfortschritt ermöglicht nachhaltigen Ausbruch aus der malthusianischen Falle.

© Der/die Autor(en), exklusiv lizenziert durch Springer Fachmedien Wiesbaden GmbH, ein Teil von Springer Nature 2021
M. Hüther et al., *Erschöpft durch die Pandemie,*
https://doi.org/10.1007/978-3-658-34345-3_1

- Erste Infrastrukturen entstehen (Urbanisierung, Eisenbahn, maritime Einrichtungen, Telegrafie, Telefonie, Seekabel).
- Pax Britannica: Etablierung gemeinsamer Institutionen (Goldstandard), Imperialismus und Kolonialisierung, Verschuldungskrisen Lateinamerikas, Abschaffung und Wiedereinführung von Zöllen und Migrationsbeschränkungen (ab 1890).
- Unternehmen als Treiber, Nationalstaaten als Organisationskräfte und Ordnungsmächte, Selbstverwestlichung der Welt (Weltausstellungen).

*Zweite Globalisierung (1978/1990 bis 2020): globale Globalisierung durch Schwellenland-Einbeziehung und Dekolonisation, Entwicklung regelbasierter multilateraler Ordnung*

- Öffnung Chinas ab 1978 (11. Zentralkomitee der KP Chinas) und Dekolonisation.
- Liberalisierung des Kapitalverkehrs, Zusammenbruch des Ostblocks, marktwirtschaftliche Öffnung von Entwicklungsländern.
- Pax Americana: Multilaterale Ordnung (Bretton-Woods-Institutionen) und Washington Consensus (Strukturanpassungsprogramme), Gründung der WTO. Modernisierungshypothese (Handel bewirkt Demokratisierung) war weithin akzeptiert.
- Treiber sind die Globalisierung der Wertschöpfungsketten und die Digitalisierung, mit der Folge einer Skalierung von Geschäftsmodellen.

Quelle: In Anlehnung an Hüther et al. (2019).

Die *Weltwirtschaft* erholte sich seinerzeit beständig von der Finanz- und Wirtschaftskrise 2008/2009. Die globalen Institutionen waren zwar bereits geschwächt, doch die Existenzfrage war nicht gestellt und Legitimationszweifel waren kaum noch zu spüren. Immerhin konnten im Jahr 2015 auf dem *Weltgipfel für nachhaltige Entwicklung* einstimmig siebzehn Ziele beschlossen werden, um den Weg zu einer Welt ganz ohne Armut und Hunger verpflichtend umzusetzen (HDG, Abschn. 3.6). Zum 75. Geburtstag der Vereinten Nationen im Jahr 2020 sah das deutlich anders aus, für die Bewältigung traditioneller Themen und neuer Herausforderungen fehlt gleichermaßen die Kraft. So hat die UNO selbst einen Konsultationsprozess über die eigene Zukunft und eine neue Weltordnung in Gang gebracht (Economist 2020a). Militärische Konflikte gehörten zwar seit fünf Jahren schon wieder zur weltpolitischen Realität und das Gerangel um Einfluss-sphären – wie in Syrien – war erneut selbstverständlich geworden, doch zur *Global Power Competition* (Wettstreit der Großen Mächte) war dies noch nicht ausgereift.

Der *Systemwettbewerb* zwischen dem transatlantischen Westen und China war nach der Weltwirtschaftskrise 2008/2009 zunehmend spürbar, doch fehlte es an Schärfe und Kontur, wie es seitdem durch nationale Rückbesinnung in vielen Gesellschaften, vor allem aber durch die ideologische Regression in China der Fall ist. Der Umgang der Volksrepublik mit Hongkong wird immer mehr zum Testat dieser Mischung aus neuem Selbstbewusstsein, umfassendem Machtanspruch, rigoroser Durchsetzung zentraler Interessen bis zur Verfassungsänderung am 12. März 2021 und der strategischen Ausrichtung, Minderheiten konsequent zu assimilieren. Doch diese Politik speist sich bei weitem nicht nur aus Stärke, sondern ebenso aus Unsicherheit und Angst, so betonte Staats- und Parteichef Xi Jinping, dass die „gegenwärtige Sicherheitslage unseres Landes weitgehend instabil und ungewiss ist" (FAZ 2021a). Auch die Tatsache, dass China selbst in der eigenen Region nicht mehr ohne Alternative für Investoren ist (vor allem Vietnam rückt zunehmend in deren Interesse), wirkt sich dabei aus.

Zwei prägende, weltumspannende Erzählungen – „Chimerica" (Ferguson 2008; Ferguson und Schularick 2011; Ferguson 2018) und „Chermany" (Wolf 2010) – befinden sich in der Auflösung, werden infrage gestellt und müssen sich neu vergewissern. Was in den USA unter *Decoupling* firmiert und gar eine scharfe Abkopplung von der chinesischen Volkswirtschaft insinuiert, läuft in Deutschland seit der Festlegung neuer Leitlinien für die China-Politik im Herbst 2020 unter *Differenzierung durch Stärkung alternativer Destinationen unseres Exports*. Die Corona-Krise hat wegen der zeitversetzten konjunkturellen Wieder-belebung in China, den USA und Europa dazu geführt, dass im zweiten Quartal 2020 erstmals überhaupt China der größte Export-Kunde der deutschen Wirtschaft war. Zugleich aber gewinnen die USA an neuer Stärke, nachdem Präsident Joe Biden ein Konjunkturpaket mit 1,9 Billionen Dollar durch den Kongress bekam und die erfolgreiche Impf-kampagne das pandemiepolitische Desaster seines Vorgängers Trump ver-gessen machte; mit einer Wachstumsprognose von 6,5 bis 7 Prozent für

2021 erreichten die Vereinigten Staaten nicht nur das höchste Wachstum seit 1984, sondern könnten das in dieser Hinsicht vielbewunderte China, gerade im Start zum nächsten Fünf-Jahres-Plan, übertreffen.

Zum Jahresende 2020 lösten sich drei politische Verklemmungen auf, die der Erschöpfung der Globalisierung in den vergangenen Jahren Antrieb oder Signum gegeben haben: 1) Joe Biden besiegte in der US-Präsidentschaftswahl trotz aller Erwartungen Donald Trump. Beide erzielten historische Werte in der *Popular Vote,* die Wahlbeteiligung erreichte mit fast 63 Prozent den höchsten Wert seit der Kennedy-Wahl 1960. 2) Die Europäische Union und das Vereinigte Königreich konnten kurz vor Toresschluss die kaum noch für möglich gehaltene Einigung über ein Handelsabkommen erzielen. 3) Schließlich gelang es am 30. Dezember 2020, das seit sieben Jahren verhandelte Investitionsabkommen der Europäischen Union mit China erfolgreich abzuschließen.

Die Gefahr fortdauernden Chaos und fortdauernder Wirrnis in den Beziehungen beider angelsächsischer Staaten zu ihren wichtigsten Partnern konnte gebannt werden. Doch die grundsätzlichen Probleme sind nur abgemildert, nicht aufgelöst oder beseitigt: Die USA sind getrieben von den binnenwirtschaftlichen Divergenzen und ihren politischen Reflexen in der Gegnerschaft beider großer Parteien – strukturell auf der Seite der Freihandelskritiker und Globalisierungsskeptiker verankert. Die Schwierigkeiten im Rahmen der WTO bei der Besetzung des Schiedsgerichts haben unter Obama begonnen, die Parole „Buy American" war Teil der Biden-Kampagne auf dem Weg zur Präsidentschaft. Das Vereinigte Königreich gehört der Europäischen Union nicht mehr an und das Freihandelsabkommen erscheint zwar als das kaum noch erwartete Heilsgeschenk, ändert aber nichts an dem Versagen aller Beteiligten, den Brexit zu verhindern.

Mit China auf einen gemeinsamen Nenner in Fragen der Investitionen zu kommen, hat sich in den vergangenen Jahren als immer schwieriger erwiesen. Das am Ende die Pekinger Führung gegenüber der Europäische Union deutliche Zugeständnisse beim Marktzugang und auch beim Thema Wettbewerbsverzerrungen machte, dürfte der geopolitischen Lage mit dem Wechsel im Amt des US-Präsidenten geschuldet sein. Denn Joe Biden hat deutlich gemacht, dass er in der

Sache ebenso hart wie sein Vorgänger sein, aber zudem die Kraft der transatlantischen Partnerschaft nutzen werde. Es wird sich erst im Alltag erweisen müssen, ob die EU nicht nur mit Zusagen abgespeist wurde, an den gelebten Geschäftspraktiken sich aber nichts Wesentliches ändern wird. Jedenfalls ist das Abkommen – auch wenn das EU-Parlament die Beratung darüber im Juni 2021 ausgesetzt hat – ein wichtiges Signal gegen die vielen protektionistischen Tendenzen in der Weltpolitik und auch für neue Chancen zwischen der EU und China mit Blick auf die „Regionale, umfassende Wirtschaftspartnerschaft" zwischen 14 asiatisch-pazifischen Staaten und China (*Regional Comprehensive Economic Partnership,* RCEP). Unwahrscheinlich ist indes, dass China damit seine strategischen globalen Ziele revidiert oder aufgibt.

Das *deutsche Geschäftsmodell* – industriebasiert und exportgetrieben – lief vor fünf Jahren außerordentlich erfolgreich, wie es seit dem Jahr 2011 vor allem die nahezu stetige Dynamik der Wirtschaftsleistung und der Anstieg der Erwerbsquote deutlich machen; die *goldene Dekade* war erst zur Hälfte realisiert. Die im Jahr 2018 einsetzende Industrierezession blieb in der deutschen Öffentlichkeit weitgehend unreflektiert und wurde durch die Stabilität bei Konsum sowie Bau überdeckt. Die Unternehmen haben auf die konjunkturelle Verdüsterung nur zögerlich reagiert, zu sehr drängten Fragen der Transformation in den Vordergrund, die nach grundsätzlichen Antworten verlangen. Dekarbonisierung, digitaler Wandel, demografische Alterung konstituieren in ihrer gemeinsamen Dringlichkeit den schärfsten Strukturwandel, dem die deutsche Volkswirtschaft seit der Wiedervereinigung ausgesetzt war. Dabei kann nicht mehr selbstverständlich daraufgesetzt werden, dass die deutsche Volkswirtschaft wie bisher durch eine Weiterentwicklung der globalen Arbeitsteilung Unterstützung erfährt.

*Am Beginn der zwanziger Jahre dieses Jahrhunderts gilt: Die Erschöpfung der Globalisierung ist zur Tatsache geworden, die neuen Handlungsmöglichkeiten und Hoffnungswerte müssen erst noch genutzt, die darin liegenden Chancen auf strukturellen Wandel gegen die globale Desintegration in Stellung gebracht werden.* Auf allen Ebenen – der wirtschaftlichen Integration durch Arbeitsteilung und Spezialisierung, der politischen Rahmung durch handlungsfähige und akzeptierte Institutionen, der Perzeption und Akzeptanz weltweiter Vernetzung

in den Gesellschaften, der gesellschaftlichen Bereitschaft zur transnationalen Kooperation – und aus vielen Gründen – die Überforderung
demokratischer Verfahren durch die globalisierungsbedingte Fernbeeinflussung, die unterschätzte Nachwirkung der Weltwirtschaftskrise
2008/2009, der Anpassungsdruck auf einfache Arbeit in den Industrieländern, die scheinbar unkontrollierbar gewordene Migration, zuletzt
sicher auch die so nicht erwartete und fundamental wirkende Covid-19-
Pandemie – ist diese Erschöpfung zu diagnostizieren:

- Die bedeutsamste Last resultiert aus neuen Konfliktstrukturen, zu
  denen das normative Projekt der Globalisierung mit dem *Wettstreit
  der Großen Mächte* geronnen ist. Solche Konflikte und Konkurrenz
  zwischen Staaten bringen historisch zum Ausdruck, dass die
  bestehenden Institutionen, Regeln und Verfahren nicht mehr wie
  gewohnt binden und tragen, dass ein unbestimmtes Gefühl nach
  Neuem sich breitmacht und dass bei der Suche nach diesem Neuen
  politische und nicht ökonomische Macht entscheidend sein könnte
  (Abschn. 1.1).
- Die darin greifbare *Aporie an überzeugenden Zukunftsgeschichten*
  ist das nicht überraschende Signum einer Epoche der technisch
  und sozial unbegrenzten Möglichkeiten, die sich im Raum mit
  ökologischen und gesellschaftlichen Überforderungen sowie
  Limitierungen stoßen. Die Folgen sind gesellschaftliche wie
  individuelle Erschöpfung und Müdigkeit bei leichter Reizbarkeit,
  wie es historisch aus einer vergleichbaren Konstellation im Übergang vom 19. auf das 20. Jahrhundert („Fin de Siècle") überliefert ist
  (Abschn. 1.2).
- Aber es fehlt nicht nur an Zukunftserzählungen, sondern es wirken
  auch *Enttäuschungen und Illusionen* über die bisher erlebte und
  erfahrene Globalisierung in die gleiche Richtung. Dabei sind ent-
  täuschte Erwartungen auf allen Seiten zu vermerken, bei den
  Industrieländern ebenso wie bei den Entwicklungsländern und bei
  den Transformationsökonomien auf eigene Weise. Darüber legt sich
  die Erfahrung des Globalisierungsparadoxons, das den Legitimationsdruck auf die demokratischen Verfassungen und Verfasstheiten
  erhöht (Abschn. 1.3).

- Angesichts dieser Spannungen wird die Frage noch bedeutsamer, ob und wie *Demokratie und Globalisierung* konstruktiv und synergetisch zusammengedacht und entsprechend organisiert sowie gemanagt werden können. Ist es tatsächlich so, dass wir hier einem systematischen Widerspruch ausgesetzt sind, oder gibt es nicht gute Gründe, auf das Gegenteil zu setzen (Abschn. 1.4)?
- Gelingt dies, dann wird es umso besser und friktionsfreier möglich, der dritten Globalisierung gesellschaftlich, politisch und institutionell einen Weg zu eröffnen. Dafür sind die ökonomischen Transmissionswege der Globalisierung im Zusammenspiel mit den politischen und gesellschaftlichen Gegenbewegungen sowie Überspannungsproblemen zu verknüpfen. Die Perspektive einer dritten Globalisierung verbindet sich damit, den erstarkten *Hierarchien* neue *Netzwerke* zu bauen (Abschn. 1.5).

## 1.1 Die neue Qualität: Wettstreit der Großen Mächte

Brexit-Votum und Trump-Wahl waren zwar die international bestimmenden politischen Ereignisse im Jahr 2016 und bestätigten unsere These einer Erschöpfung der Globalisierung, doch erst in den folgenden Jahren wurde erkennbar, wie weit damit deren Infragestellung vorangetrieben und in welchem Maße eventunabhängig dabei grundlegende strukturelle Spannungen wirksam wurden. Die *Finanzkrise* wirkte nach, indem sie in vielen Gesellschaften der Kritik der Marktwirtschaft und der Globalisierung neuen Schub versetzte. Die *Fluchtkrise* war zwar noch jung und der bereits 2008 durch das Finanzsystem erlebte Kontrollverlust erschien in einem anderen Kontext, er wurde aber gleichermaßen globalisierungsgetrieben gedeutet und als Bedrohung nationalstaatlicher Souveränität gesehen. Im Frühjahr 2020 entwickelte sich ein zuerst nur regionales Infektionsgeschehen in China mit einem neuen Virustyp zur *Corona-Pandemie,* die das Unversehrtheitsversprechen, das moderne Gesellschaften dem Einzelnen geben, auf den Prüfstand stellt, zu absoluter Sicherheit überhöhte und wegen der unvermeidbaren Relativierung letztlich der Globalisierung einen schweren Schlag versetzte. Allerdings konnten so zügig wie nie zuvor nicht nur ein, sondern gleich eine Vielzahl an Impfstoffen entwickelt werden, was sowohl mit Blick auf die zugrunde liegenden Forschungen als auch auf Produktion, Verteilung und Genehmigungsverfahren nur in der zweiten Globalisierung möglich sein konnte.

Was bei der Finanz- und Wirtschaftskrise mit der *Etablierung des G20-Formats* der Staats- und Regierungschefs noch als neuer Ansatz und damit als Chance für die multilaterale Kooperation zu deuten war, das fehlte bereits in der Fluchtkrise selbst auf europäischer Ebene weitgehend oder kam erst im Nachhinein ohne Aussicht auf Erfolg zum Zuge. In der Pandemie wurde zwar am 26. März 2020 der G20-Notfallgipfel online durchgeführt, doch dieser blieb ohne Beschlüsse und Vereinbarungen. Die Welt war erkennbar ohne Führung – ein völlig anderes Bild der Globalisierungspolitik dominierte als in den Jahren 2008/2009. Die Fluchtmigration wurde als Angriff auf die nationale Souveränität gedeutet, sodass selbst die supranationalen europäischen Regeln und Verfahren keine Wirkungsmacht mehr entfalten konnten. Die Pandemie aber wirkte als Notstand, der wie selbstverständlich den Nationalstaat in seiner umfassenden Souveränität herausforderte, sodass auch hier eine europäische Koordinierung zunächst nicht gelang und während des ersten Lockdowns im Frühjahr 2020 sogar Grenzschließungen in der EU als normal erschienen.

Der Pandemie-Schock hat die Globalisierung existenziell getroffen, doch die Globalisierung ist nicht dadurch in die Krise geraten, sondern strukturell und politisch seit längerem unter Druck. Die Erschöpfung der Globalisierung manifestierte sich in einer weitgehenden Abkehr von der multilateralen, regelbasierten Ordnung. Die *Welthandelsorganisation* ist heute in ihrer Bedeutung substanziell geschwächt, der Streitschlichtungsmechanismus ist – schon die Obama-Administration hatte, wie erwähnt, dazu beigetragen – weitgehend ohne Einfluss und die Ersatzlösung durch eine Gruppe europäischer Staaten sowie China ist mehr Symptom der Krise als deren Remedur. Neue Ansätze sind politisch derzeit kaum aussichtsreich, wenngleich unterschiedliche Ländergruppen verschiedene Vorschläge entwickelt haben; die Chancen durch die neue US-Administration sind erst zu mobilisieren und jedenfalls kein Selbstläufer. Hinzugekommen ist durch die Covid-19-Krise ein Ansehensverlust der *Weltgesundheitsorganisation,* die für viele zuvor allenfalls ein Schattendasein geführt hatte und in jedem Fall als ökonomisch relevante Institution nicht angemessen behandelt wurde. Berechtigterweise bestand schon vor der Pandemie Reformbedarf, der nun nicht mehr zu leugnen ist und das Potenzial hat, diese globale Organisation vor die Existenzfrage zu stellen, obgleich sie mehr als je zuvor zum Kernelement der regelbasierten multilateralen Ordnungen werden muss.

Auch die Funktionsprobleme in der *Europäischen Union,* der weitest gehenden und historisch bedeutsamsten Integration von Staaten in der Welt, können im Zusammenhang – oder genauer als Reflex – der Globalisierungskritik gesehen werden. Denn die Bereitschaft, Fernbeeinflussungen – und sei es nur aus Brüssel sowie mit eigener demokratischer Legitimation – zu akzeptieren, hat in den letzten Jahren deutlich abgenommen. Der Wunsch in der offenen Welt nach klar definierter nationaler Souveränität, Verantwortung, Stabilität und Sicherheit hat zugenommen, sodass selbst historisch etablierte Staatenverbünde mit föderativen Elementen in Rechtfertigungsnöte und Akzeptanzprobleme geraten sind.

Hierbei wirkt sich aus, dass die Transformationsgesellschaften des ehemaligen sowjetischen Machtblocks nicht nur mit unerfüllten Erwartungen an westliche Demokratie und Marktwirtschaft hadern, sondern mehr noch mit der nur als nach Brüssel verschoben wahrgenommenen Quelle mancher Fremdbestimmung. Der Transfer der Eigentumsordnung – der Übergang des verstaatlichten Eigentums in private Hände – hat die Fremdbestimmung grundsätzlich nicht aufgehoben, sondern nur verlagert und oft auch globalisiert (Ash 2019, S. 506 ff.). Hinzu kommt, dass nach 1989/1990 eine beachtliche Wanderung aus den Transformationsstaaten (einschließlich der ehemaligen DDR) in den Westen einsetzte, die in den Heimatländern zu einer Homogenisierung der politischen Grundeinstellungen führte: „Die Emigration war das reale Problem dieser Region, wohingegen die Immigration ihr imaginäres Problem war. Die Flüchtlingskrise von 2015, die mehr als eine Million Migranten aus dem Nahen und Mittleren Osten sowie aus Afrika nach Deutschland brachte, war ein bestimmender Moment in der mitteleuropäischen Politik" (Ash 2019, S. 509).

All dies wird überformt durch den seit längerem wirksamen *System-wettbewerb* zwischen dem transatlantisch-demokratischen Westen und dem staatswirtschaftlich-diktatorischen China (Ferguson 2018). Gibt es, so lässt sich dafür fragen, mehrere gleichermaßen nachhaltig gangbare politische Wege der kapitalistischen Wirtschaftsweise mit Marktkoordination? Kann die Marktwirtschaft dauerhaft in der Diktatur überleben? Oder gibt es letztlich nur eine Erfolgskonstellation von Bedingungen, die zusammentreffen müssen („Killerapplikationen: Wettbewerb, wissenschaftliche Revolution, Rechtsstaat und repräsentative Regierung, moderne Medizin, Konsumgesellschaft, Arbeitsethik", Ferguson 2018, S. 494 ff.)? Solange diese Frage als ungeklärt angesehen wird, solange ist der Systemwettbewerb eine wirksame und ernst zu nehmende politische Herausforderung. Dies gilt umso mehr als etablierte Verknüpfungen („Chimerica" und „Chermany") nicht mehr wirkungsmächtig sind, China selbst einen Standortwettbewerb zu spüren bekommt und zugleich die Mängel planbarer, zentralgesteuerter Politik offensichtlicher sowie öffentlicher geworden sind (Du 2020).

Das erinnert daran, dass Globalisierung unweigerlich ein *normatives Projekt* ist, das sich vor allem mit Blick auf die Ausprägung der Staatlichkeit und auf das Zusammenspiel von politischer Steuerung sowie unternehmerischer Freiheit differenziert. Dadurch ergeben sich unterschiedliche Legitimationsgründe sowie Gestaltungsleitlinien für die Intervention des Staates in die Ordnung der Märkte, in die wirtschaftlichen Abläufe und in die Ergebnisse des Kapitalismus. Jeder staatliche Eingriff verändert die Räume individueller Entscheidungsfreiheit und Verantwortungsübernahme. Zwar changieren die tatsächlich bestehenden Ordnungsmodelle und nicht alles sowie überall folgt der klaren Unterscheidbarkeit im Sinne eines Differenzprinzips, doch im Grundsatz geht es um die Frage, wer zur Freiheit berechtigt und wer zur Freiheit verpflichtet ist. In der demokratiekonformen Marktwirtschaft ist dies eindeutig: Die Bürger sind zur Freiheit berechtigt, der Staat ist zur Freiheit verpflichtet. In der staatskapitalistischen Diktatur gilt genau das nicht. Die Debatten über die marktkonforme Demokratie hierzulande zeugen allerdings davon, den normativen Kompass des transatlantischen Westens verloren zu haben.

Der Widerspruch im Grundsatz ist in den letzten Jahren zwischen dem Westen und China deutlicher geworden, was an der immer offenkundigeren Rückwendung der chinesischen Führung zu den ideologischen Wurzeln liegt, aber ebenso an den dadurch begründeten Vertrauenszweifeln im Westen gegenüber dem Regime in Peking. Der Systemwettbewerb mutierte zum *Systemkonflikt,* ohne dass dies als „Kampf der Kulturen" nach Samuel Huntington gedeutet werden kann. Es geht vielmehr um Macht und Einfluss, aber auch darum, die eigene Souveränität zu sichern und zu stärken. Das hat die politischen Strategien, Verhaltensmuster und Ansprachen geändert, der Subtext der politischen Kommunikation zwischen dem Westen – vor allem den USA – und China ist nicht mehr von Kooperationsneigung geprägt, sondern geradezu von der Bereitschaft, gar dem Willen zum Konflikt. Die der Administration von Donald Trump sehr eigene Konfrontationsrhetorik war nicht voraussetzungslos und erhielt eine weitgehende, sogar parteiübergreifende Unterstützung in Washington; nicht selten, wenngleich diplomatisch verhaltener erfährt diese Position auch in Europa Zustimmung. Daran hat sich durch die Präsidentschaft von Joe Biden in der Sache nichts geändert. Denn bereits vor der Amtsübernahme betonte der gewählte Präsident, dass China wegen des Missbrauchs des freien Handels sowie der informationstechnologischen Möglichkeiten und Menschenrechtsverletzungen zur Verantwortung gezogen werden müsse. Dass der frisch gewählte US-Präsident bestätigt, Russlands Staatsoberhaupt Vladimir Putin für einen „Killer" zu halten, weist darauf hin, dass die neue US-Administration auch in diesem Konflikt klare Kante zeigen wird.

Konfrontation und Interessendurchsetzung statt Kooperation und Interessenausgleich sind über den Systemwettbewerb mit China hinaus zum Kennzeichen der globalen Politik geworden. Der *Wettstreit der Großen Mächte* („Global Power Competition") ist in neuer Qualität zurückgekehrt:

- Die Epoche der Nachwende seit dem Jahr 1991, die von Hoffnungen auf das Ende systematischer, vor allem ideologiegetragener Konflikte geprägt war und mit der Friedensdividende als Verzicht auf Verteidigungsanstrengungen verbunden wird, ist damit endgültig zu

Ende. Immer deutlicher wird, dass die Wende keine dauerhaft neue Epoche des globalen Miteinanders eingeleitet hatte, sondern nur eine historische Episode. Ob dies als *Zivilisationszyklus* einzuordnen ist (Ferguson 2018, S. 436 ff.), erscheint eher zweifelhaft, denn es geht heute doch eher darum, dass mehr oder weniger kapitalistische Wirtschaftsweisen in unterschiedlichen politischen Systemen ihren Weg suchen. Der Aufstieg des einen Systems bedingt nicht zwingend den Niedergang des anderen Systems; der *Wettstreit der Großen Mächte* bedeutet nicht automatisch, dass *Aufstieg und Fall großer Mächte* (Paul Kennedy) anstehen. Es geht um relative Positionierungen, um Macht, Vorrang und Einfluss. Der Wettstreit als Wettbewerb verlangt eher die fortlaufende Sicherung flexibler Anpassungskapazität.

- An die Stelle des *Kalten Krieges bis 1989/1990* ist ein neuer, vielfältiger Machtkonflikt um Interessensphären und Einflussräume getreten. Dabei geht es um Vorteilspositionen in der ökonomischen Globalisierung, wenn die USA den Chinesen Marktzugänge streitig machen, China seine ökonomischen Interessen über mannigfache Abhängigkeitsmuster durchzusetzen trachtet und Russland sogar mit militärischen Mitteln seine Einflusszone – verstanden als eine historische Referenz an die Größe der Sowjetunion – auszuweiten versucht. Daneben treten schwächere Konfliktlinien, die aber ebenso das gesamte Bild mitprägen; der Reigen unterschiedlich weit getriebener Machtansprüche und autokratischer Verhaltensmuster reicht von Alexander Lukaschenko in Belarus über Recep Tayyip Erdogan in der Türkei bis zu Viktor Orban in Ungarn oder Jarosław Kaczyński in Polen. Die Globalisierung hat die Ausprägung und Stärkung illiberaler, autoritärer Regime („illiberale Demokratie") nicht nur nicht verhindert, sondern zum Teil über nutzbare ökonomische Vorteilspositionen (Rohstoffverfügbarkeit) und darauf beruhenden Exporten unterstützt (Sutton and Green 2020).
- Neu an diesem *Wettstreit der Großen Mächte* ist die Tatsache, dass Europa dabei bisher keine erkennbar aktive Rolle spielt. Die ökonomische Potenz des Kontinents lässt sich unverändert nicht in militärische Stärke und angemessenen weltpolitischen Einfluss ummünzen. Für die internationalen Beobachter erscheint der Brexit – selbst nach dem Freihandelsabkommen zwischen der EU und dem

Vereinigten Königreich in letzter Minute – nicht nur ökonomisch als ein Desaster, sondern vielmehr noch machtpolitisch als schwerer, nicht kompensierbarer Verlust. Europa – die Europäische Union – ist auf der globalen Marktkarte nicht angemessen präsent. Das liegt aber nicht nur an dem Ausscheiden des Vereinigten Königreichs aus der Union, sondern ebenso an der militärischen Unterausstattung auf dem Kontinent; kein kundiger Beobachter hält beispielsweise die Bundeswehr für unbedingt einsatzbereit. Zudem fehlt erkennbar der Wille bei den Regierungen der Mitgliedsstaaten, sich in Krisen und Stresssituationen zusammenzutun und dadurch neue Kraft sowie Akzeptanz – bei den Unionsbürgern und bei den globalen Partnern – zu finden. Der Streit um den neuen Fonds *NextGenerationEU* verdeutlicht dies, die gefundene Lösung wird in ihrer grundsätzlichen Bedeutung – ein dauerhafter, kreditfinanzierter Investitionshaushalt der EU oder nur ein einmaliger Akt der Solidarität – sehr unterschiedlich bewertet. Die Klage dagegen vor dem Bundesverfassungsgericht lässt dies transparent werden.

Diese wenigen Hinweise lassen erahnen, wie weit die Globalisierung sich in ihrem Erschöpfungszustand in den vergangenen fünf Jahren verfestigt hat. Gespiegelt werden diese realen Ereignisse und Entwicklungen in einer sich verstärkenden *Globalisierungskritik und Globalisierungsablehnung.* Erlebte Kontrollverluste und Souveränitätsverzichte, wahrgenommene Demokratiedefizite, Kritik an Fernbeeinflussung, Wunsch nach Stabilität und Sicherheit, Furcht vor Arbeitslosigkeit und Verteilungssorgen sind Treiber einer Stimmungslage, die in den entwickelten Volkswirtschaften – also gerade dort, wo die Vorteile der Globalisierung besonders ausgeprägt und ebenso greifbar sind – mit einer Mischung aus Ängstlichkeit und Genügsamkeit den Boden dafür bietet. Nicht viel anders scheint die Motivationslage in den Transformationsökonomien zu sein, was man als eine Form der Konvergenz deuten kann, freilich eine Konvergenz ohne konstruktiven Impuls für das weltweite Miteinander.

In diesem Zusammenhang wirkt sich aus, dass viele der aus westlicher Sicht enttäuschten Erwartungen sich in ebenso tiefgehenden, oft schmerzhaft empfundenen Enttäuschungen auf der jeweils anderen

Seite – sei es in China, in Russland oder in der Türkei – spiegeln. Das wird gerne übersehen, und es ist natürlich bequemer, die Unterlassungen oder Fehlorientierungen der anderen zu thematisieren, zumal die Wende 1989/1990 die scheinbar eindeutige Botschaft vom Sieg des (transatlantischen) Westens verkündet hatte. Das begründete dann berechtigt und selbstverständlich erscheinende Erwartungen: „Damals [1989] und noch rund um die Jahrtausendwende herrschte im Westen die Erwartung vor, dass sich Russland und die Türkei freiwillig verwestlichen und sich Schritt für Schritt in liberale Demokratien und freie Marktwirtschaften verwandeln würden. Sogar gegenüber China gab es eine ähnliche Erwartung, wenngleich etwas abgeschwächt" (Ther 2020, S. 134).

Diese Erwartungen führten zu Versprechen, die aber nicht eingehalten wurden bzw. eingehalten werden konnten. Das gilt im Verhältnis zur Türkei hinsichtlich der Zusage im Assoziierungsabkommen mit der Europäischen Wirtschaftsgemeinschaft von 1963, spätestens im Jahr 1986 die Niederlassungsfreiheit für Türken in der EG zu gewähren. Mit dem Flüchtlingsabkommen zwischen der EU und der Türkei von 2016 war die Zusage verbunden, die Visumpflicht für Türken abzuschaffen. Beide Versprechen wurden nicht eingehalten. Das Verhältnis zu Russland leidet darunter, dass der Westen zu lange und zu penetrant den einstigen Großmachtgegner zur Regionalmacht herabstufte (so Barack Obama 2014). Das verbaute einen vertrauensvollen Blick der russischen Politik, aber auch Gesellschaft auf den Westen. Bereits im Jahr 2007 hatte Putin auf der Münchner Sicherheitskonferenz die neue Konfliktlage aus Kränkung, aber auch aus Eitelkeit wortstark ohne „übertriebene Höflichkeit" beschrieben (Putin 2007): Die Absage an die monopolare Welt wurde mit dem Hinweis verbunden, „dass das wirtschaftliche Potenzial neuer Wachstumszentren auf der Welt unausweichlich auch in politischen Einfluss umschlägt und die Multipolarität stärkt". Ebenso wurde deutlich, wie stark die Enttäuschung über die Ost-Ausdehnung der NATO ist: „Ich denke, es ist offensichtlich, dass der Prozess der NATO-Erweiterung keinerlei Bezug zur Modernisierung der Allianz selbst oder zur Gewährleistung der Sicherheit in Europa hat". Die Hürden beim WTO-Eintritt und ungelöste Konflikte in anderen internationalen Institutionen (OSZE) wurden gleichermaßen als Bürde für eine Kooperationsstrategie der Partner bewertet.

Man kann die Verhaltensweisen von Erdogan und Putin aus guten Gründen kritisieren und viele innenpolitische Mängel sowie anti-demokratische Praktiken beleuchten, doch für die Frage, warum die geopolitischen Potenziale der Wende von 1989/1990 nicht genutzt werden konnten, gehört der Befund dazu, dass der Westen aus Hybris, Ignoranz oder schlicht Passivität seinen Anteil daran hat. Die Chancen der Kooperation – beispielsweise über die nachhaltige Entwicklung neuer, gemeinsamer Sicherheitsstrukturen und die tatkräftige Ent-wicklung ökonomischer Integration – sind nicht genutzt worden. Das manifestiert sich heute im *Wettstreit der Großen Mächte*. Zwingend war diese Entwicklung nicht, ihre Umkehrung verlangt eine große Anstrengung, wenngleich sie nicht ohne Aussicht auf Erfolg ist. Denn „Russland ist zu groß, um in die bestehende europäische Ordnung integriert zu werden, doch wirtschaftlich zu schwach, um für sich existieren zu können" (Ther 2020, S. 149). Das führt mit Blick auf das Risiko innenpolitischer Spannungen zu der Verhärtung aufseiten der russischen Regierungsmacht, wie es im Fall von Alexej Nawalny beobachtet werden konnte. Die Türkei hat ebenso strukturelle öko-nomische Probleme, die sich insbesondere in der hartleibigen Inflation und dem mangelnden Vertrauen der internationalen Kapitalmärkte zeigen. Eine volle Integration in die EU trifft allerdings heute angesichts der erreichten Bevölkerungszahl von 83 Mio. Menschen auf andere Schwierigkeit als im Jahr 1963 mit 30 Mio. Vertane Chancen sind nicht so einfach zu reaktivieren.

Der *Wettstreit der Großen Mächte* hat, das haben die Hinweise zu Russland und der Türkei erkennen lassen, auch eine *innen-politische Komponente*. Denn die Betonung nationaler Themen und die politische Potenz, die sich damit verbindet, ist eine wesentliche Trieb-feder für die Akzeptanz autoritärer Regierungen mit demokratischem Legitimationsanspruch und damit für die politische Umsetzung der Globalisierungskritik oder gar Globalisierungsablehnung. Allerdings beschränken sich solche Tendenzen interessanterweise nicht auf Trans-formationsgesellschaften, sondern finden sich ebenso in Demokratien mit langer Tradition, und zwar weitverbreitet in einer Stärke wie es bis in die 1990er Jahre nicht zu beobachten war. Die Gründe differieren im Detail, doch überall sind globalisierungsbedingte Ängste mit im Spiel – sei es aufgrund tatsächlich gemachter Erfahrungen oder aufgrund unterstellter Bedrohungen. Eine solche Entwicklung ist vor gut dreißig Jahren – im Zuge der Wende-Erfahrung – für unwahrscheinlich gehalten worden.

Neben der *Modernisierungshypothese* (ursprünglich: Lipset 1960) mit Blick auf die politische Verfassung der Transformationsgesellschaften, nach der Wirtschaftswachstum die Demokratisierung politischer Prozesse initiieren werde, wurde – eher unausgesprochen – eine zweite Modernisierungshypothese zugrunde gelegt: die Erwartung, dass sich in allen – also auch in der transatlantischen Basis – Gesellschaften unzweifelhaft jene demokratischen Kräfte als dominant erweisen werden, die zugleich weltoffen, polyglott, multikulturell und divers sind, kurzum die „Anywheres" (Goodhart 2017). Zwar wurden die „Somewheres" nicht negiert, doch wegen zunehmender Globalisierungserfahrung, demokratischer Schulung und steigender Bildung nicht als zukunftsfähige politische Kraft gesehen, wodurch sie in der Öffentlichkeit an Präsenz und in der Politik an Repräsentation verloren. Besonders deutlich wurde dies im US-Präsidentschaftswahlkampf 2016, als Hillary Clinton vom „basket of deplorables" sprach und später erkannte: „So I won the places that are optimistic, diverse, dynamic, moving forward. And his whole campaign, ‚Make America Great Again,' was looking backwards" (Clinton 2018). Heute müssen wir feststellen, dass beide Ausprägungen der Modernisierungshypothese gescheitert sind, und zwar nicht unabhängig voneinander.

## 1.2 Die große Aporie: Eine Epoche ohne überzeugende Zukunftserzählung

Die *Tendenzwende* von der Globalisierungsakzeptanz in die Globalisierungsablehnung war durch Funktionsstörungen und Funktionsdefekte in allen Makrosystemen seit längerem angelegt und reflektiert deren verspätete Koinzidenz (HDG Abschn. 1.1): *Postdemokratie, Krise des Wohlfahrtsstaates* und *Postmoderne* wirken zusammen und begründen Verunsicherung. Diese Verunsicherung hat eine gemeinsame Ursache darin, dass die genannten Entwicklungen aus einer gesicherten Struktur – quasi ohne Zielbild – in eine nicht beschreibbare neue Situation weisen: „Unsere Zeiten sind vielleicht nur darin neu, dass in ihnen immer etwas zu Ende geht, aber nichts Neues an seine Stelle tritt: das Zeitalter der großen Erzählungen oder das Zeitalter der Ideologien, die Geschichte, die Moderne, der Liberalismus, die Wahrheit usw. Nun also anscheinend auch die Demokratie. Unfähig zu sagen, was danach kommt, stellt man den Begriffen eine Silbe voran: Posthistoire, Postdemokratie, post-truth … Die Postmoderne, als eine Art Klammerbegriff, soll wiederum die kulturelle Ausdrucksform von etwas sein, das sich ebenfalls erschöpft hat, aber als maßgeblicher Verursachungsfaktor und als Begründungsressource kulturkritischer Diagnosen noch gebraucht und daher mit einem vorsichtigeren Zeitpräfix versehen wird: der Spätkapitalismus" (Manow 2020, S. 7).

Wir leben in einer Epoche konzeptioneller Aussichtslosigkeit sowohl für das globale Miteinander als auch für das nationale Leistungsversprechen. Wir müssen die Sinngebung täglich selbst im hier und jetzt leisten, ohne Referenz auf neue, vorwärtsweisende Geschichten. Diese Offenheit generiert für die große Mehrheit eine Unbestimmtheit, die aber nicht die optimistische Einschätzung begründet, alles sei möglich, sondern rückwärtsgewandte Erwartungen an vermeintlich bessere Zeiten schürt oder gar dystopischen Erzählungen Tür und Tor eröffnet; zumal Utopien – erst recht Anti-Utopien, „inverted utopia" oder Schreck-Utopien – totalitär sind, dadurch Sicherheit verheißen und somit gut in solche Zeiten passen (Meyer 2001, S. 17 ff.). Diese totalitären Utopien lassen sich auch als Abwehr gegen die ebenso totalitär anmutende Botschaft der „Anywheres" deuten, alles sei möglich, der globale Fortschritt eindeutig und unaufhaltbar, die Nation rückwärtsgewandt und die Identität des Einzelnen das Maß aller Dinge. So suchen die „Somewheres" ihr Glück in der guten alten Vergangenheit, etwa den 1950er oder 1960er Jahren, und sie folgen gerne jenen politischen Akteuren, die genau das in Aussicht stellen.

Die erfahrenen Enttäuschungen der zweiten Globalisierung werden zudem nicht selten mit einer moralisch überhöhten Forderung beantwortet, die dem Systemversagen die gute Tat des guten Menschen entgegensetzt – *Moralisierung als Ersatz der Globalisierung.* Moralisierung reduziert den Begründungszusammenhang und damit die Komplexität der Argumentation. Einfache Linien der Verkürzung sind dann eingängig und schnell vermittelt (Fraser 2017), wenngleich nicht einfach nachvollziehbar. Denn entweder führt der Neoliberalismus zur globalen Wirtschaft oder zum reaktionären Populismus, zu beidem aber kaum. „Das mündet schließlich in eine Debattenlage, in der die Diagnosen nicht gegensätzlicher und unversöhnlicher sein könnten: Populismus als Gefährdung der Demokratie etwa durch Nationalismus, oder Populismus als Reaktion auf die Gefährdung der Demokratie etwa durch Denationalisierung" (Manow 2020, S. 10). Wie dem auch sei: Da der transatlantische Westen nach Trump und mit Brexit vorerst keine überragende moralische Bindung mehr entfaltet, wird aus der Moral des Westens der globale Moralanspruch westlicher Eliten. Aus der großen Erzählung des historischen Projekts des transatlantischen Westens sind nur noch Einzelbotschaften einer selbstbewussten Führungselite übriggeblieben, die für die Protagonisten überraschend – im besten Fall – ohne Überzeugungskraft für viele andere sind oder – im schlimmsten Fall – sogar Ablehnung und Widerstand hervorrufen.

Vor dieser Kulisse wird erklärbar, dass ähnlich der heutigen Debattenlage an der Wende vom 19. zum 20. Jahrhunderts – die Epoche *Fin de Siècle* von 1890 bis 1914 als europäisches und nicht als nationales Phänomen – eine breite gesellschaftliche Stimmungslage zu verzeichnen war, die an den Potenzialen und den Versprechen der Gegenwart zu verzweifeln schien. Damals – am Ende des *Langen 19. Jahrhunderts* und in der Ausreifung der von den Zeitgenossen so empfundenen Moderne – blickte man auf einen zuvor ungeahnten technischen, gesundheitlichen, sozialen und einkommensmäßigen Fortschritt in der Ersten Globalisierung zurück, dessen weitere Ausreifung nur utopisch beschreibbar war (umfassende Neukonzeptualisierung menschlicher Individualität und Subjektivität in zunehmender Spannung zum voraussetzungsstarken sozialen Kontext), damit aber mit der politischen und auch gesellschaftlichen Rückständigkeit vieler Verfassungsrealitäten unauflösbar in Konflikt geriet (Mishra 2017).

Kulturell führte dies zu Verfallserscheinungen und künstlerischen sowie literarischen Grenzüberschreitungen; der neue Meinungspluralismus zwischen Fortschritt und Verfall bestimmte öffentliche Debatten. Dem Pluralismus der Meinungen entsprach eine neue funktionale Differenzierung (Wirtschaft, Recht, Wissenschaft, Bildung etc.) der Gesellschaft, die der traditionellen Schichtengliederung entgegenwirkte, soziale Dynamik ermöglichte und Komplexität in der Lebenswirklichkeit begründete. Der Wandel erfasste um 1900 weite Bereiche des privaten Lebens – Ehe und Familie, Sexualität, berufliche Emanzipation der Frau, Bewusstseinspsychologie, Rationalisierung der Arbeitswelt, neuen Formen und Beschleunigung der Mobilität u. a. m. – und hatte tief greifende Folgen: „Auf die modernen Lebensbedingungen führten die Zeitgenossen eines der markantesten Phänomene der Zeit um 1900 zurück, nämlich die Nervosität und Nervenschwäche (Neurasthenie), ein Phänomen, von dem man weite Kreise der Bevölkerung betroffen glaubte, … Die Diagnose lautete Erschöpfung und Müdigkeit bei leichter Reizbarkeit" (Ajouri 2009, S. 20).

*Erschöpfung und Müdigkeit bei leichter Reizbarkeit* – in einer solchen Situation kann die Aussicht auf einen großen Kampf – gar einen großen Krieg mit unbekannten technischen Möglichkeiten – neue Sicherheit in der Hingabe und Orientierung auf das als elementar notwendig Erachtete gewähren, was vorher zu zerfließen drohte. Der Krieg erschien als Erlösung aus der Unbestimmtheit und Ziellosigkeit des Seins. So konnte der eigentlich für unvorstellbar gehaltenen Rückschlag (Angell 1972) gegen diesen seit der Industrialisierung ab 1820 ausreifenden technischen, ökonomischen und sozialen Fortschritt durch den Ersten Weltkrieg erfolgen, den ersten militärischen Konflikt des bereits ausgereiften Industriezeitalters. Daran zu erinnern, das sollte einerseits davor bewahren, die gegenwärtige Rückkehr der Gesellschaften zu ihrer nationalen Identität als fundamental neu zu bewerten, und andererseits bestätigen, dass Fortschritt im globalen Rahmen zwar neue Geschichten schreibt, aber zugleich Überforderungen beim gesellschaftlichen Lesen und Erzählen dieser Geschichten begründet. *Erschöpfung und Müdigkeit bei leichter Reizbarkeit* – man ist nicht geneigt, diese Beschreibung für die heutige Zeit als abwegig zu bewerten.

Im noch frühen 21. Jahrhundert führen die soziologisch reflektierten Trends und Tendenzen moderner Gesellschaften, die sich mit weiteren (Klammer-)Begriffen – wie *Welt-Moderne, flüchtige Moderne, Spätmoderne oder Postmoderne* – verbinden lassen, allesamt in eine Richtung: die Überlastung des Individuums durch sich selbst in einer Welt der Freiheit. Denn der aus Rationalisierung und instrumenteller Vernunft folgende Vorrang für die Entfaltung des Einzelnen in seinen Vorstellungen und Wünschen – bei umfassender Sicherung seiner Privatheit – erfordert eine fortlaufende Besserung der materiellen Lebensgrundlagen, die als Ökonomisierung des Globalen und Singularisierung des Sozialen zwanghaft wird, Unübersichtlichkeit begründet und Konfliktpotenziale schafft.

In diesem Gegensatz liegt eine nicht leicht aufzulösende Spannung verankert: Der *Wunsch nach Identität* in einem immer individueller differenzierten Verständnis trifft in unserer Zeit auf früher ungekannte Chancen der Realisierung, er erfordert für seine Realisierung gleichwohl eine Einschränkung individueller Ansprüche und Rechte durch die politische sowie die wirtschaftliche Ordnung und die zivilgesellschaftlich geronnene Tradition (Fukuyama 2018). Denn dieser gesellschaftliche Wandel zur individuellen Identität – zur Individualisierung der Identitätsvorstellung – ist nicht voraussetzungslos, er bedarf einer institutionell-technischen Unterlegung (van Laak 2018) und einer darauf zielenden gesellschaftlich-politischen Anstrengung.

Staaten sind immer stärker durch öffentliche *Infrastrukturen mit Netzwerkcharakter* geprägt. Dies führt einerseits dazu, dass ein Druck zu fortschreitender, am Ende supranationaler Integration auf einer höheren Ebene wirkt, und andererseits dazu, dass für öffentliche Leistungen der Bedarf entsteht, gemeinsame Standards zu definieren, um die Anschlussfähigkeit und Leistungsfähigkeit der Systeme zu sichern. Die netzwerktechnischen Voraussetzungen heutiger Gesellschaften erzwingen gemeinschaftliche Lösungen, dort wo Systeme aufeinandertreffen, Abhängigkeiten entstehen und Bedingungen für das Schnittstellenmanagement definiert werden müssen, und sie wirken damit der Individualisierung entgegen.

Gleichzeitig haben die Wirksamkeit des Gewährleistungsstaats und die Integrationskraft der Marktwirtschaft durch Mehrung und Sicherung des Wohlstandes immer mehr Differenzierungen in den Lebensstilen ermöglicht. Die globale informatorische Vernetzung durch die Digitalisierung hat durch Individualisierung und sozialraumspezifische Fragmentierung der Kommunikation diese Potenziale in ihrer Wirkungsmacht gestärkt. Im Ergebnis hat der wirtschaftliche Fortschritt den gesellschaftlichen Raum immer vielgestaltiger gemacht. Der in den zurückliegenden zwei Jahrhunderten erreichte Fortschritt bei der Gestaltung verlässlicher Öffentlichkeit durch Rechtsstaat, Sozialstaat und Daseinsvorsorge sowie Gewährleistungsstaat ist so weit vorangekommen, dass nun die Stunde *absoluter individueller Identitätsverwirklichung* gekommen zu sein scheint (Fukuyama 2018). Wenn schon so viel ohne Halt ist, was uns umgibt, dann ist der feste Bezug auf die eigene Identität und die Forderung, diese öffentlich zu würdigen, eine denkbare Antwort. Man versucht durch die Überhöhung des Selbst, *Erschöpfung und Müdigkeit bei leichter Reizbarkeit* in den Griff zu bekommen.

Die digitale Transformation verstärkt die nervöse Spannung und Überforderung, weil sie den öffentlichen Raum selbst mit widersprüchlichen Wirkungen erfasst: mit Zerfall und mit Stärkung (Reckwitz 2019). Diese Ambiguität findet sich nicht nur auf der Ebene des Makrosystems Gesellschaft, sondern ebenso in den mikrosoziologischen Bedingungen des Einzelnen, der schneller und umfassender informiert wird, gleichzeitig kommunizieren, konsumieren, handeln und steuern, aber ebenso informationell überfordert und kommunikativ fehlorientiert werden kann. Diese strukturellen Veränderungen in unserer Zeit führen dazu, dass Besonderheiten und Einzigartigkeiten – selbstdefinierte Identitäten – prämiert werden. Es dominiert immer prägender – analog der absoluten individuellen Identitätsverwirklichung – eine „soziale Logik der Singularisierung", die sich in einer „Krise des Allgemeinen" spiegelt (Reckwitz 2017). Die Allgemeinheit und der Einzelne sind gefühlt Gegensätze, wenn man die Regeln des öffentlichen Raums als Disziplinierung der individuellen Freiheit begreift, aber sie sind zugleich gegenseitige Voraussetzung, wenn man die Disziplinierung der Freiheit als ihre nachhaltige Ermöglichung erkennt.

Das Erstaunliche liegt darin, dass der technologische Fortschritt unserer Zeit – der Wandel von der analogen zur digitalen Welt – als große Verheißung daherkommt, weil die Freiheitsgewinne scheinbar grenzenlos und die Zugewinne an Steuerungskompetenz in einer gleichzeitig immer komplexer sowie unübersichtlicher werdenden Welt eindrucksvoll sind. Dennoch scheint diese Verheißung an Glanz und Überzeugungskraft verloren zu haben. Entgrenzung, Gleichzeitigkeit, Fernbeeinflussung und kulturelle Diversifizierung, Überlagerung und Bedrängung der Privatheit sowie der Systemwettbewerb verursachen ein Grundgefühl der Störung, das sich sowohl politisch in Haltung und Positionen wie gesellschaftlich in Verhalten äußert. Es sind *Ordnungsverluste,* die als Folge des Fortschritts sich gegen diesen wenden und der Beantwortung harren, was aber angesichts des großen Desiderats einer überzeugenden Zukunftserzählung umso schmerzhafter wirkt und zu ersatzweisen Lösungen drängt.

So ist eine eigentümliche Mischung aus Chancen und Herausforderungen entstanden, die sich gegenseitig bedingen und in ihren Voraussetzungen sowie Anforderungen durch Widersprüche und Spannungen geprägt sind. Die Globalisierung spielt dabei eine entscheidende Rolle, weil sie durch Marktöffnung, Integration von grenzüberschreitenden Wertschöpfungsketten und der dadurch möglichen Skalierung von Geschäftsmodellen einerseits wesentlich zur Schaffung der Chancen und Potenziale für jeden Einzelnen beigetragen hat, andererseits aber dafür mit weltweiten Standards und Funktionsbedingungen die Öffnung der Privatheit betreibt und die Basis für die als bedrohlich oder bedrückend wahrgenommene Fernbeeinflussung geschaffen hat.

Die erreichten Möglichkeiten, seine individuelle Identität auszuleben und einem Identitätsegoismus zu folgen, schaffen die Begierde nach mehr, nach grenzenloser Freiheit. Die Freiheitsberechtigung des Bürgers scheint den absterbenden Staat als reale Chance zu erleben. Das hat weniger mit dem ökonomischen Konzept des Neoliberalismus zu tun, wie gemeinhin und selbstverständlich behauptet wird, sondern mit der erreichten Qualität unserer technischen Infrastrukturen, mit der *Ausreifung und Qualität der Moderne.* Die Selbststeuerungskompetenz des Einzelnen hat ein historisch einmaliges Niveau erreicht. Das befördert den Glauben, dass die Hinnahme von kollektiven Normen und die Rücksichtnahme im öffentlichen Raum immer weniger notwendig und im Sinne der Freiheitsberechtigung des Bürgers geradezu obsolet werden.

Die Reaktionen nicht weniger Menschen auf das politische Management der Fluchtkrise und die Integration der Geflüchteten, aber ebenso auf den Umgang mit der Covid-19-Pandemie bringen diese tektonische Verschiebung im gesellschaftlichen Fundament zum Ausdruck. Jeder weiß scheinbar jederzeit alles und muss deshalb keine kollektiven Vorgaben hinnehmen. „Die Menschheitsgeschichte als Fortschritt im Bewusstsein der Freiheit …, hat seine Glaubwürdigkeit verloren. Die Moderne legitimiert sich selbst stets dadurch, dass sie Kritik ermöglichte; doch genau dieses Element ist in den Augen der Querdenker:innen verloren gegangen" (Nachtwey et al. 2020, S. 62). Im Fall der Corona-Leugner wird im Speziellen deutlich, was im Allgemeinen beschrieben werden kann, denn die „Entfremdung von der industriell geprägten und durchrationalisierten Hypermoderne zeigt sich nicht nur in der Skepsis gegenüber ihren Institutionen, wie z. B. den Parteien, sondern auch bezüglich einer romantisch inspirierten Hinwendung zu ganzheitlichen, anthroposophischen Denkweisen, dem Glauben an die natürlichen Selbstheilungskräfte des Körpers, Forderungen nach mehr spirituellem Denken und dem Wunsch, Schulmedizin und alternative Heilmethoden gleichzustellen" (Nachtwey et al. 2020, S. ebd.).

Die gesellschaftliche Stresssituation, die sich durch die mannigfaltigen Schocks, Krisen und Verwirrungen seit der Jahrtausendwende aufgebaut hat, wurde durch die Pandemie zugespitzt: Erschöpfung und Müdigkeit bei leichter Reizbarkeit haben weiter zugenommen. Dadurch fehlen auf beiden Seiten – der überragenden Mehrheitsgesellschaft mit ihrer Tendenz zu den „Anywheres" einerseits und den von ihr sich abwendenden Gruppierungen der „Somewheres" andererseits die Bereitschaft und die Kraft im Gespräch zueinander zu finden. Als besonders schwerwiegend erweist sich dabei, dass die demokratische Legitimation politischen Handelns durch Verfahrensgerechtigkeit, Klarheit der Entscheidungsfindung und Willkürfreiheit nicht mehr so leicht akzeptiert wird; dieser Populismus verschafft sich seinen Ausdruck, indem er an die Stelle globaler, europäischer oder schlicht fremder

Einflüsse „die Rückverlagerung politischer Souveränität" verspricht (Manow 2020) und dabei eigentlich die Bedienung des Identitätsegoismus verlangt.

Das, was in Deutschland und Europa entlang unterschiedlicher Themen in der letzten Dekade zu beobachten war, das hat in den Vereinigten Staaten einen historischen Vorlauf und in der Zuwanderungsgeschichte sowie der damit verbundenen besonderen Rolle des Rechts auf Waffenbesitz – historisch für das Kollektive zur Verteidigung, nicht aber als Ausdruck individueller Identität – eine besondere Ausprägung (2. Zusatzartikel zur Verfassung der USA vom 15. Dezember 1791); die liberale Identitätspolitik seit den 1960er Jahren reflektiert die „Equal Rights"-Unbestimmtheit der Verfassungsgeber zu Geschlecht und Rasse. Entlang dieser Konflikte haben sich in den vergangenen Jahrzehnten die Kampflinien zwischen den Demokraten und Republikanern herausgebildet. Politisch hat dies über eine Differenzierung der Parteistammwähler zu einer programmatischen Homogenisierung beider Parteien seit den 1970er Jahren geführt, die über die Jahre eine wirkungsmächtige Formung gefunden hat (Lepore 2019, S. 788 ff.). Während die Demokraten in Nachfolge der liberalen Erfolge der 1960er Jahre und vor allem Johnsons „Great Society-Programms" sich immer weiter an der Identitätspolitik ausgerichtet haben, wandte sich die Grand Old Party seit den frühen 1970er Jahren von früheren liberalen Positionen – zu Gleichberechtigung, Abtreibung, Homosexualität, Einwanderung, Rassengleichstellung, Waffenbesitz – ab. „Konservative begründeten ihren Machtanspruch mit dem Scheitern des Liberalismus, was in den 1960er Jahren begann, als der Begriff der Identität den Begriff der Gleichheit ersetzte" (Lepore 2019, S. 960).

Das signalisiert einen historischen Wandlungsprozess, denn die Demokratische Partei war traditionell „die Partei der Arbeiterschaft gewesen. Aber zu Beginn der 1970er Jahre, in einer Zeit, in der die Republikanische Partei die männliche weiße Arbeiterschaft umwarb, vor allem die Männer, die ihre Arbeitsplätze in der Industrie verloren hatten, begann die Demokratische Partei die Arbeiterschaft aufzugeben, in erste Linie weiße Männer, und zwar zugunsten einer Koalition von Frauen, Minderheiten und einem Personenkreis, der mittlerweile als ‚knowledge workers' bezeichnet wurde …" (Lepore 2019, S. 843).

Diese politischen Strukturen sind für die Analyse wirtschaftspolitischer Perspektiven in den USA so bedeutsam, weil sie in ihrer Verhärtung den Spielraum jeder neuen Administration definieren. Die Ursachen sind spezifisch, doch die gesellschaftlichen Folgen und die politischen Bedingungen sind letztlich denen in anderen entwickelten Industriestaaten vergleichbar.

Während die *Fin de Siècle*-Bewegung zur Wende vom 19. auf das 20. Jahrhundert ein europäisches Phänomen war, weil in den USA seinerzeit keine Konfliktlage durch politische Rückständigkeit wirkte und die Menschen dorthin ja gerade immigriert waren, um neue Grenzen zu erfahren und auf stationäre Sicherheit zu verzichten, so erweist sich die normative Entwertung des öffentlichen Raums im frühen 21. Jahrhundert als Phänomen mehr oder weniger aller Demokratien in der nördlichen Hemisphäre. Das markiert einen wichtigen Unterschied zwischen der Ersten und der Zweiten Globalisierung. Es gibt diesmal im transatlantischen Westen keinen großen Kompensator, der – wie die USA im Ersten Weltkrieg – die Lösung der auf dem europäischen Kontinent unauflösbaren Konflikte herbeiführen kann. Schlimmer noch: Die USA sind selbst zum Treiber der globalen Auflösung geworden, insofern die gesellschaftlichen Konflikte und Spannungen intern nicht mehr bewältigt werden können. Stattdessen versucht China in diese Lücke vorzustoßen, durch Freihandels- und Klimaschutzrhetorik, durch finanzielle Angebote aus dem Seidenstraßenprojekt, durch spezielle Angebote für EU-Mitglieder in Mittel- und Osteuropa.

Die schrankenlose Globalisierung, die viele beklagen, beginnt in der Wahrnehmung dort, wo der Freiheitsanspruch – auch über Grenzen hinweg – unbehindert ausgelebt werden kann. Das *Absterben des Staates* in den Möglichkeiten unserer Zeit führt zur Kritik des schwachen Staates, der den Identitätsegoismus nicht absichern könne, und damit zur Abwendung von kollektiven Lösungen. Die grenzenlose Freiheit wird damit umgemünzt in die Abschottung der eigenen Scholle als Identitätsgrund. *Das Absterben des Staates in der Solidarität der Internationale ist theoriegeschichtlich ein Versprechen des Marxismus, realgeschichtlich die Lebenslüge des Kommunismus. Das Absterben des Staates in der Solidarität der engen Gemeinschaft ist indes die Botschaft einer pseudolibertären Vorstellung der Volkswirtschaft ohne politische Einschränkungen.*

Erstaunlicherweise treffen sich hier extrem linke und rechte Positionen des Politischen in unseren Demokratien, sie sind beide gleichermaßen illusionär und gefährlich, weil sie auf dem Weg hin zur Vorstellung der staatsfreien Welt unweigerlich auf Gewalt setzen müssen, zentralstaatlich bei den Kommunisten, dezentral gemeindlich auf dem Boden der Allmende bei den Identitätsbeschwörern.

Übereinstimmung lässt sich bei den politischen Extremen auch zur Globalisierung ermitteln, beide lehnen diese Form der schrankenlosen Freiheit ab; die marxistische Position mit Blick auf den säkular anvisierten globalen Macht- bzw. Hegemonieanspruch sowie die Sorge um die internationale Solidarität und die rechte Position mit Blick auf die befürchtete Bedrohung der gemeinschaftlichen Solidarität. Sie fordern – quasi dialektisch – eine Globalisierung staatlicher Autorität für das Ziel der Grenzschließung, damit vor Ort in den Staaten dieser jeweilige Staat endlich verschwinden und die eigene Scholle als Raum für Sicherheit und Stabilität dienen kann. Anders gewendet: Die Globalisierung verhindert das ersehnte Absterben des Staates. Im Fall der kommunistischen Regime lehrt die Geschichte, dass durch die Öffnung der Grenzen die Unzulänglichkeit der dortigen Lebensumstände keine Zukunft hat, auch nicht für das hehre Ziel einer Vervollkommnung des „Guten Menschen". Im Fall der libertären Erzählung musste die Erkenntnis, dass der Fall des Eisernen Vorhangs nicht das Ende der Geschichte und der Beginn des ewigen Friedens ist, entweder in eine neue Bedeutung des Staates oder in eine identitätsgebundene Reduzierung des Freiheitsanspruchs auf den engeren Lebensraum münden. Letzteres war der Fall.

## 1.3    Die bedrückende Last: Illusionen der zweiten Globalisierung

Unterstützt wurde die fundamentale Globalisierungskritik dadurch, dass die Fragwürdigkeit der ebenso gloriosen wie simplifizierenden und einebnenden *Globalisierungserzählung* schon länger offenkundig war und zunehmend artikuliert wurde (Stiglitz 2003, 2016; Mishra

2017; Shiller 2020). Diese Ernüchterung über die Globalisierung begründet indes keine fundamentale Kritik oder gar Ablehnung der fortgeschrittenen internationalen Arbeitsteilung, sondern fordert eine realistischere Einschätzung anstelle allzu großer Naivität. Als sträflich hat sich für die öffentliche und mediale Debatte erwiesen, dass zu lange *Verliererpositionen, Konflikte und Dilemmata der Globalisierung* ignoriert worden sind. Der politische Diskurs ist dabei nicht selten einer simplifizierten ökonomischen Einschätzung gefolgt, die regelmäßig die normativen Bedingungen der Globalisierung und des öffentlichen Disputs darüber ignoriert haben. Die Illusionen über die Globalisierung unserer Zeit sind ernst zu nehmen und politisch zu adressieren, wenn die Globalisierung mit ihren großen Vorteilen weiterhin eine Chance haben soll (HDG Abschn. 1.3):

- Politisch herausfordernd ist das von Rodrik benannte „Globalisierungsparadoxon" bzw. das „politische Trilemma" (Rodrik 2011, 2017). Danach seien die Errungenschaften der Moderne – Demokratie, Volkssouveränität und grenzenlose Globalisierung – nicht gleichzeitig gleichermaßen zu haben. Denn jede Öffnung der Grenzen begründet die schon erwähnte Fernbeeinflussung und wirkt damit einengend auf die nationalen Entscheidungsprozeduren sowie Handlungsspielräume ein. Diese naturwüchsigen Entwicklungen verstärken den politisch eingeleiteten Prozess so sehr, dass dieser als undemokratisch gedeutet wird und nach demokratischen Korrekturmechanismen ruft (Manow 2020).
  Dahinter verbirgt sich die These, dass der „nach dem Ende des Kalten Krieges entstandene Konsens" darüber, dass „eine auf freien Märkten, Wettbewerb und individuellem Unternehmertum basierende Weltwirtschaft ethnische und religiöse Differenzen abmildern, in allen Teilen der Erde zu Wohlstand und Frieden führen und letztendlich jedes irrationale Hindernis für die Ausbreitung der liberalen Moderne aus dem Weg räumen" werde (Mishra 2017, S. 180). Doch die Erkenntnis, dass Freiheit nicht nur anregend, überraschend, sondern auch anstrengend und nervenzerreibend sein kann, ist in der Moderne schnell aufgeleuchtet: „Wer in Freiheit leben will, muss sich an ein Leben voller Ungewissheit, Veränderung

und Gefahr gewöhnen" (Alexis de Tocqueville, zit. nach Mishra 2017, S. 184). „Solch einem Leben fehlt es ganz entsetzlich an Stabilität, Sicherheit, Identität und Würde" (Mishra 2017, S. 184).

Die Globalisierung als Expansion der Freiheitsspielräume des Einzelnen kann auf zwei Wegen problematisch werden: Direkt – wie skizziert – als Überforderung des Individuums und indirekt als Gefährdung der nationalen Stabilitätsgewährung. Was als Ausdruck der Freiheit begann, das führe letztlich zur Beraubung der Freiheit des nationalen Souveräns. Der Primat der Politik sei nicht mehr zu gewährleisten. Eine Globalisierung ohne jegliche Ordnung mag dieser Entwicklung aus ungebremster unternehmerischer Dominanz Vorschub leisten (Sutton und Green 2020). Diesen nachvollziehbaren validen Hinweisen stehen jedoch Einschränkungen entgegen. So bleibt zu bedenken, dass immer auch Kompensationen wirksam werden, die sich in den Relativierungen der Globalisierung niederschlagen. Es muss also um eine institutionelle Gestaltung der Globalisierung gehen, die der nationalen Souveränität nicht den Boden entzieht, zugleich aber die Vorteile der internationalen Arbeits-, Wissens- und Risikoteilung mobilisiert und die gebotene Nachhaltigkeit sichert.

- Die Erwartung, dass eine marktwirtschaftliche Öffnung den Weg zur Einkommensmehrung über Kapitalbildung automatisch freigibt, hat sich zumindest als naiv erwiesen. Tatsächlich werden viele Potenziale in Entwicklungs- und Transformationsökonomien nicht gehoben und deren finanzielle Integration in die Weltwirtschaft bleibt hinter dem zurück, was in der Ersten Globalisierung in den Jahrzehnten um 1900 erreicht worden war (Schularick 2006). Wir nennen das die *Effizienzillusion*. Die finanzielle Integration findet heute insbesondere zwischen den ökonomisch entwickelten Ländern statt. Eine wichtige Erklärung ist das Vernachlässigen der Institutionen in der Mainstream-Ökonomik und die Verdrängung der Ordnungspolitik durch den Pragmatismus des Alltags.

Dadurch hat sich einerseits keine angemessene Würdigung einer anderen Governance als dem erprobten westlichen Staatsverständnis ergeben, andererseits ist das Scheitern der Dekolonisation seit 1960er Jahren lange ignoriert worden. Die Öffnung von Märkten ohne angemessene und vor Ort kulturell anschlussfähige Institutionen und ohne eine korruptionsfreie Verfassungsrealität funktioniert nicht. Das bedeutet nicht, dass nur eine in westlicher Tradition geformte Staatlichkeit dafür trägt, es bleiben *Optionen der Governance in Räumen begrenzter Staatlichkeit*. Deren Wirksamkeit muss sich allerdings daran messen lassen, dass sich die „strukturelle Heterogenität" – als Diskrepanz zwischen der handelsgetriebenen Integration von Entwicklungsländern in die Konsummöglichkeiten der Industrieländer und den aufgrund ordnungspolitischer sowie wirtschaftsstruktureller Unterschiede verbleibenden enormen Wohlstandsunterschied (Senghaas 2002) – wenigstens schrittweise so mindern lässt (HDG, Abschn. 5.1).

- In den Industrieländern besteht trotz aller Wohlstandsgewinne durch Globalisierung heute ein hohes Maß an ökonomischer Unsicherheit. Hinter der stürmischen globalen Entwicklung der vergangenen Jahrzehnte sind die Effizienzprobleme der Entwicklungsländer nicht so sichtbar und präsent gewesen. Der Anpassungsdruck verlief über Warenhandel und Direktinvestitionen, doch das war keine Einbahnstraße. Freilich waren die Industrieländer unterschiedlich erfolgreich, die notwendigen Anpassungen zu leisten. Je nachdem, wie gut oder schlecht das gelang, waren stärkere Effekte in bestimmten Segmenten des heimischen Arbeitsmarktes und in der Einkommensverteilung zu erkennen. Der Druck auf einfache Arbeit hat zugenommen. Die damit verbundenen heimischen Verteilungskonflikte werden in dem Maße verschärft, wie der Migrationsdruck aus den weniger entwickelten Volkswirtschaften, aber auch aus den Konfliktregionen vor der Haustür der Europäischen Union hier ankommt. Die Globalisierung hat damit ganz konkrete Gesichter bekommen, die gerade von Menschen im mittleren und unteren Einkommenssegment als Bedrohung erlebt werden. Das nennen wir die *Sicherheitsillusion* der Globalisierung.

In diesen vielfältigen Mix ernüchternder oder unrealistischer Illusionen über Globalisierung und Nationalstaat und die damit verbundene Tendenzwende ereignete sich der *Corona-Schock,* der von China ausgehend nahezu alle Teile der Welt erreichte und eine historische

Parallele in der Pandemie der Spanischen Grippe am Ende des Ersten Weltkriegs hat, wenngleich die Sterblichkeit seinerzeit ganz andere Niveaus erreichte und vor allem Männer im erwerbsfähigen Alter betraf (Spinney 2018; vgl. Übersicht Kontaktbeschränkungen während der Spanischen Grippe). Die Bedrohung des Lebens und damit die Prüfung des staatlichen Versprechens auf Schutz des Lebens durch ein Gesundheitssystem haben das globale Spiel verändert. Politisch waren extreme Entscheidungen bis an die Grenzen der Verfassung notwendig, um die Pandemie einzudämmen. Gesellschaftlich war der Rückzug aus dem öffentlichen Raum *(Social Distancing)* die überragende Ratio, um den politischen Bemühungen für ein leistungsfähiges Gesundheitssystem eine Chance zu geben. Ökonomisch kam es zu einem außer in Kriegszeiten nie erlebten kombinierten Angebots- und Nachfrageschock, der in vielen Produktionsbereichen einen Stillstand verursachte und in vielen Märkten eine Störung der Nachfrage auslöste.

Der Covid-19 Schock trifft die Welt auf dem bisherigen *Höhepunkt des Systemkonflikts* zwischen chinesischem Staatskapitalismus und einem zunehmend gespaltenen transatlantischen Westen. Erwartungstreu reagierte China auf das Virus rigoros autoritär und war vor allem darauf aus, jeglichen Reputationsverlust zu vermeiden, sodass man selbst ein Jahr nach dem Ausbruch von Covid-19 deren Aufarbeitung unterminierte und Forscher behinderte, gleichzeitig die Partei einen bombastischen Propagandaaufwand betrieb. Der amerikanische Präsident Trump reagierte wie gewohnt mit seinem opportunistisch-erratisches Blame Game, selbst nach seiner eigenen Corona-Erkrankung während des Präsidentschaftswahlkampfs 2020. Decoupling, ein protektionistisches Lossagen von China, hat sich zum Mantra der US-amerikanischen Wirtschaftspolitik entwickelt. Die europäische Staatengemeinschaft wirkt in ihrer Reaktion auf diese Machtspiele überrumpelt und träge. Handlungsfähig zeigen sich hingegen die nationalstaatlichen Hierarchien Europas. Diese reagieren kraftvoll und können die vormals populäre Kritik an der Behäbigkeit ihrer demokratischen Prozesse abschütteln, allerdings um den Preis, die Chancen der europäischen Integration im Krisenfall zunächst nicht mobilisieren zu können. Erst mit Verzögerung sind dann aber mutige Schritte gemacht worden, vor allem die Entscheidung zu *NextGenerationEU,* die freilich der Umsetzung harren und in ihrer grundsätzlichen Perspektive – Entwicklung zu einem kreditfinanzierten EU-Investitionshaushalt – noch streitig sind.

Die bereits erschöpfte Globalisierung wird von der neuen Krise nahezu ins Koma versetzt; die Institutionen und Regeln der globalen Ordnungen spielen keine wirksame Rolle. Sicherheit und Stabilität werden mehr geschätzt als die Vorteile aus internationaler Kooperation und Arbeitsteilung. Der Austausch von Handel und Kapital, aber auch Migration sowie die Entwicklung einer gemeinsamen globalen Idee, wie die engmaschig vernetzte Welt zum Vorteil Aller organisiert werden kann, scheint heute weit entfernt von jener Selbstverständlichkeit der hinter uns liegenden Dekaden. Die Not als *Ausnahmezustand fordert den Nationalstaat.* An diesem überkommenen Muster ändert sich auch im 21. Jahrhundert und nach der Erfahrung der zweiten Globalisierung nichts, denn Daseinsvorsorge und Gewährleistungsstaat setzen den engen, solidarischen Bezug der Bürger zueinander voraus, der sowohl Abgabenpflichten begründet als auch Leistungsversprechen offeriert. Übersehen wird dabei, auf welche Kraft und Steuerungsfähigkeit verzichtet wird, wenn man die globale Kooperation ausblendet.

Erstaunlich ist, wie leichthändig ohne Not, ohne Begründung und ohne öffentliche Erörterung die Errungenschaften der internationalen Ordnung aufs Spiel gesetzt wurden. Die globalisierungskritische Disposition der Gesellschaften nahezu weltweit bot dafür die Voraussetzung, ebenso das Erleben der Effizienzillusion und der Sicherheitsillusion sowie das Erfahren des „politischen Trilemmas". Die skizzierte Tendenzwende kam – so scheint es – in dieser Krise, die keinerlei ökonomische Ursachen hat, zur Vollendung. Die *Bereitschaft zur Abschottung* blieb selbst in Europa ohne Widerstand, wo erstmals nach dem Niederreißen der Schlagbäume Grenzsperren errichtet wurden. Wenn es um Volksgesundheit und eine „epidemische Lage von nationaler Tragweite" (§ 5 des deutschen Infektionsschutzgesetzes) geht, dann finden vorab auch keine internationalen Konsultationen mehr statt, obgleich dies in der Sache besonders dringlich ist. Die Hoheit über die eigenen Grenzen wurde zur Selbstverständlichkeit und wirkte als Signal, dass die nationalen Regierungen die Pandemie werden managen können. Tatsächlich ist dies sehr unterschiedlich der Fall gewesen, auch in der EU und in den USA; immerhin hat die

Europäische Union Mitte Juni 2020 eine eigene Impfstoffstrategie gegen Covid-19 aufgelegt (vgl. https://ec.europa.eu/commission/press-corner/detail/de/ip_20_1103) und zum Jahresende gemeinsam den Impfstoff akkreditiert sowie die Impfkampagne gestartet, wo zuvor nur nationaler Alleingang zu beobachten war. Der starke nationale Staat als zentraler Akteur in dieser Krise, der auf internationale Kooperation und supranationale Integration nicht angewiesen zu sein scheint, hat die politische Extremvorstellung vom Absterben des Staates für jeden erkennbar als absurd enttarnt. Das heißt freilich nicht, dass die politischen Extreme deshalb von ihrer staatsfeindlichen Sicht ablassen, allerdings ist die Anziehungskraft dieser Positionen deutlich geschmälert.

Der Wesenskern der Zweiten Globalisierung – die Vernetzung von Volkswirtschaften durch freien Güterhandel und Dienstleistungsverkehr, durch Kapitalmobilität und Risikotausch, durch Wissensdiffusion und Wissensaustausch, durch Wanderung und Humankapitalmobilität – wird dadurch bedroht. *Netzwerke und Hierarchie* – deren Strukturen und Wirkungsmuster sich in der Ersten und der zweiten Globalisierung durch die Dominanz der Netzwerke auszeichnete – haben abrupt eine neue Machtverteilung erlangt. So eindeutig, schnell und ökonomisch unvorbereitet wie mit dem Ausbruch des Ersten Weltkriegs die Hierarchien die Erste Globalisierung beendeten und alle vorher artikulierten Hoffnungen auf eine stabile Welt der Offenheit und Kooperation zunichtemachten, so haben die Hierarchien über den ab Mitte März 2020 verfügten Lockdown die Zweite Globalisierung getroffen und zum vorübergehenden Stillstand gebracht. Die Hierarchien haben wie noch nie in Friedenszeiten die Vernetzung infrage gestellt (HDG, Abschn. 1.4). Daraus leiten viele ab, dass diese Zweite Globalisierung definitiv zu Ende sei.

Doch mit welcher Begründung, aufgrund welcher Logik und mit welcher Zielsetzung sollte nun die Stunde gekommen sein, der Zweiten Globalisierung den Garaus zu machen? Die Pandemie wirft sicher Fragen auf, die sich auch an die künftige Gestaltung der Globalisierung richten. Das betrifft vor allem Aspekte der Risikostreuung in der Beschaffung und die Gestaltung von Lieferketten, die Verfügbarkeit kritischer Ressourcen und die Organisation strategischer Allianzen.

Und zweifellos sind für eine dritte – inklusive – Globalisierung all die Aspekte zu beleuchten, die der skizzierten Tendenzwende Vorschub geleistet haben. Ein Ende der Globalisierung auszurufen, das würde weder erkennbare Probleme lösen noch Spannungen in der Welt beseitigen, mit Gewissheit aber den Wohlstand in den Volkswirtschaften mindern. Dadurch werden zugleich die Spielräume geringer, eine Politik der Ermöglichung für Menschen in schwierigen Lebenslagen zu finanzieren. Zudem würde es ignorieren, dass die Bewältigung der Pandemie durch eine historisch einmalig schnelle Bereitstellung eines Impfstoffs ohne internationale Kooperation in den Bereichen Forschung, Entwicklung, Zertifizierung und Distribution kaum gelungen wäre. Es muss also darum gehen, die Effizienz- und Wirksamkeitspotenziale der Globalisierung durch kluge Institutionen der internationalen Kooperation zu mobilisieren; das verlangt vor allem ein starkes und modernes (für die digitale Wirtschaft angemessenes) Wettbewerbsrecht.

## 1.4 Das gestaltbare Potenzial: Entspannung zwischen Demokratie und Globalisierung

Nach all dem ist der Gedanke nicht abwegig, dass die Globalisierung sich am Ende gar nicht selbst bedroht oder gar zerstört, weil sie das genannte „politische Trilemma" begründet, sondern vielmehr zur Resilienzstärkung einer offenen Welt der Ordnungsschwächen und der Orientierungsverluste führt. Zugegeben: Eine mutige These angesichts des bisher Erörterten und des Befunds, dass die liberale Globalisierung durch Exportoptionen auch die Position von illiberalen und autoritären Regimen stärken kann (Sutton and Green 2020). Doch dieses Potenzial besteht, und es mag gehoben werden. Die Politisierung der Globalisierung muss dafür ins Konstruktive gewendet werden:

- Dies kann erstens dadurch gelingen, dass neue supranationale und globale Ordnungen die nationale Souveränität ernst nehmen und konstruktiv wenden. Dazu gehört zentral das *Wettbewerbsrecht (für die digitale Ökonomie)*, weil es die Dominanz einzelner Unternehmen bestreitbar macht und dadurch Abhängigkeiten verringert; dazu gehört aber ebenso die – wettbewerbsrechtliche – Diskriminierung illiberaler und autoritärer Regime, die häufig über staatliche oder staatsnahe Unternehmen ihre ökonomische Basis haben.

- Dies kann zweitens dadurch gelingen, dass aus der Globalisierungskritik bis hin zur Globalisierungsablehnung über eine bewusste Auseinandersetzung mit Fragen der nationalen Identität, den Spielräumen der Individualisierung und Singularisierung sowie den notwendigen Bedingungen des öffentlichen Raums eine *neue Globalisierungsfähigkeit* entsteht. Wenn die Abschottung als Alternative zur Weltzugewandtheit mit ihren negativen Wirkungen auf die gesellschaftliche Wohlfahrt und Friedfertigkeit erkennbar wird, sollte die Chance steigen, das Potenzial gesellschaftlich heben zu können.

- Drittens sollte es darum gehen, die innergesellschaftlichen Spannungen jedenfalls so einzuhegen, dass *gemeinsame Perspektiven im Gespräch* eruiert werden können. Das verlangt von der Mehrheitsgesellschaft nicht, sich selbst im Sinne bestimmter Minderheiten zu entäußern. Wohl aber kann man „die Perspektive umdrehen und – statt nur einen Umgang mit den existierenden Bewegungen zu suchen – einen Prozess der gesellschaftlichen Selbstreflexion beginnen und fragen: Was für eine Gesellschaft bringt derartige Bewegungen hervor, was sind ihre strukturellen Voraussetzungen?" (Nachtwey et al. 2020, S. 63).

Für die mutig anmutende These spricht der funktionale Zusammenhang zwischen Demokratie und Marktwirtschaft, der quasi die Globalisierung mitführt. Das konstruktive *Miteinander von Demokratie und Marktwirtschaft* beruht auf der systematisch unterschiedlichen Dynamik in beiden Systemen, wenn es um die Reaktion auf veränderte Bedarfs- und Präferenzlagen geht. Präferenzveränderungen finden in der offenen Gesellschaft permanent statt, weil aus dem Zusammenspiel aus Erfahrung, Erleben und Erwartung Neubewertungen resultieren. Die demokratischen Regeln und Verfahren führen dazu, dass diese Veränderungen mit Verzögerung in politischen Entscheidungen münden. In der Marktwirtschaft generiert deren grundsätzliches Versprechen, die

Koordinationsprobleme beider Marktseiten informationseffizient und wirksam zu lösen, die Erwartung auf mehr; zugleich beruht sie auf der impliziten Zusage, ständig etwas anders machen zu können. Freiheit der Wahlentscheidung trifft mithin in beiden Systemen – Demokratie und Marktwirtschaft – auf unterschiedliche Wirkungsmechanismen, die sich im Ergebnis gegenseitig zu stabilisieren vermögen. Denn die Demokratie bedarf exogener Impulse der Präferenzveränderung, um der Erstarrung zu entgehen, und die Marktwirtschaft bedarf – erst recht in der Globalisierung – der stabilen und verlässlich willkürfreien Rahmung für die Wirkung ihrer Impulse; national, transnational und global.

Mehr noch: Die Absage an die Globalisierung würde die Freiheits-ängstlichen prämieren und den extremen politischen Positionen Zuspruch vermitteln, die so oder so den Staat verzichtbar machen wollen. Die grundsätzliche Bewahrung der Globalisierung benötigt aber den Nationalstaat zwingend als Handlungseinheit, der Kooperation, Aushandlung und auch – friedlichen – Konflikt organisierbar und vor Ort lebenspraktisch vermittelbar macht. Umgekehrt wird deshalb für die Demokratie ein Schuh daraus: *Die Globalisierung fungiert als Sicherung der verantwortlichen Freiheit.* Das entspricht am ehesten dem liberal-demokratischen Ansatz der europäischen Gesellschaften:

- Für das konkrete Erleben der Pandemie lässt sich zeigen, dass Globalisierung demokratischer Offenheit dienlich ist, geht es doch um das verfassungsrechtliche Gebot, dass Einschränkungen der Grundrechte – in Deutschland auf Grundlage des Infektions-schutzgesetzes (§ 5) nach Feststellung einer „epidemischen Lage von nationaler Tragweite" durch den Deutschen Bundestag – nur vorübergehend hinnehmbar, den Prinzipien der Verhältnismäßigkeit sowie des Übermaßverbots Rechnung tragen müssen und jedenfalls nach erfolgreicher Pandemieeindämmung sowie bei hinreichendem Verständnis der epidemiologischen Lage zurückzunehmen sind (Kumm 2020). Die freiheitsangemessene und grundrechtskonforme Gestaltung des Ausnahmezustands wird zur nationalen Heraus-forderung, der möglicherweise angemessener in internationaler und supranationaler Zusammenarbeit entsprochen werden kann, weil dadurch die Pandemiebekämpfung effizienter und effektiver gelingt, sodass national und regional größere Freiheitsspielräume verbleiben.

- Diese Freiheitsrechte enden nicht an der Grenze, jedenfalls nicht in Europa, wo den Unionsbürgern das Recht der Freizügigkeit (Art. 21 A-EUV) verbürgt ist. Auch dessen Einschränkung stößt deshalb schnell auf juristische Hürden (Gosewinkel 2020). Weltweit hatten laut WHO 194 Staaten während des Frühjahrs-Lockdowns 2020 ihre Grenzen ganz oder weitgehend geschlossen. Die Erwartung der EU-Kommission, dass eine Schließung der Außengrenzen dazu führen könnte, die Binnengrenzen schneller zu öffnen, hat sich nicht erfüllt. Der Grundsatz der Verhältnismäßigkeit wurde schnell ignoriert, andere, gezieltere Interventionen nicht geprüft. Freiheitseinschränkung und Deglobalisierung gehen dann Hand in Hand. Das ist der hohe Preis, den man dafür zahlt, dass der Staat einerseits seiner Bevorratungsaufgabe für kritische Ressourcen nicht entsprochen hat und andererseits wettbewerbsrechtlich und -politisch den Marktstrukturen hinterherläuft.

- Die These, der Ausnahmezustand sei die Stunde der nationalen Exekutive, ist zwar empirisch belegbar, aber Ausdruck eines überkommenen Denkens. Denn in einer Welt der Freiheitsrechte orientieren sich Pandemien nicht an Nationalstaatsgrenzen. Kooperationsvorteile liegen in den Regionen unabhängig von Grenzverläufen und eine effiziente Nutzung der Ressourcen des Gesundheitssystems mag schnell nach internationaler Zusammenarbeit rufen. So bedarf es vielleicht keines europäischen Pandemieplans, wohl aber einer supranationalen Koordinierung im Pandemiefall. Der starke handlungsfähige kollektive Akteur muss im 21. Jahrhundert nicht mehr in erster Linie und allein der Nationalstaat sein, Souveränität muss als Handlungsfähigkeit gedeutet werden, die sich aus der demokratischen Legitimation in Kooperationen gründen kann. Dann gibt es keine Not, den Ausnahmezustand national zu lösen versuchen.

Trotzdem ist klar, dass die Covid-19-Pandemie den *Druck auf die Globalisierung* – ihre Strukturen und ihre politische Rahmung – erhöht, der bereits durch Klimaveränderung, Digitalisierung, „strukturelle

Heterogenität" begründet ist (HDG, Abschn. 5.1). Als hilfreich dürfte sich auch jetzt erweisen, die Globalisierung als normatives Projekt zu verstehen, was nichts Anderes bedeutet, als dass es nicht die *eine* Globalisierung gibt, sondern verschiedene Ordnungsmodelle, Funktionsweisen und Themen. Um eines aber geht es immer: Um die Mobilisierung von Spezialisierungsvorteilen, die allen beteiligten Volkswirtschaften mehr Wohlstand begründen.

Globalisierung (vgl. Übersicht „Globalisierung – Verständnis, Folgen, Herausforderungen"), das ist für unsere Betrachtung immer leitend, wird allerdings nicht auf den *Warenhandel* reduziert, sondern ebenso auf *Migration, Kapitalmobilität* und *Wissensdiffusion* bezogen; hier setzen wir die Differenzierung fort, die wir in unserem Buch „Die erschöpfte Globalisierung" (HDG) entwickelt haben. Aus dem Ineinandergreifen der vier Dimensionen der Globalisierung ergeben sich neben der verbesserten Arbeits-, Wissens- und Risikoteilung unterschiedliche Vorteile: Die Kapitalmobilität erhöht durch eine verbesserte Allokation die Risikotragfähigkeit des Systems, die Migration ermöglicht kulturelle Gewinne und gesellschaftliche Differenzierung, die Wissensdiffusion eröffnet Potenziale auf Erkenntnisgewinne, der Handel macht nutzbar und präsent, was andere können und was man selbst vermag. Diese Vorteile wieder mit Überzeugungskraft auszustatten und die Chancen für eine inklusive – dritte – Globalisierung zu ergreifen, verlangt eine umfassende Debatte all der Elemente, die zur Tendenzwende gehören, sowie all der Effekte, die von der Pandemie ausgehen.

---

**Globalisierung – Verständnis, Folgen, Herausforderungen**

*Verständnis: Globalisierung und Globalität*

- Weltweite Vernetzung von Akteuren, Organisationen, Prozessen, Strukturen und Märkten
- Herausbildung globaler Akteure, Organisationen, Prozesse, Strukturen und Märkte
- Dimensionen: Migration, Güterhandel, Kapitalverkehr und Wissensdiffusion

Folgen: Ausweitung von Fremdbeeinflussung und gegenseitigen Abhängigkeiten

- De-Nationalisierung setzt Nationalstaat und demokratische Souveränität unter Druck
- Vereinheitlichung kultureller Orientierungen und Standards
- Neukonzeption von Raum und Zeit durch die Verbindung des Ungleichzeitigen

Herausforderungen: Schwierige Gestaltungsaufgaben

- Ordnungspolitische Antworten für Sicherheit, Klima, Gesundheit
- Entwicklung und Akzeptanz alternativer Governance-Modelle, Global Compact for Africa
- Neue Netzwerke und Reform der Institutionen; Sicherung der Urbanisierung

Quelle: In Anlehnung an HDG, S. 20 f.; aktualisiert.

## 1.5 Die Herausforderung: Netzwerke für Hierarchien

Die Erschöpfung der Globalisierung hat sich in den vergangenen fünf Jahren nicht nur bestätigt, sondern verschärft – auf allen relevanten Handlungsebenen und aus vielen Gründen. Die damit verbundene neue Dominanz der Hierarchien antwortet darauf, dass der Einzelne „heute wahrhaftig zur Freiheit verdammt" ist und deshalb nach Stabilität, Sicherheit, Identität und Würde sucht (Mishra 2017, S. 187). Dass der einfache Umkehrschluss – quasi als Test des Arguments – in die Irre führt, dass nämlich die Unfreiheit dem Einzelnen weder Würde noch Identität noch Sicherheit noch Stabilität gewährt, wie es die Geschichte unzählige Male erweist, reicht bei vielen Kritikern der Globalisierung nicht aus, um eine Abwägung vorzunehmen, die so oder so zu einer Disziplinierung der Freiheit führt. Die Geschichte der Moderne seit zweihundert Jahren lässt sich als der wiederkehrende Versuch deuten, genau das zu leisten: die Freiheitsberechtigung des Individuums mit der (subsidiär gedachten) Freiheitsverpflichtung der Institutionen,

Ordnungen, Verfahren auszutarieren et vice versa in ein tragfähiges Verhältnis zu bringen. Das erfordert zum einen die ökonomische Freiheit nicht von der politischen und der gesellschaftlichen Freiheit zu trennen, das erfordert zum anderen die Globalisierung als Gestaltungsaufgabe zu verorten. Die Ablehnung der Globalisierung muss dann als Absage an die Freiheit verstanden werden. Die These, dass die *Globalisierung zur Resilienzstärkung einer offenen Welt der Ordnungsschwächen und der Orientierungsverluste* führe, setzt hier an.

Dass es deshalb sinnvoll ist, sich gegen die Ablehnung der Globalisierung zu stellen und neue Wege multilateraler Öffnung und Kooperation zu suchen, ist unter Ökonomen weniger umstritten, die der Marktwirtschaft wegen ihrer Freiheitsverpflichtung zuneigen. Das setzt freilich voraus, dass man Ökonomik nicht – wie es Thomas Piketty (2015) mit viel empirischem Aufwand und großem öffentlichen Zuspruch für die Verteilungsdynamik unternommen hat – als Suche nach ewigen Bewegungsgesetzen der wirtschaftlichen Welt und nicht als Drang zu *general laws of capitalism* versteht. „The quest for general laws of capitalism is misguided because it ignores the key forces shaping how an economy functions: the endogenous evolution of technology and of the institutions and the political equilibrium that influence not only technology but also how markets function and how the gains from various different economic arrangements are distributed" (Acemoglu und Robinson 2015). So interessant und politisch wirkmächtig die Thesen von Thomas Piketty (2015) auch sind, am Ende sind sie ökonomisch wegen der Vernachlässigung jener Kontexte ohne überzeugende Aussage. Tatsächlich weisen die Entwicklung einmal in dieser Richtung, dann in jene. Es gibt kein Gesetz fortlaufender Globalisierung, aber auch keines eines zwingenden Niedergangs der Globalisierung. In der Rückschau lässt sich jedenfalls festhalten (HDG, vor allem Kap. 2 und 3),

- dass die Zeiten offener Grenzen und wirtschaftlicher Integration für die Wohlstandsentwicklung der Menschen von Vorteil war und zuvor ungeahnte Zuwächse an Arbeit, Einkommen und Vermögen ermöglichte (Mishra 2017);

- dass eine ungeordnete Dynamik der Globalisierung zu einer Über-forderung der zur Freiheit verdammten Individuen führte und gesellschaftliche Spannungen sowie politische Restriktionen begründete;
- dass einfache Modernisierungshypothesen – für die Gruppe der Transformationsökonomien wie für die etablierten Demokratien – in die Irre gehen, Enttäuschung programmieren und den Beitrag des progressiven Westens als Benchmark fehldeutet;
- dass der national angelegte Vorrang der Hierarchien, wenn er nicht durch neue Netzwerke umgarnt wurde, in seiner Dynamik auf Dauer konfliktträchtig ist;
- dass die Bildung und Entwicklung von Institutionen für die Stabilisierung nationaler Freiheitsräume ebenso bedeutsam sind wie für die globale Freiheit.

Öffentlich und medial wird diese Differenzierung nicht vorgenommen und es werden die Widersprüche übersehen, die sich daraus ergeben, dass die Erträge der Globalisierung in Form höherer Einkommen und Kaufkraft gerne genommen, die Voraussetzungen über inter-nationalen Wettbewerb und Spezialisierung aber ebenso gerne ver-drängt werden. Der Ruf nach dem Staat, der das eine sichert und das andere abwehrt, ergeht vielstimmig und er ist bei den politischen Extremen mit der Perspektive verbunden, den Nationalstaat eigent-lich überflüssig zu machen. In dieses Gestrüpp von Widersprüchen, Konflikten, Unstimmigkeiten, nervöser Reizbarkeit kam als exogener Schock die Covid-19-Pandemie. Die historische Einmaligkeit der öko-nomischen Epoche seit dem Zweiten Weltkrieg begründete in ihrer Qualität und Quantität ebenso historisch einmalige staatliche Inter-ventionen. Das führt zu sehr grundsätzlichen Fragen. Deshalb startet der Blick nach vorne mit den *wirtschaftspolitischen Rettungspaketen,* die mehr oder weniger weltweit geschnürt wurden und erhebliche Folgen in den jeweiligen Volkswirtschaften haben, die weit über die reine Reaktivierung des ökonomischen Lebens hinausgehen:

- *Sind die Volkswirtschaften des Westens nun weniger kapitalistisch?*
- *Ist dies die Stunde der staatskapitalistischen Wirtschaftsweise wie in China?*
- *Ist die marktwirtschaftliche Steuerung weniger bedeutsam?*
- *Was bedeutet dies für die Robustheit der Staaten?*
- *Welche langfristigen Folgen hat der Anstieg der globalen Verschuldung bei Staaten und Unternehmen?*
- *Muss mit einem trendmäßig schwächeren Wachstum gerechnet werden?*
- *Leben wir nicht nur vorübergehend in einer 90-Prozent-Ökonomie?*
- *Welche Rolle gewinnt die digitale Transformation nach dem Anwendungsschub im Lockdown?*
- *Mit welchen Arbeitswelten gehen wir in die kommenden Jahre?*

Diese Fragen lassen den Wirkungsraum der Pandemie erahnen, in dem die Bedingungen der erschöpften Globalisierung neu bestimmt werden. Nicht alle damit angesprochenen Aspekte und Themen sind gleichermaßen bedeutsam. Das richtet sich nach dem Zusammenspiel mit den zuvor erörterten Tendenzen und Trends.

1. Die Erschöpfung der Zweiten Globalisierung als Wohlstandseffekt und als Folge gesellschaftlicher Überdehnung, normativer Unklarheit, fehlender Globalisierung der Zivilgesellschaft, Systemkonflikt und *Global Power Competition* ist durch die *Rückkehr der Hierarchien* zur Existenzfrage geworden. Gleichzeitig suchen die großen Mächte nach neuen Perspektiven wirtschaftlicher Aktivierung – „China 2025", „The endless frontier act" des US-Senats, „NextGenerationEU" – und übersehen die Beiträge, die dafür eine kooperative Globalisierung zu leisten vermag. Der *Wettbewerb der Großen Mächte* stellt nicht nur die globale Kooperation infrage, sondern bewirkt, dass in den Staaten vergleichbare Strategien zur Stärkung der Wirtschaftskraft entwickelt werden. Dahinter schwebt aber die Frage, ob es mehrere gleichermaßen nachhaltig gangbare politische Wege der kapitalistischen Wirtschaftsweise mit Marktkoordination geben kann. Zugespitzt: Kann die Marktwirtschaft dauerhaft in der Diktatur überleben? Eine historische Analyse und eine systematische Betrachtung

werden dies negieren, obgleich das Scheitern der Modernisierungshypothese dafür wenig Hoffnung macht.

Man könnte also auf den Zeitablauf hoffen. Solange aber kommen
die demokratischen Verfassungen unter Druck, sodass die
*Erschöpfung der Globalisierung* auch als *Erschöpfung der Demokratien*
gedeutet werden kann. Die gesellschaftsweite Globalisierungskritik
oder Globalisierungsablehnung (im Westen) zahlt auf den *Wettstreit
der Großen Mächte* ein. Doch man fragt sich: Warum eigentlich?
Welche Interessenkollision treibt dazu? Globalisierung wird dann
nicht mehr mit der Aussicht verbunden sein, für die Welt als Ganzes
neue Potenziale zu öffnen, sondern nur für den Stärkeren, der dann
die Regeln setzt, die bislang von den so gescholtenen internationalen
Institutionen multilateral formuliert wurden.

2. Die Bereitschaft in den Gesellschaften des transatlantischen Westens,
   diese Entwicklungsperspektive jedenfalls nicht als Hinderungsgrund
   zu sehen oder gar als Motivation, für die Globalisierung grundsätzlich einzutreten, lenkt den Blick auf die große Aporie einer
   Zukunftserzählung. Die daraus resultierende Leere, Offenheit und
   Unbestimmtheit schüren rückwärtsgewandte Erwartungen oder gar
   dystopischen Erzählungen. Nicht selten wird mit einer moralisch
   überhöhten Forderung geantwortet, um dem Systemversagen die
   gute Tat des guten Menschen entgegenzusetzen – *Moralisierung als
   Ersatz der Globalisierung*. So oder so: Die Menschen sind auf Identitätssuche, und zwar mit der Annahme, dass ihr Identitätsegoismus
   nicht nur technisch möglich, sondern gesellschaftlich hinnehmbar
   sei. *Erschöpfung und Müdigkeit bei leichter Reizbarkeit* wenden sich
   gegen ferne Kräfte und verkennen, dass die Freiheit im globalen
   Kontext nicht zwingend gegen nationale Demokratie und Souveränität wirken muss. Jedenfalls können das Absterben des Staates und die
   Identität der Scholle keine überzeugende Antwort dafür liefern.

   Auch der Spruch „Grenzen töten", den ein Club an der Berliner Spree
   als Parole in den Jahren der erschöpften Globalisierung ostentativ
   aufgehängt hat, liefert außer moralischer Anfangswürde keinen auch
   nur näherungsweise praktikablen Ausweg. Grenzen ermöglichen auf
   elementare Weise Autonomie, Sicherheit, Ordnung und Frieden,
   wenn im Sinne des westlichen Konzepts der Staatlichkeit sich damit

der Grundsatz der Nicht-Einmischung in die inneren Angelegenheiten eines anderen Landes und der Grundsatz der Gleichheit der Staaten im internationalen Recht unabhängig von Größe sowie innerer Verfasstheit verbinden. Grenzen sind zugleich Behinderung und Beschwernis, deshalb kommt es darauf an, die Staaten zusätzlich durch einen gemeinsamen Rahmen zu verbinden, der Freiheitsräume erweitert ohne Sicherheitsbedürfnisse zu ignorieren. Der so verstandene Staat – der „rationale Staat" des Westens im Sinne Max Webers – dient wirksam der Sicherheit, dem Wohlergehen und Selbsterhaltung der Bürger. Wir müssen uns den Widersprüchen stellen, die sich aus dem Freiheitsanspruch der einen und den Sicherheitswünschen der anderen ergeben, indem den betroffenen Hierarchien globale Netzwerke angelegt werden. Das war die unverändert innovative Idee nach dem Zweiten Weltkrieg mit der Errichtung von UNO, IMF und Weltbank. Und deshalb gilt als starkes Argument: *Die Globalisierung fungiert als Sicherung der verantwortlichen Freiheit.* Das entspricht am ehesten dem freiheitlich-demokratischen Ansatz der europäischen Gesellschaften.

3. Noch ist unbestimmt, welche *Rolle Covid-19 für die Weltwirtschaft* letztlich haben wird. Als Game Changer, als Katalysator oder gar als treibende Kraft der Tendenzwende? In jedem Fall führt die Rückkehr der Hierarchien in einer Epoche hochgradiger kommunikationstechnischer und infrastruktureller Vernetzung zu Fragen der angemessenen Governance, der Staatlichkeit und der Bedeutung der Zivilgesellschaft. Ganz besonders bedeutsam war der Lockdown als Lieferschock für das Wesensmerkmal der zweiten Globalisierung: die Entwicklung globaler Wertschöpfungsketten. Welche Mechanismen der unternehmerischen Anpassung waren erfolgreich? Wie hoch ist der volkswirtschaftliche Preis der Desintegration? Und auch: Was bedeutet das *Social Distancing* für die Zukunft der Städte und der Urbanität als wesentliches Merkmal der großen Modernisierung seit dem frühen 19. Jahrhundert? Droht die Abwicklung der Moderne?
Die *Dritte Globalisierung* wird sich von der zweiten nicht so sehr durch das Wesensmerkmal globaler Wertschöpfungsketten und Unternehmen unterscheiden, wohl aber durch Institutionen, die eine resiliente und in jeder Hinsicht – ökonomisch, ökologisch,

sozial – nachhaltige Kooperation ermöglichen können. Auch weiterhin wird gelten: Staaten sind immer mehr durch öffentliche Infrastrukturen mit Netzwerkcharakter geprägt, die sie nicht mehr wie früher allein gestalten und bespielen können. Das Miteinander von institutionellen *Lösungen für Weltsicherheit, Weltgesundheit, Weltklima und Welthandel* wird ganz grundsätzlich darüber entscheiden, ob ein Neustart gelingen kann. Für eine zukunftsfähige Governance wird zu prüfen sein, ob und inwieweit die Globalisierung der Zivilgesellschaft neue Optionen und Perspektiven schafft. Letztlich steht die künftige Globalisierung für die Bereitschaft der aktiv sich einbringenden Gesellschaften, Verantwortung global zu übernehmen und Souveränität dafür zu teilen. Das wiederum erfordert Öffentlichkeit – öffentliche Räume – und damit vitale Urbanität.

# 2

# Konfrontation statt Kooperation in der Welt vor Covid-19: Vom Systemwettbewerb zum Systemkonflikt

Der sich zuspitzende Systemwettbewerb hat in den vergangenen Jahren erheblich an Dynamik gewonnen. Viele Tendenzen haben sich zu Trends verstärkt, manche einen vorläufigen Höhepunkt oder sogar Abschluss gefunden. Erste Konsolidierungen und Korrekturen sind – wie die hoffnungsvollen Signale zum Jahresende 2020 – ebenfalls zu verzeichnen, ohne dass damit eine Rückkehr zu einer multilateral geordneten Globalisierung greifbar wird. Den Wettstreit der Systeme dominiert die Globalisierung: das freiheitliche, demokratisch-kapitalistische netzwerkbasierte Modell auf der einen Seite und der suppressive Kollektivismus des hierarchisch-chinesischen Staatskapitalismus auf der anderen Seite. Trotz der Hoffnungsschimmer hat sich nichts daran geändert, dass die sich verstärkenden und ausformenden Entwicklungen in ihrer Gesamtschau eine neue Dimension des globalen Ringens um die Systemhoheit darstellen. Die Zeit des *gestalteten Systemwettbewerbs,* die konfliktfreie Gleichzeitigkeit der unterschiedlichen Systeme im Sinne eines „Leben und leben lassen" scheint vorüber.

Der *Systemwettbewerb ist zum Systemkonflikt* mutiert. Wo man sich vorher trotz gegenseitigem Unverständnis noch auf die Vorteile der Kooperation besinnen konnte, herrscht nun allenfalls eine gebändigte

M. Hüther et al., *Erschöpft durch die Pandemie,* https://doi.org/10.1007/978-3-658-34345-3_2

Konfrontation – sie entfaltet in unübersichtlichen Zeiten durch die Fokussierung und Bündelung der Energien identitätsstiftende Wirkung. Unsere Hypothese zur Erklärung dieser Entwicklung zielt in besonderem Maße auf das historisch gewachsene Selbstverständnis der sich gegenüberstehenden Systemprofile sowie auf die gesellschaftspolitische Motivation ab, die sich aus der vielerorts geopolitisch virulenten Suche nach Identität ergibt. Wirtschaftspolitik – sei es als Industriepolitik, sei es als Kapitalmarktpolitik, sei es als Geldpolitik – ist, getrieben durch die gesellschaftlichen Selbstvergewisserungsnöte, zum Objekt geopolitischer Interessen geworden:

- Im Vordergrund steht zunächst die normative Überforderung der international tätigen Unternehmen, die durch die ideologische Regression Chinas eine besondere Bedeutung gewinnt. Wenn vormals geschlossene Wirtschaftsräume so selbstbewusst wie aktuell ihre Entwicklungspotentiale ausschöpfen, stellt die Globalisierung weltweit agierende Akteure unweigerlich vor die Schwierigkeit, wertebezogene Konflikte überhaupt und dann angemessen zu adressieren. Dabei gelangen Unternehmen nicht nur vor Ort im Zielland, sondern ebenso daheim unter Druck, der sich zu kräftigen *Spannungen und Dilemmata* weiten kann (Abschn. 2.1).
- Der transatlantische Westen, der lange Zeit als Orientierung dienen konnte, dividierte sich unbedacht, mitunter von den USA getrieben und von den Europäern moralisch verengt, eher auseinander: Der westliche Systemerfolg im Kalten Krieg zeigt sich zunehmend als Pyrrhussieg – insbesondere, da die Akteure vor allem in Europa zulange übersahen, dass eine neue inhaltliche Ausgestaltung vonnöten ist, sodass schließlich der US-amerikanische Präsident Trump fast selbstverständlich die *transatlantischen Gemeinsamkeiten* und die Potenziale kooperativer Allianzen ignorieren konnte. Sein Nachfolger Joe Biden wird zwar auf die Kooperation mit Europa setzen, wenn es darum geht, China einzudämmen, zugleich aber die Konflikte mit den Partnern fortsetzen. Und die Europäer müssen erst noch beweisen, dass sie die Zeichen der Zeit in der transatlantischen Zusammenarbeit erkannt haben (Abschn. 2.2).

- Währenddessen schaffen die chinesischen Hierarchien geopolitisch Tatsachen, indem sie militärisch das Südchinesische Meer beanspruchen und ökonomisch über den Korridor der neuen Seidenstraße bis nach Europa vordringen. Der Abschluss des RCEP-Abkommens im Pazifikraum markiert die selbstbewusste Nutzung des Freiraums, der durch die Aufkündigung der Transpazifischen Partnerschaft (TPP) durch Trump entstanden war. Zwar haben die USA und die EU netzwerkbasierte Alternativen in Stellung gebracht. Bislang können sie der fernöstlichen Offensive aber kaum entgegentreten; gemeinsame *Geopolitik* will erst wieder geübt sein. Der Test auf Wirksamkeit und damit Glaubwürdigkeit des Investitionsabkommens der EU mit China steht noch aus, zumal die offizielle Unterzeichnung erst unter französischem EU-Ratsvorsitz erfolgen soll und bis dahin noch weitere Verhandlungen über den genauen rechtlichen Text des Abkommens erforderlich sind (Abschn. 2.3).
- Dabei befindet sich der Westen mangels gemeinsamer strategischer Positionierung unverändert in der Defensive. Die Europäische Union wirkt mitunter träge, tritt aber bei näherer Betrachtung häufig klug und abgewogen für ihre Interessen ein, vor allem dann, wenn sie interne Interessengegensätze überwinden kann. In den USA wird die *Industriepolitik* wiederentdeckt und der Versuch unternommen, die Globalisierung – unter Trump wie unter Biden – mit einem *Decoupling* jedenfalls teilweise rückabzuwickeln (Abschn. 2.4).
- In den westlichen Demokratien verbirgt sich hinter der zur Globalisierungsablehnung geronnenen Kritik der weltweiten Arbeits-, Risiko- und Wissensteilung eine gesellschaftspolitisch virulente *Identitätssuche,* nachdem das „Ende der Geschichte" (Fukuyama 1992) nicht wie erwartet eingetreten ist. Der Mangel an einer überzeugenden Zukunftserzählung wirkt deshalb umso stärker. Auf Kritik stößt auch der Aufstieg demokratisch nicht legitimierter Kräfte – *ungewählter Mächte* – die maßgeblich die wirtschaftspolitischen Geschicke von Staaten beeinflussen. Besondere Bedeutung kommt den zivilgesellschaftlichen Diskursen zu, über die in freiheitlich organisierten Demokratien selbst grundlegende Konflikte ein Ventil finden können (Abschn. 2.5).

## 2.1 Politische Dilemmata und normative Überforderung: Das Ringen um den Umgang mit Fernost

Die letzten Jahre haben immer wieder eine Vertiefung der normativen Konfliktlinien offengelegt. Die dem *International Consortium of Investigative Journalists* (ICIJ) zugespielten *China Cables* stehen hierfür exemplarisch, belegen sie doch glaubhaft die Internierung von wohl über einer Millionen Uiguren in der nordwestlichen chinesischen Provinz Xinjiang. Sichtbar werden Systematik und Rücksichtslosigkeit, mit der die chinesischen Hierarchien eine ganze Volksgruppe unterdrücken und umzuerziehen versuchen. Gleichzeitig zeigt sich, wie schwierig die Geheimhaltung solch eklatanter und systematischer Menschenrechtsverletzung im digitalen Zeitalter ist. Wie bei verschiedenen Datenleaks in der jüngeren Vergangenheit, brauchte es offensichtlich nur einzelne Whistleblower mit Zugang zu als geheim deklarierten Dokumenten, um diese an reputierliche internationale Recherchenetzwerke weiterzugeben. Die Netzwerke haben dann die Möglichkeit, ihre Erkenntnisse auf nationalen Plattformen zu teilen und so eine interessierte Weltöffentlichkeit – zumindest außerhalb des zensierten (chinesischen) Systems – zu erreichen (Obermaier und Obermayer 2019; Ramzy und Buckley 2019).

Global tätige Unternehmen stehen dann mit Blick auf die normativen Fragen ihrer weltweiten Aktivitäten durch die internationale sowie die nationale Zivilgesellschaft unmittelbar unter Rechtfertigungsdruck: „Unsere Unternehmen nehmen ihre gesellschaftliche Verantwortung auch dort sehr ernst, wo die Rechtslage nicht unserer westlichen Werteordnung entspricht" (Sigmund 2019), antwortet beispielsweise der Bundesverband der Deutschen Industrie (BDI) auf eine Journalistenanfrage zu den *China Cables* und verweist direkt im Anschluss auf die primäre Verantwortung der Politik. Im Investitionsabkommen mit China indes konnte die EU – und damit auch die deutsche Politik – nur geringe Fortschritte bei Arbeitsstandards und am wenigsten bei Menschenrechten erreichen. Das Vereinigte Königreich hingegen hat am Jahresanfang 2021 deutlich gemacht, dass es Menschenrechtsverletzungen durch die Chinesen nicht hinzunehmen

bereit ist und beachtliche Strafen für Unternehmen mit einem Jahres-
umsatz von über 40 Mio. EUR fixiert, wenn Lieferketten in die
Internierungslager in Xinjiang führen (NZZ 2021).

Auch wenn die Abhängigkeit der deutschen Wirtschaft von China
wohl überschätzt wird (Matthes 2019), manifestieren sich tief-
erliegende Konfliktlinien bei Unternehmen wie dem Volkswagen
Konzern, der knapp 40 Prozent seines Pkw-Auslandsabsatzes in
China realisiert (Volkswagen AG 2020, S. 103). Dass VW auch in
Urumqi, Xinjiang, produziert, Schätzungen zufolge aber nur rund
ein Achtel der Angestellten an dem Standort der uigurischen Minder-
heit angehören, kritisieren Menschenrechtsaktivisten seit der Werks-
gründung 2012. Zudem soll das Unternehmen einen Vertrag mit der
bewaffneten chinesischen Volkspolizei geschlossen haben, der auch
„militärisches Training" für die Mitarbeiter vorsieht (Deuber et al.
2019). Offene Kritik oder schon die Verweigerung der Kooperation mit
den Behörden im fernen China kann für VW, seine Anteilseigner sowie
seine Angestellten in Deutschland signifikante wirtschaftliche Folgen
haben. Um dies zu vermeiden, wird „auf Zehenspitzen daherkommende
Reaktionen auf die Schikanen" gesetzt (Segbers 2020). So nehmen die
Akteure in Kauf, sich auf normatives Glatteis zu begeben, wofür sie sich
wiederum von der nationalen Zivilgesellschaft – die ihrerseits Teil eines
internationalen Netzwerks ist – Kritik einhandeln (Deuber et al. 2019).

Zugleich finden sich aber auch Positionen, die sich dem *moralischen
Dilemma* nicht entziehen, sondern es offen benennen und dessen
Lösung keineswegs nur den Unternehmen zuweisen. Vermutlich – so
hört man hier hindurch – gibt es gar keine Lösung. Denn:

> „Auch, wenn China ein schwieriger politischer Partner ist, sollten wir
> Europäer uns nicht in den kalten Handelskrieg hineinziehen lassen,
> den die USA mit China führen. Denn der Ansatz der Regierung Biden,
> hier gehe es um einen grundsätzlichen Konflikt zwischen ‚Demokratie
> und Autokratie', weist in die falsche Richtung. Diese ‚moralisierende
> Außenpolitik', die einseitig Werte über Interessen stellt, stößt –
> zunehmend auch im Verhältnis zu anderen Staaten – an ihre Grenzen.
> Sie wirkt angesichts der globalen Herausforderungen wie aus der Zeit
> gefallen. Klimawandel, Pandemien oder Migrationsströme machen an

nationalen Grenzen nicht halt. Nur gemeinsam kann die internationale Staatengemeinschaft diese Herausforderungen bewältigen. ... Wer glaubt, Sanktionen, einseitiger Druck oder gar militärische Mittel seien wirksamer als Dialog und Konsensfindung, handelt im besten Sinne naiv, aber kaum verantwortungsbewusst. Der Weg des Dialogs ist anstrengend, gelegentlich auch frustrierend. Doch wer kann schon ernsthaft glauben, es gäbe auch nur eine einzige internationale Lösung ohne die Veto- und Atommächte China und Russland?" (Schröder 2021).

Nicola Leibinger-Kammüller, geschäftsführende Gesellschafterin der mittelständischen deutschen Trumpf-Gruppe, erkennt diese Deutung durchaus an: „Es bleibt ein Zwiespalt. Eigentlich müsste man sagen: Wir gehen als Wirtschaft offensiv damit um, gerade weil die deutschen Unternehmen ein hohes Ansehen genießen. Das wäre moralisch richtig. Aber es muss wertschätzend geschehen. China ist wichtig, auch für Trumpf" (Preuss 2020). Was moralisch richtig wäre, hat mit Blick auf die Umsätze in Fernost die Kraft, das Überleben des Unternehmens zu gefährden. Denn so lässt sich der Trumpf China-Direktor zitieren: „Wenn man all diese Themen verfolgt, verkauft man irgendwann nur noch im Ländle" (Preuss 2020).

   Diese Beispiele machen die *globalisierungsbedingten Rückkopplungs-effekte der Fern- und Fremdbeeinflussung* auf die nationale Realität greifbar, die sich aus ungeklärten normativen Konflikten am anderen Ende der Welt ergeben. Wer Globalisierung als normatives Projekt versteht (HDG, Abschn. 1.5), dem ist klar, welche schwierigen, ganz konkreten wertebezogenen Fragen die internationale Ausdehnung von Produktionsnetzwerken mit sich bringt. Einige Gesetzgeber versuchen dem dadurch entgegenzuwirken, dass über ein *Lieferkettengesetz* die moralische Verantwortung der Unternehmen an Auslandsstandorten und durch Exporte justitiabel wird (Tab. 2.1). Dieser Ansatz geht auf einen Aktionsplan der Vereinten Nationen zurück, der in den UN-Leitprinzipien für Wirtschaft und Menschenrechte seinen Niederschlag gefunden hat (Ruggie 2018). In den verschiedenen Gesetzen zeigt sich wie unterschiedlich die Interessen und damit die Deutung der UN-Leitprinzipien ist.

**Tab. 2.1** Überblick Lieferkettengesetzgebung

| Land | Gesetzesgrundlage | Geltungs-beginn | Thema | Adressat | Pflichten | Durchsetzungsmechanis-mus |
|---|---|---|---|---|---|---|
| Australien | Modern Slavery Act | 2019 | Sklaverei, Menschen-handel | UN mit >100 Mio. AUD in Australien | Berichts-pflichten | Bekanntmachung von Verstößen |
| | Holzhandels-VO | 2013 | Illegaler Holz-einschlag | EU Holz-importeure & -händler | Sorgfalts-pflichten, Informations-nachhaltung, Risiko-analyse und -minimierung | Nationale Sanktionsmaßnahmen, Bußgelder, Freiheits-strafen |
| EU | CSR-Berichtspflichten-RL | 2017 | Umwelt-belange, Sozial-belange, AN-belange, Menschen-rechte, Korruption und Bestechung | Kapitalmarkt-orientierte UN mit >500 Beschäftigten und >20 Mio. EUR BS oder >40 Mio. EUR Umsatz | Berichts-pflichten | Prüfung durch Aufsichts-rat, Bußgelder, |
| | Konfliktmineralien-VO | 2021 | Finanzierung gewalt-samer Konflikte für ‚Konflikt-mineralien' | UN, die gewisse Mengen dieser Rohstoffe in EU importieren | Sorgfalts-pflichten, Berichts-pflichten | Nationale Sanktionsmaßnahmen, behördlicher Informationsaustausch und Kontrollen |

(Fortsetzung)

**Tab. 2.1** (Fortsetzung)

| Land | Gesetzesgrundlage | Geltungsbeginn | Thema | Adressat | Pflichten | Durchsetzungsmechanismus |
|---|---|---|---|---|---|---|
| Deutschland | Lieferkettensorgfaltspflichtengesetz | 2021 | Menschenrechte | UN mit 3.000 bzw. 1.000 Beschäftigten ab den Jahren 2023 bzw. 2024 | Sorgfaltspflichten, Berichtspflichten | Prüfung, Sanktionierung, Bußgelder |
| Frankreich | Loi relative au devoir de vigilance | 2017 | Menschenrechte und Umwelt | Franz. AGs mit ≥ 5.000 AN in F, oder ≥ 10.000 weltweit | Überwachungsplan und jährlicher Bericht | Zivilrechtliche Schadensersatzzahlungen |
| Niederlande | Wet Zorgplicht Kinderarbeid | 2022 | Kinderarbeit | Alle UN, die in NL Waren oder DL anbieten (außer Transportunternehmen) | Berichtspflichten, Sorgfaltspflichten | Veröffentlichung der Erklärungen, Bußgelder |
| Österreich | Sozialverantwortungsgesetz | Geplant | Zwangs- und Kinderarbeit in der Schuh- und Textilproduktion | Mittelständische und große UN in AT, die Schuhe/Textilien importieren oder handeln | Sorgfaltspflichten | Klagemöglichkeiten für Verbraucherschutzverbände |

(Fortsetzung)

**Tab. 2.1** (Fortsetzung)

| Land | Gesetzesgrundlage | Geltungsbeginn | Thema | Adressat | Pflichten | Durchsetzungsmechanismus |
|---|---|---|---|---|---|---|
| Schweiz | Konzernverantwortungsinitiative | Abgelehnt | Menschenrechte, Umweltstandards | UN mit Sitz o. Haupt-NL in CH | Sorgfaltspflichten, Berichtspflichten | Haftung für Tochter-UN und wirtsch. Kontrollierte UN |
| | Gegenentwurf der Regierung | 2021 | Menschenrechte, Umweltstandards, Korruption in Anlehnung an bestehende EU-Regelungen | Schweizer UN mit Bilanzsumme von 20 Mio. CHF oder Umsatzerlös von 40 Mio. CHF und 500 Vollzeitstellen | Berichtspflichten, Sorgfaltspflichten bei Konfliktmineralien und Kinderarbeit | Bußgelder bei Verletzung der Berichtspflicht |
| USA | Dodd-Frank Act, Section 1508 | 2010 | „Konfliktmineralien" | US-Börsengelistete UN | Berichtspflichten | Bußgelder durch Börsenaufsicht |
| VK | Modern Slavery Act 2015 | 2016 | Sklaverei, Leibeigenschaft, Zwangs- und Pflichtarbeit, Menschenhandel | UN mit Umsatz ≥ 36 Mio. Pfund | Berichtspflichten | Reputationsinteresse |

Quelle: Eigene Darstellung in Anlehnung an Grabosch (2019)

Das grundsätzliche Dilemma besteht darin, dass die zwischen der gewünschten Öffnung vormals abgeschlossener Wirtschaftsräume einerseits und den damit unweigerlich eintretenden wertebezogenen Konflikten andererseits kein einfacher Ausgleich zu organisieren ist. Für Deutschland bleibt anzumerken, dass die angedachte Haftung der deutschen Unternehmen im Einzelfall und besonders für KMU nur schwer darzustellen und zu begründen sein wird sowie dass ein solcher Versuch das Ende der wirtschaftlichen Integration bedeuten kann. Oder in anderen Worten und wie zitiert: Am Ende verkauft jeder nur noch in seiner Heimat. Das China-Geschäft wäre tot. Und an der Menschenrechtslage in China hätte sich vermutlich gar nichts geändert.

Wie groß das damit aufgezeigte Dilemma volkswirtschaftlich ist, wird deutlich, wenn man die gesamtwirtschaftliche Entwicklung im Jahr 2020 betrachtet. Ausgelöst durch Covid-19 wurde in der zweiten Märzhälfte in nahezu allen europäischen Volkswirtschaften, aber auch weltweit ein Lockdown verfügt. Der damit verursachte gleichzeitig angebotsseitig wie nachfrageseitig wirkende Schock führte dazu, dass allerorten das zweite Quartal 2020 durch historische Einbrüche beim Bruttoinlandsprodukt geprägt war. Der Weg aus dem Tal der Tränen ab der Jahresmitte 2020 wäre – bei allen wirtschaftspolitischen Anstrengungen – sicher nicht so stark gewesen, hätte nicht die chinesische Volkswirtschaft, die den Lockdown schon im März verlassen hatte, für kräftige Impulse gesorgt. Speziell für die deutsche Wirtschaft galt, dass Branchen und Unternehmen, die auf Nachfrage aus China setzen konnten, stark begünstigt waren. Die etablierten Wertschöpfungsstrukturen und Lieferketten waren offenkundig zu rekonstruieren, wenngleich Verwerfungen in den Beschaffungsmärkten noch länger zu konstatieren waren.

Deutlich ist damit: Berechtigte unternehmerische und volkswirtschaftliche Erfolgsinteressen überlagern oftmals den Blick auf eine normative Rückbindung, die für eine inklusive Globalisierung letztlich unumgänglich wird. Wie schmerzhaft die dabei abverlangten Kompromisse sind, verdeutlicht das schon angeführte Beispiel der Uiguren; wobei Deutschland im Oktober 2020 zusammen mit Großbritannien in einem gemeinsamen Text die Lage der Uiguren scharf kritisiert hatte und sich mittlerweile 37 weitere Staaten einschließlich den USA der Stellungnahme angeschlossen haben (NZZ 2021). Die Reaktionen Chinas auf Kritik lassen nicht lange auf sich warten. Auf Sanktionen gegenüber einigen beteiligten chinesischen Funktionären antwortete China mit Einreise- und Geschäftstätigkeits-verboten gegenüber europäischen Wissenschaftlern sowie Mitgliedern des Europäischen Parlaments (Gutschker und Böge 2021). Solche Konflikte werden in Zukunft weiter an Bedeutung gewinnen, nicht zuletzt, weil die moralischen Ansprüche saturierter westlicher Gesell-schaften zunehmen werden, ohne für sich genommen Lösungen zu offerieren *(Moralisierung als Ersatz der Globalisierung)*. Insbesondere im Zusammentreffen mit China werden die (ungeklärten) Zwischen-fälle und Menschenrechtsverstöße sich eher mehren, als dass sie sich von selbst erübrigen würden. Das ergibt sich fast zwangsläufig aus dem neuen chinesischen Selbstbewusstsein, dass sich noch deut-licher als in Xinjiang in den Entwicklungen in Hong Kong spiegelt. Bereits über Jahre hatte sich abgezeichnet, dass China die dortige Demokratiebewegung nicht akzeptieren und schrittweise versuchen würde, das Prinzips „Ein Land, zwei Systeme" außer Kraft zu setzen: „Die Ambiguität wird systematisch in eine Eindeutigkeit überführt" (Siemons 2020).

Denn auch das bedeutet der Übergang vom Systemwettbewerb zum Systemkonflikt: *China kann die Gleichzeitigkeit zweier Systeme in seinem Hoheitsgebiet nicht (mehr) aushalten.* Die Umsetzung des chinesischen „Sicherheitsgesetzes" im Juni 2020 und die Verabschiedung eines neuen Wahlgesetzes im März 2021 für Hong Kong ist der vorläufige Gipfel dieser Entwicklung, die eine Null-Toleranz gegenüber Nichtsystem-konformität nach innen und nach außen begründet. Die Bürgerrechte in der Sonderverwaltungszone sind nun deutlich eingeschränkt; Demo-kratiebefürwortern droht die Verhaftung; gleichzeitig setzt sich China unilateral über die im Übergabevertrag mit dem Vereinigten König-reich zugesicherten und 1997 vollzogenen Autonomie hinweg (Raab 2020). Der Systemkonflikt ist nicht mehr zu ignorieren. Wir müssen uns diesem deshalb stellen und – so oder so – dazu Position beziehen. Neutralität kann auf Dauer keine überzeugende Reaktion sein, so schwierig die Antwort auch sein mag. Jedenfalls ist Realismus gefordert, der die handlungspraktische Spannung des moralischen Dilemmas reflektiert. In diesem Sinne kann man das Investitionsabkommen der EU mit China deuten, dass trotz der Zuspitzung in Hong Kong erreicht werden konnte.

Nicht wirklich erstaunlich ist die Reaktion der politisch Verantwortlichen in der Bundesrepublik, denn die ökonomische Bedeutung Chinas für die deutsche Volkswirtschaft ist unbestritten. Die kritischen Aspekte aus Sicht des Bundeswirtschaftsministeriums beziehen sich deshalb auf Fragen des fairen Handelns und des Schutzes geistigen Eigentums (BMWi 2020a). Entsprechend äußerte der deutsche Wirtschaftsminister Peter Altmaier zum völkerrechtlichen Bruch Chinas in Hong Kong „die Meinung, dass durch Handel ein gewisser Wandel erreichbar ist" (Göbel et al. 2020). Von Sanktionen gegenüber China möchte er gar absehen mit der Begründung, er sei „nicht der moralische Oberlehrer der Welt" (Ebd.). Es zeigt sich, wie schwer es ist, sich aus der Zwickmühle der deutschen Abhängigkeit herauszuwinden. Die Bundesregierung hat mit den Anfang September 2020 beschlossenen „Indo-Pazifik-Leitlinien" einen indirekten Kurs eingeschlagen, indem durch bewusste und sogar strategische Fokussierung der Gesamtheit des vom Indischen Ozean und vom Pazifik geprägten Raums – vor allem Japan, Indien und Australien – China aus der Rolle des bedeutsamsten Partners zu einem politischen Wettbewerber mutiert (Bundesregierung 2020a). Jedenfalls ist erkannt worden, dass ein isoliertes politisches Interesse an China allein nicht weiterführt. Auch das kann man als Schritt zu einem breiteren Realismus deuten.

Nachdem das chinesische Sicherheitsgesetz in Hong-Kong die Demokratiebewegung abgeräumt hat, vom Wandel des chinesischen Modells zu sprechen, erscheint in hohem Maße kurzsichtig und realitätsfern. Mit dem jahrzehntealten *Wandel durch Handel*-Mantra wird der Komplexität der Situation nicht Rechnung getragen. Denn die entwicklungspolitischen Ziele hinter der wirtschaftlichen Öffnung Chinas wurden durchaus erfüllt: Als Industriehub der Welt hat das Land in kürzester Zeit ungeahnte Ressourcen aufgebaut und Wachstum geschafften; von Demokratisierungsprozessen ist China hingegen weiter entfernt denn je. Man kann aber die Frage stellen, inwieweit die wirtschaftspolitischen Perspektiven – mehr Konsum, mehr Investitionen im Ausland, mehr Innovationen – neue Ansatzpunkte der Kooperationen schaffen, die sich aus einer Entspannung der außenwirtschaftlichen Position ergeben. Ebenso mag man grundsätzliche Zweifel an einem fortdauernden Aufstieg eines Landes haben (Ferguson 2018, S. 467 ff.). Solche Zweifel sind vor allem mit Blick auf die konstitutionellen Widersprüche zwischen einer marktwirtschaftlichen Steuerung und einer nicht-demokratischen Ordnung begründet, ebenso bei einer sich weiter spreizenden Einkommens- und Vermögensverteilung. Aber es ist kaum vorherzusehen, wann die darin angelegten Spannungen aufbrechen und wie sie gemanagt werden.

Vorerst agiert China unter der Vorstellung fortlaufenden Bedeutungsgewinns, das Zieljahr allen Bemühens – das *100. Jubiläum der Volksrepublik im Jahr 2049* – fest im Blick. So scheut die Führung in Peking nicht die offene Konfrontation mit dem Westen. Dass der Affront in Hong Kong zu diplomatischen Krisen wie dem erzwungenen Schließen des chinesischen Konsulats in Houston führt, scheint aufseiten der Pekinger Führung eingepreist zu sein (U.S. Department of State 2020a). Der chinesische Staatsphilosoph Zhao Tingyang (2020) hat unlängst das traditionelle heimische Herrschaftsprinzip *tian xia* („unter dem Himmel") wiederentdeckt. Demnach stehe alles „unter dem Himmel" dem chinesischen Herrscher zu. Zhao zeichnet so ein kulturhistorisches Selbstverständnis, nach dem das konfuzianische China seinen wirtschaftlichen und politischen Bedeutungsverlust während der vergangenen 200 Jahre als temporär und unbedingt zu überwinden versteht (HGD, Abschn. 2.1). Als Gegenentwurf zu einer freiheitlichen Ordnung wird so im konfuzianischen Sinne die Bedeutung von Einheit und (erzwungener) Harmonie skizziert und die pazifierende Wirkung des Totalitarismus gleich mit legitimiert – dem sich die Untertanen selbstverständlich freiwillig unterordnen. Der globalisierungsbedingte Aufstieg des transatlantischen Westens seit dem frühen 19. Jahrhundert wird zum Betriebsunfall erklärt, den es unverzüglich auszubügeln gilt. Dieser Interpretation pflichtet auch der amerikanische Journalist und langjährige Büroleiter der Shanghaier New York Times Dependance Howard French bei, der in seinem gleichnamigen Buch den chinesischen Geltungsanspruch ebenfalls aus sich heraus als grenzenlos versteht (French 2018). Für ein Land im direkten Machtanspruch Pekings wie Taiwan ist dies eine verheerende Nachricht.

Wichtig für das Verständnis der chinesischen Situation ist des Weiteren, dass Peking trotz aller wirtschaftlicher Dynamik latent ökonomisch unter Druck steht. Die Verlangsamung der Zuwachsraten des Bruttoinlandsprodukts auf fast sechs Prozent im Vor-Corona Jahr 2019 (Abb. 2.1) steht hierfür stellvertretend. Auch wenn andere Regierungen China um eine solche gesamtwirtschaftliche Dynamik beneiden mögen, hat die chinesische Volkswirtschaft zuletzt vor über 20 Jahren eine derart langsame Entwicklung aufgezeigt. An diesem Bild ändert sich grundsätzlich wenig durch die gesamtwirtschaftliche Entwicklung in den Pandemie-Krisen-Jahren 2020 und 2021, wenn nach dem schwachen (aber immerhin überhaupt einem) Zuwachs beim Bruttoinlandsprodukt im Jahr des Lockdowns im Folgejahr ein Zuwachs von 10 Prozent erwartet wird, da dies nur ein Rückpralleffekt ist. Das Argument, dass die Volksrepublik nicht dauerhaft zweistellig wachsen könne, offeriert zwar eine plausible Entlastung für die politische Führungselite. Doch dieser Hinweis trägt nur, wenn die marktwirtschaftliche Steuerung durch einen funktionierenden Preismechanismus getragen wird und damit Ineffizienzen, Ressourcenverschleiß und Wirkungsverluste vermieden werden. Das ist erkennbar nicht der Fall, wie man es

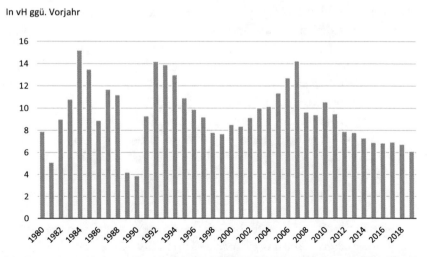

In vH ggü. Vorjahr

**Abb. 2.1**  Zuwachsraten des realen chinesischen Bruttoinlandsprodukts. (Quelle: Internationaler Währungsfonds 2020a)

beispielhaft an der Entwicklung städtischer Infrastruktur erkennen kann (Du 2020). Zudem sollte man nicht übersehen, dass die Kapitalausstattung je Einwohner immer noch weit von den Werten entfernt ist, die in den etablierten Volkswirtschaften gelten (Abb. 2.2). Das zeugt von einem weiterhin enormen Entwicklungsrückstand, der mit einer erheblichen regionalen Ungleichverteilung verbunden ist. Ob diese Trilemma Situation – hohes Wachstum vs. geringe Ungleichheiten vs. kommunistisches System – langfristig aufrechterhalten werden kann ist fraglich (Wagner 2021).

Zunehmend kritisch erscheint, dass das chinesische Wachstumsmodell stark kreditgetrieben ist. Allein die private Verschuldung ist im Jahr 2019 auf 160 Prozent des Bruttoinlandproduktes gestiegen (Internationaler Währungsfonds 2020b); die Staatsverschuldung ist von niedrigem Niveau 2014 bis 2019 um 20 Prozentpunkte angestiegen (ebd.). Und ein Großteil der hohen Auslandsinvestitionen steckt in ineffizienten und höchst risikoreichen Infrastrukturprojekten (Diermeier et al. 2020; vgl. Übersicht „Verschuldungsrisiken auf der Seidenstraße"). Immer lauter werden die Stimmen, die China auf dem Weg in die *Middle Income Trap*

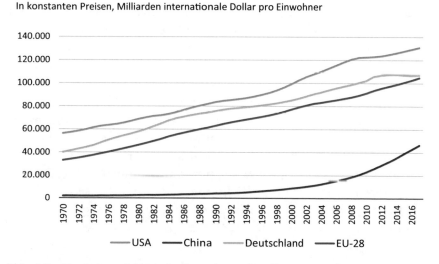

In konstanten Preisen, Milliarden internationale Dollar pro Einwohner

**Abb. 2.2** Kapitalausstattung je Einwohner. (Quelle: Internationaler Währungsfonds 2019a)

sehen. Dies ist ein ursprünglich von Gill und Kharas (2007) geprägter Begriff, der die Konvergenzhindernisse beschreibt, auf die Ökonomien mit mittlerem Einkommen (laut Definition der Weltbank 2020a Länder mit einem BIP pro Kopf zwischen 1000 und 12.000 US-$) stoßen. Bezüglich China wird besonders aus einer institutionenökonomischen Perspektive auf Wachstumshemmnisse verwiesen – etwa auf die immer noch hohe Bedeutung ineffizienter Staatsunternehmen oder die begrenzte Offenheit des Kapitalmarkts. Eine aktuelle Arbeit beleuchtet die chinesischen *Middle Income Trap*-Risiken aufgrund der vermachteten Strukturen in den wichtigen unternehmensnahen Dienstleistungen und Finanzdienstleistungen (Lin und Wang 2020). Erst wenn sich Staatsunternehmen in diesen Branchen zurückziehen so die Prognose, können Unternehmen die wichtige Dienstleistungen effizient und ohne Staatswillkür einkaufen und sich wettbewerbsfähig entwickeln.

Eine maßgebliche Entwicklung, die Chinas Wachstumsdynamik bremsen wird, ist dabei die alternde Bevölkerung („China is growing old before its growing rich"; vgl. Übersicht „Demographie im Systemkonflikt"). Sollten die Wachstumsraten tatsächlich, wie teilweise erwartet, Ende der kommenden Dekade gegen drei bis vier Prozent gehen, wird es für Peking praktisch unmöglich, die Alterssicherung einigermaßen sozialverträglich zu regeln. Das Finanzierungsloch im chinesischen Rentensystem wird derzeit auf 150 Prozent des BIP geschätzt und könnte so in ungedeckten Ansprüchen von jährlich sechs Prozent des BIP resultieren (Economist 2012, 2018a). Gleichzeitig noch geopolitische Megaprojekte, teure Klimaschutzversprechen sowie den kostspieligen militärischen Expansionskurs zu finanzieren, gerät damit automatisch unter Legitimationsdruck. Die (noch finanzierbare) aktuelle geopolitische Konfrontation ist vor dem Hintergrund innenpolitischen Widerstands aufgrund einer (heraufziehenden längeren) wirtschaftlichen Schwächephase einzuordnen: Das *Window of Opportunity,* das sich unter Xi Jinping durch hohe Wachstumsraten aufgetan hat, schließt sich nun in absehbarer Zeit im Zuge der demographischen Alterung (French 2018). Als jetzt oder nie liest sich daher die maßgebliche chinesische Devise.

## Demographie im Systemkonflikt

Die Folgen der demographischen Entwicklung in den Industrieländern für die Kosten der sozialen Sicherungssysteme sind hinreichend bekannt. Für die EU prognostizieren die Vereinten Nationen (2019), dass der Anteil der über 65-Jährigen an den 20–64-Jährigen (Altenquotient) von 35 Prozent 2020 auf knapp über 60 Prozent im Jahre 2060 steigen wird (Abb. 2.3). Seit Jahrzehnten werden Vorschläge diskutiert, mit welchen Maßnahmen die Umkehr der Bevölkerungspyramide sozialverträglich ausgeglichen werden kann. Längere Lebensarbeitszeit, höhere Jahresarbeitszeitvolumen, höhere Beiträge an die Rentenversicherung oder niedrigere Rentenniveaus sind die denkbaren Stellschrauben, an denen man in vielen Systemen drehen kann, um niedrige Geburtenraten und steigende Lebenserwartung abzufedern. Häufig fördert der Staat zudem die private Vorsorge seiner Bürger und etabliert so eine weitere Säule der Alterssicherung neben den bestehenden Systemen. Die Länder der EU, die von der demographischen Alterung besonders betroffen sind, haben in dieser Situation grundsätzlich den Vorteil, dass sie an die bestehenden Systeme anknüpfen können und der Trend einem langen Vorlauf folgt.

Ganz anders stellt sich die Situation in China dar: Das beeindruckende chinesische Wachstum hat zu einem rapiden Anstieg der Lebenserwartung

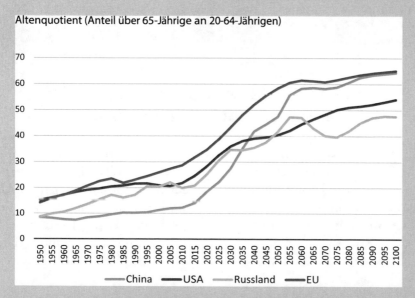

Altenquotient (Anteil über 65-Jährige an 20-64-Jährigen)

**Abb. 2.3**   Chinas Demographieproblem. (Quelle: OECD 2020a)

geführt. Lag sie Anfang der 1980er Jahre noch ähnlich der russischen bei rund 67 Jahren, so erreichte die Lebenserwartung in China im Jahr 2018 bei 77 Jahren (UN 2019). Zum Vergleich: In den USA stagniert die Lebenserwartung seit einer Dekade bei 79 Jahre; im Zuge der Opioid-krise hat sie in der weißen Bevölkerung ohne Universitätsabschluss sogar abgenommen (Case und Deaton 2020). In der EU steigt die Lebens-erwartung stetig auf mittlerweile 81 Jahre. Und in Russland, wo es 2017 zu Massenprotesten gegen eine Erhöhung des Renteneintrittsalters auf 60 Jahre für Frauen und 65 Jahre für Männer kam (zuvor wurde ein Viertel der föderalen Haushaltsmittel für die Stützung der Rentenkasse aufgebracht werden), weisen Menschen lediglich eine durchschnittliche Lebenserwartung von 73 Jahren auf (Kluge 2018).

Der sprunghafte Anstieg der Lebenserwartung in China und die infolge der Ein-Kind-Politik (gültig von 1979 bis Ende 2015) niedrigen Geburtenraten stellen die chinesische Administration vor eine kaum zu bewältigende Herausforderung. Der Altenquotient wird von sehr niedrigen rund 10 Prozent im Jahr 2010 innerhalb von 50 Jahren auf knapp 60 Prozent hochschnellen. *„China is growing old before its growing rich"* ist demnach keine leere Phrase, sondern vielmehr ein ganz reales Problem, das die mau gefüllten Rentenkassen in den kommenden Jahr-zehnten angehen müssen (ähnlich wie andere Schwellen- und Ent-wicklungsländer mit disruptiven demographischen Verschiebungen, HDG, Abschn. 5.2), soll sich das Land über die Grenzen der *Middle Income Trap* heraus entwickeln (French 2018). Nach der Zwei-Kind-Politik seit 2016 werden derzeit die Weichen für eine Drei-Kind-Politik gestellt.

## 2.2  Risse im Fundament des transatlantischen Westens: Opfer des eigenen Erfolgs

Selbstverständlich ist China nicht allein verantwortlich für die Ver-schärfung des Systemwettbewerbs zum Systemkonflikt. So hat Donald Trump, der die US-amerikanische Präsidentschaftswahl im Jahr 2016 mit dem Slogan *Make America Great Again* gewinnen konnte, während seiner Amtszeit schnell zu verstehen gegeben, dass er mit *Great* auf ein relatives Konzept referenziert. Es ging ihm eben nicht um multilaterale Arbeitsteilung, Kooperationsgewinne und Pareto-Verbesserungen, die alle begünstigen könnten, sondern lediglich darum, nicht über den Tisch gezogen zu werden. Eine Angst, die bei Trump zur Obsession gereift zu sein scheint (Bierling 2020, S. 98 ff.): „US has been ripped off for its bad Trade deals" (Trump 2018a); „We have been ripped off by China. We have been ripped off by [...] the European Union. We have been ripped off by everybody" (Trump 2018b); „China is neither an ally nor a friend – they want to beat us and own our country"; „They want to take your throat out, they want to cut you apart" (abc News 2017); er bezeichnet China als „greatest thefts in the history of the world" (McCarthy 2015). Aus einem an Verfolgungswahn grenzenden Gefühl heraus, überall belogen und betrogen zu werden, lässt sich in Trumps Augen Gerechtigkeit nur wiederherstellen, wenn man alle anderen überflügelt. Auf dem Kurznachrichtendienst Twitter räsonierte er dementsprechend: „I built the greatest economy in the World, the best the U.S. has ever had. I am doing it again!" (Trump 2020a). Und in einem weiteren Tweet: „I become more and more angry at China. People can see it, and I can feel it." (Trump. 2020b).

Die *Ablehnung gegenüber China* hat zwar nicht mit Trumps Präsidentschaft begonnen und sie wird auch nicht mit dieser enden, wie die programmatischen Orientierungen Joe Bidens in der Präsidentschaftskampagne und die ersten politischen Festlegungen seiner Regierung zeigen, sie erreicht unter Trump aber eine sichtbar neue Eskalationsstufe und formalisiert sich in einen vollumfassenden strategischen Ansatz der Anti-China-Politik („whole-of-government approach") (Rudolf 2020). Und was beim Blick über den Atlantik vielfach unbemerkt bleibt: Die anti-chinesische Haltung trägt bis in weite Teile des US-amerikanischen Establishments hinein. Eine verbreitete These ist die sogenannte *End-Game-Theorie,* nach der aus dem Konflikt mit China nur ein einziger Gewinner hervorgehen kann. Der Koexistenz unterschiedlicher Systeme wird dabei ganz im Trumpschen Sinne eine Absage erteilt, ebenso wie dem Glauben an Kooperationsvorteile – mit der unterstellten Folge, dass eine militärische Eskalation als zunehmend unausweichlich erscheint. Die Wendung vom Systemwettbewerb zum Systemkonflikt beruht auf einer wahrgenommenen Schärfe der Gegensätze und darauf, dass anders als im Kalten Krieg diesmal selbst dem marktwirtschaftlich erprobten Westen nicht zwingend plausibel erscheint, dass er als Sieger in die Geschichtsbücher eingehen wird. Im Kalten Krieg war diese Einschätzung plausibel, weil der kommunistische Block durch hypertrophe militärische Anstrengungen einerseits und durch eine staatlich gelenkte, somit unausweichlich ineffiziente Kapitalallokation andererseits dem Untergang geweiht war. Es war nur eine Frage der Zeit. China hingegen steht, gemessen daran, blendend dar und reklamiert mit seinen wirtschaftspolitischen Programmen den Sieg in Bälde für sich.

Daraus folgt, dass dieser Systemwettbewerb nicht als grundsätzlich temporäres Phänomen eingeschätzt wird, sondern viel grundsätzlichere Fragen an die Robustheit der normativen Basis stellt. Das *historische Projekt des Westens* (Winkler 2015) steht – so könnte man zuspitzen – auf dem Spiel, und zwar aus zwei gleichermaßen schwerwiegenden Gründen:

- Erstens droht im zunehmend konflikträchtigen Wettbewerb mit China die Selbstverständlichkeit zu erodieren, dass Freiheit im Ökonomischen ohne Freiheit im Politischen nicht zu haben ist, dass Marktwirtschaft und Demokratie letztlich zusammengehören – normativ, wirkungsmäßig und faktisch (HDG, Abschn. 4.3).
- Zweitens aber verliert der Westen seine Gemeinsamkeiten, und zwar zunächst schleichend seit dem Fall des Eisernen Vorhangs, durch US-Präsident Trump aber immer sichtbarer und offener adressiert. Während die USA nach dem Sinn transatlantischer Kooperation unter den Bedingungen globaler Konflikte fragen, träumen Europäer – vor allem Deutsche – von der Rückkehr zu einer nicht mehr existenten Welt unaufwendiger Gemeinsamkeit.

Die Selbstverständlichkeit westlicher Gemeinsamkeiten hat ihre realpolitische Begründung verloren. Henry Kissinger hat darauf bereits im Jahr 1992, also kurz nach der historischen Wasserscheide 1989/1990, hingewiesen: „We can speak about the necessity of German-American friendship, European unity, or Atlantic partnership, but the real challenge is that any relationship that does not define what we can do together is doomed to becoming formalistic and, after a while, drained of content. The challenge of our period, then, is not to affirm our friendship, but to affirm what actions we can take together and the purposes we can fulfill." Wenn etablierte Politikzusammenhänge und darauf zielende Konzeptionen keine überzeugende Erzählung mehr zur Grundlage haben, weil ihre historische Mission erfüllt ist, dann kann man mit dem Verweis auf die vergangenen Gemeinsamkeiten immer weniger bewirken. Das schwächt Traditionen und es gibt scheinbar Freiraum für gänzlich andere Strategien und Konstellationen, wenn es nicht gelingt, eine neue Erzählung wirkmächtig vorzutragen. Das ist nicht der Fall. Dann kann nur durch gemeinsame Positionen und Aktionen in globalen oder regionalen Konflikten versucht werden, aus praktischer Erfahrung eine neue Wertebasis abzuleiten.

An dieser Herausforderung zeigt sich im Besonderen für den transatlantischen Westen der skizzierte generelle Befund, dass wir in einer *Epoche ohne überzeugende Zukunftserzählung* leben – eine belastende Aporie. Man kann diese Aporie aber als Ausdruck der Tatsache bewerten, dass der Westen mit der Zeitenwende 1989/1990 nicht nur den großen, für viele seine Existenz teleologisch legitimierenden Erfolg erfahren hat, sondern zugleich dessen Opfer wurde. Dieser Erfolg hat eine zunächst nicht wahrgenommene, dann überdeckte Ratlosigkeit der transatlantischen Zweckbestimmung begründet. Die Vorstellung, dass bisher ausgeschlossene Regionen der Welt nun automatisch sich an dem siegreichen Modell orientieren werden, ist als Hilfskonstruktion sehr lange – zu lange – genutzt und bedient worden. Dies führte zu Missverständnissen, unbegründeten Erwartungen an die neuen Mitspieler und verletzende Enttäuschungen bei diesen. Anders gewendet: Die Risse im Fundament des transatlantischen Westens wirken wie tektonische Verschiebungen für die Globalisierung insgesamt. Das zeigt sich in besonderer Deutlichkeit an den Positionsverschiebungen und kommunikativen Zuspitzungen in den USA, die völlig losgelöst von den Bündnissen und Partnern im Westen zu sehen sind, zugleich weitreichende Wirkungen auf die internationalen Beziehungen haben.

Spätestens mit Graham Allison's (2017) Bestseller „Destined to War" (deutscher Titel: „Auf dem Weg zum Krieg") ist eine auffällig fundamentale Interpretation der aktuellen Lage im Mainstream der amerikanischen Diskussion angekommen. Allison vergleicht die Konfrontation zwischen China und den USA mit den Beobachtungen des griechischen Historikers Thukydides aus dem 5. Jahrhundert vor

Christus, der die Peloponnesischen Kriege als unnötig, aber aufgrund des rapiden Aufstieg Athens im Machtgefüge des Platzhirschen Sparta als unausweichlich darstellt. In einer solchen „Thukydides-Falle" haben beide Kontrahenten eigentlich kein Interesse an der militärischen Eskalation, die Entscheidung darüber entgleitet ihnen jedoch, während sie vom *Wettbewerb* über den *Konflikt* in den *Krieg* stolpern. Allison sieht seine Analyse als Fortführung von Samuel Huntingtons (1997) heraufziehendem „Clash of Civilizations" und beschreibt eine Situation, in der die Zeit eindeutig und unablässig gegen die (womöglich militärisch noch) überlegenen USA läuft.

Selbst wenn man seiner Hypothese nicht zustimmen muss und wenig vom „Kampf der Kulturen" zu erkennen ist, so zeigt die Veränderung der US-amerikanischen Debattenlage doch deutlich: Man sollte sich keine Hoffnungen machen, dass zukünftige US-amerikanische Regierungen gegenüber Fernost zu einer Appeasement-Politik zurückkehren könnten; bereits Joe Biden als Nachfolger von Trump bestätigt diese Annahme. Selbst wenn die Debatte nicht mehr über den Kurznachrichtendienst Twitter ausgetragen wird, bleibt die amerikanische Position gegenüber China unverändert: Der Systemwettbewerb ist längst zu einem knallharten Systemkonflikt erwachsen. In den USA lassen sich damit für viele Menschen zumindest kurzfristig positive wirtschaftliche Perspektiven begründen, waren es doch Billigimporte aus China, die in den 1990er Jahren viele amerikanische Industriearbeitsplätze vernichteten. In Europa und vor allem in Deutschland sieht dies anders, jedenfalls deutlich differenzierter aus: Der Aufstieg Chinas stabilisierte das industriebasierte Geschäftsmodell, insbesondere insoweit Premiumprodukte angeboten wurden.

Bezeichnenderweise spielen die Europäer in diesem Konflikt nur eine untergeordnete oder gar keine Rolle. *„Too little too late"* ist ein vielzitierter Vorwurf, der mit der Wirtschafts-, Außen- und Sicherheitspolitik des europäischen Staatenbunds gerne in Verbindung gebracht wird. Tatsächlich war die Europäische Union in den vergangenen Jahren in besonderem Maße mit sich selbst beschäftigt. Die „Schicksalswahl" (Kaeding et al. 2020, S. 12) zum EU-Parlament 2019 wurden in einer geradezu apokalyptischen Stimmung abgehalten („This election is between the builder and the breakers", Erlanger 2019).

Interessanterweise hatte die Abstimmung zum Ergebnis, dass rechts-populistische Parteien eben *nicht* den erwarteten Zuwachs an Stimmen und politischen Kapital erringen konnten; ganz abgesehen davon, dass deren Mitglieder im Europäischen Parlament keinen einheitlichen Block bilden, sondern erratisch agieren oder konträre Einzelinteressen vertreten (Diermeier et al. 2021). Zudem sind die innereuropäischen Querelen um den Brexit zu einem (vorläufigen) Abschluss gekommen. Das Vereinigte Königreich hat die Europäische Union am 31. Januar 2020 offiziell verlassen. Die Übergangsphase, in der insbesondere die zukünftigen Handelsbeziehungen tatsächlich auf den letzten Metern durch ein umfassendes Freihandelsabkommen der EU mit dem Vereinigten Königreich geklärt werden konnten, endete am 31. Dezember 2020.

Die EU hat sich einer *Selbstvergewisserung* unterzogen bzw. ist noch länger damit beschäftigt (über die von EU-Parlament und EU-Kommission schließlich 2021 einberufene „Konferenz zur Zukunft Europas"). Dass sich in einer Zeit des inneren Klärungsbedarfs Schwierigkeiten zeigen, einhellige Positionen zu beziehen, ist angesichts der sich zuspitzenden Konflikte schmerzhaft, aber nachvollziehbar. Grundsätzlich schlägt die Staatengemeinschaft weniger schrille Töne an als seine Nachbarn, was als Kompliment verstanden werden darf. Denn – und auch das schält sich mehr und mehr als globaler Trend heraus – bedachte Positionen haben es in der aktuellen Medienland-schaft, auf Twitter oder auch in den New York Times Bestsellerlisten schwer, sich Gehör zu verschaffen. Für demokratische Politunter-nehmer im Ringen um öffentliche Meinungen ist diese Entwicklung von äußerster Relevanz. Der Medienwissenschaftler Bernhard Pörksen nennt die Gemengelage, in der die Lautstärke die Abgewogenheit sticht, „die große Gereiztheit" (Pörksen 2018). Donald Trump, der das „große Geschäft mit der Desinformation" (Pörksen 2018, S. 190) auf ein neues Niveau gebracht hat, nutzte das Spiel mit der Faszination des Außergewöhnlichen zu einem klaren geldwerten Vorteil: Nach Medienanalysen sparte Trump durch *unbezahlte* Medienaufmerksam-keit während seiner Präsidentschaftskampagne 2016 die unglaub-liche Summe von knapp 2 Mrd. US-$ an Werbekosten (Confessore und Yourish 2016). Die ihm so negativ gegenüberstehenden Medien konnten der Verlockung schlicht nicht widerstehen und berichteten mit nur allzu großer Freude über seine haarsträubenden, aber doch schillernden Auftritte (Reuning und Dietrich 2018; Manow 2020). Die EU, zumal die häufig technokratisch anmutende EU-Kommission, tut sich beim Geschäft mit der Aufmerksamkeit, das „Politik als Theater" versteht (Meyer und Kampmann 1998), wesentlich schwerer.

Zudem sollte bedacht sein, dass sich die EU mit ihren langwierigen Interessensabwägungsprozessen gegenüber den Zentralorganen in Peking und Washington in einer strukturellen Nachteilsposition befindet. „Too little too late" ist demnach kein leerer Vorwurf, sondern vielmehr Resultat des unabdingbaren Ringens um Kompromisse, das sich unweigerlich aus der supranationalen Verbindung autonomer staatlicher Akteure ergibt. 27 nationalstaatliche Interessen abzustimmen und zu einer schnellen kraftvollen Übereinkunft zu bringen, ist eine an Unmöglichkeit grenzende Herausforderung. In dieser Hinsicht ist die Sensation vielmehr, dass der *europäische Klub unberechenbarer Demokratien* sich so häufig zusammenrauft und letztlich doch zu einvernehmlichen Positionen kommt, mit denen alle Beteiligten leben können. Denn selten war die Interessenlage zerfaserter: Geopolitik, Industriepolitik, Geldpolitik – und nach dem Auftreten der Corona-Pandemie auch die Gesundheitspolitik; immer wieder greifen die konfliktären Interessen auch auf das innereuropäische Spielfeld über. Nicht jeder Staats- und Regierungschef steht China in jeder Frage kritisch gegenüber, nicht jeder teilte die distanzierende Haltung gegenüber Trump oder die Erleichterung über Biden. Darauf bezogen sind sowohl das Abkommen mit dem Vereinigten Königreich wie das mit der Volksrepublik China für sich genommen Signale globalpolitischer Handlungsfähigkeit der Union.

Nimmt man all dies in den Blick, was die Risse im transatlantischen Fundament treibt, dann fällt ein verbindendes Element auf: Es zeigt sich in vielfältiger Weise ein *Problem demokratischer Legitimation*. Das beginnt bei der Ernüchterung durch das Scheitern der Modernisierungshypothese zu China, aber auch über andere Staaten wie Russland oder die Türkei, wo autoritäre Strukturen längst mit dem System verschmolzen zu sein scheinen. Das setzt sich fort mit der Unzufriedenheit in den staatlichen Strukturen des transatlantischen

Westens, denn so wie für viele in Europa Brüssel ein Stein des Anstoßes und der Abwendung von der europäischen Integration ist, so ist für viele in den USA Washington vom Hort nationaler Demokratie zum fremden, befremdlichen Element geworden. Die Enttäuschung – über die nicht erfolgte Verwestlichung der Welt – trifft korrespondierend auf eine Abwendung von fest etabliert geglaubten demokratischen Institutionen, Ordnungen und Verfahren im Westen. Der Westen steht vor einer zweifachen und verwobenen Herausforderung: Die *zeitgemäße Ausbildung der Ideen gesellschaftlicher Modernisierung und demokratischer Legitimierung,* wie sie in der amerikanischen Revolution 1776 und der französischen Revolution 1789 historisch geprägt wurden, und die *verantwortbare Offenheit für andere normative Positionen in der Welt,* die zugleich eine selbstbewusste, aber anschlussfähige Kooperationsstrategie ermöglichen.

## 2.3    Angriff: Die Verheißung der Geopolitik

Geopolitisch hat China deutlich die Schlagzahl erhöht. Das Narrativ, auf dem Peking seine globalen Ansprüche innenpolitisch stützt, ist historisch abgeleitet. Staatschef Xi Jinping folgt einem vergangenheitsbezogenen „militärischen Traum" und bezeichnet die territoriale Expansion mit dem Ziel, zur historischen Größe zurückzukehren, als „heilige" Mission, die bis zum hundertjährigen Staatsjubiläum 2049 abgeschlossen sein soll (French 2018, S. 270 ff.). Die chinesische Regierung idealisiert ein historisch definiertes fernöstliches Reich weitgehend unwidersprochen als militärisch schlagkräftigen, nationalstaatlich organisierten Hegemon unserer Zeit. Die historische Überzeugungskraft dieser Erzählung ist zwar höchst umstritten, die vermeintliche Rückkehr zu alter Stärke („rejuvenation") hingegen längst chinesische Staatsräson und legitimiert die geopolitischen Ambitionen sowie die stark steigenden Militarisierungsausgaben (Kirchberger 2015).

   Grundlage der chinesischen Strategie bildet eine massiv aufgerüstete Marine. Berühmtheit erlangt hat die Aussage eines militärstrategischen Dokuments aus dem Jahr 2015, wonach die chinesische Stärke auf einer Abkehr von Landstreitkräften hin zum „Verwalten der Ozeane"

(„managing the seas and oceans") fußen soll (State Council China 2015, S. 13). Bereits seit Jahren baut China dafür an einer *Perlen-kette* („String of Pearls") von Marinestützpunkten, die sich vom Süd-chinesischen Meer durch die Straße von Malakka und den Golf von Bengalen, vorbei am Tiefseehafen von Hambantota in Sri Lanka bis nach Pakistan und an den Suez-Kanal ziehen (Rogers 2009). Das Süd-chinesischen Meer ist damit der Startpunkt der chinesischen Aus-dehnung, bei der Indien von der Meerseite umschlossen wird. Hier wird auch der unumstößliche Charakter der chinesischen Ansprüche deutlich. Frei nach dem Konzept, *tian xia* (nach dem „alles unter dem Himmel" Peking zufällt) fordert China kompromisslos und rabiat *alles* Land im Südchinesischen Meer (Kirchberger 2015, Kap. 6.7). Abgesehen von wenigen Ausnahmen von der europäischen Öffentlich-keit unbeobachtet schafft China Tatsachen und unternimmt rigoroses „Sea Grabbing": „Faktisch betreibt China die Annexion eines größeren Seegebietes mit Mitteln hybrider Kriegsführung" (Kirchberger und O'Keeffe 2019, S. 4).

Bis zum Jahr 2030, so die Einschätzung des Center for Strategic and International Studies (CSIS), wird das Südchinesische Meer „praktisch zu einem chinesischen See" (Denyer 2016). Ziel der chinesischen Bemühungen könnte nicht nur sein, die lokale Vorherr-schaft ihrer Marine zu signalisieren, sondern vielmehr ein Sanktuarium für den voranschreitenden Aufbau der U-Boot Flotte zu schaffen, die wiederum der glaubwürdigen Nuklearzweitschlagfähigkeit sowie der Verteidigung von Weltraumanlagen auf Hainan dient (Kirchberger und O'Keeffe 2019). In dieser Entwicklung zeigt sich die Macht der zentralisierten und dirigistisch agierenden chinesischen Führung: per Strategieentscheid konnte Xi Jinping China innerhalb kürzester Zeit sowie zu extrem hohen Kosten zur Marinemacht aufrüsten und den USA zumindest im Südchinesischen Meer – wenn nicht darüber hinaus – die Stirn bieten. Zugleich entledigt sich Peking mit seiner innen-politischen Propaganda und Suppression (noch) kritischen Nachfragen oder zivilgesellschaftlichem Legitimationsdruck. Tatsächlich scheint der „militärische Traum" von Xi Jinping an dieser Stelle aufzugehen.

Den Gegenspielern bleiben in diesem Konflikt in *Ermangelung eines Eskalationsinteresses* militärisch nur wenige Optionen. Mit Blick auf die

Erwartung abnehmender wirtschaftlicher Schlagkraft in China hat sich der Versuch, die Expansionsbestrebungen zu verzögern und die Kosten der chinesischen Aktionen in die Höhe zu treiben, als praktikabelste Strategie gezeigt (French 2018, S: 275). Ein solches Vorgehen beinhaltet das Mobilisieren vormals unbeteiligter Akteure in der Region. Dies ist wohl auch der Hintergrund der jüngsten Eskalation an der chinesisch-indischen Grenze im Himalaya: „China stabs India in back, 20 soldiers martyred" titelt der indische Daily Pioneer (2020), nachdem es bei gewaltsamen Zwischenfällen an der umstrittenen Grenze zu Toten auf beiden Seiten gekommen zu sein scheint. Tatsächlich hatte Indien begonnen, den geopolitischen Ambitionen seines großen Nachbars entgegenzutreten. Lange Zeit lehnte es das Land ab, Spielball der US-amerikanischen Interessen in der Region zu werden, die Indien zum Zentrum ihrer gegen China gerichtete Indopazifik-Strategie gemacht haben. Nun warb der Hindu-Nationalist Narendra Modi bei einem Treffen des amerikanisch-indischen Wirtschaftsrats mit ganz neuen Tönen um US-Investoren und plötzlich scheint auch ein Freihandelsabkommen nur noch „ein paar Anrufe" entfernt (Peer 2020). Außerdem verbessert Delhi seine Beziehungen zu Japan und Vietnam und stemmt sich so gegen die sich festzurrende Perlenkette maritimer chinesischer Stützpunkte. Generell bilden sich neue wirtschaftliche wie militärische Allianzen in der ebenso stolzen chinesischen Nachbarschaft, die dem Hegemonen zunehmend feindlich gegenübertreten (vgl. Übersicht „Differenzierter Umgang mit den Systemwettbewerbern in Süd-Ostasien").

Das Bündeln von Ressourcen sowie die Kooperationsvorteile gemeinsamer Handlung und Haltung können dabei immer wieder ein Stachel im Fleisch der chinesischen Ambition sein (French 2018, S. 269, 276). Die Unterzeichnung des „Regional Comprehensive Economic Partnership" am 15. November 2020, womit sich das Potenzial für die größte Freihandelszone der Welt verbindet, ist natürlich aus dem geopolitischen Anspruch der chinesischen Politik zu verstehen. Nachdem Trump mit dem Rückzug aus der „Transpazifischen Partnerschaft" den pazifischen Raum aus chinesischer Sicht freigegeben hatte, war es nur folgerichtig für die Volksrepublik, die seit 2012 verhandelte Idee trotz aller bestehenden Konflikte und Schwierigkeiten auf eine formale Stufe zu heben.

## Differenzierter Umgang mit den Systemwettbewerbern in Süd-Ostasien

Mit großen Ambitionen hat China in den vergangenen Jahren seinen geopolitischen Einfluss auf die Nachbarstaaten in Süd-Ostasien auszu-bauen versucht. In der direkten Nachbarschaft sollte gezeigt werden, was nun über die Neue Seidenstraße in die Welt weitergetragen wird. Und tatsächlich haben einige Beobachter das Gefühl, die USA wären in der Region nun gänzlich auf verlorenem Posten (White 2017). Eine tief-ergehende Analyse öffnet jedoch den Blick auf ein differenzierteres Bild, in dem die zehn südasiatischen ASEAN-Länder alles andere als zu einem monolithischen pro-chinesischen Block verschmolzen sind: Während Kambodscha in nahezu allen Belangen auf der Linie Pekings steht und zuletzt aufgrund einer möglichen chinesischen Militärbasis den Ärger des US-amerikanischen Außenministers auf sich gezogen hatte (U.S. Department of State 2020b), hegt Indonesien grundsätzlich die stärksten Vorurteile gegenüber China und hat sich den USA während der Obama-Ägide deutlich angenähert. Mit steigendem Abstand zu China kate-gorisiert Shambaugh (2019) die ASEAN Länder in der wirtschaftlichen, diplomatischen sowie ökonomischen Komponente wie folgt:

- *Capitulationist:* Kambodscha
- *Chafers:* Laos, Myanmar
- *Aligned accommodationists:* Malaysia, Thailand
- *Tilters:* Brunei, Philippinen
- *Balanced Hedgers:* Singapur, Vietnam
- *Outlier:* Indonesien

Zwar stoßen die massiven Infrastrukturprojekte sowie das imperialistische Auftreten Chinas im Südchinesischen Meer vielen Regierungen übel auf, die offene Konfrontation mit China wird trotzdem gescheut. Dass der wirtschaftliche und politische Druck aus Peking enorm ist, zeigt der *Lowy Institute Asia Power Index.* In der Kategorie wirtschaftlicher Einfluss in der Region ist China den USA und Japan weit und wohl schon heute auf lange Zeit uneinholbar enteilt. In den Verteidigungsnetzwerken hingegen haben die USA noch die Nase vorn – auch wenn China hier rapide auf-holt (Tab. 2.2). Die Zwickmühle Vietnams steht stellvertretend für diese Art der Schwierigkeiten im Systemkonflikt-Handlings, versucht das Land doch ökonomisch vom chinesischen Aufstieg zu profitieren, ohne sich in ein zu großes Abhängigkeitsverhältnis zu begeben. Hierfür steht auch das im August 2020 in Kraft getretene vietnamesisch-europäische Freihandels-abkommen (Europäische Kommission 2020a). Militärisch steht das Land auch aufgrund der Land- und Seestreitigkeiten mit Peking klar auf der US-amerikanischen Seite (Shambaugh 2019). Nachdem die USA unter Obama

**Tab. 2.2** Lowy Institute Asia Power Index: Wirtschaftlicher, militärischer, diplomatischer Einfluss, Rang (Werte)

| | Economic Relationship | | Defence Networks | | Diplomatic Influence | |
|---|---|---|---|---|---|---|
| | 2018 | 2020 | 2018 | 2020 | 2018 | 2020 |
| USA | 2 (68,2) | 2 (61,7) | 1 (84,2) | 1 (85,1) | 3 (78,8) | 3 (74,9) |
| China | 1 (94,1) | 1 (98,9) | 12 (21,7) | 8 (24,1) | 1 (94,2) | 1 (91,1) |
| Russland | 14 (9,8) | 15 (9,2) | 11 (22,3) | 11 (20,6) | 5 (67,4) | 6 (61,9) |
| Indien | 6 (27,4) | 7 (23,7) | 8 (23,1) | 7 (26,3) | 4 (68,3) | 4 (65,9) |
| Australien | 9 (20,9) | 6 (24,7) | 2 (69,2) | 2 (70,3) | 7 (60,1) | 7 (59,2) |
| Japan | 3 (56,2) | 3 (47,5) | 4 (43,6) | 3 (47,4) | 2 (89,2) | 2 (88,8) |
| Südkorea | 5 (28,0) | 5 (27,4) | 3 (49,2) | 4 (43,6) | 6 (65,7) | 5 (65,7) |

Quelle: Lowy Institute (2020)

die letzten Waffenembargos gegen Vietnam fallen gelassen haben, kam es zu einer engeren militärischen Abstimmung zwischen den beiden Ländern – etwa innerhalb der *Southeast Asia Maritime Law Enforcement Initiative* oder dem *International Military Education and Training Program*. Auch unter US-Präsident Trump suchten die Vereinigten Staaten eine enge militärische Bindung an das Land.

Die neuen Allianzen mögen dadurch befördert werden, dass das profilierte chinesische Selbstbewusstsein zunehmend unübersehbar geworden ist und schlicht nicht mehr ignoriert werden kann. Die *Umsetzung ökonomischer Geopolitik entlang der neuen Seidenstraße* wird als Megaprojekt bislang unbekannten Ausmaßes vermarktet: Die angedachten Investitionsvolumina belaufen sich mit 890 Mrd. $ auf eine Summe, die knapp sieben Mal so hoch ausfällt wie (in heutigen Preisen) im Rahmen des Marshall-Fonds für den Wiederaufbau Europas bereitgestellt wurde (Economist 2016). Zuletzt wurden Pläne über chinesische Investitionen in Iran über die kommenden 25 Jahre in der Höhe von 400 Mrd. US-$ bekannt (Hein 2020). Das von Trump aus dem multilateral vereinbarten JPCOA-Nuklearabkommen gedrängte Land wendet sich damit unmittelbar an Peking. Zwar steckt die neue Seidenstraße vielerorts aufgrund der schwierigen Bedingungen, Ineffizienzen oder sich materialisierender politischer Risiken in der Sackgasse und hinkt den monströsen Planzahlen weit hinterher

(Hillman 2018), trotzdem läuft die chinesische Kreditmaschinerie auf Hochtouren. Nach aktuellen Berechnungen belaufen sich die ausstehenden Kreditansprüche Chinas mittlerweile auf 1,5 Prozent des globalen Outputs und übertreffen damit die aggregierten Ansprüche aller Staaten des „Pariser-Clubs" (Horn et al. 2020). In Afrika hat China seine Vormachtstellung ausgebaut und zwischen 2000 und 2018 Kredite in Höhe von 152 Mrd. US-$ vergeben (Acker et al. 2020); ein Beleg für die zunehmende sicherheitspolitische Aktivität Chinas (Bayes 2020). Gegenüber Ländern, die sich nachweißlich der Neuen Seidenstraße zuordnen lassen, hat China allein bis 2017 Forderungen in Höhe von 215 Mrd. US-$ aufgebaut – noch im Jahr 2000 lagen diese im dreistelligen Millionen US-$ Bereich (Diermeier et al. 2020).

Und selbst in Europa haben die Seidenstraßen-Investitionen Einzug gehalten und politisches Gewicht entfaltet. Nach den chinesischen Investitionen im Hafen von Piräus stellte sich die Tsipras-Regierung prompt gegen die Kritik an Menschenrechtsverletzungen in China sowie an der Militarisierung des Südchinesischen Meers und verhinderte sogar eine entsprechende einheitliche Positionierung Europas im UN-Menschenrechtsrat (Godement und Vasselier 2017). Auch über die Seidenstraße hinaus hat die chinesische Interessensvertretung in Europa eine neue Institutionalisierung erfahren. Zum einen etabliert die Regierung ein jährliches 17 + 1 Format, bei dem mit 17 Staats- und Regierungschefs aus Mittel- und Osteuropa Investitionsprojekte ausgelotet werden. Zum anderen gibt es im Europäischen Parlament spezielle *EU-China Friendship Groups,* in denen EU-Parlamentarier – mit Schwerpunkt im rechtspopulistischen Lager – mit Vertretern der Volksrepublik zusammenkommen. Wenn auch bislang mit begrenzter Wirkung, die Intensität des Austausches geht so weit, dass die Gruppen sogar als *Trojanisches Pferd* des Europäischen Parlaments bezeichnet werden (Diermeier et al. 2021).

Als neue Geheimwaffe wirkt das *International Liaison Department (ILD)* als verlängerter Propaganda-Arm der Kommunistischen Partei Chinas gleichermaßen global auf chinesische und potenzielle verbündete Entscheider im Ausland ein, um das Image des Landes zu verbessern (Thomas 2020). Die Schlacht um die Meinungshoheit über die chinesischen Aktivitäten ist damit aber keinesfalls entschieden:

Die chinesische Schuldenfalle („Chinese debt-trap") ist längst zum geflügelten Wort für eine Situation geworden, in der sich Länder in einem chinesischen Albtraum von Abhängigkeit und Fremdkontrolle, zumindest aber Fremdbeeinflussung wiederfinden (Brautigam 2020). Beispiele für Staaten, die in eine solche Situation hineingeraten sind, gibt es zuhauf: Malaysia, Pakistan und Sri Lanka haben ihre schwierigen Erfahrungen mit dem frischen chinesischen Geldern publik gemacht (Economist 2018b). Gleichzeitig empfindet ein Land wie Indien das geostrategische Projekt in seinem Vorgarten als klare Bedrohung seiner Einflusssphäre und wendet sich deshalb Kooperationspartnern wie den USA oder Japan zu (Wagner und Tripathi 2018).

Auch wenn die Übermacht Chinas dem transatlantischen Westen neue Partner geradezu in die Arme treibt, bleibt festzuhalten, dass die USA unter Trump mit dem auch gegen ihre Alliierten gerichteten, erratischen Konfrontationskurs das wichtigstes Asset zur Disposition gestellt haben: Die global mobilisierbare Kooperationsfähigkeit gegen China. Das ist der Preis für die „America-First"-Politik, die alle Wirkungschancen über Netzwerke und Bündnisse verkennt. Die isolierte Durchsetzung eigener Interessen in einer vernetzten Welt übersieht die Abhängigkeiten und Begrenzungen, es übersieht aber ebenso die Potenziale, die sich für die eigenen Interessen bei kluger Verständigung und Kooperation in Bündnissen ergeben. Joe Biden hat zur Kurskorrektur eine dezidiert transatlantisch geprägte Regierungsmannschaft zusammengestellt. Die Botschaft ist klar: Trotz aller Konfliktthemen mit europäischen Partnern will man China geeint entgegentreten. Das mag die Kompromissbereitschaft der Pekinger Führung zum Abschluss des Investitionsabkommens mit der EU befördert haben.

Zudem ist die neue Sichtbarkeit des unbegrenzten chinesischen Machtanspruchs eigentlich Wasser auf die Mühlen der Konkurrenzinitiativen. Schließlich begeben sich manche Länder tatsächlich aufgrund der Erwartung, ein bedeutsamer Teil des chinesischen Korridors zu werden, in die Abhängigkeit zu China (Eder 2019). Die Mehrzahl der durch China adressierten Staaten treibt jedoch schlicht der *Mangel an Alternativen* in diese manipulierenden Strukturen. So oder so, die sich häufenden Negativbeispiele dürften durchaus abschrecken.

Obwohl gegenüber der US-amerikanischen „Dollar-Diplomacy" ebenso Vorurteile bestehen (Dreher et al. 2008), sah es kurzzeitig so aus, als würden die Europäische Union und die USA sich als veritable nachhaltige Alternativen in Stellung bringen. So legten die USA 2019 gemeinsam mit Australien und Japan mit dem *Blue Dot Network* einen Gegenvorschlag zu den zentralistisch finanzierten Investitionsvorhaben der Seidenstraße vor. Mit einem neuartigen Zertifizierungssystem soll für weltweite Investitionsprojekte unter Einbeziehung der Zivilgesellschaft ein glaubwürdiges Signal an private Kapitalgeber gesendet werden, auf das diese sich an Projekten beteiligen, vor denen sie aufgrund der undurchsichtigen Risikostruktur sonst zurückgeschreckt wären. Mit der dezentralen Kraft internationaler Geldgeber positioniert sich das Netzwerk damit als transparenten Gegenentwurf zu den undurchsichtigen Kreditoren aus Bejing (U.S. International Development Finance Corporation 2019). Seit der Inauguration der Initiative hat sich jedoch erstaunlich wenig getan. Tatsächlich finanzierte Projekte scheint es noch nicht zu geben.

Des Weiteren sägt die *US-amerikanische Diplomatie* an den von China dominierten Formaten; so hat sie erreicht, dass sich die baltischen Staaten mit ihren in Sicherheitsfragen teils massiven Abhängigkeiten von den USA aus dem 17 + 1 Format herauslösen (Barkin 2020). Und auch bei Energieinfrastrukturprojekten macht die US-Geopolitik ernst und bietet sich in Osteuropa als strategische Alternative zu chinesischen Geldern an. Bei einem 8 Mrd. US-$ schweren Projekt für einen neuen Atommeiler nahe des Schwarzen Meeres konnten chinesische Geldgeber zuletzt ausgestochen werden (U.S. Embassy in Romania 2020). US-Botschafter in Rumänien Adrian Zuckerman verkündete zugleich eine vertiefte Zusammenarbeit in Verteidigungsfragen sowie die rumänische Exklusion von Huawei aus seinem 5G-Netz. Zudem haben die USA mit der *Drei-Meere-Initiative* (Baltisches Meer, Adria, Schwarzes Meer) ein strategisches Investitionsprogramm in der Region aufgelegt, das die Reduktion der Energieabhängigkeit zwölf zentral- und osteuropäischer Länder von Russland zum Ziel hat. Koordiniert aus Washington, hat das zum Teil euroskeptisch anmutende Format bereits kleinere Summen (520 Mio.

EUR) – etwa von der polnischen Entwicklungsbank – eintreiben und einige Dutzend Projekte anstoßen können (Riedel 2020; Three Seas Initiative 2020; Three Seas Initiative Investment Fund 2020). Von ihrem ambitionierten Ziel, der 100 Mrd. EUR Marke ist man jedoch meilenweit entfernt. Zuletzt verfestigt hat sich die klar gegen China und Russland gerichtete Kooperationen zwischen Australien, Indien, Japan und den USA über den *Asiatische NATO* betitelten *Quadrilateral Security Dialogue*. Neben Verteidigungsfragen stehen hierbei auch die Stärkung von Demokratie, Marktwirtschaft und dem internationalen Handel im Vordergrund (FAZ 2021b).

Zwischen den beiden Ansätzen hat sich die EU mit ihrer *Konnektivitätsstrategie* positioniert. Brüssel setzt bei seinem 2019 vom damaligen Kommissionspräsidenten Jean-Claude Juncker auf internationalem Parkett vorgestellten Programm weder ausschließlich auf private Mittel, noch kann es auf die Feuerkraft einer gut gefüllten Staatsreserve zurückgreifen. Das Ziel ist daher, private Gelder mit der Expertise multilateraler Entwicklungsbanken in eurasische Transport- und Energieinfrastrukturprojekte, digitale oder bildungsbezogene Netzwerke einzuspeisen. Mit quantifizierten Investitionsbedarfen von 1,3 Billionen Euro in Asien hofft man, auf weitreichendes Interesse der Privatwirtschaft zu stoßen und die neuen Partnerländer gleichzeitig an den EU-Binnenmarkt heranzuführen (Europäische Kommission 2018; Abb. 2.4 für einen Überblick).

**Abb. 2.4** Strategien in der Global Power Competition

Nachdem China seine Seidenstraßeninitiative 2013 vorgestellt hat, brauchte der transatlantische Westen bis 2019, also sechs Jahre, um seine strategischen Antworten auf dem vorläufigen Höhepunkt des Systemkonflikts zu formulieren. Inwieweit diese Schlagkraft entwickeln können, wird die Zukunft zeigen. Im Systemkonflikt wählen EU und USA jedoch einen fundamental anderen Ansatz als China, indem man auf kapitalintensive Netzwerke und weniger auf eigene Fiskalkraft setzt und so ein wesentlich geringeres Risiko eingeht als dies seitens der chinesischen Hierarchien der Fall ist. Bislang kann der transatlantische Westen notorisch kapitalknappen Ländern aber kaum Alternativen bieten. Unter der neuen EU-Kommissionspräsidentin Ursula von der Leyen wurde die europäisch-eurasische Konnektivität gleich wieder depriorisiert. Geblieben sind zwar sinnvolle Strukturen wie etwa die TEN-T zur Stärkung der Verkehrsinfrastruktur über die Ostgrenze der EU hinaus (Europäische Kommission 2020b) oder der Europäische Fonds für Nachhaltige Entwicklung (EFSD), über den private wie öffentliche Mittel für Investitionsprojekte in Partnerländer mobilisiert werden sollen (Europäische Union 2017), letztlich werden aber Einzelprojekte mit kleinen Volumina gefördert. Von einer Konkurrenzinitiative zur Neuen Seidenstraße ist man weit entfernt. Mit dem stellvertretenden südkoreanische Wirtschaftsminister Kang-Hyeon Yun lässt sich daher konstatieren, die Initiativen sind zwar vielversprechende Foren, es sei aber seit deren Schaffung „nichts mehr passiert" (Valero 2019).

Es bleibt abzuwarten, ob und mit welcher Wirkung die 2020 etablierten *Indo-Pazifik-Leitlinien der Bundesregierung* hier ins Spiel kommen können (Bundesregierung 2020a). Es wird offenkundig eine Chance darin gesehen, den zwar dynamischen, aber institutionell und normativ schwach durchdrungenen Indo-Pazifik-Raum mit Erfahrungen aus der europäischen Integration und Deutschland Impulse zu geben. Das Ziel besteht darin, mit dieser Region gemeinsame Interessen politisch wirkmächtig werden zu lassen, und zwar in den Bereichen: Frieden und Sicherheit, Diversifizierung und Vertiefung der Beziehungen, offene Seewege, offene Märkte und Freihandel, Digitalisierung und Konnektivität, Schutz des Planeten sowie Zugang zu faktenbasierter Information. Es wird betont, dass dabei weder die Vorstellung von einer unipolaren noch die von einer bipolaren Welt leitend sein soll. Jeder hegemoniale Anspruch wird damit negiert; eine Position, die seitens der Bundesrepublik und der Europäischen Union glaubwürdig vertreten werden kann und vielleicht dadurch besondere Attraktivität erfährt. Glaubwürdig ist deshalb auch der genannte Grundsatz einer Begegnung auf Augenhöhe.

Bislang unerwähnt in dieser geopolitischen Skizze ist die *Rolle Russlands* geblieben. Dass Russlands Einfluss auf die oben diskutierten Konfliktschauplätze der *Great Power Competition* verschwindend gering ist, zeigt die neue Rolle des eurasischen Riesenreiches an, nämlich die einer aggressiven, hochmilitarisierten Lokalmacht, die in der Ost-Ukraine sowie in Syrien verheerend wirkt, aber selbst unter der Führung Vladimir Putins darüber hinaus global kaum in Erscheinung treten kann. Derzeit sympathisiert die russische Führung häufig mit Entscheidungen aus Peking. Ob dies einem besonderen strategischen Interesse dient oder lediglich der pathologisch gewollten Konfrontation mit den USA geschuldet ist, bleibt dabei offen. Tatsächlich im Sinne Russlands dürfte das *Panda-Hugging* nicht sein. French (2018, S. 269) geht sogar so weit, Russland nach dem Ende der Ära Putin ein böses Erwachen aus einem „chinesischen Albtraum" zu prophezeien. Ein abgewirtschaftetes Russland, das kaum seine innenpolitischen Konflikte zu bewältigen weiß, steht in dieser Zukunftsvision einem hochtechnologisierten, aufgerüsteten und weit überlegenen Nachbarn gegenüber. Schon heute gilt – und auch das ist durchaus als sich verstärkender Trend zu verstehen –, dass sich die russische Wirtschaft im dauerhaften Niedergang befindet (vgl. Übersicht „Gefährliche Öl-Abhängigkeit Russlands").

Seit der Krim-Annexion 2014 konnte das Bruttoinlandprodukt nicht in einem einzigen Jahr ein Wachstum von zwei Prozent erzielen. Ein niedriger Ölpreis und die noch immer wirksamen wirtschaftlichen Sanktionen des Westens lassen die strukturelle Angreifbarkeit deutlich zutage treten. Hinzu kommt der steigende Druck auf das *Projekt Nord Stream 2*. Im August 2020 erhielten die Betreiber des Fährhafens Sassnitz-Mukran einen Brief von drei US-Senatoren, in dem mit wirtschaftlichen Sanktionen, Einreiseverboten sowie dem Einfrieren von Auslandsvermögen gedroht wird (United State Senate 2020). Im Hafen werden die Rohre ummantelt, die für die letzten Kilometer der Pipeline genutzt werden sollen. Nachdem das deutsch Außenministerium empört auf die Einmischung aus den USA reagierte, spielen nach der möglichen Verwicklung russischer Offizieller in den Giftanschlag auf den Oppositionellen Nawalny auch Teile der Bundesregierung mit dem Gedanken, die Pipeline als Druckmittel gegen Russland zu verwenden. Ein glaubwürdiges Drohpotential hält die Bundesregierung jedenfalls in ihren Händen. Es fehlt der russischen Volkswirtschaft eine hinreichende Innovationsbasis und eine wirksame Steuerung unternehmerischer Investitionen über Märkte. Die Anreize sind entweder politisch oder aufgrund des Öl- und Gasvorkommens verzerrt. Anders gewendet: Russland mag sich politisch groß aufführen, ökonomisch ist es ein Zwerg. Insofern ist seine Mitspielerrolle im *Wettstreit der Großen Mächte* nicht gesetzt, auch wenn die als Kränkung erfahrenen Enttäuschungen durch den Westen für Putin und seine Administration allein wegen der damit verbundenen innenpolitischen Mobilisierungskraft als Motivation für das Mitspielen sehr bedeutsam sind.

### Gefährliche Öl-Abhängigkeit Russlands

Nachdem die russische Wirtschaft in Folge der Asienkrise 1997 in Schieflage geraten war, kam es 1998 zu einer empfindlichen Finanzkrise, in deren Folge das Land den Staatsbankrott erklären musste. Auslandsverbindlichkeiten wurden nicht mehr bedient und es kam zu massiver Kapitalflucht. In den Folgejahren setzte dann eine deutliche ökonomische Konsolidierung ein: Steigende Rohölpreise verschafften der Wirtschaft einen komfortablen Puffer – auch da Russland aufgrund der niedrigen Rubel-Bewertung seine Außenhandelsbilanz bereits bei einem vergleichsweise niedrigen Ölpreis von knapp über 40 US-$ ausgleicht (Diermeier 2015). Die Ausgangslage erlaubte den wirtschaftlichen und wirtschaftspolitischen Verantwortlichen jedoch, sich in der Situation einzurichten und mit geringer Anstrengung in den 2000er Jahren bis zur Wirtschafts- und Finanzkrise BIP-Wachstumsraten von über fünf Prozent zu erwirtschaften.

Tatsächlich haben die Akteure es in dieser günstigen wirtschaftlichen Lage versäumt, in nachhaltige und innovative Strukturen zu investieren sowie den Strukturwandel aktiv voranzutreiben. Noch immer gehen über 10 Prozent der russischen Wirtschaftsleistung allein auf den Ölexport zurück (Internationaler Währungsfonds 2019b). Die internationale Wettbewerbsfähigkeit ist deutlich gehemmt: Eine kaum reformierbare Bürokratie konstituiert in Verbindung mit der maroden Industrie vermachtete

Strukturen, die sich ohne politische Disruption kaum aufbrechen lassen. Unverändert ist das Land korruptionsgeplagt und teilt sich im Corruption Perception Index (CPI) Platz 137 mit der Dominikanischen Republik, Kenia, dem Libanon, Liberia, Mauretanien, Papua-Neuguinea, Paraguay, Uganda und Angola.

Mit dem Ölpreisplateau ab 2011 und dem folgenden Preisverfall ab 2013 (Abb. 2.5) geriet die Wirtschaft dann massiv unter Druck. Hinzu kommen die umfangreichen Wirtschaftssanktionen (Handelsbeschränkungen, Einschränkung von Auslandsfinanzierung sowie Einfrieren von Auslandsvermögen), die von den USA und der EU ab 2014 aufgrund der völkerrechtswidrigen Annexion der Krim sowie der Hafenstadt Sewastopol gegen Russland verhängt wurden. In der Folge reduzierte sich etwa der deutsch-russische Handel um über ein Drittel. Ab 2015 verfehlt die russische Wirtschaft konstant die Zwei-Prozent-Wachstumsmarke, sodass sich die Regierung zu strikten Sparmaßnahmen gezwungen sieht, um die makroökonomische Situation zu stabilisieren. Zudem wird Moskau nun neben der schweren Corona bedingten Wirtschaftskrise auch noch durch das Handelsabkommen – der sogenannte *Economic and Trade Agreement (ETA)* – zwischen den USA und China unter Druck gesetzt. China, dessen Energiebedarf bislang zu einem großen Teil aus Russland gedeckt wird, verpflichtet sich darin, die Energieimporte aus den USA massiv zu erhöhen. Wird das Abkommen wie unterzeichnet umgesetzt, könnten die russischen Energieexporte unter den Handelsumlenkungen leiden.

Quelle: In Anlehnung an Beer (2020a).

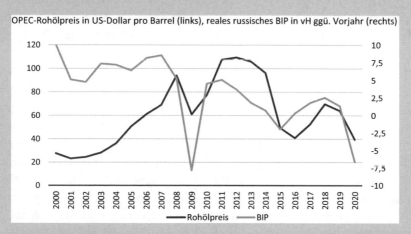

**Abb. 2.5** Abhängigkeit der russischen Wirtschaft vom Ölpreis. (Quelle: Beer 2020a)

## 2.4     Verteidigung: Das Revival der Industriepolitik

In der Industriepolitik hat China den *First-Mover-Advantage* auf seiner Seite. Die im Jahr 2015 vorgestellte *Made in China 2025*-Strategie liest sich wie ein Zehn-Jahresplan auf dem Weg zur technologischen Supermacht; auf halber Wegstrecke wurde der bis 2025 geltende 14.-Fünf-Jahresplan im März 2021 vom Volkskongress verabschiedet. Mit dem neuen Fünf-Jahresplan hat sich die Planungsphilosophie verändert, die Anzahl der Indikatoren wurde reduziert, die Vorgaben sind nur noch Richtwerte und nicht länger bindende Ziele; so enthält der Plan kein explizites Ziel für die Entwicklung der Wirtschaftsleistung bis 2025. Man hat gelernt, dass es in einer Marktwirtschaft Zielabweichungen geben kann, die hingenommen werden müssen. Die Volksrepublik will den Binnenkonsum zum zentralen Pfeiler der Volkswirtschaft machen, dafür soll über eine Alterssicherungszusage das verfügbare Einkommen gestärkt, durch Zollsenkung die Importpreise gesenkt und verstärkt auf Qualitätsprodukte gesetzt werden. Zudem soll China ein „führender Hightechmarkt" (Stärkung der Grundlagenforschung) werden, mit gestärkter Verteidigungswirtschaft. Man zielt auf zwei volkswirtschaftliche Kreisläufe: die Binnenwirtschaft und den Außenhandel. Die Decoupling-Forderung von Trump dürfte ihren Beitrag zu dem darin erkennbaren chinesischen Anspruch spezifischer Unabhängigkeit geleistet haben.

Die 2025-Strategie macht jedenfalls dem Rest der Welt – ähnlich den geopolitischen Aktivitäten im Südchinesischen Meer oder der Neuen Seidenstraße – mit aller Offenheit den chinesischen Anspruch deutlich. Mit aller Kraft und bislang unbekanntem fiskalpolitischem Hebel zielt Peking darauf, der Konkurrenz die Technologieführerschaft abzujagen: Allein in den ersten vier Jahren des Programms wurden über 530 smarte Industrieparks aus dem Boden gestampft. Für den ersten Fünfjahresplan mobilisieren 1.800 unterschiedliche Regierungsfonds Schätzungen zufolge Ressourcen in Höhe von rund drei Billionen Yuan, umgerechnet knapp 400 Mrd. EUR. Die Ausführung obliegt dabei den Lokalregierungen, die sich immer wieder auf ändernde Anforderungen und Pläne der Zentralregierung einstellen müssen, ohne unbedingt stets besondere Energie für die Umsetzung Pekinger Pläne aufzuwenden (Zenglein und Holzmann 2019).

Schon diese Rahmenbedingungen lassen – vergleichbar mit den Schwierigkeiten auf der Neuen Seidenstraße – die erwartbaren *Probleme einer starr zentralistisch organisierten Investitionspolitik* sichtbar werden, die mit fixierten Mittelzuweisungen aus einem Wust unterschiedlicher Finanzierungstöpfe heraus von lokalen Ebenen möglichst flexibel angepasst werden soll. Unklare Zuständigkeiten, politische Anreizstrukturen und eine wahnwitzige Erwartungshaltung tun ihr übriges: „Many of these programs are seen as extremely inefficient" (French 2018, S. 271). Und doch gilt auch, dass selbst wenn *Made in China 2025* sich als ein ineffizientes Milliardengrab herauskristallisiert, so ist es doch unwahrscheinlich, dass eine solche Investitionswelle gänzlich ohne Erfolge bleiben wird. Die schiere finanzielle Schlagkraft und der unbedingte politische Wille werden Fortschritte auf einigen Gebieten erzwingen; fraglich erscheint lediglich, wie schnell, wie viel und zu welchem Preis. Zumal China gerade den nächsten Trumpf aus der Tasche zu zaubern scheint: *China Standards 2035* nennt sich die bislang weniger bekannte Initiative, mit der Peking in den kommenden 15 Jahre die Standards im Bereich 5G und IoT-Kommunikation rund um den Globus setzen möchte (Chipman Koty 2020). Mit allen Mittel will China weg von seiner Rolle als Fertigungshub und hin zu einer modernen Wirtschaftsstruktur mit bedeutsamen Anteilen an Verbundwertschöpfung aus Industrie und Dienstleistungen.

Der internationale Blick auf China als Wirtschaftsmacht ist derweil unweigerlich kritischer geworden und hat sogar einen anti-chinesischen Backlash ausgelöst. Nach der kommunikativen Offensive gibt sich die chinesische Führung in den vergangenen Jahren deutlich vorsichtiger. In Zeiten, in denen man den US-amerikanischen Präsidenten vor den Fernsehnachrichten und seinem Twitter Account wähnt, ist man auch in Peking trotz neuem Selbstbewusstsein zurückhaltend geworden mit industriepolitischen Wortbeiträgen, die als protektionistisch oder unfair aufgefasst werden könnten (Zenglein und Holzmann 2019). Das zeugt von einer Haltung, wie sie hergebrachter Zentralsteuerungslogik eigen ist, aber keinesfalls dezentral orientierten Demokratien.

Wie eindeutig *Industriepolitik Spielball des geopolitischen System-konflikts* geworden ist, zeigt sich am *Beispiel Huawei*. So wird den Verantwortlichen in der transatlantischen Welt eindrücklich vorgeführt, dass es chinesische Unternehmen an der Technologie-Frontier gibt, deren Geschäftsmodell nicht auf Kostenvorteilen, sondern vielmehr auf Innovationskraft beruhen. Eine Exklusion dieser Unternehmen führt dann aufgrund der schwierigen Substituierbarkeit zu erheblichen Kosten. So würde der volkswirtschaftliche Schaden aus der Nichtbeachtung von Huawei beim 5G-Netzausbau das Vereinigte Königreich beispielsweise wohl bis zu 7 Mrd. britische Pfund und zwei Jahre Zeitverzug im Ausbau kosten (Assembly 2019). Für Deutschland rechnet Vodafone mit zwei bis fünf Jahren Zeitverzug (Bünder 2020). Auch wenn andere Schätzungen optimistischer sind (Strand Consult 2019), so ist doch klar: Der chinesische Konzern hat einen Wettbewerbsvorteil, den die Konkurrenz so nicht bieten kann. Auf Ablehnung stößt der private chinesische Konzern, genau wie jedes vergleichbare chinesische Unternehmen, weil es als potenzielle Verlängerung der Kommunistischen Partei gelesen wird. So lautete etwa ein (bislang unbelegter) Vorwurf, das Unternehmen würde „kill switches" in seinen Infrastruktureinrichtungen verbauen, die im Konfliktfall das komplette Netz außer Gefecht setzen könnten. Zudem besteht der Verdacht, Peking könne entgegen aller Beteuerungen auf von Huawei erhobene Mobilfunkdaten zurückgreifen. Daraus folgt überzeugend die Einschätzung: „Unser Vertrauen in Huawei darf nicht größer sein als unser Vertrauen in die Kommunistische Partei Chinas" (Hua und Scheuer 2019).

Die Kontrahenten Chinas reagieren nun auf die chinesische Offensive mit der altbekannten Antwort und versuchen etwa über Marktzugangsbeschränkungen, die Kosten für China (und seine Unternehmen) in die Höhe zu treiben. Die Trump-Regierung lobbyierte in ihrem Einflussbereich nachhaltig gegen die Nutzung von Huawei-Komponenten. Seit Mai 2019 beruft sich die US-Regierung sogar auf Rechtsmittel, die den Diebstahl von Militär-Technologien zu unterbinden versuchen, um Huawei den Bezug von Vorleistungsgütern zu verwehren. Ab September 2020 zielte die Regelung neben in den USA hergestellten Komponenten auch auf die gesamte Wertschöpfungskette: Alles, was irgendwie in den

USA entwickelt wurde, darf nicht mehr an Huawei geliefert werden – insbesondere der Zugang zu den wichtigen Halbleiter-Chips soll untersagt werden; sonst drohen horrende Strafen (Economist 2020b; U.S. Department of Commerce 2020a, b). Den Kauf von Huawei 5G-Equipment hat auch Boris Johnsons Regierung in London untersagt. Bis Ende 2027 müssen bereits verbaute Komponenten sogar wieder zurückgebaut werden (UK-Government 2020). Frankreich folgt London in dieser Entscheidung und setzt die Frist auf Ende 2028 (Nikkei Asia 2020).

Eine strategische Unabhängigkeit der kritischen 5G-Infrastruktur deckt sich auch mit der entsprechenden Empfehlung der Europäische Kommission (2020c). Als freundlicher Nebeneffekt dieser Politik werden die *europäischen Champions* Nokia und Ericson gestärkt. Wie teuer allein der technische Vorgang des Huawei-Entrüstens wird, ist schwer zu quantifizieren. Entgegen erster Befürchtungen hat Vodafone verlauten lassen, dass eine solche Rückbauaktion aus den Kernkomponenten seiner europäischen Netze lediglich 200 Mio. EUR kosten würde (Fildes 2020). Die deutsche Bundesregierung hat sich bislang nicht zu einem Huawei-Verbot durchringen können, aber mit dem Entwurf des IT-Sicherheitsgesetz 2.0 im Dezember 2020 die Kriterien für ausländische Anbieter verschärft und eine Vertrauenswürdigkeitsprüfung vorgesehen. Innenministerium, Außenministerium, Wirtschaftsministerium und Kanzleramt können sich demnach gemeinsam darauf verständigen, einen Hersteller auszuschließen, weil sie ihn für nicht vertrauenswürdig halten. Der steigenden Skepsis gegenüber China oder dem Druck aus Washington geschuldet: Immer mehr Länder verweigern chinesischen Unternehmen den Marktzugang. Bedenken gegenüber Huawei haben auch in Kanada, Singapore und Indien den Ausschlag für Konkurrenzanbieter von 5G-Netzwerken gegeben. Die chinesische Antwort auf einen Huawei-Ausschluss bekam zuletzt Australien zu spüren. Nachdem Canberra Huawei aus dem 5G-Netz ausgeschlossen hatte, überreichten chinesische Diplomaten einem australischen Journalisten eine Liste mit 14-Beschwerdepunkte an der australischen China Politik: ein diplomatischer Affront. Parallel wurden Strafzölle gegenüber australischen Produkten in Kraft gesetzt. China wähnt sich im Recht und am längeren Hebel (Böge und Fähnders 2020).

Nachdem die chinesische Regulierung die Nutzung ausländischer sozialer Netzwerke und Messenger-Dienste rigoros unterbindet (vgl. Übersicht „Big Tech Aversion trifft auch US-amerikanische Superstar-Unternehmen"), ereilte jüngst die beliebteste App der Welt, TikTok, aufgrund ihrer chinesischen Wurzeln ein ähnliches Schicksal: Trotz versuchter *Verwestlichung* inklusive neuem US-amerikanischen CEO und dem Versuch des Unternehmens, „verzweifelt auf Distanz zu China zu gehen" (Ankenbrand et al. 2020), wird in den USA unter dem Namen *Clean Network Programm* explizit ein Verbot chinesischer digitaler Dienstleistungen umgesetzt; WeChat wurde zwischenzeitlich per präsidentiellem Dekret vom Markt genommen (Pompeo 2020; White House 2020a). Zeitgleich werden Tiktok und gleich 58 weitere chinesischen Apps seit Juni 2020 in Indien verboten. Auch in dieser Frage stehen Indien und USA zunehmend geeint gegen China. Die Markt-Verteidigungsstrategie lässt sich von Nationalisten wie Modi und Trump in einem nativistischen Sinne innenpolitisch immer als Erfolg verkaufen. Zwar verlieren hunderte Millionen nationaler Nutzer Zugang zu Tiktok und Co., die nationalistischen Strippenzieher können aber die innovative nationale Tech-Industrie auf den Plan rufen, in den attraktiven Markt vorzustoßen.

---

**Big Tech Aversion trifft auch US-amerikanische Superstar-Unternehmen**

Bei der Diskussion um die harschen Einschränkungen, die chinesischen Tech-Unternehmen im Ausland widerfahren, gerät häufig in Vergessenheit, dass der chinesische Überwachungsapparat nicht-chinesische Plattformdienste im Inland praktisch völlig aus dem Markt gedrängt hat. Eine solche Politik mag mehr aus zensorischen und weniger aus protektionistischen Gründen motiviert sein, im Ergebnis steht aber so oder so die Exklusion der ausländischen Konkurrenz. Entsprechend ist der Erfolg von WeChat und Co. vor dem Hintergrund der rigorosen Markschließung („Great Firewall") gegenüber der Konkurrenz aus dem (US-amerikanischen) Ausland zu betrachten. Interessant ist dabei, dass sich die chinesischen Offiziellen nicht davor scheuen, Facebook, Twitter und YouTube für ihre Zwecke zu nutzen (Ohlberg 2019).

Gegenwind bekommen die zunehmend als beängstigend mächtig empfundenen Plattformgiganten weit über die chinesischen Grenzen hinaus. Öffentlichkeitswirksam wurden Amazon, Apple, Facebook und Google die „vier apokalyptischen Reiter" (Galloway 2017) getauft, denen man sich weltweit kaum noch entziehen kann. Auch nachdem Facebook seine Strategie zum Angebot eines flächendeckenden und kostenfreien, aber dafür eingeschränkten Internetzugangs („Free Basics") in Indien vorgestellt hatte, kam es zu einem Aufschrei. Die indische Regierung kippte in der Folge aufgrund von Netzneutralitäts-Bedenken 2016 den Vorstoß aus dem Silicon Valley (Telecom, Regulatory Authority India 2016; HDG, Abschn. 4.4). In Europa spiegelt sich die Stimmung gegen die *Big Tech Unternehmen* in der langjährigen Diskussion um eine Digitalsteuer. Auf EU-Ebene war eine Einigung zwar 2019 noch am Einstimmigkeitsprinzip gescheitert, Frankreich hat in der Folge aber eine sogenannte GAFA-Steuer (Google, Amazon, Facebook, Apple) auf die Werbeeinnahmen digitaler Großkonzerne beschlossen.

Der europäische Widerstand wendet sich explizit gegen einige wenige US-amerikanische Plattformanbieter, die zunehmend als außenpolitische Gefahr gelesen werden (Mayer-Schönberger und Ramge 2020) und weniger gegen den Handel mit digitalen Gütern und Dienstleistungen per se. So sind die Effektivzölle auf IKT-Güter in der EU nur minimal auf 0,8 % angestiegen und haben sich damit an die 0,9 %, die in den USA erhoben werden, angeglichen. Zum Vergleich: In China werden IKT-Güter durchschnittlich mit Effektivzöllen von 6 % belegt, in Indien liegen diese bei 5,7 % (OECD 2019). Ebenso schneiden die meisten EU-Mitgliedsstaaten im OECD *Digital Services Trade Restrictiveness Index* (DSTRI) ähnlich gut wie die USA ab, während Indien und China als weit restriktiver eingestuft werden (OECD 2019).

Die hohen Datenschutzstandards, durch die Datenschutzgrundverordnung (DSGVO) auf europäischer Ebene fixiert, wurden hingegen klar gegen den *Big-Tech*-Widerstand aus den USA durchgesetzt. EU-Binnenmarktkommissar Thierry Breton hält Big-Tech-Unternehmen grundsätzlich für „too big too care": zu groß, um sich um die europäischen Regeln und gesellschaftlichen Anliegen zu scheren. Auf dieser Einschätzung beruht das *Digital Services Act Package*. Es geht um zwei Verordnungen, den Digital Services Act (DSA) zur Schaffung eines sichereren digitalen Raums, in dem die Grundrechte aller Nutzer digitaler Dienste geschützt werden, und den Digital Markets Act (DMA) zur Schaffung gleicher Wettbewerbsbedingungen, um Innovation, Wachstum und Wettbewerbsfähigkeit sowohl im europäischen Binnenmarkt als auch weltweit zu fördern. Damit wird der Kommission künftig zugebilligt, Tech-Unternehmen aufgrund zu hoher Marktmacht innerhalb der EU zu verbieten oder zu zerschlagen (Espinoza und Fleming 2020). Trotz einheitlicher europäischer Regelung variiert zudem die Durchsetzung innerhalb der europäischen Union. Dass die neuen Regelungen den Big-Tech-Unternehmen Sorgen bereiten, belegen deren Interventionsstrategien. In einem internen Dokument, über das von Politico (2020) berichtet wurde, skizzierte Google seine Lobbying-Strategie mit drei Schlüsselbotschaften: Der Brüsseler DSA stelle eine Bedrohung für die transatlantischen Beziehungen dar, untergrabe die Befugnisse der Generaldirektion Wettbewerb und sei schädlich für Verbraucher und Unternehmen. Die Veröffentlichung hat große Wellen geschlagen und Google zu einer Entschuldigung veranlasst.

Als besonders kritisch gegenüber digitalen Monopolstellungen gelten die nordeuropäischen Länder, die sowohl mit Blick auf Wettbewerb als auch hinsichtlich der Durchsetzung von Urheberrechten und dem Schutz geistigen Eigentums als Vorreiter gelten (WEF 2019). Nationalstaatliche Handhabe gegen ausländische Plattformanbieter haben die EU-Mitgliedsstaaten etwa in sogenannten Data Localization Laws, die festschreiben, an welchem Ort Daten gespeichert werden dürfen (Chakravorti et al. 2019). Die Nordeuropäischen Länder sind hier besonders rigoros: Finanzdaten etwa müssen nach dem dänischen Bookkeeping Act für fünf Jahre in Dänemark oder einem nordeuropäischen Land gespeichert liegen (Reinsch 2018). Zudem erschwert die dänische Auslegung des europäischen Datenschutzes die Nutzung von Google und Microsoft Standard-Anwendungen in lokalen Behörden (Ferracane 2017).

Wie der Blick auf die Huawei-Strategie gezeigt hat, geht die US-Politik im Systemkonflikt über ein einfaches Verschließen des eigenen Marktes weit hinaus. Vielmehr zielt man auf die gesamte Wertschöpfungskette und damit ins Herz der Globalisierung (U.S. Department of Commerce 2020a). Unter dem Stichwort *Decoupling* beordert man Unternehmen, sich aus China zurückzuziehen, nach Alternativen umzuschauen und bestenfalls nach Hause zurückzukehren. Auch wenn die US-Regierung noch keine umfassenden Sanktionen für Geschäftätigkeiten in China erlassen hat, könnte sich das schnell ändern – etwa in einem ersten Schritt mit Blick auf die Uiguren-Provinz Xinjiang oder Hong-Kong. Institutionellen US-amerikanischen Investoren wird von ihrer eigenen Regierung schon heute erschwert, ihr Geld in China anzulegen. Gesessen hat auch die bewusst öffentliche Diskussion um ein Einreiseverbot für gleich *alle* rund 90 Mio. Mitglieder der Kommunistischen Partei sowie deren Familienangehörigen (Spetalnick 2020). Wo die USA eine chinesische Mauer bauen, kommen andere Akteure auf den Plan, so hat sich das US-amerikanisch-indische Verhältnis furios verbessert. Indien scheint auf entsprechende Umlenkungseffekte aus China zu setzen (Peer 2020). Der 45. US-Präsident hat fleißig China als Standort für amerikanische Unternehmen unterminiert; der 46. US-Präsident wird in der Sache keine gänzlich andere Strategie verfolgen.

Die Bedeutung eines *Decouplings* von China, das neuerdings auch für die deutsche Wirtschaft gefordert wird (Döpfner 2020), wäre immens. Es wäre – systematisch und konsequent betrieben – nichts weniger als die *Umkehr der zweiten Globalisierung,* die in dem Aufstieg und der Integration Chinas ihren zentralen Motor fand. Nachdem Unternehmen jahrelang ihre Produktionsstätten oder Teile davon ins Ausland – besonders nach China – verlagert hatten, war im Zuge der Globalisierungserschöpfung der vergangenen Jahre bereits festzustellen, dass Firmen wieder zunehmend auf inländische Fertigung setzen (HDG, Kap. 3). Die konsequente Umsetzung des 3D-Drucks könnte diesen Trend in naher Zukunft verstärken. Der nun angestoßene Wandel geht indes weit darüber hinaus: Erste Überschlagsrechnungen vom McKinsey Global Institut (2020) taxieren mögliche Handelsumlenkungen während der kommenden fünf Jahre auf bis zu einem Viertel des globalen Handels (im Wert von 4,6 Billionen US-$). Die japanische Regierung hat bereits 2,2 Mrd. US-$ bereitgestellt, um Unternehmen den Rückzug aus China zu vereinfachen (Witt 2020). Nach der langen Evolution von internationalen Produktionsnetzwerken zielt *Decoupling* nun auf die *Wertschöpfungsketten* – gleichermaßen Mittelpunkt und Achillesferse der aktuellen Globalisierungsperiode.

Der *Global Value Chain Report* der WTO (2020) zeigt mögliche Implikationen solcher Tendenzen. Für die Entwicklungszusammenarbeit ist bereits die erschöpfte Globalisierung eine katastrophale Nachricht, denn viele Länder sind für den nächsten wirtschaftlichen Entwicklungssprung darauf angewiesen, dass der Schritt in die globale Lieferkettenarchitektur gelingt. Zur ganzen Geschichte gehört zudem, dass komplexe Wertschöpfungsketten bislang weiterhin florieren, einfache Arbeitsschritte – etwa solche die auf simplen Arbeitskostenvorteilen beruhen – sich mit zunehmendem technologischem Fortschritt hingegen leichter zurückverlagern lassen. Auch die *China-Schock-Hypothese,* die deutlich negative Effekte auf den Arbeitsmärkten der Industrieländer postuliert, wird relativiert: Der Zugewinn an Dienstleistungsarbeitsplätzen in den globalen Wertschöpfungsketten gleicht demnach die Verluste in der

Industrie mehr als aus, wenn auch nicht in jeder Industrie – je nach Spezialisierungsmuster – neue Arbeitsplätze entstehen. Das mag die vom Arbeitsplatzverlust Betroffenen nicht trösten, ist aber bedeutsam für die Gesamtschau der internationalen Produktionsnetzwerke. Die politischen Forderungen nach einer Nationalisierung der Produktion ziehen demnach global schwerwiegende Implikationen nach sich. Ein *Decoupling,* das die Verlagerung komplexer Arbeitsschritte erzwingt, würde enorme Kosten mit sich bringen – für die Verbraucher auf der ganzen Welt.

Zumal die Welt derzeit am Anfang einer ganzen Welle *neuer industriepolitischer Ansätze und Programme* stehen könnte (Tab. 2.3). Wieder zeigt sich gerade in den USA, wie leicht sich mit der Ablehnung Chinas eine knallharte Industriepolitik verbinden lässt. Mit dem *Endless Frontier Act* haben Demokraten und Republikaner noch im Herbst 2020 gemeinsam einen Vorschlag über die amerikanische Version der chinesischen Industriestrategie ins Spiel gebracht: Rund 110 Mrd. US-$ sieht die Initiative vor, die den USA mit staatlich gemanagten Technologie Investitionen in vordefinierten Industrien wieder die Technologieführerschaft zurückbringen soll (U.S. Congress 2020a). Der *CHIPS for America Act,* der immerhin 10 Mrd. US-$ schwere Vorstoß, die Halbleiterindustrie in den USA zu subventionieren, wurde ebenfalls als überparteilicher Vorschlag von Demokraten und Republikanern erarbeitet (U.S. Congress 2020b). Das völlig zerstrittene politische System in den USA scheint sich lediglich in einem einig zu sein: Dass praktisch alle Mittel und jede Summe recht sind, um sich von China nicht den Rang ablaufen zu lassen. Selbst China bei jeder Gelegenheit seine Subventionspolitik vorzuhalten, ist in den USA kein Grund mehr, auf ein eigenes Programm zu verzichten. Insofern erhält Marianna Mazzucato für ihre Studien über den unternehmerischen Staat (2013) neues Anschauungsmaterial, wonach der Staat durch die Finanzierung jener Innovationen mit hohen, kaum privat zu tragenden Risiken einen zentralen Einfluss auf das gesamtwirtschaftliche Innovations- und Investitionsgeschehen erlangt.

Tatsächlich wirken die Nationalismen und die Eskalation auf verschiedenen Ebenen: Während die Investitionen der heimischen Unternehmen industriepolitisch forciert werden, zeigen die neu eingeführten politischen Barrieren Wirkung und drücken auf die weltweiten Direkt-

**Tab. 2.3** Überblick über aktuelle industriepolitische Strategien und Maßnahmen

**USA**

| | | |
|---|---|---|
| 2017 | Tax Cuts and Jobs Act | Sofortige und dauerhafte Senkung der Steuern auf Unternehmensgewinne von 35 % auf 21 %; Senkung des effektiven Grenzsteuersatzes für Neuinvestitionen; Förderung der Repatriierung von Gewinnen und Begrenzung der Möglichkeiten für Gewinnverlagerung aus den USA |
| 2018 | Subventionen für Agrarsektor | 12 Mrd. US-$ Landwirtschaftssubventionen für entgangene Exporte, die sich aus allen jüngst eingeführten Zöllen des Präsidenten ergeben |
| Entwurf: 2020 | Endless Frontier Act | Forschungs- und Innovationsförderung: Erweiterung National Science Foundation (NSF) inkl. neues „Technology Directorate". 100 Mrd. US-$ in 5 Jahren für Forschung in 10 kritischen Bereichen (KI und Machine Learning, Hochleistungscomputer, Automatisierung, etc.); weitere 10 Mrd. US-$ für den Aufbau von mindestens 10 regionalen Tech-Hubs |
| Entwurf: 2020 | CHIPS for America Act | Investitionen und Incentives für die inländische Produktion, Forschung und Entwicklung von Halbleitern, sowie die Sicherheit der Lieferketten |

**China**

| | | |
|---|---|---|
| 2015 | Made in China 2025 | Technologie- und Innovationsführerführerschaft in 10 Schlüsselsegmenten (IT, Robotik, Energie, Mobilität etc.). Abhängigkeit vom Ausland deutlich reduzieren. Zukauf von Know-How aus dem Ausland explizit vorgesehen |
| 2020 | China Standards 2035 | Aufbauend auf Made in China 2025: Entwicklung globaler Standards (5G, Zahlungsabwicklung, Klimaschutz, etc.) mit dem Ziel, wirtschaftliche und sicherheitspolitische Interessen durchsetzen zu können sowie zu einem Nettoempfänger von Lizenzgebühren zu werden |

(Fortsetzung)

**Tab. 2.3** (Fortsetzung)

Deutschland

| 2019 | Made in Germany: Die Industriestrategie 2030; Mittelstandsstrategie: Wertschätzung, Stärkung, Entlastung | Dreigliedriger Ansatz: Rahmenbedingungen für Unternehmen verbessern (horizontale Industriepolitik); neue Technologien stärken; privates Kapital mobilisieren; technologische Souveränität wahren<br>Gesonderte Strategie für den Mittelstand, da Deutschland durch seine Angebotsstruktur ein Mittelstandsland ist (vor allem eigentümergeführt). Themenbereiche: Rahmenbedingungen, Fachkräfte, Innovation und Digitalisierung, Regionalausgleich, Auslandsmärkte |
| --- | --- | --- |
| 2020 | Zukunftspaket (als Teil des Corona-Konjunkturprogramms) | Bonus-Programm für Zukunftsinvestitionen der Fahrzeughersteller und der Zulieferindustrie;<br>2,5 Mrd. EUR zusätzliche Investitionen in Ausbau der Ladesäulen-Infrastruktur, F&E Elektromobilität, Batteriezellenfertigung; Nationale Wasserstoffstrategie; Zusätzliche Investitionen in KI (2 Mrd. EUR) |

Frankreich

| Seit 2017 | Präsidentschaft Macron | Fokus auf horizontale Maßnahmen: Senkung der Unternehmenssteuern; Ausweitung der Innovationsanreize |
| --- | --- | --- |

VK

| 2017 | Industrial Strategy – Building a Britain fit for the future | Steigerung Produktivität und Ertragskraft im VK bis 2030 mit dem Ziel, die weltweit innovativste Wirtschaft und der attraktivste Unternehmensstandort zu werden: Fokus auf: AI & Data Economy; Clean Growth; Future of Mobility; Ageing Society |
| --- | --- | --- |

Niederlande

| 2019 | Niederländisches Diskussionspapier an die EU | Wahrung politische Neutralität und Unabhängigkeit der europäischen Wettbewerbspolitik |
| --- | --- | --- |

(Fortsetzung)

**Tab. 2.3** (Fortsetzung)

| Südkorea | | |
|---|---|---|
| 2020 | New Deal | Digitaler New Deal und grüner New Deal; Förderung von grünen und zukunfts-orientierten Branchen und Industrien. Ausgaben von bis zu 137 Mrd. US-$ bis 2025 geplant |
| Japan | | |
| 2017 | Nationale Wasserstoff-strategie | Stärkung der Nachfrage nach Wasserstoff und Aufbau einer globalen Lieferkette: Konzertierte Aktion aus Politik, Wirtschaft und Wissenschaft; Ziel: Bis 2030 Nachfragesteigerung auf 800.000 Brennstoffzellenautos im Transportwesen und 5,3 Mio. fest installierten Brennstoffzellen für die Heißwasser- und Stromgewinnung im Wohnsektor |
| 2020 | Schutzinstrumente | Schutz vor ausländischen Investitionen in Kernindustrien und kritische Infrastruktur |
| EU | | |
| 2017 | Neue Strategie für die europäische Industriepolitik | Erhaltung der Wettbewerbsfähigkeit, Förderung von Zukunftstechnologien; Bündelung horizontaler und sektorspezifischer Initiativen; Fokus auf Cybersicherheit, Datenverkehr, Kreislaufwirtschaft, kritische Rohstoffe, Mobilität, geistiges Eigentum, grüne Technologien, Handelspolitik, Direktinvestitionen |
| 2019 | Deutsch-Französisches Manifest für eine europäische Industriepolitik für das 21. Jahrhundert | Aufruf zu ambitionierter industriepolitischer Strategie auf europäischer Ebene mit klarem Ziel bis 2030: Stärkung Investitionen in Innovation (u. a. KI); Anpassungen regulatorischer Rahmenbedingungen; Effektive Schutzmaßnahmen |

(Fortsetzung)

**Tab. 2.3** (Fortsetzung)

| | | |
|---|---|---|
| März 2020 | Eine neue Industriestrategie für Europa | Umweltfreundlichere, nachhaltigere und digitalere Gestaltung des Industriesektors (z. T. European Green Deal); Vermeidung direkter Eingriffe; Fokus auf ökonomische Rahmenbedingungen; Fokus auf industrielle Ökosysteme; Überprüfung des EU-Wettbewerbsrahmens; Überprüfung ausländischer Direktinvestitionen (FDI-Screening-Mechanismus); Überarbeitung Beihilfevorschriften zur besseren Nutzbarkeit von Important Projects of Common European Interest (IPCEI) |
| Mai 2020 | NextGenerationEU | 750 Mrd. EUR zur Förderung des Übergangs zu einer klimaneutralen Wirtschaft; Erweiterung des InvestEU-Programms um eine Fazilität für strategische Investitionen; neues Solvenzhilfeinstrument zur Stützung des Eigenkapitals rentabler Unternehmen |

Quelle: Eigene Darstellung

investitionen (Abb. 2.6): So sind die globalen Direktinvestitionen 2019 sogar unter die Marke von zwei Prozent des weltweiten Bruttoinlandsproduktes gefallen und befinden sich damit am aktuellen Rand auf einem Zwanzigjahrestief. In China wurde in Relation zum BIP aus dem Ausland während der vergangenen 25 Jahren nie so wenig investiert wie in den letzten Jahren. Gleiches gilt für die EU. Die chinesischen Direktinvestitionen in der EU-28 lagen im Jahr 2019 ebenfalls auf einem Sechs-Jahrestief (Kratz et al. 2020). In den USA befinden sich Direktinvestitionen strukturell in einer Baisse. Gründe für eine solche Investitionsrezession gibt es reichlich (Abschn. 2.3); Protektionismus, politische Unsicherheit und staatliche Anreize für Investoren, ihr Geld zu Hause anzulegen, verstärken diese Trends noch. Für wirtschaftlich weniger entwickelte Ökonomien mit dringendem Kapitalbedarf erwächst dieses Phänomen, das als *Effizienzillusion* (HDG, Abschn. 1.3)

In vH des BIP

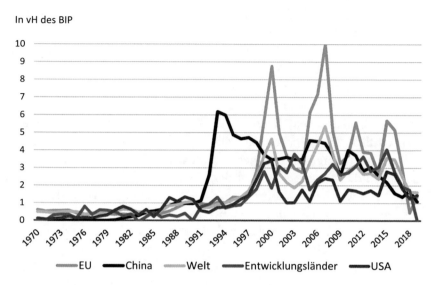

**Abb. 2.6** Direktinvestitionen nach Zielland. (Quelle: Weltbank 2020a)

herausgearbeitet werden kann, zu einer existenziellen Krise. Das bereits scheue Kapital meidet zunehmend diejenigen Länder, die Erneuerungen und Investitionsimpulse am dringlichsten nötig hätten.

Der erratische US-amerikanische Regierungsstil trug maßgeblich zur Steigerung der politischen Unsicherheit bei. Bereits in Vergessenheit gerät bei all den industriepolitischen Superlativen der Handelskonflikt, den Donald Trump vom Zaun gebrochen hatte. Dabei genügte Trump allein der Befund des Handelsbilanzdefizits als Auslöser für die größte Zollspirale der Nachkriegszeit. „The United States has an $800 Billion Dollar Yearly Trade Deficit because of our "very stupid" trade deals and policies" (Trump 2018c). Um nicht mehr „über den Tisch gezogen zu werden", haben die USA bis August 2020 chinesische Güter im Wert von 550 Mrd. US-$ einseitig mit Zöllen belegt (Chipman Koty und Wong 2020). Zölle auf Stahl und Aluminium, die auch EU-Importe treffen, wurden sogar mit Verweis auf die Gefährdung der nationalen Sicherheit in den USA begründet (WTO Artikel XXI). Die Anwendung dieses aufgrund seiner Tragweite als *Nuklearoption* des WTO-Rechts bekannte Artikel ist bislang einmalig und zeigt das neue Level der Konfrontation. Als Antwort wurden Zölle auf chinesischer Seite auf US-amerikanische Güter im Wert von 185 Mrd. US-$ angewendet (Chipman Koty und Wong 2020). Da das Leistungsbilanzdefizit der USA gegenüber China praktisch exklusiv auf ein Handelsbilanzdefizit zurückgeht, ist es im Kontext der Kombination aus Zöllen und *Decoupling*-Debatte kein Wunder, dass die Leistungsbilanz ab Mitte 2019 deutlich ausgeglichener ausfällt – freilich die Wohlstandverluste bei US-Konsumenten in Kauf nehmend (Abb. 2.7).

Dass sich diese Entwicklung in der US-Leistungsbilanz nicht zufällig einstellt und China sich durchaus der Verhandlungsmacht der USA beugt, zeigt sich einerseits in einem neuen chinesischen Investitionsgesetz, das die Rechte ausländischer Firmen stärken und so die zuletzt abgeschwächte ausländische Investitionstätigkeit anregen soll (Economist 2019). Andererseits signalisiert dies das *Economic and Trade Agreement* (ETA), das die Kontrahenten am 15. Januar 2020 unterzeichnet haben und in dem China sich zur teilweisen Marktöffnung sowie zur Abnahme bestimmter US-amerikanischer Güter verpflichtet.

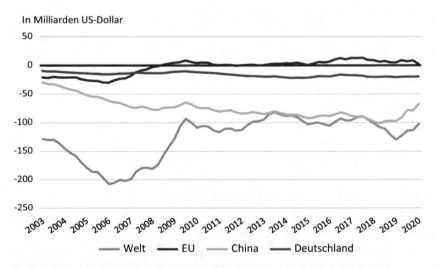

**Abb. 2.7** Leistungsbilanzsalden der USA gegenüber unterschiedlichen Counterparts. (Quelle: BEA 2020)

Der bilaterale Deal verursacht bei Drittstaaten schwere Kollateralschäden und wird aufgrund der US-Unternehmen eingeräumten Vorzüge die China-Exporte der EU-Länder wohl um rund 11 Mrd. EUR senken (Chowdhry und Felbermayr 2020).

Betroffen sind insbesondere die Flugzeug- und Autoindustrie, der Maschinenbau, optische Erzeugnisse sowie die Pharmabranche: alles Kerngeschäfte der deutschen Exportwirtschaft. Noch wichtiger jedoch als der monetäre Verlust, der sich aus dieser Entwicklung für die weinenden Dritten ergibt, ist die voranschreitende Aushöhlung des multilateralen Handelssystems. Denn, dass ETA fundamental gegen das *Meistbegünstigungsprinzip* und damit gegen WTO-Grundsätze verstößt, wird von den USA und China offensichtlich billigend in Kauf genommen (Chowdhry und Felbermayr 2020). Die Beschädigung der WTO, die bereits während der Obama Administration mit der Blockade von Richtern in die Berufungsinstanz („Appellate Body") als „Bad Omen for the trading System" seinen Anfang genommen hatte (Hufbauer 2011), erreicht damit ein neues Zwischenhoch. Der *Spaghetti-Bowl* Handelsbilateralismus erfährt einen neuen Boom.

Dabei ist die grundliegende *Kritik an WTO und dessen Appellate Body* durchaus nachvollziehbar. Insbesondere Subventionsvorwürfe gegenüber China hatten aufgrund der Auslegungen von WTO-Richtern kaum noch Aussicht auf Erfolg. Grundsätzlich fehlt es der Organisation an Druckmitteln gegenüber industriepolitischer Wettbewerbsverzerrung; gegen transparente Notifikationsvorgaben sperrt sich China vehement. Interessanterweise arbeiteten die EU, die USA und Japan in einer *Trilateralen Initiative* selbst unter Trump bei vielen wichtigen Fragen konstruktiv zusammen; der Verhandlungsdruck auf China nimmt an dieser Stelle ebenso zu, wenn auch (vorerst) ohne Ergebnis. Das Einstimmigkeitsprinzip der WTO schafft Trägheit und Reformstau (Kolev und Matthes 2020). Um nicht gänzlich auf einen zahnlosen Papiertiger verwiesen zu sein, hat sich die EU mit 16 WTO Mitgliedern (inklusive China) in der Streitschlichtungsfrage auf eine Interimslösung einigen können – an dieser Stelle wiederum sind die USA zu keinen Kompromissen bereit (Europäische Kommission 2020d).

Während die USA China mit dem Vorschlaghammer zu bearbeiten versuchen, wirkt die EU über ihre diplomatischen Kanäle. Dabei lässt die EU sich gegenüber Fernost immer noch Spielräume der WTO-Antisubventionsmöglichkeiten offen. Mehr und höhere Schutzzölle – ähnlich wie die USA – wären durchaus denkbar (Matthes 2020). Institutionell haben die Union und ihre Mitgliedsstaaten zunehmend neue Wege entwickelt, China entgegenzutreten. Zum einen hat sich etwa das EU-Parlament im Mai 2016 mit einer überwältigenden Mehrheit von 546 zu 28 Stimmen dagegen ausgesprochen, China in der WTO den Marktwirtschaftsstatus zuzuerkennen und sich so schärfere Maßnahmen etwa bei Verletzungen von Anti-Dumping-Regularien vorbehalten (Europäisches Parlament 2016). Zum anderen hat die EU im März 2019 einen gemeinsamen Mechanismus zum *Screening* von Direktinvestitionen beschlossen (Europäisches Parlament 2019).

Wenn auch nicht explizit erwähnt, richtet sich das Instrument eindeutig gegen strategische Übernahmen aus China. Die unterschiedlichen Regularien und Auslegungen von ausländischen Beteiligungen in den Mitgliedsstaaten waren Brüssel schon längere Zeit ein Dorn im Auge. Nach den Kontroversen um strategische chinesische Übernahmen im Kontext von *Made in China 2025* – wie etwa beim deutschen Robotik-Hersteller Kuka im Jahr 2016 – konnte man sich in einem langen politischen Prozess schließlich auf einheitliche Screening-Kriterien bei Direktinvestitionen aus Drittstaaten einigen und schließt so zu den Wettbewerbern China und USA auf, die längst vergleichbare Systeme implementiert haben. Weiterhin behalten die Mitgliedsstaaten die Hoheit über Übernahmen in ihrem Land, die EU-Kommission stärkt aber ihre Rolle als Beraterin, die öffentlich mit „naming and shaming" auf einzelne Übernahmen aufmerksam machen kann.

Zudem haben der EU-Vorstoß und die öffentliche Debatte darum dazu geführt, dass viele Mitgliedsstaaten auch ihre nationalen Eingriffsmöglichkeiten nachgebessert haben. So kam es selbst in Deutschland, wo vor allem sektorspezifische industriestrategische Anläufe grundsätzlich kritisch betrachtet werden (Bardt und Lichtblau 2020), mit dem *Nachschärfen des Außenwirtschaftsgesetzes* zu einem Absenken der Eingriffsschwelle: In sensiblen Industrien kann das Wirtschaftsministerium nun bereits bei einer Übernahme von nur 10 Prozent des Unternehmenswertes eingreifen. In der Folge der vielkritisierten 2019 von Wirtschaftsminister Peter Altmaier vorgestellten deutschen *Industriestrategie 2030* kam es zu einem weiteren Nachjustieren; in § 5 Abs. 2 AWG heißt es nun, eine staatliche Prüfung sei nicht mehr lediglich bei einer „tatsächlichen" sondern auch bei einer „voraussichtlichen Beeinträchtigung" von öffentlicher Ordnung und Sicherheit möglich. Geplant ist auch, dass die Kreditanstalt für Wiederaufbau (KfW) unter Umständen einspringen und im Ernstfall an eines ausländischen Investors Stelle treten soll (Matthes 2020).

Trotz der Verschärfungen bemängelt die Monopolkommission (2020) in ungewöhnlicher Schärfe, die deutschen Wettbewerbshüter hätten nicht genügend Handhabe gegenüber den subventionierten chinesischen Konzernen und mahnt weitere Instrumente etwa mit Blick auf das Angebot von chinesischen Dienstleistungen in Deutschland und Europa an. Für die deutsche Wirtschaft zeigt sich an diesem Beispiel das konkrete Spannungsfeld des Systemkonflikts: Einerseits muss dem staatlich subventionierten strategischen Aufkauf der Industrie ein Riegel vorgeschoben werden, andererseits bedarf es transparenter Regeln, die Investoren Planungssicherheit und Schutz vor willkürlichen Restriktionen bieten. Der zuletzt von Bildungs- und Forschungsministerin Anja Karliczek unternommene Versuch *nationale Champions* in der Batteriezellproduktion aus dem Boden zu stampfen mag da zwar in der Logik des Systemkonflikts plausibel erscheinen, überzeugt in der Willkür der Entscheidung jedoch nicht.

Auch wenn Deutschland und die EU in ihrer Rhetorik einen völlig anderen Weg gewählt haben als die USA, so wird doch in der Gesamtschau betrachtet deutlich: *Der Ton gegenüber China wird von europäischer Seite vernehmbar rauer.* Die Analyse der Industriepolitik zeigt, der wirtschaftliche Systemwettbewerb ist längst geopolitisch mit dem Systemkonflikt verwoben. Selbst hochrangige Vertreter der deutschen Außenpolitik bezeichnen China mittlerweile offen als „Systemrivalen" (Roth 2020). Die deutsche EU-Ratspräsidentschaft 2020 sollte mit einem EU-China Investitionsgipfel in Leipzig gekrönt werden. Der Gipfel musste pandemiebedingt ausfallen, die Erneuerung der gemeinsamen *EU-China Strategic Agenda for Cooperation* zunächst ausbleiben. Auch wenn die Gemeinsamkeiten weniger geworden sind, gelang es aus den skizzierten Gründen kurz vor Jahresende 2020, über das Investitionsabkommen zwischen EU und China grundsätzliche Einigkeit herzustellen. Der Systemkonflikt wirft indes seinen langen Schatten auf die Globalisierung.

## 2.5 Grenzen und Kontrollverlust: Ungewählte Mächte und Identitätssuche

Auf der weltpolitischen Bühne sind die Dilemmata der normativen Positionierung ebenso deutlich geworden wie die Risse im Fundament des transatlantischen Westens. Der zum Systemkonflikt verschärfte Systemwettbewerb äußert sich klar und persistent, dies zeigen die Analysen der Geopolitik und der Industriepolitik seitens der *Great Powers*. Um die Hintergründe der zunehmenden Eskalation nachzuvollziehen, bedarf es jedoch einer tiefergehenden Analyse darüber, wie Globalisierung eine so kritisch bis ablehnende gesellschaftspolitische Wirkung entfalten konnte.

In der vergangenen Globalisierungsperiode sind zwei gleichermaßen identitätsprägende wie konträre Entwicklungen zusammengekommen: der *Triumph der kapitalistisch-freiheitlichen Staaten* des transatlantischen Westens über den kommunistischen Ostblock sowie der *Aufstieg Chinas* zu einer ökonomischen wie militärischen *großen Macht* (HDG, Kap. 3). Hinter der umfangreichen sowie intensiven internationalen Vernetzung über Güter- und Dienstleistungsströme und dem Austausch von Ideen sowie über Migration stehen völlig unterschiedliche Erzählungen, Versprechen und Konsequenzen. Dem Westen stößt zunehmend bitter auf, dass sich *das Ende der Geschichte* (Fukuyama 1992) nicht wie erwartet eingestellt hat. Für das Einspannen des Hegelschen Weltgeistes, der das westlich-transatlantische Modell in die Welt exportieren sollte, hat Fukuyama (1992) zuletzt deutliche Kritik einstecken müssen (Manow 2020; Assheuer 2020). Immer deutlicher zeigt sich, wie sehr die *Wandel durch Handel*-Ideologen die Dogmatik unterschätzt haben, mit der China die Globalisierung für sich proklamiert. Die chinesische Führung unter Xi Jinping ist entschlossener denn je, das Zeitfenster des wirtschaftlichen, politischen und militärischen Aufstiegs zu nutzen, um ihren Traum einer chinesischen Wiedergeburt („rejuvenation") zu erfüllen und alle Widerstände – wie die Untersuchung zum Ausbruch der Covid-19-Pandemie – auszuräumen oder zu entkräften. Die Prophezeiung eines heraufziehenden *Kampfes der Kulturen,* die Samuel Huntington (1997) dem *Ende der Geschichte* entgegenstellte, mag sich zwar nicht bestätigen, das unbedingte Streben nach Macht und Einfluss lässt sich aber durchaus als prägend für die Welt unserer Zeit feststellen.

Während China sich politisch – weniger gesellschaftlich und ökonomisch – zumindest öffentlich und offiziell unter einer Fahne zu sammeln scheint, bröckelt gleichzeitig der Kitt westlicher Gesellschaften – innerlich und im Miteinander. Die Gemeinsame normative Rückbindung verblasst (HDG, Abschn. 1.5), was als „The Abandonment of the West" beschrieben wird (Kimmage 2020). Die *Sicherheitsillusion* (HDG, Abschn. 1.3) der Industrieländer, die sich globalisierungsbedingt mehr und mehr herausschält, verbindet sich auch mit einer Identitätskrise: Die globale Vernetzung hat bei manchen Bevölkerungsgruppen die erhofften Einkommenseffekte nicht erbracht, zugleich wirkt die verstärkte Wahrnehmung der Andersartigkeit und Diversität verunsichernd. Einerseits erwächst diese Erkenntnis aus dem zuletzt gestärkten Widerstand gegen Migration (Mounk 2018) – freilich mit der veritablen, aber temporären Ausnahme einiger europäischer Länder während der Fluchtmigration 2015 und 2016. Andererseits wird insbesondere die Marktöffnung Chinas in den USA von der weißen Arbeiterschicht konkret als wesentlicher Treiber ihrer wirtschaftlichen und gesellschaftlichen Deprivation bewertet (Case und Deaton 2020).

Globalisierung wird zunehmend mit der Fern- und Fremdbeeinflussung der konkreten Lebenswelten und Lebensumstände in Verbindung gebracht, die mit Öffnungen jedweder Art einhergeht. Man kann es auch so wenden: *Ungewählte Mächte* gewinnen vor Ort – national, regional, lokal – Einfluss. Die Vielzahl der Einwirkungen ungewählter Mächte und die Gleichzeitigkeit unterschiedlicher Paradigmen sowie das *Zur-Freiheit-Verdammt-Sein* erschweren die Orientierung und überfordern den Einzelnen (Mishra 2017). Wirtschaftskrisen daheim gehen auf schwer fassbare Ereignisse in fernen Ländern zurück, spürbarer Migrationsdruck wird aus Konflikten am anderen Ende der Welt generiert, eine Pandemie hat auf schreckliche

Weise an die Verwundbarkeit der modernen Welt als Ganzes erinnert. Das Fremde hat das Potential, verwirrend und verstörend zu wirken, insbesondere wenn altbekannte Muster hinterfragt werden müssen.

Die aktuelle Globalisierungsperiode birgt damit eine ungemütliche Gleichzeitigkeit der Gegensätze. Wir erleben die Sehnsucht nach Aufmerksamkeit, Extravaganz, Einzigartigkeit und Herausstechen in einer *Gesellschaft der Singularitäten* (Reckwitz 2017), zugleich wirkt die Verheißung der Gruppe, des Gemeinsamen, des Bekannten, der *engeren sozialen Identität* (Fukuyama 2019). Die Digitalisierung befeuert beide Trends gleichermaßen, und zwar global. So ermöglicht der weltweite Tausch audiovisueller Schnipsel über soziale Netzwerke es dem Einzelnen, als besonders aus der Masse zu stechen, zugleich lässt es sich vortrefflich innerhalb der Vielzahl an Gleichgesinnten aushalten, ohne Widerspruch ertragen zu müssen. Dagegen hatte Fukuyama nach dem Kalten Krieg die Gefahr eines *Post-Heroismus* prophezeiend skizziert, einem Liberalismus der Langeweile, in dem die Bürger im Kollektiv ermüden und das Besondere in einer strahlenden (autoritaristischen) Führerfigur suchen (Müller 2019, S. 23).

Erstaunliche Parallelitäten bietet dafür die entwickelte *Fin de Siècle-Diagnose* für das Ende des 19. Jahrhunderts und den Übergang in das 20. Jahrhundert (vgl. Abschn. 1.2), die bei den Zeitgenossen eine „Erschöpfung und Müdigkeit bei leichter Reizbarkeit" (Ajouri 2009, S. 20) konstatiert. Dabei gilt auch heute: Um die Universalität der Wertebasis ist es längst geschehen, wenn *die große Gereiztheit* zu einer identitätsstiftenden großen gereizten Einigkeit oder Einigkeit der Gereizten wird, die sich dem Fremden verwahrt und das Traditionelle sowie Bekannte uneingeschränkt belohnt. *Singulär* ist dann das besondere, eigene Kollektiv gegenüber dem abgewerteten Fremden. Die eigene Identität als die Überlegene zu sehen, auch das ist eine Entwicklung des Systemkonflikts, dem zunehmend die Toleranz abhandenkommt. *Group Polarization* wird ein Prozess genannt, indem sich Konformität nach innen und Konfrontation nach außen in selbstverstärkenden und selbstreferenziellen Spiralen immer weiter hochschaukeln (Sunstein 1999). Denn, so fragt der US-amerikanische Publizist David French süffisant, „Wer verlässt schon eine gute Bibelstunde und liebt Jesus *weniger?*". Der Fremdbeeinflussung wird dann

mit Schließung gegenüber den Ansprüchen der nicht Nativen ent-
gegengearbeitet: nationalistische Schließung von Grenzen, identitäre
Schließung von Gruppen, wohlfahrtschauvinistische Schließung des
Sozialstaats.

Das gefühlte Ausgeliefertsein mündet im Reflex des Nationalistischen
(Bergmann et al. 2017) und lässt sich leicht und effektiv gegen die
nationalen Eliten wenden, die – so das Argument – ihre Globali-
sierungsagenda weitertreibend die *kleinen Leute* längst aus den Augen
verloren hätten (Ezrow und Hellwig 2014). Unhinterfragt und
unreflektiert hat ein emotionaler Nationalismus jedenfalls das Potential,
eine enorme politische Virulenz zu entwickeln, zumal dann, wenn er
jene Lücke der Repräsentation im öffentlichen und politischen Raum
zu schließen verspricht, welche die „Somewheres" so direkt empfinden
– und angesichts der Diskurs- und Handlungsdominanz globaler
Bildungs- und Wirtschaftseliten sicher nicht ganz zu Unrecht. Dazu
konstatiert Ilija Trojanow (2017) literarisch: „Nationalisten missachten
den intimen Kern von Heimat. Sie setzen der persönlichen Welt-
beziehung die Narrenkappe einer konstruierten Uniformierung auf. Sie
suggerieren dem Einzelnen eine abstrakte Identität, die ihn zwar nicht
durch den Alltag bringt, aber in den Krieg ziehen lässt" (S. 109).

Das Fremde wirkt in jedem Fall auf das Selbst des Einzelnen.
Bei der Frage, wie dem Druck auf die nationalen Identitäten beizu-
kommen ist, könnten die Meinungen hingegen kaum fundamentaler
auseinandergehen. Gemein haben die unterschiedlichen Analysen die
Verunsicherungsdiagnose, die nationale Identitäten aus Migration,
Fern- und Fremdbeeinflussung erfahren, und die im Globalisierungs-
kontext den nationalistischen Kräften Aufwind bescheren.

Auf der einen Seite steht die *Auflösung der Nationalstaaten* zugunsten
tatsächlicher globaler Institutionen: Entsprechend fordert Lessenich
(2019, S. 104) die globale Versöhnung in einer Weltbürgerschaft durch
ein „Aufbrechen der exklusiven Strukturen der Staatsbürgerschaft".
Auf der anderen Seite steht eine *Schärfung der Nationalstaaten:* klare
Grenzen, klare Zugehörigkeitskriterien, klare (exekutive) Gewalten(zu)
teilung. Auch Fukuyama (2019, S. 197) leitet aus der Stigmatisierung
des Fremden die Forderung nach strengeren Einbürgerungsvorschriften
und der damit einhergehenden Identitätsklärung ab. *Identität* ist in

diesem Sinne nicht mehr voraussetzungslos und will verdient werden; das gilt dann aber auch für diejenigen, die vermeintlich schon dazugehören. Es bedarf der Einsicht, dass gesteigerte Freiheitsfähigkeit des Einzelnen und seine damit begründeten Identitätswahrnehmungsansprüche ohne Einsicht in das Gemeinsame, in die infrastrukturellen, rechtlichen und staatlichen Voraussetzungen nicht funktioniert. Als Mittelweg stellt Mounk (2018) die Domestizierung des Nationalismus mit einer Art *inklusivem Patriotismus* in Aussicht. Banting et al. (2020) fordern einen von Solidarität geprägten *liberalen Nationalismus,* in dem Neuankömmlinge sich durchaus ihre Mitgliedschaft in der aufnehmenden Gemeinschaft verdienen müssen.

Onora O'Neill (2019) erörtert dafür sehr prinzipiell die *Bedeutung von Grenzen* für die Frage, welche Gerechtigkeit für wen in welchem Maß geboten ist. „Viele Gerechtigkeitstheorien gehen davon aus, dass ihre Prinzipien universell sind, doch bleibt damit die Reichweite der Gerechtigkeit unberücksichtigt" (S. 11 f.). Grenzen definieren nicht nur Zuständigkeiten und Verantwortungen, sondern ebenso erlauben, unterbinden oder sanktionieren sie Handlungen. Damit sind Grenzen an Rechtfertigungen gebunden, die in einer offenen Welt und einer kosmopolitischen Definition von Grundsätzen immer herausfordernder werden. Und „wenn Gerechtigkeit sichergestellt werden soll, ist es nötig, die Pflichten handlungsfähiger Akteure des Wandels genau zu bestimmen". Damit verbindet sich die differenzierte Überlegung, wo und wie „man Grenzen auf eine spezifische Weise durchlässiger macht – und daher auf andere spezifische Weise weniger effektiv" (O'Neill 2019, S. 17 f.).

Konstruktiv gedeutet erfordert dies, dem gefühlten Kontrollverlust durch Zuspitzung oder Einhegung habhaft zu werden. Unsere Globalisierungsbeschreibung trifft damit Rodriks *Globalisierungsparadoxon,* nach dem die ökonomische Globalisierung auf Kosten von nationaler Selbstbestimmung (Souveränität) und Demokratie geht, an einem wunden Punkt. Nach diesem wären „die Erosion der nationalstaatlichen Souveränität durch die Globalisierung und die Beschneidung der souveränen Macht der Nationalstaaten entscheidende Faktoren für die aktuelle Entdemokratisierung des Westens" (Brown 2012, S. 60). Zwar trifft der Abgesang auf die Demokratie einen gewissen Zeitgeist, dieser folgt aber in vielerlei Hinsicht dem Hang zur altbekannten, abgenutzten sowie apokalyptischen Kapitalismuskritik nach und ist durch Konjunkturen gekennzeichnet, wie sie bereits am Ende des 19. Jahrhunderts als *Fin de Siècle-Stimmung* präsent waren und heute unter *Spätmoderne, Postmoderne, flüchtige Moderne, andere Moderne* geführt werden (Hüther 2021). Offenkundig sind Abwendungen von Geschichten des Erfolgs – als solche ist die Moderne mit dem Aufbruch zu politischer Freiheit, zu gesellschaftlicher Selbstermächtigung und zu ökonomischer Kompetenz zu bewerten – immer wieder zu erwarten, nach Phasen der Stetigkeit und Langeweile wie Ende des 19. Jahrhunderts ebenso nach Phasen hoher Dynamik aufgrund von Systemöffnungen wie im Übergang vom 20. zum 21. Jahrhundert. Zugespitzt kann man die *These* formulieren, *dass das Leben in selbstverständlicher Freiheit zur lebenspraktischen Herausforderung werden kann.*

Die aktuelle Wendung in der Debatte zeigt die Potentiale der Fragen, die durch die Globalisierung aufgeworfen werden und in Nationalstaaten zu beantworten sind. Offensichtlich braucht es mehr supranationale Organisation, mehr transnationale Standards und gleichzeitig mehr demokratisch transparent rückgebundene nationale Kontrolle von Handel, Migration, Kapitalströmen und Wissensdiffusion. Dabei zeigen die vielen Abwehrreflexe den weiten Reigen an Handlungsmöglichkeiten, über die einzelne Nationen Globalisierung prägen können. Von resilienten, weil durch offene Debatten und Selbstreflexion geprägten Gesellschaften wiederum kann Globalisierung, die ja nie als Selbstzweck verstanden werden darf, nur profitieren. Multilaterale Organisationen und Allianzen, transnationale Standards zu bestimmten Themen sowie Handlungsfeldern eröffnen gerade nationalstaatliche Gestaltungsoptionen in einer zugegeben häufig schwierigen Interessensabwägung und können so vor Ort zu einer *neuen Sicherheit und Stabilität* fühlen. Voraussetzung ist eine klare und transparente, vor allem subsidiäre Definition von Zuständigkeit und Verantwortung, gerade das aber ist für viele oftmals nicht erkennbar.

Eine *demokratische Kontrolle der globalen Integration* hat das Potential, resiliente Nationalstaaten auszubilden, die in der multilateralen Organisation Vorteilspositionen für viele herausarbeiten. Zur transparenten Diskussion gehört dabei, dass Vorteilspositionen für wirklich *alle* zwar ein hehres Ziel sind, sich aber kaum jederzeit und kontinuierlich realisieren lassen. Zur Diskussion müssen daher tatsächliche Alternativen mit entsprechender Folgenabwägung gestellt werden, denn „die Antwort auf Furcht ist nicht Mut, sondern gesicherte Freiheit" (Müller 2019). Alternativlos ist die Globalisierung wahrlich nicht; schmerzhaft werden aber Decoupling und Entglobalisierung allemal. Nicht zuletzt der Brexit ist als eindrückliches Beispiel dafür zu begreifen, und ebenso die Phase des globalen Lockdowns im Frühjahr 2020. Langfristig kosten Decoupling und Entglobalisierung Wohlstandszuwächse und damit Handlungsoptionen sowie Verteilungsspielräume.

Wenn sich nationale Identitäten erst einmal selbstvergewissert haben, sich also ihrer Eigenheiten und Begrenzungen bewusst sind, lassen sich ihre Positionen selbstbewusst, international und unter Anerkennung spezifischer Identitäten wie auch gegenüber *ungewählten Mächten* vertreten. Der resiliente Nationalstaat ist neugierig und hat so das Potential, der Globalisierung zum Erwachsenwerden zu verhelfen. Klar ist aber auch: Für die mächtigen Staaten bedeutet der Multilateralismus einen Einflussverlust, den diese so nicht hinzunehmen bereit sind. Das Recht des Stärkeren begründet sich schließlich nicht im Begegnen auf Augenhöhe. Aber hieran kann kein Zweifel sein: Die Globalisierung als Freiheitsprojekt verlangt Einschränkungen der nationalen Souveränität zugunsten effektiver multilateraler Ordnungen und Verfahren.

So kann das Globalisierungsparadoxon aufgelöst werden in einer *Stärkung des Dreiklangs nationaler Selbstbestimmung, demokratischer Legitimation und fairer, inklusiver Globalisierung.* Die uneingeschränkte Kraft des demokratischen Souveräns bleibt in Zeiten höchster Komplexität hingegen von anderer Seite unter Druck. Denn äquivalent zum Globalisierungsparadoxon zeichnet sich ein *Technokratisierungsparadoxon* ab. Fremdbestimmung, Multikausalität und dauerhafte Krise führen zu einer Unübersichtlichkeit, die ein Outsourcen von Entscheidungskompetenz an Experten subkutan attraktiv werden lässt, gleichzeitig aber Populisten mit ihren einfachen Lösungen in die Hände zu spielen scheint. Philip Manow (2020) nennt den zuletzt beobachteten Zulauf zu deren populären, engen und teils verstörenden Positionen in Kombination mit der entsprechenden Ausweitung von Partizipationschancen die „Demokratisierung der

Demokratie". Demokratie läuft dann aber Gefahr, sich in ihrer Extremform ohne Leitplanken nur noch nach der im Wind besonders flatternden Fahne zu orientieren. Die *Checks und Balances* sehen daher verschiedene Regeln und *Gatekeeper* vor, die den ungefilterten Volkswillen im Zaum halten sollen. Gerade die Zunahme an Komplexität unserer Zeit bedingt die Delegation an Experten und das Verwehren manches Volksentscheides. In dieses Spannungsfeld stoßen nun die *populistischen Zornunternehmer* (Sloterdijk 2008) vor und kritisieren die *„Ent-Demokratisierung der Demokratie"* (Manow 2020).

Zum einen ist hierbei die *„zunehmende Substitution von Politik durch Recht"* (Manow 2020, S. 19) zu erwähnen: Um den Liberalismus vor den illiberalen (aber demokratischen) Kräften zu schützen, beschränkt man schlicht deren Entscheidungsbefugnisse und versucht, den Status quo etwa in die *Verfassung* zu verlagern oder durch das *Verfassungsgericht* zu zementieren. Das kann strukturelle Aspekte der Demokratie – wie die Schaffung autonomer Politikbereiche, z. B. Geldpolitik oder kollektive Lohnfindung – ebenso betreffen wie Sorgen vor theoretisch begründeten Fehlentwicklungen infolge des Parteienwettbewerbs, z. B. Schuldenregulierung oder Fixierung einer Höchstgrenze für Sozialbeiträge. Die Verlagerung in die Verfassung ist aber so oder so das Ende der politischen Auseinandersetzung, die den parlamentarischen Wesenskern der Demokratie ausmacht.

Zum anderen bescheinigt Paul Tucker (2018) den *Aufstieg der ungewählten Mächte* („Unelected Power") insbesondere mit Blick auf die Geldpolitik. Technokratische Strippenzieher in den Zentralbanken der Welt haben sich zu Krisengewinnern gemausert, die mit jedem neuen Ausnahmezustand ihre Kompetenzen ausweiten können: Mit Blick auf die globalen wirtschaftspolitischen Krisenmanager haben sie sich zum *Only Game in Town* aufgeschwungen. Das ist auch der Tatsache geschuldet, dass sie oft die einzig schnell und konsistent handelnden Akteure auf dem Podium sind. Dabei stellt sich aber ganz besonders die Frage der demokratischen Legitimation, zumal dann, wenn geldpolitikfremde und nicht mandatierte Handlungen vollzogen werden. Tatsächlich sind Notenbanken aber nur der Prototyp der *Unelected Power,* die sich in der Zweiten Globalisierung schrittweise über multilaterale und integrationsspezifische Organisationen ausgeprägt haben. So beruhte der *Washington Consensus* (HDG, Abschn. 3.1) beispielsweise auf der Einschätzung, dass es mit Blick auf die Modernisierungshypothese unvermeidbare und eindeutig definierte Handlungsaufträge gebe, die in den einzelnen Volkswirtschaften keiner Erörterung und demokratischen Legitimation mehr bedürfen.

*Aus veritablen Gründen kann man das gut und richtig finden:* In Zeiten von Handlungsunfähigkeit braucht es Handlungsfähige. In Zeiten einer nie dagewesenen, säkularen Niedrigzinsphase braucht es außerordentliche Instrumente und Kompetenzen. In Zeiten schwerer nationaler Krisen oder Transformationsüberforderungen kann es unabweisbar hilfreich sein, durch internationale Organisationen konditioniert Orientierung und Hilfe zu erhalten. Und doch entgleiten dem demokratischen Souverän jeweils die Fäden, *ein Kontrollverlust droht.* Wichtig anzumerken und aus der deutschen Perspektive häufig vernachlässigt: Die politische Unabhängigkeit der Zentralbank ist weder zeitlos noch alternativlos. Die Delegation der Verantwortung an die Zentralbankern muss immer wieder und möglichst transparent diskutiert, erklärt und legitimiert werden; ebenso wie die Gewaltenteilung mit Blick auf Gerichte oder das Übertragen von Kompetenzen auf unabhängige Regulierungs- und Aufsichtsbehörden. Technokratisierung und Demokratie können (und müssen) sich einander versichernd gegenüberstehen. Das kann aber nur gelingen, wenn die Zivilgesellschaft in echten deliberativen Diskursen über Alternativen streitet.

Mitten in der Diskussion angekommen ist die *Modern Monetary Theory* (MMT), deren Vertreter sich gegen die vorherrschende Meinung wenden, der Staat wäre durch eine Budgetrestriktion in seiner Handlungsfähigkeit eingeschränkt und Opportunitätskosten müssten sein Handeln begrenzen. Denn nach der MMT bringt der Staat über seine Verschuldung Geld in Umlauf, bezahlt Bürger für bestimmte Leistungen und Güter und sammelt die Liquidität schließlich über Steuern wieder ein: Inflationssteuerung funktioniere dann über das Niveau der Steuern, Zinssteuerung über die Ausgabe von Staatsanleihen. Der Staat selbst wird zum „Employer of last Resort" und könne so gleichermaßen Vollbeschäftigung und Preisstabilität erzielen. So zumindest das theoretische Gedankenspiel, mit dem Warren Mosler (1997) vor 25 Jahren die Ideen von Friedrich Knapp wiederzubeleben versucht hat. Linke Politiker in den USA wie Alexandria Ocasio-Cortez sowie Bernie Sanders würden das Konzept nur allzu gerne für einen politisch opportunen Paradigmenwechsel der Staatsfinanzierung interpretieren. Etablierte Ökonomen trauen der – vermeintlich ohne Kollateralschaden möglichen – Politisierung der Geldpolitik entsprechend weniger: Als „Voodoo Economics of our time" wurde MMT etwa von Larry Summers (2019) bezeichnet, einen „free lunch" ohne Zielkonflikte kann es nach ihm nicht geben.

Und selbst Paul Krugman (2019) zeigt sich in höchstem Maße enerviert über die Schwierigkeiten, die Mechanismen hinter der geldpolitisch eierlegenden Wollmilchsau zu verstehen. Klar ist in jedem Fall, dass eine konsequente Umsetzung von MMT der Politik zwar eine *demokratische Kontrolle* über die Geldpolitik zurückbringen würde, aber eben auf die Gefahr hin, ob diese auch zeitimmanent verantwortungsvoll damit umginge. Genau aus dieser Sorge und angesichts der Erfahrung der Hyperinflationen und Überraschungsinflationen im 20. Jahrhundert hatte man die Verantwortung an eine unabhängige Institution delegiert (Hüther 2020a). Das Rollenmodell der Deutschen Bundesbank – historisch plausibel und prinzipiell begründbar – war dadurch elementar und beispielgebend definiert, sodass die Übertragung auf die Europäische Zentralbank und das Eurosystem selbstverständlich, für Deutschland gar zwingend war.

Wie könnte es anders sein, auch in der Geldpolitik bleibt China seiner Position im Systemkonflikt treu und bildet das absolute Gegenbild zum westlichen Verständnis. Zwar folgt man keiner MMT-Philosophie, die Steuerung von Währung, Zinsen und Geldmenge ist jedoch zentrale Parteipolitik und damit wiederum ein geopolitischer Hebel, die Vormachtstellung der USA anzugreifen. Als neueste Innovation testet Peking derzeit den volldigitalen Yuan, der über staatlich bereitgestellte Apps als internationaler Bezahltoken etabliert werden soll. Ziel des Vorstoßes ist unzweideutig das Brechen der globalen US-Dollar-Dominanz im internationalen Zahlungsverkehr. Als Verhandlungsmasse für die Umsetzung im Ausland gelten dann die Investitionsprojekte entlang der Seidenstraße, mit denen Peking durchzusetzen versuchen wird, die chinesische Digitalwährung konsequent und geografisch möglichst breit einzuführen. Das Verbot chinesischer

(Bezahl-)Apps in den USA sowie bei den neugewonnenen Verbündeten in Indien rückt damit in ein neues Licht.

So ist die *Geldpolitik im Systemkonflikt angekommen*. Abermals macht China mit seiner Digitalwährung den Aufschlag. Zentralbanken rund um die Welt beschäftigen sich seit Jahren mit dem Thema, haben aber bislang noch kein nennenswertes Pilotprojekt ins Rennen geschickt. Erst als Facebook 2017 mit *Libra* die Entwicklung einer privaten Blockchain-basierten und an einen Währungskorb gekoppelte Krypto-währung ankündigte, wurde die Aufsicht hellhörig und begehrte auf. Zumindest als Zahlungsabwicklungssystem hätte *Libra* über seinen Netzwerkcharakter das Potential gehabt, eine (erste) tatsächliche private Globalwährung zu werden. Der Druck der *Unelected Power* hat das Projekt jedoch in die Knie gezwungen. Ein wichtiger Partner nach dem anderen wendete sich von Facebook ab. Ganz in der Logik der US-amerikanischen Rolle im Systemkonflikt hatte sich *Libra* aber gegenüber den chinesischen Hierarchien als marktgetriebene und unregulierte Währung außerhalb des Bankensystems positioniert. Ebenso erwartungstreu hat auch Europa an dieser Stelle (nicht) reagiert.

Von einem digitalen Euro ist die Europäische Zentralbank noch weit entfernt. Doch begründet diese vermeintliche Trägheit nicht unmittelbar eine Nachteilsposition. Denn es gibt vielfältige Bedenken, die mit der Einführung rein digitaler Währungen einhergehen. Erst wenn man im gesellschaftspolitischen Diskurs diese ausgeräumt hat, wird sich eine europäische Antwort konstituieren. Die Bürger an dieser Stelle vor vollendete Tatsachen zu stellen, wäre in der europäischen System-logik kaum vermittelbar. Denn die deliberative Demokratie braucht Zeit – auch mit Blick auf die *Unelected Powers,* die ja gerade nicht im luftleeren Raum agieren, sondern immer wieder für Kontroversen sorgen und sich gegenüber der Zivilgesellschaft rechtfertigen müssen. So trifft Armin Nassehis (2020) Trägheitsbefund von Gesellschaften insbesondere auf die abwägenden europäischen Systeme zu: „Die Gesellschaft ist kein Objekt, das sich der Bearbeitung stellt, und auch kein Subjekt, das man mit starken Sätzen zu etwas bringen kann. Sie hat wie jedes System intern stabile Formen, die sich nur dauerhaft verändern, wenn sich neue Praktiken und Strukturen bewähren. Die zwar selbst erzeugte, aber wie eine äußere Bedrohung aussehende Gefährdung muss mit internen Mitteln bearbeitet werden. Die plötzliche Umkehr ist da eher der Ausnahmefall". Auch mit Blick auf die Innovationen der Währungspolitik wird Europa im Systemkonflikt seiner Sonderrolle gerecht und steht sicher zwischen den beiden Antagonisten, die mit ihrer zentralen Steuerungslogik zwar agiler wirken können, dafür aber die entsprechenden gesellschaftspolitischen Nebenwirkungen in Kauf nehmen müssen.

Die Geldpolitik als Paradebeispiel und Prototyp der *ungewählten Mächte* zeigt die Ambivalenz des Themas: Die eindeutige und autonome Zuständigkeits- und Verantwortungszuweisung für die Geldwertstabilität an die Notenbanken schafft dadurch zugleich Klarheit und Transparenz für die anderen politischen Akteure in ihrer jeweiligen Mandatierung. Die Objektivierung der Geldversorgung entlastet die anderen Institutionen, ohne sie in jedem Fall dadurch vor einer Begrenzung ihrer Autonomie zu bewahren. Deshalb ist es so wichtig, die Autonomie sachlich gut, jederzeit eindeutig und eng begrenzt zu gewähren. Das kann als *Muster für die Gestaltung internationaler oder multilateraler Institutionen* gelten. Während der *Internationale Währungsfonds* und die *Weltbank* aus dem Zusammenspiel von Hilfegewährung und Konditionalität unvermeidbar, aber sehr spezifisch als *Unelected Power* agieren können, gilt dies für die *Welthandelsorganisation* nicht. Offenkundig war Mitte der 1990er Jahre die Bereitschaft geringer, mit der Gründung dieser Institution eine autonome Kraft zu schaffen. Paul Tucker offeriert für die Frage, ob und wie man solche autonomen Institutionen einrichten soll, ein Set von Selektionskriterien und Gestaltungshinweisen (Tucker 2018, S. 569 ff.). Dazu gehören beispielsweise, dass das Ziel angegeben und eingegrenzt werden kann, dass die Präferenzen der Gesellschaft für das betreffende Politikfeld relativ stabil sind und dass ein Problem der Glaubwürdigkeit für ein vorhandenes (alternatives) politisches Regime besteht. Auf dieser Grundlage lässt sich gesellschaftlich fundierter darüber debattieren, ob und wo die Wirksamkeit nationaler Grenzen berechtigterweise eingeschränkt werden soll.

# 3

# Ökonomische Einordnungen zu Covid-19: Globalisierung im Lockdown

Mit rasanter Geschwindigkeit hat sich die durch das Corona-SARS-CoV-2 Virus ausgelöste Atemwegs- und Lungenerkrankung Covid-19 von China über den Globus ausgebreitet. Nachdem Mitte Dezember 2019 in Wuhan die ersten Infektionen identifiziert worden waren, wurde das WHO-Länderbüro in China mit dreiwöchiger Verzögerung von den Vorfällen unterrichtet. Wohl auch den rigorosen Repressalien der chinesischen Regierung gegenüber Journalisten geschuldet (Swart 2020), ging die WHO sogar bis Mitte Januar 2020 noch von einer lediglich durch Tiere übertragenen Viruserkrankung aus und sprach entsprechend keine Reisewarnungen aus (WHO 2020a). Nach ersten Informationen chinesischer Offizieller war das Virus von auf einem sogenannten *„Wet Market"* gehandelten Produkten auf den Menschen übergesprungen. Grund zur Spekulation gab dabei, dass bei vielen Infektionen keine entsprechende Verbindung zum Markt in Wuhan aufgezeigt werden konnte und mit dem *Wuhan Institute for Virology* (WIV) zugleich ein Hochsicherheitslabor ansässig ist, das an Fledermäusen vergangene Ausbrüche mit ähnlichen Virenstämmen untersuchte (Cohen 2020). Vorbehalte gegenüber dem chinesischen Covid-19-Krisenmanagement und dem intransparenten Umgang

M. Hüther et al., *Erschöpft durch die Pandemie*, https://doi.org/10.1007/978-3-658-34345-3_3

mit dem Infektionsgeschehen verstärkten sich, da Peking keiner umfassenden internationalen Untersuchung Zugang gewährte. Erst am 7. Juli 2020 reisten zwei WHO-Forscher ein, um eine entsprechende Untersuchung vorzubereiten (WHO 2020b), aber selbst danach versuchten die chinesischen Behörden alles, um eine Aufklärung und Aufarbeitung zu behindern; alles wird der Reputation und dem Machtanspruch der KP Chinas untergeordnet (Böge 2021).

Als sich Ausmaß und Aggressivität der neuartigen Krankheit schließlich nicht mehr verbergen ließen, vermeldete die offizielle Statistik in China Ende Januar 2020 bereits über 10.000 Infizierte. Zum Jahresende gab die chinesische Seuchenschutzbehörde die Ergebnisse einer großangelegten Untersuchung bekannt. Danach wurden bei 4,4 Prozent der untersuchten Menschen in Wuhan Antikörper gegen das Coronavirus im Blut festgestellt. Das entspräche, hochgerechnet auf die gesamte Stadt, fast einer halben Million Infektionen und damit zehnmal so viele wie offiziell gemeldet (Böge 2021). In der Logik des Systemkonflikts lud das chinesische Krisenmanagement Donald Trump zu massiver Kritik ein, die nicht nur darin gipfelte, China die Verantwortung für die Pandemie zuzuweisen, sondern sich ebenso in der Wortschöpfung „Chinese Virus" spiegelt, die Trump als Synonym für Corona-SARS-CoV-2 verwendete. In einer vielbeachteten Rede auf der 75-Jahrfeier der UN im September 2020 bekräftigte Trump seine Vorwürfe an offizieller Stelle: „The Chinese government and the World Health Organization – which is virtually controlled by China – falsely declared that there was no evidence of human-to-human transmission. Later, they falsely said people without symptoms would not spread the disease" (White House 2020b). Diese Kritik ist für viele zustimmungsfähig, und durch den damit verbundenen Reputationsverlust war vermutlich die Pekinger Führung umso mehr motiviert, wirtschaftlich eine schnelle Umkehr zu organisieren.

Im Anschluss an seine Kritik forderte der US-amerikanische Präsident, China für die Folgen seiner Handlungen verantwortlich zu machen. Auch die WHO steht im Mittelpunkt der US-amerikanischen Kritik, da diese erst am 11. März 2020 den Pandemie-Ausnahmezustand erklärte, als sich das Epizentrum des Infektionsgeschehen bereits nach Europa verschoben hatte (WHO 2020c). In Norditalien, wo nachträglich bereits seit Dezember 2019 im Abwasser Spuren des

Virus entdeckt wurden (Instituto Superiore di Sanità 2020), hatte sich zu diesem Zeitpunkt der erste europäische Hotspot herausgebildet, dessen über soziale Medien verbreitete dramatische Bilder und Apelle (Macchini 2020) das rigorose Handeln der Verantwortlichen und die verängstigte Stimmung in der Bevölkerung – zumindest in Europa – prägen sollten. Im März 2020 stand in einigen norditalienischen Krankenhäusern keine ausreichende Infrastruktur für Covid-19-Patienten mit schwerem Krankheitsverlauf zur Verfügung. Ärzte mussten Patienten lebenserhaltende Maßnahmen verweigern oder diese sogar aktiv von den Beatmungsgeräten entfernen *(Triage)*. Zu dieser Zeit stieg die Anzahl der dokumentierten Corona-Infektionen auch in den anderen europäischen Ländern exponentiell.

Spätestens ab Ende April 2020 beruhigte sich die Lage auf dem europäischen Festland vorerst wieder deutlich, ersichtlich in der stark sinkenden Anzahl aktiver Fälle pro 100.000 Einwohner (Abb. 3.2). Damit entkoppelt sich die Krankheitsinzidenz zwischen Europa und den USA für einige Monate grundlegend. Schon seit dem 26. März 2020 verzeichneten die USA mit über 80.000 Neuinfizierten die höchsten Infektionszahlen an einem Tag weltweit. Seit Ende April führen die USA die entsprechende Pro-Kopf-Statistik an, die selbst während der Sommermonate einen steigenden Verlauf verzeichnete. Im Zuge dieser Entwicklung blieb auch Trump selbst nicht verschont, Anfang Oktober – mitten im US-Präsidentschaftswahlkampf – infizierten er und seine Frau Melania sich mit dem Coronavirus.

Erstaunlich geringe Infektionszahlen werden seit Ausbruch des Infektionsgeschehens aus China veröffentlicht. Vielerorts bestehen berechtigte Zweifel, ob sich dort tatsächlich entsprechend wenige Mensch infiziert haben oder ob die Statistik schlicht eine zu geringe Anzahl Infizierter anzeigt (He et al. 2020). Besonders betroffen gezeigt haben sich hingegen Schwellenländer wie etwa Indien, die Türkei, Brasilien, Mexiko und Argentinien, wo soziale Sicherungssystem den wirtschaftlichen Folgen nur wenig entgegenzusetzen haben. Entgegen erster Befürchtungen hat Covid-19 im Jahr 2020 jedoch nicht zum erwarteten, flächendeckenden medizinischen Kollaps in Afrika geführt – zumindest liegen entsprechende Studien bislang noch nicht vor (vgl. Übersicht „Afrika – der verschonte Kontinent").

## Afrika – der verschonte Kontinent

Beim Blick auf die Corona-Infektionszahlen entsteht der Eindruck als sei Afrika, mit beispielsweise Südafrika als eine der Ausnahmen, der von der Pandemie größtenteils verschonte Kontinent. Über das gesamte Jahr 2020 gab es mehrere Infektionswellen, die sich in den einzelnen Weltregionen in unterschiedlichen Zeiträumen entwickelten. Europa erlebte seine erste Infektionswelle im Frühjahr und die zweite, wesentlich ausgeprägtere, im Herbst und Winter. Amerika hatte nach einem ersten Anstieg der Infektionszahlen im Frühjahr kontinuierlich ein hohes Maß an Neuinfektionen, die sich in den Wintermonaten nochmal stark erhöhten, zum Ende des Jahres wieder etwas nachließen. Asien erlebte ab dem Sommer einen Anstieg der Infektionszahlen, dessen Niveau sich über das gesamte Jahr als relativ stabil erwies. In Relation zu der Einwohnerzahl ist das Niveau der Neuinfektionen jedoch über das gesamte Jahr 2020 vergleichsweise gering. Die geringste Anzahl an Infektionsfällen gemessen an der Einwohnerzahl weisen Afrika und Ozeanien auf. Insbesondere mit Blick auf Afrika ist dieser Befund recht überraschend, denkt man an die Horrorprognosen, die zu Beginn der Pandemie für den afrikanischen Kontinent kursierten (DW 2020) (Abb. 3.1).

Die möglichen Gründe für die afrikanische Resistenz werden in der Wissenschaft intensiv diskutiert. Auf der einen Seite gibt es Überlegungen, dass die Zahlen die reale Infektionslage in Afrika nicht korrekt erfassen. Für alle Länder und Kontinente stellen die Corona-Infektionszahlen eine Untergrenze der tatsächlich infizierten Personen dar, weil die Krankheit häufig symptomfrei verläuft und dann in der Regel nicht durch

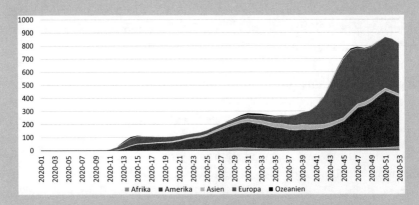

**Abb. 3.1** Corona-Neuinfektionen. (Quelle: European Centre for Disease Prevention and Control 2021)

eine Testung festgestellt wird. Aufgrund vergleichsweise weniger Tests in den afrikanischen Ländern könnten hier die dokumentierten Zahlen ein besonders niedriges Infektionsgeschehen ausweisen, welches jedoch von der tatsächlichen Infektionslage stark abweichen kann. Beispielsweise lagen die Anzahl der Tests im Januar 2021 in den bevölkerungsreichsten Ländern Afrikas Nigeria und Äthiopien bei 0,07 beziehungsweise 0,04 Tests pro 1000 Einwohnern. Zum Vergleich: Diese Werte lagen zum gleichen Erhebungszeitpunkt für Deutschland bei etwa 2 und in den USA sogar bei 4,1 (ourworldindata 2020).

Neben dieser möglichen Verzerrung der Daten werden auch inhaltliche Gründe diskutiert, warum die Corona-Infektionszahlen auf dem afrikanischen Kontinent (möglicherweise) niedriger ausfallen als auf anderen Kontinenten. Etwa könnte die Bevölkerungsstruktur in Afrika einen Beitrag leisten, warum die offiziell festgestellten Zahlen ein derartig niedriges Niveau aufweisen. Das Durchschnittsalter liegt in vielen afrikanischen Ländern unter 20 Jahren. Im Vergleich zu europäischen Ländern, wo Menschen im Durchschnitt häufig ein doppelt so hohes Alter aufweisen, ist die Corona Risikogruppe relativ klein und damit auch die Basis für einen schweren Krankheitsverlauf im Zuge dessen eine Testung erfolgt (siehe ourworldindata 2020). Des Weiteren werden Gründe diskutiert, die tatsächlich zu weniger Infektionen in Afrika führen könnten. Zum einen könnte der hohe Anteil des täglichen Lebens, der nicht in geschlossenen Räumen stattfindet, eine wichtige Rolle spielen. Zum anderen wird den relativ schlechten (transnationalen) Verkehrswegen eine infektionsbremsende Bedeutung zugemessen (FAZ 2020). Weitere Argumentationspunkte sind das Klima (Meo et al. 2020), die historische Erfahrung mit Seuchen wie beispielsweise Ebola und konsequente Lockdowns zu Beginn der Pandemie (Loembé et al. 2020). Insgesamt zeigt sich hingegen, dass die Coronakrise auch an Afrika nicht so spurlos vorbeigegangen ist wie die Zahlen auf den ersten Anschein illustrieren und auch beim Blick beispielsweise nach Südafrika gesehen werden kann. Dennoch sind viele afrikanische Länder über das Jahr 2020 im Vergleich zu anderen Teilen der Welt recht glimpflich durch die Pandemie gekommen. Dies könnte sich mit dem Auftreten der wesentlich ansteckenderen Delta-Variante des Coronavirus ändern, die sich seit dem Jahr 2021 global ausbreitet. In Afrika trifft sie im Gegensatz zu vielen anderen Kontinenten auf eine zum größten Teil nicht rechtzeitig geimpfte Bevölkerung und entsprechend vulnerable Bevölkerung.

Mit dem Beginn der Herbstzeit gewann die Corona-Pandemie auf breiter Front wieder an Dynamik und wuchs zu einer zweiten Welle an. Allerdings wurde aufgrund der zuvor gemachten Erfahrungen zunächst behutsamer reagiert. Insbesondere in den europäischen Ländern

Spanien und Frankreich nahm die Anzahl an aktiven Fällen spätestens ab Ende August rapide zu. Die sich daraus entwickelnde zweite Welle stellte die westlichen Gesellschaften vor unterschiedliche Herausforderungen. Denn bei den klimatischen Bedingungen in Herbst und Winter erwies es sich als deutlich schwerer, nachhaltig die Anzahl der Neuinfektionen zu drücken. Einfache Zusammenhänge „harter und schneller Lockdown führt zu schnellem und dauerhaftem Erfolg" ließen sich schon im Ländervergleich nicht bestätigen. Eines aber war in der noch nicht geimpften Bevölkerung klar erkennbar: „COVID-19 ist eine Erkrankung der Älteren" (Schrappe et al. 2021). Das bestätigte die wöchentliche Melderate, insbesondere bei der Sterblichkeit nach Alter bis zum Beginn der Impfkampagne; danach ging die Sterblichkeit in dieser Altergruppe und zugleich insgesamt stark zurück.

Der große Unterschied zum ersten Lockdown bestand darin, dass es anders als im Frühjahr 2020 nicht zu einem vollständigen Stillstand, d. h. zu einem symmetrischen Schock für die Volkswirtschaften kam. Die Grenzen blieben weitgehend offen, die Lieferketten waren von daher wenigstens ungestört; der Einkaufsmanagerindex für die deutsche Industrie erreichte im Dezember 2020 den höchsten Stand seit Februar 2018. Die konsumnahen Bereiche (stationärer Nonfood-Einzelhandel, Gastronomie, Hotels, Events, Kultur etc.) waren hingegen arg gebeutelt, die Existenzfrage war für viele gestellt, zumal die finanziellen Hilfen in Deutschland lange Zeit nicht ankamen. Ähnliches gilt für andere europäische Staaten, wie zum Beispiel das Vereinigte Königreich, wo im Herbst die Pandemie, bedingt durch die Virusmutation B.1.1.7, besonders stark wütete, und sehr restriktive Maßnahmen auslöste, die sich aber auf den Dienstleistungssektor und die Gastronomie konzentrierten. Unsere Analyse der ökonomischen Wirkungen der Covid-19-Pandemie beschränkt sich auf den ersten Lockdown, indem die direkten Auswirkungen auf die Globalisierung gravierend waren (Abb. 3.2).

Eine noch stärkere Betroffenheit Europas ergibt sich, betrachtet man die Neuinfektionen für die vorangegangenen 14 Tage je 100.000 Einwohner im Ländervergleich und nicht nur die aktiven Fälle (Abb. 3.3). Während letztere die potenzielle Inanspruchnahme des Gesundheitssystems erfassen, zeigen die Neuinfektionen die Ausbreitungsdynamik der Pandemie. Interessanterweise steht die USA dann nicht so schlecht dar

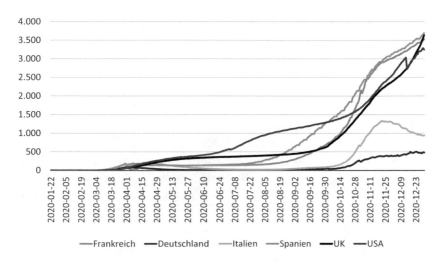

**Abb. 3.2** Bestätigte, aktive Fälle Covid-19-Erkrankungen. (Quelle: Johns Hopkins University 2020; Weltbank 2020a) (Bestätigte Fallzahlen der Covid-19-Erkrankungen sind nur als Proxy für die Infektionslage zu interpretieren. Strukturelle Unterschiede der Testkapazitäten und -verfahren zwischen Ländern können etwa zu strukturell unterschiedlichen Dunkelziffern führen.)

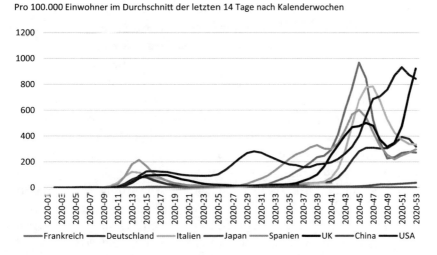

**Abb. 3.3** Neuinfektionen. (Quelle: European Centre for Disease Prevention and Control 2021)

wie bei der Betrachtung der aktiven Fälle. Deutlich wird auch, dass die Verläufe in der Zeit durchaus unterschiedlich sein können. Dahinter verbergen sich viele Faktoren wie die Schnelligkeit der politischen Reaktion, die Flexibilität der Verwaltung, der allgemeine Gesundheitszustand, das soziale Verhalten, kulturelle Traditionen und habituelle Üblichkeiten etc. Natürlich haben auch die gewählten politischen Strategien einen Einfluss. Vermutlich ergeben sich daraus vor allem Unterschiede im Verlauf und den Kollateraleffekten, aber weniger in der Gesamtinzidenz.

Der größte Unterschied zwischen den Ländern liegt in den Todesraten, was zur Frage führt, welche Sterblichkeit tatsächlich mit Covid-19 verbunden ist. Die Sterblichkeit variiert von Land zu Land, Stadt zu Stadt und teils sogar von Viertel zu Viertel erheblich – und zwar in Abhängigkeit vom Anteil alter Menschen in der Bevölkerung, von der Qualität des Gesundheitswesens, der Bevölkerungsdichte und Infektionsherden wie überfüllten Verkehrsmitteln. Die dafür zugrunde liegende Meta-Studie von John Ioannidis, Universität Stanford, auf der Basis von 61 Regionalstudien kommt auch zu dem Ergebnis, dass „the inferred infection fatality rates tended to be much lower than estimates made earlier in the pandemic" (WHO 2020e).

Weniger strittig ist hingegen die globale Dimension, die die Pandemie in kürzester Zeit erlangt hat. Bewertet man die Globalisierungsintensität anhand der Summe weltweiter externer Effekte, dann zeigt sich eine bislang unbekannte *Internationalität eines Virus*. Innerhalb weniger Wochen hat sich das Infektionsgeschehen von Asien über Europa in die USA zu einer globalen Pandemie entwickelt, vor der sich selbst äußerst rigoros agierende Inselstaaten wie Neuseeland und Australien nicht gänzlich zu schützen wussten. Grenzschließungen und massive Restriktionen der Bürger- und Freiheitsrechte haben Handel, Migration sowie das öffentliche und wirtschaftliche Leben vielerorts deutlich eingeschränkt oder zwischenzeitlich sogar zum Erliegen gebracht. Empfindlich getroffen wurde die vom Systemkonflikt gebeutelte Herzkammer der zweiten Globalisierung: *die internationalen Wertschöpfungsketten*. Neue Friktionen für den Güterverkehr, Schwierigkeiten auf nationale und internationale Arbeitskräfte zurückgreifen zu können sowie Produktionseinschränkungen, die bis zur Stilllegung ganzer Werke reichten, stellten auch die global diversifizierten Unternehmen vor besondere Herausforderungen. Insbesondere im ersten Lockdown des Jahres 2020 trifft ein solcher Schock die export-orientierte und globalisierungsaffine deutsche Industrie hart. Diese steckt aufgrund der transformativen Herausforderungen in der Automobilbranche bereits seit Mitte 2018 in einer Rezession – was politisch und medial angesichts der insgesamt weiter expandierenden Ökonomie übersehen wurde – und hat in der Covid-19-Krise mit schwierigeren Ausgangsbedingungen zu kämpfen als die Konkurrenz aus China und den USA, die zum Teil auf einen deutlichen industriepolitischen Rückenwind bauen konnte (siehe Abschn. 2.4).

In der Folge des ersten Lockdowns war in selten dagewesener Weise der Staat gefragt, den Unternehmen mit Liquiditäts- und Konjunkturhilfen unter die Arme zu greifen. Die *ausgebremsten Netzwerke* waren plötzlich *auf nationalstaatliche Hierarchien angewiesen* – und zwar rund um den Globus. Denn der virologische Schock hat die einzelnen Länder zwar um einige Wochen zeitversetzt und nicht in derselben Ausgangslage, aber letztlich doch symmetrisch erwischt:

- In ihrer *Stillstandswirkung und Netzwerkunterbrechung* waren die *Lockdown-Maßnahmen* in China, Europa und den USA trotz aller systematischen und systemischen Unterschiede qualitativ vergleichbar – bei entsprechender operativer Differenzierung der Maßnahmen. Auf den ersten Blick mag dieser Befund erstaunlich erscheinen, doch letztlich spiegelt sich hier die Symmetrie, mit der das Virus in den unterschiedlichen Gesellschaftssystemen wirkt, und die extreme Dringlichkeit, mit der Covid-19 eingedämmt werden musste (Abschn. 3.1).
- Die Wirkung von Covid-19 auf die Globalisierung ist dabei durchaus differenziert. Eine primär betroffene Globalisierungsdimension ist die *Migration,* da viele Regierung als ersten Schutzreflex ihre Grenzen gegenüber Infektionshotspots, Systemkonkurrenten oder gar allen Ländern verschlossen; selbst auf dem Schengener Viadukt, das Luxemburg mit Deutschland verbindet und sinnbildlich für ein Europa der offenen Grenzen und der Freizügigkeit steht, wurden plötzlich wieder Kontrollen eingeführt (immerhin insoweit regelkonform, als dafür der Notfall-Mechanismus gemäß Art. 28 des Schengener Grenzkodex genutzt wurde). So brauchten die nationalen Hierarchien in Europa die gesammelte Überzeugungskraft der

Europäische Union, um die EU-Binnengrenzen wieder zu öffnen. Selbst Pendler in systemrelevanten Berufen durften zeitweise innerhalb der Union nur äußerst reduziert und auf das Notwendigste begrenzt an ihren Arbeitsplatz; viele Arbeitsmigranten innerhalb der EU gingen direkt und indirekt getrieben durch das Virus sowie die nationale Pandemieeindämmung in ihre Heimatländer zurück. Vor verschlossenen EU-Außengrenzen standen zudem schutzbedürftige Asylmigranten. Die Angst vor dem unbekannten Virus zeigt sich deutlich in einer Angst vor dem Fremden (Abschn. 3.2).

- Ebenso deutlich einschränkend wirkten die Grenzschließungen auf die *Gütermarktintegration.* Selbst wenn Lkw und Schiffe nicht an den Grenzen gestoppt wurden, verfügten viele Regierungen krisenprotektionistische Handelsrestriktionen, um ihrer eigenen Bevölkerung vorrangigen Zugang zu essenziellen Gütern zu verschaffen. Anstatt internationaler Koordination wirkten nationale Egoismen und bauten einen entsprechenden Druck auf den Welthandel auf. Viele Netzwerke zeigten sich wenig resilient und erstaunlich schlecht vorbereitet auf den sich in China abzeichnenden globalen Schock (Abschn. 3.3).

- Indirekt bedeutsam waren die staatlich verordneten Lockdown-Maßnahmen auf die *Kapitalmarktintegration,* auch wenn diese selbst nicht durch politische Maßnahmen gestört wurde. Man kann sogar zugespitzt formulieren, dass die Kapitalmarktintegration in der Krise institutionell gefestigt war; zumal nach dem schnellen Agieren der EZB die Sorgen um eine erneute Staatsschuldenkrise der EU-Südländer schwanden. Allein die Erwartung, dass Unternehmen in Liquiditätsengpässe geraten könnten, löste einen heftigen, aber kurzen Crash auf Aktien- und Devisenmärkten aus; Auslandsinvestitionen wurden repatriiert und anderen Märkten dringend benötigte Mittel entzogen. Auch aufgrund der Heftigkeit dieser Reaktionen stand die Liquiditätsbereitstellung und -sicherung an erster Stelle der Stabilisierungspolitik (Abschn. 3.4).

- Eine Sonderrolle spielte die globale *Wissensdiffusion.* Diese konnte trotz physischer Schließung von Universitäten und Forschungsinstituten relativ uneingeschränkt weiterwirken. Die deutlich vorangeschrittene Digitalisierung ermöglichte gerade im Lockdown eine verstärkte grenzüberschreitende Kooperation. Auch wenn einige nationalstaatliche Hierarchien spezielles Wissen zur Impfstoff-produktion zu monopolisieren versuchten, zeigten globale Netz-werke ihre ganze Kraft und zirkulierten trotz geschlossener Grenzen Daten, Studien und Forschungsergebnisse in ihren Communities. Die Digitalisierung erwies sich in dieser Stresssituation als wirksamer Hebel, mit neuen Formaten und Austauschplattformen, aber auch Lernformen (blended learning), der Wissensdiffusion Vorschub zu leisten (Abschn. 3.5).

## 3.1 Das große Herunterfahren in den ersten Lockdown

Die exponentielle Ausbreitung von Covid-19 im Frühjahr 2020 (Reproduktionsraten längere Zeit über 1) schürte vielerorts Sorgen um die Überlastung der Gesundheitssysteme – ähnlich wie es Anfang März 2020 in Norditalien zu beobachten gewesen war. Zu diesem Zeit-punkt gingen die Verantwortlichen etwa in Deutschland davon aus, dass im Durchschnitt etwa zwei bis fünf Prozent der Infizierten eine Behandlung auf der Intensivstation benötigen würden (DGEpi 2020) – für die ältere Bevölkerung sowie bei Menschen mit Vorerkrankung wurde sogar mit wesentlich höherem Bedarf an Intensivbetten und Beatmungsgeräten gerechnet. Modellierungen exponentiellen Wachstums zeigten, wie schnell selbst das gut ausgestattete deutsche Gesundheitssystem bei einer nicht ausreichend verzögerten Ausbreitung des Virus an seine Grenzen geraten würde (BMI 2020a).

Angesichts dieser Ausgangsparameter wurde kurzzeitig erwogen, inwiefern eine zügige Durchseuchung und Immunisierung der jüngeren Bevölkerung die Risikogruppen am besten schützen könnte. Eine solche Strategie der *Herdenimmunität* wurde jedoch aufgrund der extremen Unsicherheit und der unkalkulierbaren Risiken sowohl für die jüngeren als auch für die älteren Bevölkerungskohorten nirgends aktiv ver-folgt – auch nicht in Schweden (Milne 2020). Fast alle Länder ent-schlossen sich schließlich zu gesundheitspolitischen Gegenmaßnahmen mit dem Ziel, die Ausbreitungsgeschwindigkeit des Virus zu einem

Infektionsniveau drastisch einzudämmen (für eine vertiefende Diskussion der Lehren aus der Spanischen Grippe vgl. Übersicht „Kontaktbeschränkungen während der Spanischen Grippe"), auf dem das Gesundheitssystem ausgelastet aber nicht überfordert wird (*„flatten the curve"*). Diese Maßnahmen basierten auf dem Grundsatz der AHA-Formel – Abstand halten, Hygiene beachten und Alltagsmaske tragen. Analysen zeigen, dass insbesondere ein konsequentes Abstandhalten und eine Reduktion von Kontakten das Potenzial hat, die Ausbreitung des Virus zu verlangsamen (beispielsweise Allcott et al. 2020). Im weiteren Verlauf der Pandemie wurden in Deutschland noch die Nutzung der Corona-Warn-App (C) und, bedingt durch die Herbst- und Winterzeit, das regelmäßige Lüften (L) in die Strategie integriert. Das Infektionsgeschehen auf null zu senken und das Virus dadurch zu bezwingen, stand hingegen nicht im Vordergrund der Gegenmaßnahmen, sondern das Ziel, die Überforderung des Gesundheitssystems zu verhindern.

**Kontaktbeschränkungen während der Spanischen Grippe**

Kontaktbeschränkungen als Antwort auf die pandemische Verbreitung eines Virus sind kein Neuland, sondern langerprobte Maßnahmen zur Einhegung der viralen Verbreitungsgeschwindigkeit. Einen wichtigen Untersuchungsgegenstand bildet dabei das mit weltweit 50 bis 100 Mio. Todesopfer wohl tödlichste Infektionsgeschehen der Geschichte: *Die Spanische Grippe 1918/19/20* (vgl. Hatchett et al. 2007).

Nachdem eine erste Welle im Frühsommer 1918 bereits global grassierte und viele Millionen Todesopfer forderte, kam das Virus im Herbst desselben Jahres noch aggressiver zurück. In Ermangelung eines Impfstoffes oder effektiver Medikamente blieb den Behörden kaum etwas Anderes übrig, als mit Kontaktbeschränken und Hygienemaßnahmen herumzuexperimentieren. Eine systematische Auswertung der relativ gut messbaren Todeszahlen in 17 US-amerikanischen Städten kommt zu dem Ergebnis, dass die maximale Letalitätsrate in Städten mit multiplen Kontaktbeschränkungsmaßnahmen rund 50 Prozent niedriger ausfiel als in Agglomerationen, wo solche Einschränkungen nicht getroffen wurden. Obwohl keine einzelne Maßnahme isoliert als besonders bedeutesam identifiziert werden konnte, die das Infektionsgeschehen besonders stark begrenzt hätte, scheinen doch insbesondere die Kombination aus Schließungen von Schulen, Kirchen und Theatern bremsend gewirkt zu haben. Gerade die schnelle Umsetzung der entsprechenden Einschränkungen ging mit einer niedrigeren Sterberate einher. Anderen

Eingriffen wie die Schließung von Tanzhallen, Isolation von Infizierten, das Verbot öffentlicher Beerdigungen sowie die Influenza-Meldepflicht kann hingegen kein Effekt auf die Letalitätsrate infolge des Virus nachgewiesen werden. Interessant ist zudem, dass trotz der Schwere der Situation die meisten Städte ihre Beschränkungen lediglich für rund sechs Wochen implementierten.

Man darf auch nicht übersehen, dass die Pandemie in den Wirren der letzten Kriegsmonate ein leichtes Spiel hatte. Die Sterblichkeit betraf überwiegend Männer im mittleren Alter. Die langfristigen Effekte der Spanischen Grippe sind bisher wenig erforscht, was dazu führt, auch von der *vergessenen Pandemie* zu sprechen (Spinney 2018, S. 337). Dazu hat sowohl der große Schatten des Ersten Weltkriegs beigetragen, aber in einigen Gesellschaften auch die tiefe Erschütterung der Hyperinflation (Hüther 2020a). Wie dem auch sei: Seuchen solchen Ausmaßes haben eine demoralisierende Wirkung, befördern Gesetzlosigkeit und verursachen vielfältige Anpassungen (Spinney 2018, S. 266). „Zu einem welthistorischen Ereignis wurde die Spanische Grippe erst im Rückblick. Der globale Zusammenhang und das ganze Ausmaß der Krankheit wurden von den Zeitgenossen 1918 kaum wahrgenommen. Viel zu sehr beunruhigten sie andere Nachrichten von militärischen Fronten und den politischen Umbrüchen in den Heimatgesellschaften" (Leonhard 2018, S. 12). Tatsächlich verschärfte die Grippepandemie politische Zerfallsprozesse und gesellschaftliche Auflösungsprozesse am Kriegsende und lag als schwere, aber kaum zu bewertende Last auf den Perspektiven für eine ohnehin unsichere Zeit. Das Vertrauen in die überkommenen, fragilen staatlichen Strukturen in vielen europäischen Staaten wurde weiter erschüttert (Leonhard 2018, S. 183).

Der erste wichtige Befund aus der Analyse von Covid-19 ist, dass das Virus zu Beginn einen symmetrischen Schock darstellte, auf den alle betroffenen Länder mit vergleichbaren Maßnahmen reagiert haben. Abb. 3.4a–e visualisieren diese Beobachtung mit Blick auf verhängte Einreisebeschränkungen, Arbeitsplatzschließungen, Einschränkungen des öffentlichen Lebens, Schulschließungen sowie einen *harten Lockdown*, der Menschen lediglich in absoluten Ausnahmen erlaubte, das eigene Haus zu verlassen. Alle hier betrachteten Länder haben in Folge der Pandemie in allen Kategorien Einschränkungen für ihre Bürger erlassen – in China bereits Ende Januar, in Europa und den USA der Verbreitung des Virus

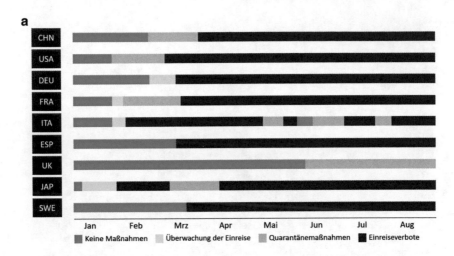

**a**

| CHN | USA | DEU | FRA | ITA | ESP | UK | JAP | SWE |

Jan   Feb   Mrz   Apr   Mai   Jun   Jul   Aug

■ Keine Maßnahmen    ■ Überwachung der Einreise    ■ Quarantänemaßnahmen    ■ Einreiseverbote

*Basierend auf Coronavirus Government Response Tracker; Indikator "C8_International travel controls"

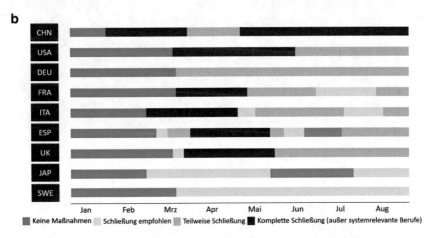

**b**

| CHN | USA | DEU | FRA | ITA | ESP | UK | JAP | SWE |

Jan   Feb   Mrz   Apr   Mai   Jun   Jul   Aug

■ Keine Maßnahmen    ■ Schließung empfohlen    ■ Teilweise Schließung    ■ Komplette Schließung (außer systemrelevante Berufe)

*Basierend auf Coronavirus Government Response Tracker; Indikator "C2_Workplace closing"

**Abb. 3.4  a** Einreisebeschränkungen während der Corona-Pandemie. **b** Arbeitsplatzschließungen während der Corona-Pandemie. **c** Maßnahmen zur Einschränkung des öffentlichen Lebens während der Corona-Pandemie. **d** Schulschließungen während der Corona-Pandemie. **e** Lockdown-Maßnahmen während der Corona-Pandemie. (Datenquelle: University of Oxford 2020)*

**c**

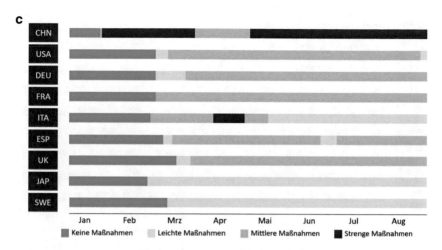

* Basierend auf Coronavirus Government Response Tracker; Indikatoren "C3_Cancel public events, C4_Restrictions on gatherings, C5_Close public transport"

**d**

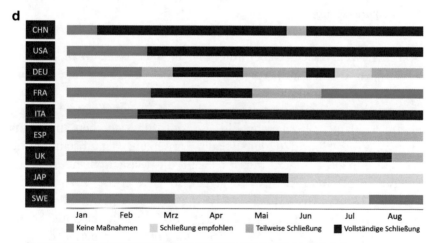

*Basierend auf Coronavirus Government Response Tracker; Indikator "C1_School closing"

**Abb. 3.4** (Fortsetzung)

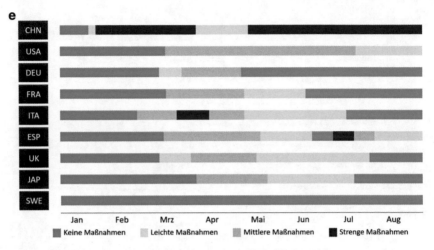

*Basierend auf Coronavirus Government Response Tracker; Indikator "C6_Stay at home requirements"

**Abb. 3.4** (Fortsetzung)

entsprechend zeitversetzt. Dabei unterscheidet sich das Ausmaß der Einschränkungen durchaus. Beispielsweise hat sich das Vereinigte Königreich mit Einreisebeschränkungen bis in den Sommer 2020 Zeit gelassen und gänzlich auf Einreiseverbote verzichtet. Präsident Trump hingegen hatte am 31. Januar 2020 einen Einreisestopp für Menschen aus China verhängt (White House 2020c). Bei der Umsetzung der Abstands- und Hygieneregeln insbesondere mit Blick auf die Maskenpflicht hielt der US-Präsident es hingegen nicht so genau, so sagte er am 3. April 2020 im Weißen Haus: „The C.D.C. is advising the use of nonmedical cloth face covering as an additional voluntary public health measure. So it's voluntary. You don't have to do it. They suggested for a period of time, but this is voluntary. I don't think I'm going to be doing it" (Victor et al. 2020). Auch die Wirkung der Einschränkungen auf die Wirtschaft machten Trump sichtlich nervös, sodass er bereits Anfang April ein *Opening Our Country Council* einberief (Oprysko 2020).

Weniger populistisch begründet wurden Flugreisen aus China in Italien bereits Ende Januar untersagt. Ähnlich stark griff die italienische Regierung mit Blick auf Arbeitsplatz- und Schulschließungen Ende

Februar durch und verfügte erst regional, Ende März sogar landesweit einen harten Lockdown, bei dem Menschen ihre Wohnungen nicht einmal mehr zur sportlichen Betätigung verlassen durften und durch den es zur großflächigen Produktionsstilllegung in der Industrie kam. Vergleichbar hart handelte in Europa ansonsten nur die spanische Regierung. Auch die Beschränkungen in China ähnelten auf den ersten Blick denen in den besonders betroffenen europäischen Ländern. So blieben die Schulen etwa in Wuhan von Jahresbeginn 2020 bis Anfang Mai geschlossen und eine landesweite Schulöffnung – zumal unter strengen Auflagen – fand erst nach den Sommerferien statt. Die Durchsetzung des Lockdowns in Fernost scheint jedoch in einem völlig anderen Verständnis vollzogen worden sein: Die schwer zu verifizierenden Berichte und Videos aus dem Shutdown in Wuhan zeigen teilweise obskure Menschenrechtsverletzungen und blockwartartige Kontrollen; hier sollen Menschen zum Infektionsschutz in ihrer Wohnung eingeschweißt, andere an einen Laternenpfahl gebunden worden sein, da sie sich nicht an das Maskengebot gehalten hätten (Shepherd und Yang 2020).

In Deutschland kam es zwar ebenfalls zu Grenzschließungen, Kontaktbeschränkung und regional durchaus starken Beschränkung der Ausgangsfreiheit – in Bayern durften Menschen gemäß dem 2. BayIfSMV Art. 5 ihre Wohnungen zwischenzeitlich etwa nur aus „triftigen" Gründen verlassen –, jedoch nicht zu einem staatlich verordneten Shutdown, der etwa Menschen den Weg zum Arbeitsplatz grundsätzlich untersagt hätte. Auch wenn die in Deutschland umgesetzten Maßnahmen vergleichsweise milde ausgestaltet waren, stellen sie doch eine in der Bundesrepublik bislang nie dagewesene Grundrechtseinschränkungen (Versammlungsfreiheit, freie Berufsausübung, Gewerbefreiheit, Religionsfreiheit sowie Schulpflicht) dar (Bardt und Hüther 2020).

Ende März kam es zu einer in Fragen der Grundgesetzeskonformität durchaus umstrittenen Reform des deutschen Infektionsschutzgesetztes, das dem Gesundheitsminister nach Feststellung einer „epidemischen Lage von nationaler Tragweite" (§ 5 Abs. 1 IfSG) weitgehende Eingriffsrechte einräumt, etwa bei Güterverkehrs- und Personenkontrollen, der Versorgung mit Arzneimitteln oder Schutzausrüstung, und damit weit in die Länderkompetenzen eingreift. Und auch der Bundestag war zwischenzeitlich mit lediglich einem Viertel der Abgeordneten beschlussfähig und nicht wie normalerweise mit über der Hälfte (§ 45 Abs. GOBT und § 126a GOBT). Ganz lehrbuchkonform zeichnete sich die Krise in Deutschland wie in vielen weiteren Demokratien als *Stunde der Exekutive,* in der die verantwortlichen Regierungen ihre Kompetenzen ausweiten und gleichzeitig gegenüber dem radikalen Rand an Zustimmung gewinnen konnten (Diermeier 2020). Langanhaltende hohe Zustimmung von bis zu 80 Prozent ergaben sich zu den Corona-Beschränkungen der Bundesregierung in Reaktion auf die erste Infektionswelle im Frühjahr 2020 (Bundesinstitut für Risikobewertung 2020).

Einen vieldiskutierten *liberalen Sonderweg beschritt Schweden:* Die Schulen blieben hier geöffnet, die Kontaktbeschränkungen und Veranstaltungsbeschränkungen fielen weniger strikt aus und Gastronomiebetriebe wurden nicht geschlossen (Milne 2020). Interessanterweise befanden nicht einmal ein Drittel der Befragten die vergleichsweise weniger strikten Maßnahmen als zu lax und das, obwohl die Infektions- und Letalitätsraten deutlich höher ausfielen als in benachbarten Ländern (Wengström 2020). Letztlich zeigen die weniger restriktiven Eingriffe in Schweden eine qualitativ vergleichbare Reaktion auf den Covid-19-Schock. Deutlich wird aber auch, dass Regierungen, die Einschränkungen schneller und strikter durchgesetzt haben, grundsätzlich die Gesundheit ihrer Bürger besser zu schützen vermochten, dafür aber einen höheren impliziten Preis in Form von wirtschaftlichen Verlusten bereit waren zu bezahlen (Balmford et al. 2020).

Gemein haben die Lockdown-Maßnahmen zudem, dass es nach den Wochen oder Monaten der drastischen Einschränkungen wieder zu einer Lockerung gekommen ist (Abb. 3.4a–e). Gründe für eine solche Lockerungen der Beschränkungen waren zum einen die sinkenden Infektionszahlen, zum anderen aber auch die Abwägung der Verhältnismäßigkeit konkurrierender Grundrechte. Besonders deutlich wurde dies in Deutschland, als das Oberverwaltungsgericht Münster einen lokalen Lockdown für den Kreis Gütersloh kippte, da dieser als „räumlich zu weit gefasst und damit unverhältnismäßig" (Oberverwaltungsgericht Münster 2020) bewertet wurde. Die Grenzen für deutschlandweite Beschränkungen wurden eng gesetzt. Die Politik war damit zu einem bedachten Abwägungsprozess aufgefordert, denn der Lebensschutz ist zwar ein hohes Gut, aber kein unumstößlich prioritäres Rechtsgut. Darauf hatte bereits im April 2020 Bundestagspräsident Wolfgang Schäuble aufmerksam gemacht: „Aber wenn ich höre, alles andere habe vor dem Schutz von Leben zurückzutreten, dann muss ich sagen: Das ist in dieser Absolutheit nicht richtig. Grundrechte beschränken sich gegenseitig. Wenn es überhaupt einen absoluten Wert in unserem Grundgesetz gibt, dann ist das die Würde des Menschen. Die ist unantastbar. Aber sie schließt nicht aus, dass wir sterben müssen" (Schäuble 2020).

Ein von Google erstellter Mobilitätsindex, der Bewegungstrends anhand von Standortverläufen aktivierter Google-Konten abbildet, erlaubt die länderübergreifende Evaluation des Lockdowns mit Blick auf die Bewegungsmuster in den Gesellschaften (Google 2020). Entsprechend der länderspezifischen Maßnahmenstrenge fällt auch das Mobilitätsniveau aus: In Spanien und Italien, wo ein harter Lockdown umgesetzt wurde, lagen etwa die Besuche an Bahnhöfen und Haltestellen ab Mitte März 2020 über 80 Prozent unter dem Normalniveau. In Deutschland erreichten die entsprechenden Werte mit wenigen Ausnahmen maximal 60 Prozent der Norm, in den USA wird ein Minus von 50 Prozent und in Schweden von 40 Prozent verzeichnet. Interessanterweise geben die Schweden in einer Pew-Befragung mit 71 Prozent stärker als die Befragten aller anderen europäischen Länder an, dass sich ihr Leben durch das Virus stark verändert hätte (Pew Research Center 2020). Im Zuge der Lockerungen schließlich bewegen sich auch die Mobilitätszahlen wieder in Richtung des Normalniveaus, verharren aber selbst im Sommer 2020 je nach Land 20 bis 40 Prozent darunter, sodass sich ein nachhaltig eingeschränktes Mobilitätsverhalten konstatieren lässt. Dass auch die signifikanten Lockerungen für viele Menschen nicht zu einer Rückkehr zu ihrem Vor-Corona-Verhalten geführt haben, spricht für eine Verhaltensanpassung sowie ein verbreitetes Achten der auch über den Sommer 2020 hinweg geltenden Hygiene- und Schutzmaßnahmen.

Eindeutig charakterisiert diese erste Analyse das neue Virus als *First-Stage-Symmetric-Shock,* auf den die nationalen Hierarchien mit Blick auf das spezifische Virusgeschehen in ihrem Staat zwar zeitversetzt, aber ebenso symmetrisch reagiert haben. Die unterschiedlichen Wirtschaftsbranchen innerhalb einer Volkswirtschaft hingegen wurden asymmetrisch getroffen. Während Gastronomie und Beherbergungsgewerbe kurzfristig komplett schließen und die Automobilindustrie harte Lieferengpässe, Werksschließungen und Umsatzeinbußen hinnehmen musste, lief das Geschäft für viele digitalisierbare Dienstleister sowie die Pharma- und Chemiebranche weiter (Bardt und Hüther 2020). Und auch bezüglich der vier maßgeblichen Dimensionen der Globalisierung (HDG, Kap. 2) haben die Maßnahmen zur Eindämmung des Coronavirus in hohem Maße asymmetrisch gewirkt. Wohingegen eine Vielzahl der oben diskutierten Eingriffe die Migration und Gütermarktintegration direkt und nachhaltig beschränkten, blieben sowohl Kapitalmarktintegration sowie Wissensdiffusion vom Lockdown von solchen Effekten erst einmal unberührt (Tab. 3.1).

**Tab. 3.1** Wirkung Corona-Lockdown im Frühjahr 2020 auf die Dimensionen der Globalisierung

|  | Migration | Gütermarkt-integration | Kapital-markt-integration | Wissens-diffusion |
|---|---|---|---|---|
|  | Vgl. III.2 | Vgl. III.3 | Vgl. III.4 | Vgl. III.5 |
| Grenzschließung | X | X | (x) |  |
| Visarestriktionen | X |  |  |  |
| Produktionsein-schränkungen |  | X | (x) |  |
| Krisenprotektionismus |  | X |  |  |
| Kontaktbeschränkungen (Großveranstaltungen, ÖPNV, Quarantäne, Social Distancing) | X | X |  | (x) |
| Schul- und Universitätsschließungen | X |  |  | X |

Quelle: Eigene Darstellung. X = direkt und nachhaltig, (x) = indirekt und transitorisch

## 3.2    Schutzreflexe im Lockdown: Eingeschränkte Migration

Eine besondere Betroffenheit weist die Globalisierungsdimension *Migration* auf: Im August 2020 zählte der Economist (2020c) weltweit über 65.000 Mobilitätsbeschränkungen bei Grenzübertritten. In den Vereinigten Arabischen Emiraten wurden arbeitslos gewordene Migranten sogar verhaftet, die ohne Arbeitsvertrag ihren Aufenthaltstitel verloren hatten und sich ohne Rückflugmöglichkeit in ihr Heimatland plötzlich illegal im Golfstaat aufhielten. Donald Trump sah während des Corona-Peaks in der ersten Jahreshälfte 2020 in den USA kurioserweise weniger die Gesundheit seiner Mitbürger durch das Virus als vielmehr den Arbeitsmarkt durch Immigranten bedroht und setzte rigorose Visabeschränkungen mit dem erklärten Ziel durch, „arbeitslose Amerikaner vor der Gefahr des Wettbewerbs um knappe Arbeitsplätze mit neuen legalen Migranten zu schützen" (White House 2020d). Die neue Vorgabe beschränkte mit wenigen Ausnahmen Praktikanten, Hochqualifizierte und Ungelernte ebenso wie Arbeitnehmer, die nur innerhalb eines Unternehmens in die USA versetzt werden sollten. Lediglich der Plan, ausländischen Studierenden an US-Hochschulen die Visa zu entziehen, wurde gekippt (Hartocollis und Jordan 2020). Der US-amerikanische Arbeitsmarkt wurde protektionistisch geschlossen, was nicht verhindern konnte, dass die Arbeitslosenquote (saisonbereinigt) von 3,5 Prozent vor der Coronakrise auf 14,7 Prozent im April 2020 und immer noch 6,9 Prozent im Oktober 2020, dem Monat vor der Präsidentenwahl in den USA, anstieg (U.S. Bureau of Labour Statistics 2020). Hierzu passt die militärisch anmutende Rhetorik im Zuge der Lockerungen, mit der Präsident Trump seine Mitbürger (mit US-amerikanischen Pass) zurück an Arbeitsplatz bewegen wollte: „Wir müssen Kämpfer sein, wir können unser Land nicht für Jahre geschlossen halten" (Steffens 2020).

Mit seiner Migrationspolitik war der US-amerikanische Präsident keinesfalls allein: Japan und Südkorea gingen sogar so weit, bereits ausgegebene Visa zurückzuziehen; in Ungarn verloren Nicht-EU-Bürger selbst ihren permanenten Aufenthaltsstatus (OECD 2020b). Und innerhalb der Europäischen Union kam es erstmals in der Geschichte der europäischen Integration zu harten Grenzschließungen, und zwar einseitig und ohne jede Koordinierung mit den Nachbarn oder der EU. So verkündete der Innenminister Horst Seehofer am 15. März 2020 ein Einreise- und Ausreiseverbot für Reisen ohne triftigen Grund zwischen Deutschland und Österreich, der Schweiz, Frankreich, Luxemburg sowie Dänemark (BMI 2020b). Erst Ende Juni vermeldet die deutsche Bundesregierung das Ende der Kontrollen an deutschen Landgrenzen (Bundesregierung 2020b).

Eher mit Blick auf temporäre Auslandsaufenthalte hemmend dürften zudem die verschiedenen Quarantäneregelungen gewirkt haben. Insbesondere im Grenzgebiet haben solche Regelungen Pendlern das Arbeiten jenseits der Grenze praktisch unmöglich gemacht. Einschränkungen des öffentlichen Lebens sowie von Veranstaltungen kosteten viele beliebte Orte die gewohnte Anziehungskraft. In der Folge der verschiedenen Hemmnisse haben sich die weltweit rund fünf Millionen erwarteten Fluggästen im Jahr 2020 wohl halbiert (Economist 2020d). Dieser starke Einbruch und der zeitliche Verlauf im Zuge der Pandemie zeigt sich auch mit Blick auf die Anzahl der gestarteten Flüge von deutschen Flughäfen (Abb. 3.5). Von einem relativ hohen Niveau Anfang Mai (11. KW) kommend, gingen die Abflüge an deutschen Flughäfen rapide und massiv zurück. Erst mit dem Beginn der Sommerferien setzte eine langsame Erholung ein, die sich ab Ende August/Anfang September jedoch wieder in eine Abwärtsbewegung umkehrte. Kurz vor dem zweiten Lockdown ab Mitte Dezember 2020 verharrt die Flugaktivität auf einem Niveau, leicht über dem des ersten Lockdowns im Frühjahr. Diese Befunde zeigen sich auch bei einer Differenzierung der Flughäfen nach Größe und deren lokaler Verortung.

Ebenso betroffen von den Covid-19 bedingten Grenzschließungen und Grenzkontrollen zeigt sich die *Asylmigration*. Zu Beginn der Pandemie wurde noch vermutet, dass die Ausnahmesituation die Schwellen- und Entwicklungsländer mit weniger gut ausgebautem Gesundheitssystem besonders treffe und die damit einhergehende wirtschaftlich sowie politische Destabilisierung den Migrationsdruck erhöhen würde. Tatsächlich hat die Covid-19-Krise viele ärmere Länder

Anzahl Flüge nach Kalenderwochen 2020

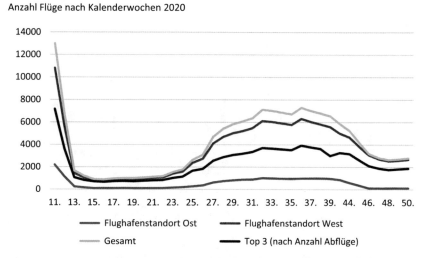

*Hinweis: für die KW 41, 42 und 43 liegen aus technischen Gründen keine gescrapten Daten vor

**Abb. 3.5** Abflüge von deutschen Flughäfen. (Quelle: flightradar24.com)

hart getroffen (Gurara et al. 2020), einige Staaten sind jedoch weniger stark in Mitleidenschaft gezogen, als anfangs zu erwarten gewesen war, mit entsprechend weniger stark ansteigendem Migrationsdruck (Goldberg und Reed 2020).

Zudem hat die Krise die Strahlkraft von Migrationszielländern, wie etwa solchen in der Europäischen Union, deutlich abgemildert (HDG, Abschn. 2.2 für einen Überblick zur Theorie der Migration). Verschärfte Grenzkontrollen und der vielerorts rigoros durchgesetzte Lockdown in Kombination mit dem pandemischen Ausnahmezustand haben die entsprechenden Länder gleichermaßen unattraktiver und unerreichbarer gemacht. In der Folge sanken die Asyl-Erstbewerbungen aus nicht EU-Ländern in Deutschland sowie den weiteren EU-27-Ländern ab März 2020 auf den niedrigsten Stand seit einer Dekade (Abb. 3.6). Auch nachdem die Lockdown-Maßnahmen abgemildert wurden, erreichten die Asylanträge nicht mehr das Niveau der vergangenen Jahre. Anders gewendet zeigt dies an, dass viele Schutzbedürftige trotz Verfolgung in ihren Heimatländern aufgrund von Covid-19 nicht den Versuch gewagt haben oder bei dem Versuch gescheitert sind, nach Europa zu gelangen.

Monatsdurchschnitte, in Personen (erstmalige Asylbewerber in Deutschland im vgl. zur restlichen EU)

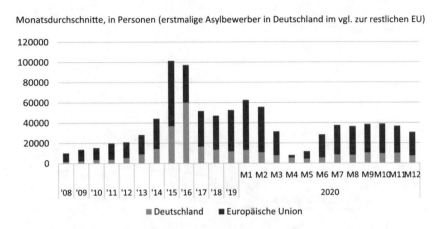

**Abb. 3.6** Asylerstanträge aus Nicht-EU-Ländern. (Quelle: Eurostat 2020, 2021)

Schließlich darf nicht übersehen werden, dass es auch indirekte Effekte auf die Migration gab, allein weil die wirtschaftlichen Verhältnisse in den Ländern, die besonders stark von der Pandemie betroffen waren und entsprechend harsch reagieren mussten, zumindest vorübergehend keine zureichenden Arbeitsmöglichkeiten mehr boten oder grundsätzlich geschwächt erscheinen. Empirisch sehr deutlich wurde dies für das Vereinigte Königreich ermittelt (O'Connor und Portes 2021). Bereits in den ersten drei Quartalen des Jahres 2020 war die Anzahl der Nichtbriten dramatisch zurückgegangen, allein den Großraum London sollen 700.000 Ausländer verlassen haben, aus dem gesamten Land 1,3 Mio. Zuwanderer – hälftig aus der EU und hälftig von außerhalb der EU. Es mag sein, dass diese Rückwanderung – zum Beispiel nach Mittelosteuropa – nur vorübergehend ist, doch im Zusammenspiel mit dem Brexit kann sich diese auch als dauerhaft erweisen. Dann hat die Pandemie zu einer anderen Form der Arbeitskräfteverteilung über die Volkswirtschaften geführt, mit allen Folgen für die Einkommensentstehung.

## 3.3 Krisenprotektionismus im Lockdown: Gebremste Gütermarktintegration

Ebenfalls stark direkt von den Maßnahmen des Covid-19-Lockdowns betroffen ist die *Gütermarktintegration* (HDG, Abschn. 2.3 für einen Überblick zur Theorie der Gütermarktintegration). Im Frühjahr 2020 kam es aufgrund der Produktionsschließung zuerst in China und dann in Norditalien zu weitreichenden Einschränkungen für die Weltmärkte und die grenzüberschreitenden Wertschöpfungsketten. Allein der zwischenzeitliche Ausfall Chinas, das sich während der *Zweiten Globalisierung* von der verlängerten Werkbank zum zentralen Knotenpunkt des industriell geprägten Welthandels entwickelt hat (HDG, Abschn. 3.3), und Norditaliens, dessen Vorleistungsgüter insbesondere in der deutschen Industrie äußerst gefragt sind (Fritsch und Matthes 2020), wirkten als heftiger Schock. Der massive Einbruch der chinesischen Wirtschaft und der entsprechenden Exporte (minus 17 Prozent im Februar und März) überstieg beispielsweise deutlich den Einbruch infolge des SARS-Virus Ausbruch 2002 oder nach der Finanzkrise 2008 (Felbermayr und Görg 2020).

Die hohe Abhängigkeit vieler Branchen von italienischen oder chinesischen Zulieferungen sowie von China als Absatzmarkt führte zu diesem frühen Zeitpunkt zu einer Diskussion um die *Resilienz der Wertschöpfungsketten*. Während US-Präsident Trump aus der Krise Kapital für seine *Decoupling-Strategie* zu schlagen versuchte und nach Wegen Ausschau hielt, Industrie in die USA zurückzuholen *(Re-Shoring)* (Pamuk und Shalal 2020), forderten Ökonomen eine stärkere Diversifizierung (Sauga 2020), um die Abhängigkeit von einzelnen Zulieferern und Märkten zu begrenzen. Tatsächlich werden Diversifizierungsvorteile bei länderspezifischen Schocks besonders sichtbar (vgl. Übersicht „Resiliente Wertschöpfungsketten bei regionalspezifischen Schocks"), in einer Pandemiesituation, in der global symmetrisch wirklich alle Länder betroffen sind, vermag jedoch auch eine diversifizierte Lieferkette wenig auszurichten (Felbermayr und Görg 2020). Werden Grenzen für den Güterverkehr gänzlich geschlossen oder aus einem Krisenprotektionismus heraus kurzfristig Handelsfriktionen eingezogen, geraten selbst lang eingeübte Handelsbeziehungen ins Stocken.

### Resiliente Wertschöpfungsketten bei regionalspezifischen Schocks

Die Bedeutung eines Schocks in der Lieferkette hängt maßgeblich an der Frage, inwiefern Vorleistungen substituiert werden können. Einerseits wächst die Schwierigkeit der Substitution mit dem Komplexitätsgrad und der spezifischen Qualität der Zulieferung, andererseits mit der regionalen geografischen Konzentration (und der entsprechenden symmetrischen Betroffenheit) der potenziellen Zulieferer (Barrot und Sauvagnat 2016). Die Folgen eines Ausfalls in der vorgelagerten Wertschöpfungskette lassen sich demnach nicht allgemein, sondern lediglich individuell und produktspezifisch beleuchten. Aus dieser Interpretation ergibt sich jedoch, dass Industrien, die von einzelnen regional konzentrierten Weltmarktführern abhängig sind, Schwierigkeiten haben dürften, ihre Wertschöpfungsketten ad-hoc krisensicher zu diversifizieren. Die durch den Handel und die Globalisierung der Wertschöpfungsketten marktgetriebene Spezialisierung begründet Effizienzvorteile mit einer gewissen Robustheit. In der Covid-19 Pandemie zeigte sich zudem, wie ein Lockdown mit dem Herunterfahren der Grundstoffindustrien (z. B. Stahl) allein durch den Zeitbedarf eines Hochfahrens bis zur vollständigen Wiederherstellung der Kapazität einen temporären Ausfall an essenziellen Produkten verursachen kann, den man einfach durchstehen können muss. Ein nachhaltiges Problem hat die Automobilwirtschaft, da die abrupte Stornierung von Aufträgen für Halbleiter infolge des Produktionsstillstands im Frühjahr 2020 zu Umschichtungen bei den Produzenten führten, sodass die dann wieder anlaufende Automobilproduktion ab Herbst 2020 durch Engpässe geprägt war. Die Automobilhersteller mussten sich nun hinten anstellen. Lieferkettenprobleme können viele Facetten haben.

Eine Analyse auf Unternehmensebene im Kontext des großen Erdbebens 2011 im Osten Japans, das unter anderem die Präfektur Fukushima und das dort gelegene Atomkraftwerk traf, testet den Effekt diversifizierter Wertschöpfungsketten empirisch (Todo et al. 2014): Obwohl nur ein Teil der Wirtschaft direkt von der Katastrophe betroffen war, konnten einen Monat nach dem Erdbeben nur weniger als 10 Prozent der japanischen Unternehmen normal arbeiten. Rund 90 Prozent der nicht realisierten Wertschöpfung wird dabei auf indirekte Effekte des Erdbebens zurückgeführt. Entsprechend steht der Befund, dass der Aufschwung besonders durch solche Unternehmen getragen wurde, auf die diversifizierte Lieferketten außerhalb des Katastrophengebiets zurückgreifen konnten.

Mit Blick auf die wirtschaftlichen Ansteckungen in Folge des Hurricanes Sandy, der 2012 an der Ostküste einen Schaden von rund 50 Mrd. US-$ angerichtet hatte, finden Kashiwagi et al. (2018) zudem starke negative Effekte nur innerhalb der USA. Die Abwesenheit internationaler Effekte wird mit der Substituierbarkeit der betroffenen US-amerikanischen

Zulieferungen begründet, die Nicht-US-amerikanischen Unternehmen wesentlich leichter fällt als den US-amerikanischen Firmen – aufgrund der geografischen Lage, nicht aufgrund von Spezialisierungsmustern. Je diversifizierter und flexibler die Wertschöpfungsketten organisiert sind, desto geringer letztlich die Auswirkungen – bei geografisch limitierten idiosynkratischen Schocks.

Die Covid-19-Pandemie hat wegen ihrer Globalität eine besondere Bedrohungswirkung auf die etablierten Wertschöpfungsketten. Der Research Service des US-Kongresses hat dazu im Dezember 2020 eine gleichermaßen grundsätzliche wie aktualitätsbezogene Analyse vorgelegt (Congressional Research Service 2020, S. 22): „When electing to use a GVC [global value chain], a firm accepts a certain level of risk and loss of control over different stages of production that its supply chain partners, in turn, accept. ... Certain GVC risks and costs are external and may be beyond a single company's control. However, firms must account for them when planning and operating a GVC. Such risks and costs may require temporary changes, such as those due to local supply shocks, whereas others may indicate long-term shifts in market conditions. ... Diversifying sources and partners can strengthen a company's GVC resilience but may require a firm commit extensive resources to manage and oversee the larger partner network. Firms may increasingly need to have alternate contingency or back-up plans for such events, identifying substitute sources or suppliers if the current or first-choice partner is unable to effectively fulfill a contract for a period of time." Die politischen Ableitungen zielen auf eine Minderung des *volkswirtschaftlichen* Lieferkettenschocks, der als Tail-Risiko seitens der Unternehmen nur sehr begrenzt aufzufangen ist. Handelspolitische Ideen laufen stets Gefahr, in Protektionismus umzuschlagen. Am interessantesten erscheint der Vorschlag, „that companies implement stress tests to assess the resilience and potential risks of their GVCs" (Congressional Research Service 2020, S. 37), allerdings gilt dafür ähnlich wie für die etablierten Verfahren im Finanzsektor, dass ein Tail-Risiko kaum angemessen berücksichtigt werden kann. Aber immerhin: „a GVC stress test could examine certain supply chain characteristics: geographic concentration of suppliers, supplier interconnectivity, depth of lower-tiered suppliers, supplier dependency and substitutability, and supply chain transparency" (ebd.).

Die grundsätzliche Frage, die Schockereignisse an das Wertschöpfungskettenmanagement stellt, ist die Risikobewertung im Trade-Off zwischen Effizienz und Resilienz. Wie hoch wird das Risiko eingeschätzt, das ein (erneuter) Schock auftritt, und wie teuer ist die entsprechende Versicherung dagegen (Tail-Risiko) – etwa in Form einer geografisch diversifizierten Lieferkette. Im Zuge der Zweiten Globalisierung hatte sich die Bewertung des Trade-Offs klar in Richtung Effizienz verschoben und hohe Anforderungen an Komplexitätsmanagement der Wertschöpfungsketten gestellt; dahinter stehen weit vorangetriebene Spezialisierungen nach Regionen oder gar Volkswirtschaften. Ob der globale *Covid-19-First-Stage-Symmetric-Schock* nun zu einer grundsätzlichen Neubewertung dieser Logik kommt, ist durchaus fraglich, sind doch selbst im internationalen Bezug gänzlich autonome Unternehmen mit Wertschöpfung im Inland vielerorts von Shutdown und Nachfrageschock betroffen. Grundsätzlich gilt, dass man sich gegen ein Tail-Risiko nicht effizient versichern kann. Allerdings gibt es davon abgesehen schon Hinweise, dass manche Beschaffungsstruktur oder mancher Ressourcenzugang unnötig eng aufgestellt ist. Im Laufe der konjunkturellen Belebung im Jahr 2021 zeigt sich dann, wie lang und stark die Störung der Vorleistungsnetze nachwirken kann. Es kumulierten sich dann Nachruckeleffekte des Lockdowns vom Frühjahr 2020 mit anderen Gründen für Verknappungen (Waldbrände, Kuppelproduktionsausfälle wie bei Gips, Öl und Gas, so dass deutliche Teuerungseffekte auf Erzeugerstufen eintraten. Allerdings erscheinen die Inflationssorgen übertrieben, zumal die nachfragegetriebenen Geldmengenaggregate nicht auffällig anstiegen und eine Preis-Lohn-Preis-Spirale eher unwahrscheinlich ist.

Abb. 3.7 zeigt, dass auch im Covid-19-Jahr 2020 die Anzahl der Handelsfriktionen auf relativ hohem Niveau verblieb. Während der Pandemie belegten insgesamt 60 Regierungen sogenannte „essenzielle

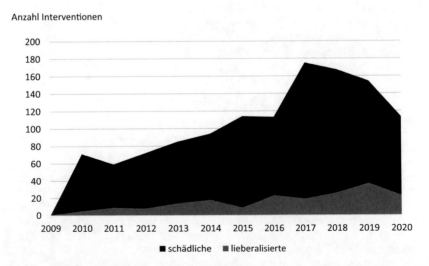

**Abb. 3.7**  Neue Handelsinterventionen, global. (Quelle: Global Trade Alert 2020)

Güter" mit protektionistischen Maßnahmen (OECD 2020c). In Ländern wie Russland, Indien und der Türkei kam es infolge des Virus selbst zu Exportbeschränkungen von Lebensmitteln (Felbermayr und Görg 2020) und auch der EU-Binnenmarkt war nicht vor einem *Krisenprotektionismus* gefeit: Medizinische Güter und Gesichtsmasken durften plötzlich selbst in Deutschland und Frankreich nicht mehr über Grenzen hinweg verkauft werden (BMG 2020; Légifrance 2020). Erst nachdem die Europäische Union die Wogen glätten konnte, willigten die Mitgliedsstaaten ein, den Binnenmarkt mit Blick auf diese Güter wieder zu respektieren (Europäische Kommission 2020e). Die inner-europäischen Schwierigkeiten in der Beschaffung des wichtigen Materials rief den Systemkonkurrenten aus China auf den Plan. Unter dem Stichwort *Mask Diplomacy* sind die propagandistisch anmutenden Maskenlieferungen in unterschiedliche Europäische Länder bekannt geworden. Das starke China hilft dem angreifbaren Europa, so die in Peking intendierte Botschaft, die gleichermaßen vom Ursprung der Pandemie abzulenken und Donald Trump mit seinem „Chinese Virus" ein eigenes Narrativ entgegenzusetzen versucht.

Zwar kann für US-Unternehmen durchaus nachgewiesen werden, dass eine höhere Abhängigkeit von China mit einem stärkeren wirtschaftlichen Einbruch im Frühjahr 2020 einherging, allerdings ist dieser Effekt relativ gering und ebbte innerhalb weniger Monate wieder ab (Meier und Pinto 2020). *Eine besondere Abhängigkeit der Wert-schöpfungsketten von China lässt sich im Nachhinein damit als politisches und strategisches, aber weniger als hartes ökonomisches Risiko bewerten.* Eine diversifizierte Zulieferstruktur sowie ein Reshoring der Produktion in andere europäische Länder hätte für die Europäer während der Corona-Pandemie in vielen Bereichen trotzdem Friktionen mit sich gebracht. Lindernd gewirkt hat, dass die Regionen vom Virus asynchron betroffen waren: Während die Produktion in China schon längst wieder anlief, standen die Fließbänder in Italien noch still und in den USA hatte das Infektionsgeschehen noch lange nicht seinen Höhepunkt erreicht. Zwar hat diese Ungleichzeitigkeit zu einer weiteren Komplexi-tätszunahme und hohen Managementanforderungen an die global agierenden Unternehmen geführt, der frühe Aufschwung in China konnte jedoch insbesondere den deutschen Exporteinbruch deutlich abmildern: Mitten in der Corona-Krise hat China die USA schließlich als wichtigsten Importeur deutscher Waren abgelöst (Kolev 2020). Denn mit den zeitversetzten Restriktionen auf der Angebotsseite gingen auch in entsprechender Zeitverschiebung die Nachfrageschocks in den jeweiligen Ländern einher. Schließlich traf der Lockdown Nachfrageseite und Angebotsseite zunächst gleichermaßen. Unternehmen waren eingeschränkt, ihre Produkte anzubieten, Konsumenten waren darin restringiert, Güter und Dienstleistungen nachzufragen. Die Unsicherheit um die gesundheitliche und wirtschaftliche Lage tut auf beiden Seiten ihr übriges.

Summiert für das Jahr 2020 fällt der Einbruch des Welthandels verheerend aus: So prognostiziert der Internationale Währungsfonds einen Einbruch von 9,6 Prozent des globalen Güterumschlages sowie der gehandelten Dienstleistungen, der auch im darauffolgenden Jahr mit einem Zuwachs von 8,1 Prozent nicht kompensiert werden kann (Internationaler Währungsfonds 2021a). Damit ist der Handel wesentlich stärker betroffen als die Weltproduktion, der 2020 nur ein Einbruch von 3,5 Prozent zugerechnet wird, um 2021 wieder mit 5,5 Prozent zu wachsen. Zudem fällt der Rückgang des globalen Güter- und Dienstleistungshandels 2020 stärker aus als der Einbruch in Folge der Wirtschafts- und Finanzkrise 2008. Der Anstieg der Welthandelselastizität in den Jahren 2021 und 2022 auf über 1 sollte deshalb nicht als Rückkehr in die Intensivierung der internationalen Arbeitsteilung fehlgedeutet werden (Abb. 3.8a). Es handelt sich schlicht um Verzerrungen nach dem massiven Einbruch von Welthandel und Weltproduktion im Jahr 2020 (Abb. 3.8b).

Gerade in Deutschland hat der Güterhandel stark unter dem Covid-19-Schock gelitten, sowohl Exporte als auch Importe brachen massiv ein. Allein im ersten Halbjahr 2020 gingen die deutschen Exporte beziehungsweise Importe im Vergleich zum ersten Halbjahr 2019 um 13,5 respektive gut 10 Prozent zurück. Im Vergleich auf Monatsbasis zum Vorjahr brachen die Importe in der Spitze um über 20 Prozent ein (April und Mai 2020), die Exporte verzeichneten sogar ein Rückgang von über 30 Prozent (Mai 2020). In den Folgemonaten erholten sich beide Außenhandelsdimensionen dynamisch. Bei einer differenzierten Betrachtung der deutschen Handelspartner zeigt sich die

**a**

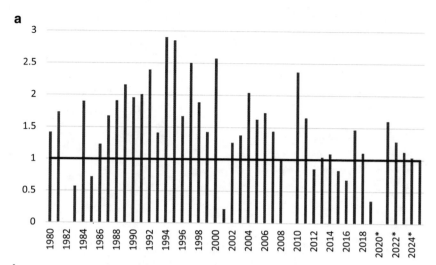

* Prognose; Elastizität bei negativem Wachstum nicht definiert (1982, 2009, 2020)

**b**

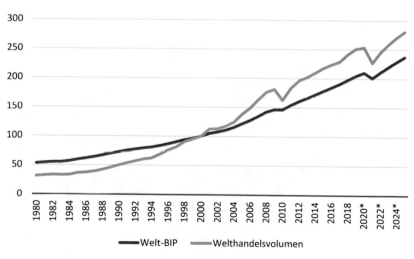

━━━ Welt-BIP ━━━ Welthandelsvolumen

\* Prognose

**Abb. 3.8 a** Elastizität des globalen Handels. (Quelle: Internationaler Währungsfonds 2020a; eigene Berechnungen. Elastizität: Veränderung Welthandel in Relation zur Veränderung Weltproduktion). **b** Weltwirtschaft und Welthandel, Index 2000=100. (Quelle: Internationaler Währungsfonds 2020a; eigene Berechnungen)

Ungleichzeitigkeit der Corona-Betroffenheit deutlich. In den Monaten Januar und Februar, in denen das Virus primär Auswirkungen auf China hatte, gingen die deutschen Exporte nach und die Importe aus China überproportional zurück (Abb. 3.9a, b).

Analog mit dem Ausbruch des Virus in Europa und den USA sackte der gesamte Außenhandel mit diesen Regionen in den Monaten März

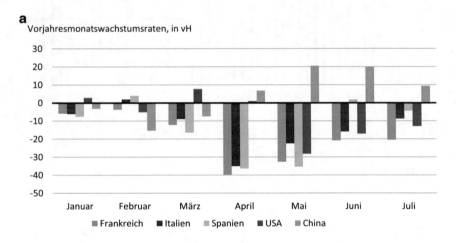

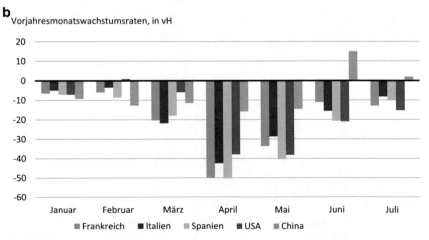

**Abb. 3.9** **a** Deutsche Importe aus verschiedenen Ländern. **b** Deutsche Exporte in verschiedene Länder. (Quelle: Statistisches Bundesamt 2020)

und April massiv ab. In der Spitze gingen diese Importe im Vorjahresvergleich um bis zu 40 Prozent, die entsprechenden Exporte sogar bis zu 50 Prozent zurück. Auf der anderen Seite erholten sich insbesondere die Importe aus China in den Monaten März und April massiv, sodass die Werte im April bereits über Vorjahresniveau lagen – zeitgleich mit der Beruhigung der Pandemie in China. Ex ante bilden diese Daten gut die wirtschaftliche Entwicklung des Außenhandels in den jeweiligen Monaten ab. Das sehr schnelle Auftreten der Krise hat jedoch gezeigt, dass für ökonomische und politische Fragen diese Art von makroökonomischen Kenngrößen weiterhin hochrelevantes Steuerungswissen beinhalten, die notwendige schnelle zeitliche Verfügbarkeit allerdings nicht gewährleistet ist. Für eine situativ passende politische Ausrichtung werden damit alternative Indikatoren benötigt, die in Echtzeit zur Verfügung stehen und die die relevanten makroökonomischen Ereignisse gut abbilden. Mit Blick auf den Außenhandel bieten sich hier insbesondere Daten über die Schiffsaktivität auf den Weltmeeren an, die die entsprechenden makroökonomischen Größen sehr gut und in Echtzeit abbilden (Goecke et al. 2020).

Die makroökonomischen Zahlen zeigen das Ausmaß des Covid-19-Schocks auf die ökonomische Aktivität. Auch Tempo und Gleichzeitigkeit, in dem und in der die Pandemie auf die Wertschöpfungsketten

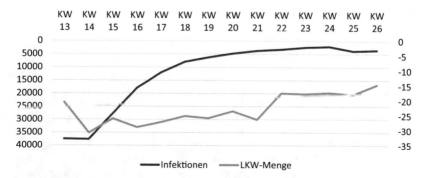

Veränderung der LKW-Menge in NRW 2020 zu 2018 in Prozent (rechte Achse), Neuinfektionen Deutschlandweit (inverse Skalierung)

**Abb. 3.10** Rückgang des LKW-Verkehrs in der Corona-Krise

durchgeschlagen hat, waren fulminant: Die wöchentlichen Neuinfektions-zahlen in Deutschland stiegen in der 13. (23.–29. März 2020) und 14. Kalenderwoche (30. März–5. April 2020) mit Werten von über 37.000 Personen auf ein temporäres Maximum an. Gleichzeitig brach das Volumen des LKW-Verkehrs um bis zu 30 Prozent ein – der Corona-Schock war unmittelbar in den deutschen Wertschöpfungsketten angekommen (Abb. 3.10). Erst als im Zuge des Lockdowns die Neu-infektionszahlen sukzessive zurückgingen, erholte sich der LKW-Verkehr.

## 3.4    Flexible Investoren im Lockdown: Gefestigte Kapitalmarktintegration

Von den Corona-Lockdown Maßnahmen auf den ersten Blick nicht direkt und allenfalls temporär betroffen ist die Globalisierungs-dimension *Kapitalmarktintegration* (vgl. Übersicht „Die zunehmende Bedeutung von Rücküberweisungen"). Mobiles Kapital ist im Gegen-satz zu mobilen Menschen nicht infektiös und daher nicht direkt in den Blick der Beschränkungen geraten. Entsprechend finden sich, mit wenigen Ausnahmen, kaum neu eingeführte Kapitalverkehrskontrollen. Kleinteiliger ist die Politik aber längst dem protektionistischen Zeit-geist gefolgt: So wurde die Gesundheitsbranche in Deutschland als sicherheitsrelevant eingestuft, was es der Bundesregierung – ähn-lich wie einer Vielzahl anderer Regierungen – vereinfacht, über die Außenwirtschaftsverordnung ausländische Investitionen zu beschränken (Felbermayr und Görg 2020).

### Die zunehmende Bedeutung von Rücküberweisungen

Insbesondere im Kontext von Kapitalmarktintegration und Migration aus Schwellen- und Entwicklungsländern haben Rücküberweisungen *(Remittances)* während der vergangenen Jahre an Bedeutung gewonnen. Befanden sich private Rücküberweisungen zu Beginn des Jahrtausends noch ungefähr auf dem Niveau von Portfolioinvestitionen und Zahlungen aus der offiziellen Entwicklungszusammenarbeit, überholten sie 2019 sogar ausländische Direktinvestitionen, was sie zum wichtigsten Kapitalzufluss in Entwicklungs- und Schwellenländer machte (Abb. 3.11) (Weltbank 2020a).

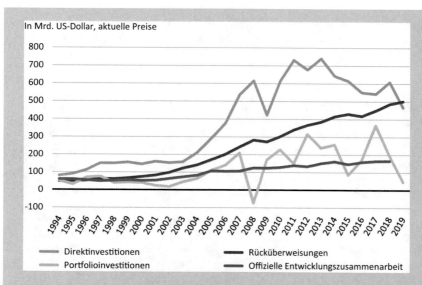

In Mrd. US-Dollar, aktuelle Preise

Direktinvestitionen          Rücküberweisungen
Portfolioinvestitionen       Offizielle Entwicklungszusammenarbeit

**Abb. 3.11** Kapitalzuflüsse Entwicklungs- & Schwellenländer (135 Low & Middle Income Countries). (Quelle: Weltbank 2020a)

Die von der Weltbank für das Jahr 2019 angegebenen über 500 Mrd. US-$ Remittances unterschätzen den tatsächlichen Wert der Rücküberweisungen womöglich sogar noch, da diese aufgrund hoher Kosten, infrastruktureller Mängel in den Finanzsystemen der Empfängerländer und Unsicherheiten häufig über informelle Kanäle laufen. Schließlich beliefen sich die durchschnittlichen globalen Kosten 200 US-$ zu überweisen zuletzt auf immer noch 6,8 % (Weltbank 2020b).

Vor der Covid-19-Pandemie wurde den Rücküberweisungen konstatiert, deutlich krisenfester zu sein als andere Kapitalflüsse in Entwicklungs- und Schwellenländer und sogar einen antizyklischen Charakter aufzuweisen (Weltbank 2020b): Gerade in Krisenzeiten überwiesen Migranten mehr Geld in ihre Heimat, um die Verluste ihrer Familien auszugleichen. Während der aktuellen Pandemie, die alle Länder symmetrisch betrifft, lässt sich ein solcher Effekt hingegen nicht beobachten. Im Gegenteil: Die Weltbank (2020b) rechnet für das Jahr 2020 mit einem Einbruch der Rücküberweisungen in allen globalen Regionen. Der stärkste Rückgang wird mit 27,5 Prozent in Europa und Zentralasien prognostiziert, gefolgt von Subsahara-Afrika (23,1 Prozent), Südasien (22,1 Prozent), dem Nahen Osten und Nordafrika (19,6 Prozent), Lateinamerika und der Karibik (19,3 Prozent) sowie Ostasien und der Pazifikregion (13 Prozent). Da Migranten aus Schwellen- und Entwicklungsländern häufig einfachen oder sogar informellen Tätigkeiten nachgehen, gehören sie zu den vulnerabelsten Arbeitskräften. In einer Wirtschaftskrise müssen sie Einkommenseinbußen hinnehmen oder verlieren womöglich sogar gleich zu Beginn einer Krise ihre Anstellung.

Eine besondere Rolle nehmen Rücküberweisungen für die Kohäsions-bemühungen der Europäischen Union mit ihren besonders stabilen institutionellen Rahmenbedingungen ein. Remittances wird etwa im Kontext der EU-Osterweiterungen eine bedeutsame Rolle für die Kon-vergenzerfolge der Region zugeschrieben. Denn die zum Zeitpunkt des EU-Beitritts hohen Einkommensunterschiede regen besonders temporäre Migration an, die im Laufe der Konvergenz wieder abnimmt. Ins-besondere die Auswanderung aus osteuropäischen Ländern zeigte sich daher umso stärker, je schwächer die wirtschaftliche Performance und je unsicherer die institutionellen Rahmenbedingungen daheim. Rück-überweisungen tragen nach aktuellem Forschungsstand zur Minderung von Armut in den osteuropäischen Ländern bei (Gianetti et al. 2009) und wirken sich sowohl auf den privaten Konsum als auch auf die Investitions-tätigkeit positiv aus (Goschin 2014). Der Rückgang der Rücküber-weisungen durch die Corona-Pandemie dürfte durchaus längerfristige negative Wachstumseffekte in den Empfängerländern nach sich ziehen.

Die aktuell rückläufigen Rücküberweisungen haben zudem vordring-liche und unmittelbare Effekte auf die Lebenssituation vieler Menschen in Armut. Die wirtschaftlichen Auswirkungen der Pandemie bedeuten nach Schätzungen der Weltbank (2020c) für bis zu 100 Mio. Menschen den Abstieg in extreme Armut (Tagesbudget von max. 1,90 US-$ am Tag). Eine Studie der Oxford University erwartet sogar ein Abrutschen von 490 Mio. Menschen in Armut, definiert nach dem *Multidimensional Poverty Index* (Alkire et al. 2020). Der Rückgang der Rücküberweisungen dürfte auch hier eine nicht unwichtige Rolle spielen.

Quelle: In Anlehnung an Hüther (2020b).

Die hohe *Unsicherheit und die Schwierigkeiten mancher Investoren,* ihre Verbindlichkeiten zu bedienen, haben darüber hinaus zu weit-reichenden Implikationen für die globalen Kapitalmärkte geführt. Zum einen kam es im März 2020 – als deutlich wurde, dass sich Covid-19 zu einer Pandemie mit kaum vorstellbarer, jedenfalls nicht aus Erfahrungen einschätzbarer Tragweite entwickeln und alle großen Volkswirtschaften maßgeblich lahmlegen würde – zu einem globalen Aktiencrash beacht-lichen Ausmaßes (Abb. 3.12). Innerhalb weniger Wochen büßten die Aktienindices DAX und DOW JONES 35 Prozent ein; der NIKKEI verbuchte ein Minus von 30 Prozent, geringer fiel der Crash beim weniger frei gehandelten chinesischen Shanghai Composite Index aus.

Index, 06. Januar 2020 = 100

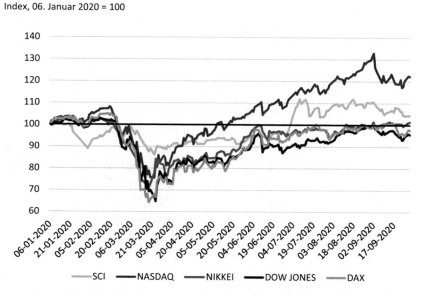

**Abb. 3.12** Globaler Aktiencrash und Erholung. (Quelle: Finanzen.net; eigene Darstellung)

Ähnlich schnell wie der Einbruch folgte dann jedoch die Erholung. Schon kurz nach den Lockdown-Beschlüssen in Europa und den USA in der zweiten Märzhälfte hatten die Kapitalmärkte ihre Tiefststände erreicht und begannen sich trendmäßig zu erholen, sodass sich die Werte bereits Anfang Juni 2020 dem Vorkrisenniveau deutlich annäherten.

Noch rasanter erfolgte die Erholung bei den Aktien im *Technologiesektor;* der Nasdaq erreichte das Vorkrisenniveau bereits im Mai 2020. Nachdem kurzeitig die Vermutung vorherrschte, der Aktienmarkt entkoppelte sich vollständig von der Realwirtschaft und wäre gänzlich von der expansiven Geldpolitik aufgeblasen, zeigt sich, dass auch der wirtschaftliche Aufschwung in vielen Länder schneller von statten ging als anfänglich erwartet. Eine wichtige Rolle spielte zudem das beherzte Eingreifen der Liquiditätspolitik sowie der Fiskalpolitik, sodass die Kapitalmärkte den Eindruck gewinnen konnten, mit konzertierter Aktion wird der Turnaround geschafft und neues Wachstum möglich.

Immerhin war das nicht unplausibel, wenn man die zusammen-genommenen expansiven Impulse der Makropolitiken bedenkt, die wertmäßig größer sind als der Wachstumseinbruch. Allein der CARES Act in den USA sah Corona-Unterstützungen in Höhe von 11 Prozent des BIP vor; das chinesische Hilfspaket erreichte 4,5 Prozent des BIP; die budgetwirksamen Maßnahmen in Deutschland betrugen 13,7 Prozent des BIP, hinzu kommen Kreditgarantien in Höhe von 32 Prozent des BIP (Internationaler Währungsfonds 2020c; BMF 2020a). Die relative Stabilität im Aufwärtstrend der Aktiensindizes hielt in das Jahr 2021 an und kann als Bestätigung für den frühen Optimismus der Börsen gewertet werden; jedenfalls war es kein Strohfeuer.

Heftig getroffen von der grassierenden Unsicherheit waren hingegen die Investitionen dort, wo sie am dringendsten gebraucht werden: in den *Schwellen- und Entwicklungsländern* (HDG, Abschn. 2.4 für einen Überblick zur Theorie der Kapitalmarktintegration) (Beer 2020b). Zwar ist China zuletzt in vielen Ökonomien als Investor vorstellig geworden, jedoch scheint diese Entwicklung eher geopolitisch motiviert zu sein und geht mit einer entsprechenden Erwartungshaltung vonseiten der Volksrepublik einher. Zudem leiden auch die chinesischen Investitionen unter der abnehmenden Bonität vieler Ökonomien während der Corona Pandemie (vgl. Übersicht „Verschuldungsrisiken auf der Seidenstraße"). So belief sich die Kapitalflucht ausländischer Investoren aus Schwellenländern (exklusive China) allein während der ersten Lockdown-Periode auf 83 Mrd. US-$ und damit höher als während der Wirtschafts- und Finanzkrise über eine Dekade zuvor (Institute of International Finance 2020). Die Kapitalzuflüsse werden für das Jahr 2020 auf lediglich 304 Mrd. US-$ taxiert und lägen damit mehr als die Hälfte unter dem Vorjahreswert (Abb. 3.13). Der *World Investment Report* geht zudem von einem Einbruch der weltweiten Direktinvestitionen im Jahr 2020 von 40 Prozent aus (UNCTAD 2020). Eine schnelle Erholung zeichnet sich nicht ab. Mit der gestörten Versorgung mit frischem Kapital geht zudem eine Abwertung vieler Währungen gegenüber US-$ und Euro einher: Peso, Real, Rand, Rubel und Lira haben zwischenzeitlich zwischen 30 und 15 Prozent ihres Wertes verloren. Die Kaufkraftverluste für die jeweilige Bevölkerung sind enorm.

Gesamte Kapitalflüsse ausländischer Investoren in Milliarden US-Dollar

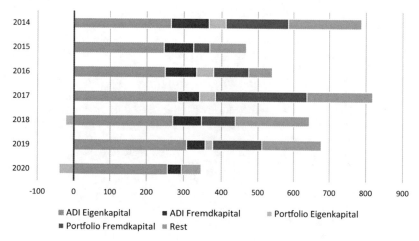

ADI Eigenkapital    ADI Fremdkapital    Portfolio Eigenkapital
Portfolio Fremdkapital    Rest

**Abb. 3.13** Kapitalflüsse in Schwellenländer exklusive China. (Quelle: Beer 2020b)

## Verschuldungsrisiken auf der Seidenstraße

Die chinesische Kreditvergabe ins Ausland ist ein nahezu undurchdringliches Gestrüpp, mit äußerst intransparenter Datenlage. Zu ihren internationalen Finanzierungsprojekten berichtet die chinesische Regierung nicht, und die Vergabe externer Kredite über staatlich kontrollierte Banken erschwert die Datensammlung durch unabhängige Dritte. Generell beinhalten zwischenstaatliche chinesische Kreditverträge unübliche Geheimhaltungsklauseln und Vorzugsrechte sowie Eingriffsrechte bei Kreditausfall (Galpern et al. 2021).

Eine Studie von Horn et al. (2020) versucht Licht ins Dunkel der wirren China-Kredite zu bringen und schätzt, dass die Volksrepublik mit ausstehenden Kreditansprüchen in Höhe von 1,5 Prozent des globalen BIP zu einem der größten internationalen Kreditgeber aufgestiegen ist. Die Export–Import Bank of China (Eximbank), die China Development Bank und weitere chinesische Banken haben von 2000 bis 2018 Kredite in Höhe von 152 Mrd. US $ allein an afrikanische Länder vergeben (Acker et al. 2020). Große Teile der chinesischen Investitionsoffensive gehen dabei auf die Neue Seidenstraße zurück (Johnston 2019).

Da sich mit der massiven Aufnahme von Schulden und der anschließenden Vergabe von Infrastruktur-Großprojekten an chinesische Firmen viele Länder in eine Abhängigkeit begeben, spricht man in diesem Kontext auch von *chinesischer Debt-Trap Diplomacy* (Brautigam 2020).

Diese Abhängigkeiten gehen zwar mit geopolitischem Einfluss, aber auch mit entsprechenden Risiken für China einher. Schon heute sind hohe Kreditausfälle in Afrika bekannt (Acker et al. 2020) und auch die Covid-19-Pandemie stellt Peking im Kontext ihrer Kreditvergabepolitik vor weitere Herausforderungen. China hatte in den Ländern der neuen Seidenstraße bis 2017 bereits Forderungen von ca. 215 Mrd. US-$ angehäuft – rund 1,5 Prozent des chinesischen BIP. Aufgrund der wirtschaftlichen Einbrüche der Coronakrise wurden nun 29 Seidenstraßen-Länder von den drei großen Ratingagenturen (Moody's, Fitch, S&P) im Emittenten-Rating oder in dessen Ausblick heruntergestuft. Pakistan, der größte Schuldner auf der Seidenstraße wird sowieso schon als „hochspekulativ" eingestuft; die Herabsetzungen auf den Kreditwürdigkeitsskalen betreffen weitere 90 Mrd. US-$ an chinesischen Schulden – aufgrund der bereits geschilderten mangelhaften Datenlage dürfte die tatsächliche Summe sogar deutlich höher liegen (Abb. 3.14). Die Verschuldungsrisiken auf der Seidenstraße sind hoch – beidseitig.
Quelle: In Anlehnung an Diermeier et al. (2020).

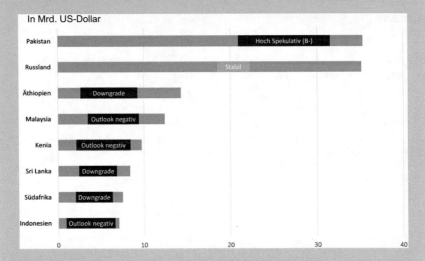

**Abb. 3.14** Steigende Kredit-Ausfallrisiken in BRI-Ländern. Ausstehende Kreditsumme an China, 2017. (Quelle: Diermeier et al. 2020)

Eine Sorge verbleibt dem Kapitalmarkt angesichts der mit längerem Lockdown über den Jahreswechsel 2020/2021 steigenden Insolvenzrisiken bei den Unternehmen, wodurch über entsprechende

Kreditausfälle oder Abwertung von Unternehmensanteilen die Finanz-branche betroffen sein kann. Einige sehen die darin schlummernden Risiken für die Kreditinstitute als so groß an, dass sie bereits im Sommer 2020 eine vorsorgliche Rekapitalisierung der europäischen Großbanken über den ESM forderten und dafür etwa 300 Mrd. EUR als erforderlich ansahen (Schularick et al. 2020). Grundsätzlich sind drei *Transmissionskanäle des Corona-Schocks auf die Banken* beschreibbar (Demary und Hüther 2020):

1. Steigen in dieser historisch einmaligen Krise die *Staatsschulden,* dann wäre ein Rating-Downgrade für bestimmte europäische Staaten (z. B. Italien oder Griechenland) möglich. Da unverändert Staatsanleihen nicht mit Eigenkapital zu unterlegen sind und wegen eines Home Bias der Banken in ihrem Engagement, kann daraus eine Wiederkehr der Banken- und Staatsschuldenkrise im Euroraum resultieren. Das dürfte vor allem Großbanken betreffen. Anders als jedoch von zehn Jahren wirkt dem die etablierte Bankenunion mit entsprechenden Eingriffs- und Stabilisierungsmöglichkeiten entgegen.
2. Die Pandemie hat das *Reiseverhalten der Menschen* verändert, beruf-lich wie privat. Umsatzrückgänge und -verschiebungen im Tourismus machen dies deutlich (z. B. Kreuzfahrten). Besonders die Luftfahrt-branche ist betroffen, eine Normalisierung wird erst über mehrere Jahre erwartet. Dabei kann sich erweisen, dass Banken die Kreditaus-fallraten bei der Flugzeugfinanzierung und der Schiffsfinanzierung unterschätzt haben. Bei einer zu geringen Eigenkapitalunterlegung drohen Bilanzprobleme, die aber vor allem auf diese Finanzierungen spezialisierte Großbanken und Anleihegläubiger betreffen dürften.
3. Besonders bedeutsam können hingegen für das Bankensystem breit angelegte *Insolvenzen in Corona-betroffenen Branchen* sein (z. B. Landwirtschaft, Nahrungsmittel, Gastgewerbe, Tourismus, Messe-bau, Freizeit und Sport). Vor allem kleinere Unternehmen – auch der typische Mittelstand – sind hier betroffen. Hinzu kommen ggfs. Unternehmen in den Zulieferbereichen der Automobilhersteller, wenn dort die Nachfrage nachhaltig schwach bleibt und zugleich der Strukturwandel zu neuen Antrieben stark forciert wird. Vor allem die Kreditgenossenschaften und die Sparkassen sind hier bedeutsam,

sodass die Möglichkeit von umfassenderen Kreditausfällen bei diesen Bankengruppen besteht. Beide Bankengruppen besitzen aber eigene Aufsichts- und Sanierungssysteme (Institutssicherung als Haftungsverbund, der den Fortbestand von jedem der angeschlossenen Institute sichert). Insofern kann eine Insolvenzwelle grundsätzlich in den Verbünden aufgefangen werden und dürfte die Konsolidierung im Volksbanken- und Sparkassensektor befördern.

Zudem gilt, dass, anders als in der globalen Finanzmarktkrise, die Bankbilanzen aktuell nicht vergleichbar durch intransparente Finanzprodukte vernetzt sind. Damals hielten die Banken ähnliche Wertpapiere in ihren Bilanzen, sodass der Wertverlust eines Wertpapieres zu Wertverlusten bei ähnlichen Wertpapieren führte. Die Covid-19-Krise wird den Bankensektor demgegenüber längerfristig belasten. Denn die Unternehmen mussten sich verschulden, um Umsatzausfälle zu kompensieren. Bevor sie wieder investieren können, müssen sie erst Verschuldung abbauen. Eine längere Phase mit geringerer Kreditnachfrage wird davon abhängen, welche die Profitabilität der Banken belasten wird.

## 3.5 Globale Kooperation im Lockdown: Aufblühende Wissensdiffusion

Die Globalisierungsdimensionen Migration und Gütermarktintegration waren unmittelbar von den Lockdown-Beschränkungen betroffen. Obwohl dies für die Kapitalmarktintegration so nicht gilt, hat die grassierende Unsicherheit während der Ausnahmesituation doch dazu geführt, dass auch internationale Investoren ihre Investitionspositionen liquidiert haben – mit den entsprechenden Konsequenzen auf den Kapital- und Devisenmärkten sowie in den Leistungsbilanzen. In der Betroffenheitshierarchie ganz unten steht hingegen die *Wissensdiffusion*. Sicherlich haben die Visarestriktionen sowie die Schließungen von Universitäten und Forschungsinstitutionen den physischen Austausch von Forschern, Ingenieuren und Entwicklern behindert. Zum ersten Mail in einer großen Krise, die mit entsprechenden Grenzschließungen einherging, wurde der grundsätzliche Austausch von Ideen hingegen eher angeregt als beschränkt (HDG, Abschn. 2.5 für einen Überblick zur Theorie der Wissensdiffusion).

Dies liegt zu einem großen Teil an der weit vorangeschrittenen Digitalisierung, in der sich die weltumspannenden Netzwerke nur äußerst schwerlich von den alten Hierarchien einfangen lassen (HDG, Abschn. 4.4). Zwar haben nicht alle Arbeitnehmer und Institutionen in dieser Hinsicht auf dieselben infrastrukturellen Voraussetzungen zurückgreifen können, dem physischen Lockdown wird aber weithin zugerechnet, als Katalysator der Digitalisierung gewirkt zu haben. Der Economist titelte während des Lockdowns in diesem Kontext nur bedingt passend: „Less globalisation, more tech" (Economist 2020e). Dabei forcierte der Einsatz digitaler Technologien zur beschleunigten Wissensdiffusion selbst eine intensivere Globalisierung in dieser Dimension. Mehr wirtschaftliche (und gesundheitliche) Resilienz *und* mehr digitale Globalisierung durch konsistente Digitalisierung der Prozesse lautet eine *Lehre aus den Kontaktbeschränkungen.*

Zudem kam es mit Blick auf die Pandemiebekämpfung zu weitreichenden Kooperationen etwa in der Entwicklung eines Impfstoffs. Zwar versuchten die Hierarchien und allen voran der damalige US-amerikanische Präsident mit ihren *My-Nation-First* Strategien, Impfstoffe zu monopolisieren oder womöglich auch daraus ein Geschäft zu machen, doch setzen sich 172 Länder (China, Russland sowie die USA ausgenommen) und zahlreiche Pharmaunternehmen über die COVAX-Initiative der WHO ebenso kraftvoll dafür ein, einen etwaigen Impfstoff allen Ländern und insbesondere Risikopatienten zugänglich zu machen (WHO 2020f). Auch Deutschland ist in dieser Frage positioniert: Bereits Ende März 2020 rief Frank-Walter Steinmeier mit vier weiteren Staats- und Regierungschefs zu einer „globalen Allianz" auf: „the most convincing way to address the global dimension of this crisis is through enhanced co-operation and solidarity" (Steinmeier 2020).

Die global agierenden Forschungsnetzwerke lassen sich sowieso nicht so leicht davon abhalten, zu kooperieren und voneinander zu lernen – insbesondere nicht in einer Drucksituation wie während der Pandemie.

Zahlreiche Initiativen arbeiten daran, wissenschaftliche Informationen und Studien über das Virus als *Open Access* – also freiverfügbar – bereit zu stellen (UNESCO 2020). Die Europäische-Kommission hat sich in ihren Bestrebungen bestätigt gezeigt, Daten global für wissenschaftliche Ziele und Anwendungszwecke nutzbar zu machen (Europäische Kommission 2020f). Bereits 2019 war die EU-Richtlinie zu *Open Data und Public Service Infrastructure* (PSI) in Kraft getreten. Zudem wurden während des Lockdowns einige Rahmenbedingungen verändert, die globale Kooperationen signifikant erleichterten (Blasetti et al. 2020): Sowohl haben verschiedene Verlage ihre *Paywalls* fallengelassen, hinter der sich wissenschaftliche Publikationen bislang verbargen. Ebenso wurden Forschungsergebnisse als sogenannte *Preprints* veröffentlicht, bevor sie eine wissenschaftliche Prüfung *(Peer-Review)* durchlaufen hatten, was die Geschwindigkeit, mit der neue Erkenntnisse verbreitet werden konnten, massiv beschleunigte.

Und tatsächlich kam es in Folge der internationalen Bedrohung durch das Virus zu einer starken internationalen Forschungskooperation. Dies zeigt sich an den wissenschaftlichen Arbeiten im Bereich von Covid-19, die in medizinischen Fachjournalen erschienen sind. Um diese themenspezifischen Fachartikel zu identifizieren wurden alle Beiträge im Kontext „Coronavirus", „SARSCoV-2" sowie „Covid-19" betrachtet. Als Datengrundlage dienen alle knapp 38 Mio. Artikel, die über die Plattform Europe PubMed Central zur Verfügung stehen und dessen Großteil sich aus medizinischen Forschungsartikeln zusammensetzt. Neben der reinen Anzahl an Fachpublikationen wird zusätzlich die Organisation betrachtet, bei der die jeweiligen Autoren affiliiert sind. Wurde ein Artikel gemeinsam von mindestens zwei Personen geschrieben, dessen zugehörige Organisation in unterschiedlichen Ländern zu finden sind, wird diese Publikation als internationale Forschungskooperation gezählt. Bei der Betrachtung der so identifizierten Forschungsarbeiten beziehungsweise so definierten Forschungskooperation zu Covid-19 zeigt sich, dass die Forschungsaktivität im Laufe des Jahres 2020 stark anstieg. Seit dem Sommer 2020 erschienen nahezu in jedem Monat über 12.000 wissenschaftliche Publikationen im Forschungsgebiet rund um Covid-19. Analog verhielten sich die Forschungskooperationen: in einzelnen Monaten des Jahres 2020 lagen

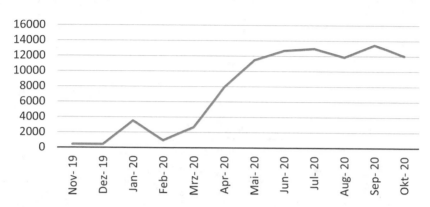

**Abb. 3.15** Internationale Forschungskooperation im Bereich Covid-19. (Quelle: Europe PubMed Central 2020; eigene Berechnungen)

die internationalen Forschungskooperation, die zu einer wissenschaftlichen Publikation führten bei bis zu knapp 4000 (Abb. 3.15).

Auch der Blick auf die Forschungskooperationen innerhalb eines Landes zeigt, dass die Kooperationsnetzwerke recht ausgeprägt sind (Abb. 3.16). Unter der Nutzung der gleichen Datenbasis und des gleichen methodischen Ansatzes wie bei den internationalen Forschungskooperationen der wissenschaftlichen Publikationen im Bereich von Covid-19 zeigt sich am Beispiel Deutschlands, dass das Netzwerk zwischen den nationalen Organisationen, bei denen die Autoren affiliiert sind, ebenfalls stark ausgeprägt ist: Anhand der Netzwerkgrafik ist zu erkennen, dass viele deutsche Institutionen über mehrere Forschungsarbeiten miteinander verbunden sind (je dicker die Punkte in der Abb. 3.16, je mehr Beiträge wurden mit unterschiedlichen Forschungskooperationspartnern aus Deutschland erarbeitet). In Deutschland besonders stark vernetzt sind bei der Covid-19 Forschung zahlreiche Universitätskliniken und Universitäten sowie das Robert Koch Institut

Die Veränderung der Wissens- und Technologiegenese beziehungsweise dessen Diffusion ist ein wichtiger Teil der ökonomischen

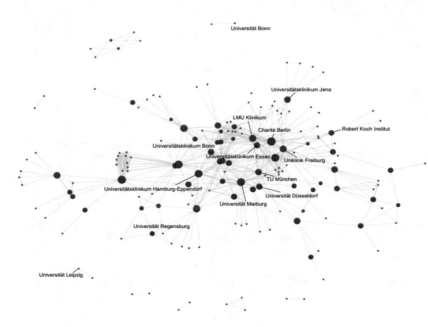

**Abb. 3.16** Deutsche Forschungskooperation im Bereich Covid-19 (Kirchhoff et al. 2020)

Globalisierung (HDG, Kap. 2) Im Zuge der Corona-Krise zeigt sich, dass neben dem Aspekt der Forschung insbesondere die *Diffusion von (Un-)Wissen zwischen sowie innerhalb der Gesellschaften* hoch relevant sind für den Kampf gegen die Verbreitung des Virus.

Als besonderes Charakteristikum der Corona-Pandemie zeigt sich, dass einerseits alle gesellschaftlichen Bereiche tangiert sind und sich andererseits in kürzester Zeit entscheidende Entwicklungen wie das Infektionsgeschehen oder die politischen Entscheidungen ändern können. Dies führte in Deutschland zu einer Veränderung des Informationsverhaltens der Menschen sowie zu einer ansteigenden Mediennutzung (Kantar 2020). Eine Ausweitung des Medienkonsums ist in der Breite – von klassischen Zeitungen, über Fernsehen, hin zu sozialen Medien – sowie in allen Altersgruppen der Gesellschaft zu beobachten. Die Wissens- und Informationsdiffusion über die verschiedenen Medien haben in der Bewältigung der Pandemie, im Vergleich zu anderen Zeitepochen, eine besonders hohe Bedeutung: Für den erfolgreichen Kampf gegen die Pandemie bedarf es einer Gesellschaft, die in einer großen Breite korrekt informiert und mit Blick auf die politisch beschlossenen Einschränkungen wirtschaftlicher und sozialer Freiheit hinreichend abgeholt ist.

Hinsichtlich der Qualität der Informationen, die Konsumenten bekommen, genießen die traditionellen Medien auch in den Corona-Zeiten großes Vertrauen (Schüler et al. 2021). Hierbei hat in allen Altersgruppen die Bedeutung des Fernsehens als wichtigstes Informationsmedium während der Pandemie stark zugenommen. Bei den Jüngeren stellt hingegen weiterhin das Internet das wichtigste Medium dar (Kantar 2020), was aufgrund der Abwesenheit von Qualitätsprüfern, sogenannten „Gatekeepern", und einem häufigen Auftreten von falschen Informationen, sogenannte „Fake News", gewichtige Probleme nach sich zieht. Zwar können in den sozialen Medien entsprechende Beiträge oder ganze Accounts gelöscht beziehungsweise gesperrt werden, doch insbesondere bei Corona-Leugnern bildeten sich kommunikative Echokammern aus, über die entsprechender Inhalte sowie abstruse Verschwörungstheorien politische Virulenz entwickeln konnten.

Teils massiv wich die tatsächliche Lage von der wahrgenommen ab – etwa bei den Einschätzungen zur Angemessenheit der Corona-Maßnahmen (Reinemann et al. 2021). Insbesondere Personen, die sich politisch primär in sozialen Medien informieren, kommen häufiger zu einer pessimistischeren Einschätzung der politischen Lage, als diese tatsächlich ist (Niehues et al. 2021). Dramatisch ist dieser Befund auch deshalb, weil ein deutlicher Zusammenhang zwischen Fehleinschätzungen sowie einer systemischen Unzufriedenheit mit der Demokratie, dem Sozialstaat und dem Wirtschaftssystem zu bestehen scheint. Gerade in einer Demokratie hängt aber der effektive und angemessene Schutz der Bevölkerung an der Akzeptanz der pandemiebekämpfenden Maßnahmen möglichst breiter Gesellschaftsschichten. Dies gilt für konkrete Politiken wie für das politische System und deren Vertreter im Allgemeinen. Nur wenn der Großteil einer Gesellschaft die aktuelle Pandemielage einzuschätzen weiß, die Notwendigkeit von Einschränkungen nachvollziehen kann, diese akzeptiert und nicht zuwiderhandelt, können die Einschränkungen ihre gewünschte epidemiologische Wirkung erzielen; nur wenn den politischen

Vertretern ein gewisses Grundvertrauen entgegengebracht wird, besteht die Wahrscheinlichkeit, bei den Bürgern auch tatsächliche Verhaltensanpassungen auszustoßen. Dazu gehört aber auch, dass die Maßnahmen den Grundsätzen der Verhältnismäßigkeit und des Übermaßverbots entsprechen.

Die Akzeptanz strikter Maßnahmen der Pandemiebekämpfung hängt demnach gleichermaßen an den Medien als Transporteure und Multiplikatoren von Information sowie der Politik als deren Sender. In Demokratien muss sich die Politik hör- und sichtbar über plurale Massenmedien erklären und so um die notwendige Akzeptanz in der Gesellschaft zu erringen. In totalitären Regimen ist dies aufgrund der Unterdrückung der gesellschaftlichen und persönlichen Freiheiten nicht notwendig. Hier kann Pandemiebekämpfung auch ohne Akzeptanz funktionieren – jedoch mit entsprechenden Kollateralschäden in der Zustimmung zum System.

# 4

# Transformation im Systemkonflikt: Die Stunde der Hierarchien

Der Covid-19-Schock hat die Akteure des Systemkonflikts zwar zeitversetzt, aber letztlich doch symmetrisch getroffen. In Zeiten höchster Ungewissheit und geprägt von den verstörenden Bildern aus Norditalien, wo die Vielzahl Schwerkranker das öffentliche Gesundheitssystem überforderten, oder New York, wo Massengräber für die am Virus verstorbenen Personen ausgehoben wurden, haben sich praktisch alle Regierungen zum Schutz ihrer Bevölkerung dazu entschlossen, das öffentliche und geschäftliche Leben in einen mehr oder weniger strikten Lockdown zu überführen. Die westlichen Gesellschaften, die „zur Freiheit verdammt" (Mishra 2017) lange Zeit in eine *Fin de Siècle* ähnliche Überforderung abzudriften drohten, mussten nun lernen, was es bedeutet, wenn die Exekutive Freiheits- und Bürgerrechte massiv einschränkt. Das Einsperren der Welt in einen globalen Lockdown hat insbesondere die Globalisierungsdimensionen Handel und Migration schwer getroffen. Das Herz der zweiten Globalisierung, die internationalen Wertschöpfungsketten standen zwischenzeitlich still; lange eingeübte Geschäftsbeziehungen über Ländergrenzen bekamen auf einmal die unbewusst große geografische Distanz zu spüren.

© Der/die Autor(en), exklusiv lizenziert durch Springer Fachmedien Wiesbaden GmbH, ein Teil von Springer Nature 2021
M. Hüther et al., *Erschöpft durch die Pandemie*,
https://doi.org/10.1007/978-3-658-34345-3_4

Diese Situation rief einerseits die mittlerweile eingeübten Krisenmanager aus den Zentralbanken auf den Plan, die als Feuerwehr in der Eurozone einen drohenden Schwelbrand auf den südeuropäischen Anleihemärkten löschen mussten. Andererseits traten die Finanzminister als *Lender of Last Resort* oder sogar als eine Art *Donator of Last Resort* auf, um die Liquidität für Unternehmen der Realwirtschaft über alle Größenklassen hinweg in bislang ungeahnten Ausmaßen zu sichern. Bei der Ad-hoc-Krisenpolitik ähnelten sich die Strategien der Protagonisten. Um zu garantieren, dass die Wirtschaft die Periode schwerer Einschränkungen übersteht, sind die Entscheider in den Regierungen und den Zentralbanken unisono auf einen *Liquidity-First*-Kurs eingeschwenkt.

Soweit die Gemeinsamkeiten. Der Systemkonflikt hat derweil noch weiter Fahrt aufgenommen. Die chinesische Verschleierungstaktik zu Beginn der Pandemie hat dem Trumpschen *Blame Game* abermals in die Hände gespielt. Die erratische Krisenpolitik aus dem Weißen Haus hat jedoch auch die USA vielerorts Sympathien gekostet. Die Ereignisse nach der Präsidentschaftswahl in den USA von der systematischen Delegitimierung des Wahlprozesses bis hin zum Sturm auf das Kapitol am 6. Januar 2021 haben dem Land einen Funktionsverlust zugefügt, aber zugleich für Demokratie und Rechtsstaat generell einen erheblichen Ansehensverlust in jenen Bereichen der Welt verursacht, die mehr oder wenig weit vom demokratischen System und seiner Repräsentationslogik entfernt stehen. Trump, der Amerika wieder großmachen wollte, hat es kleiner gemacht und im Systemkonflikt dem transatlantischen Westen schwer geschadet. Die drängende *Frage, welches Ordnungsmodell am unbeschadetsten durch die Krise kommt und wer in der dritten Globalisierung die Fäden in der Hand halten wird,* ist unverändert offen.

Um diese Frage adäquat adressieren zu können, bedarf es einer Abschätzung der transformativen und nachhaltigen Folgen der Pandemie und der Pandemiebekämpfung auf die unterschiedlichen Globalisierungsdimensionen, auf das neue Miteinander von Hierarchien und Netzwerken, auf die sich im Systemkonflikt gegenüberstehenden Gesellschaftsmodelle. Ob – wie von Dani Rodrik (2020) womöglich vorschnell vermutet – die Beziehung zwischen Markt und Staat tatsächlich zugunsten des Staates grundsätzlich und überall neu austariert wird, bedarf einer intensiveren Betrachtung. Denn die Erfahrung des Ausnahmezustands ist für die westlichen Demokratien nicht nur ungewohnt, sondern zugleich mit der prinzipiellen Frage verbunden, was liberale Demokratien verkraften und wohin diese Erfahrung führt: „Die Theoretiker und Praktiker der großen Transformation sehen im Lockdown den Beleg dafür, was alles ginge, wenn die demokratischen Regierungen nur wollten" (Di Fabio 2020). Gelingt es aus diesem Erleben staatlicher Dominanz ohne übliche parlamentarische Legitimation das zu sichern, was den Kern demokratisch-rechtsstaatlicher Verfassung ausmacht: die Kopplung des Mandats zur Herrschaft mit der Gewährleistung der Freiheitsrechte eines jeden Einzelnen?

Grundsätzlich gilt für die ökonomische Welt, dass transformative Prozesse durch eine Krise wie die Pandemie beeinträchtigt und in der Regel begünstigt werden. Das politische Handeln beeinflusst maßgeblich die Anpassungslasten, die Geschäftsmodelle und die verbleibenden Optionen. Ein zentraler Aspekt aus der Perspektive der Zweiten Globalisierung sind die grenzüberschreitenden Wertschöpfungsketten. Wer hier ansetzt, der erzielt über die weltweiten Netzwerke große Effekte. Bedrohlich für die Beschäftigung in der vorgelagerten Wertschöpfungskette erscheinen beispielsweise die Prognosen des WEF (2020) zur *Zukunft der Arbeit*.

Nach deren Ansicht wird das Virus den technologischen Wandel beschleunigen und die Automatisierung sowie Robotisierung in Schwellenländern vorantreiben, in denen viele einfache Tätigkeiten derzeit noch nicht automatisiert verrichtet werden. Die Berechnungen prognostizieren den Verlust von 85 Mio. Arbeitsplätzen, wenn sich der Kosten-Sicherheits-Trade-Off bei den Auftraggebern zu letzterem hin verschiebt und in Zukunft auf pandemiesichere Fabriken mit möglichst geringem Risiko durch den Faktor Mensch gesetzt würde. Für die betroffenen Arbeitsmärkte wäre eine entsprechend disruptive Entwicklung eine Katastrophe; die *Effizienzillusion* der Schwellen- und Entwicklungsländer erhielte eine neue Qualität. Schon jetzt sind gerade Menschen in diesen Ländern, wo soziale Sicherungssysteme den Lockdown kaum abzufedern vermochten, besonders gefährdet. Sollten aufgrund der Pandemieerfahrung und einer grundsätzlich veränderten Risikoeinschätzung viele Fabriken nun umdisponieren und sich konzeptionell anders aufstellen, würde die *Double Disruption* die vulnerabelsten Akteure der Globalisierung treffen: die Geringqualifizierten in den ärmeren Ländern.

Auf technologische Spezialisierung setzende Volkswirtschaften wären dann gegenüber den auf Arbeitskostenvorteilen beruhenden Geschäftsmodellen im Vorteil. Wer künftig in einigen wenigen Spitzentechnologien, wie Künstlicher Intelligenz, Robotik und 3D-Druck die Nase vorn hat oder zumindest angemessen mitspielen kann, dürfte dem Rest der Welt die Industriestandards der kommenden Globalisierungsperiode diktieren. Der Wettlauf der Industriestrategien mit entsprechend ähnlicher Zielsetzung zeigt an, dass die Systemgegner genau diesen Punkt verinnerlicht haben und sich nun dem Wettstreit stellen. Die Möglichkeit, digitale Software in die staatliche Pandemiebekämpfung umfassend einzubinden, hat zudem den Graben zwischen den *Great Powers* weiter ausgehoben. In China dürften sich die staatlichen Stellen in ihrem Missbrauch digitaler Technologien zur Überwachung der Bevölkerung bestärkt sehen. Corona befeuert den Ausbau des chinesischen Überwachungsstaates und gibt der Staatspropaganda neue Pseudo-Argumente an die Hand, die Totalkontrolle der Bevölkerung zu legitimieren. Gleichzeitig dürfte sich in Deutschland zeigen, welche medizinischen und volkswirtschaftlichen Kosten aus einem überzogenen Datenschutz folgen.

Der Staat in den USA ist – dem individualistischen Wertekonstrukt seiner Bevölkerung geschuldet – sowieso in einer schwierigen Position, was Zwangsmaßnahmen zum Schutz der Bevölkerung angeht. Allerdings zeigen die politischen Debatten in Washington D.C., dass die mit der Pandemie in Bezug auf die Resilienz globaler Wertschöpfungsketten verbundene Diskussion über Versorgungssicherheit mit kritischen, nicht nur medizinischen Gütern zu weitreichenden Einwirkungen der Politik auf die globale Arbeitsteilung und Spezialisierung führen kann (Congressional Research Service 2020, S. 36):

> „A core issue for Congress is how to create conditions that make the U.S. economy more attractive for establishing U.S.-based supply chains, as well as for segments of both U.S. and foreign-parented supply chains. In general, when more value is added domestically, more domestic jobs

are created, along with more opportunities for positive spillover effects—both direct and indirect—from greater domestic economic activity. In considering GVCs [global value chains], Congress may examine the following: What are the costs and benefits of GVCs for U.S. workers and firms and how do U.S. investment and economic policies shape and impact GVCs? How can these policies encourage U.S. and foreign investment into U.S. communities that have lost jobs due to offshoring, automation, or other economic forces?"

Geht es hierbei im Wesentlichen um gute Standortbedingungen, die durch die Wirtschaftspolitik zu verantworten sind, so schimmert doch eine skeptische Haltung dem Freihandel gegenüber durch. Entsprechend wird dem Kongress in dem Papier vorgeschlagen, im Rahmen der Handelspolitik bestehende Verträge mit Blick auf Wettbewerbsfähigkeit und Wachstum in den USA neu zu verhandeln und für künftige Handelsabkommen stärker die „rules of origin to encourage and support stronger regional value chains, as seen with the North American motor vehicle industry" (ebd., S. 37) zu nutzen. Schließlich sollten die USA sich öffnen für „new approaches to trade negotiations or forms of cooperation with other countries to increase supply chain resilience in certain sectors" (ebd., S. 38).

Interessant erscheint des Weiteren die Frage, inwieweit die von US-Präsident Trump während der Pandemie gepflegte Sinophobie auf die wirtschaftlichen Strukturen durchwirkt. Gerne hätte Washington seine *Decoupling*-Bestrebungen verschärft gesehen und dürfte von seinen europäischen Partnern durchaus mehr Engagement in diese Richtung erwartet haben. Diese mögen den USA zwar in der Sache beipflichten, nicht aber in der Art und Weise, wie die Konfrontation in alle Richtung und mit institutionellen Kollateralschäden zugespitzt wurde. Daran ändert auch die grundsätzliche Einigung auf das Investitionsabkommen der EU mit China am Jahresende 2020 nichts, zumal die Bevölkerung in Europa China skeptisch (in Handelsfragen) bis sehr kritisch (in Bezug auf Umweltschutz und politische Einwirkung auf andere Staaten) gegenübersteht (FAZ 2021c) und die neue US-Administration das Abkommen eher distanziert sieht.

Gleichzeitig und grundsätzlich arbeitet die europäische Wirtschaft an ihrer eigenen Baustelle und hat mit den Auswirkungen der strikten Vorgaben aus dem *European New Green Deal* zu kämpfen, der den Weg aus der Krise markieren soll, aber doch Gefahr läuft, die europäischen Wettbewerbsvorteile aufs Spiel zu setzten. Bei den vielen Herausforderungen wie etwa dem Klimawandel oder der Digitalisierung, die sich den Ökonomien global stellen, wird entscheidend sein, wie anreizorientiert und systemkompatibel der zukünftige Strukturwandel gestaltet werden kann. Die Pandemie wirkt dabei durchaus als Megatrend-Katalysator, sehen sich die nationalen Hierarchien doch gezwungen, vormalig als utopisch erachtete Summen in die Hand zu nehmen und Investitionen wie Verhaltensweisen in die eine oder andere Richtung zu lenken. Diese Überlagerungen struktureller Themen mit den Folgen der Pandemien und den Strategien ihrer Bewältigung sollen im Folgenden näher betrachtet werden:

- Die wirtschaftspolitischen Maßnahmen in Reaktion auf die Pandemie folgten – bei aller operativen Differenzierung – systemübergreifend einer ähnlichen Logik. Während des erzwungenen Lockdowns stand zunächst primär die *Liquiditätssicherung* der Unternehmen im Vordergrund. Nachdem alle Staaten ihre Volkswirtschaften mehr oder minder in den Winterschlaf geschickt hatten, war nun der Staat gefragt, sicherzustellen, dass diese auch zum Ende des Lockdowns reanimierbar sein würden. Noch im Hintergrund schwelte hingegen eine konjunkturelle Aktivierungspolitik, zu der die Staaten erst mit dem schrittweisen Abbau der Einschränkungen übergehen konnten (Abschn. 4.1).
- Angesichts der tiefen, durch den Lockdown verursachten Wirtschaftskrise standen die Regierungen vor allem dann ab dem Sommer 2020 in der Pflicht, die Volkswirtschaften mit massiven Konjunktur- und Wachstumspaketen zu stützen. Der *Exit aus dem (ersten) Lockdown*, den die nationalen Hierarchien zu unterschiedlichen Zeitpunkten und teilweise wiederholt begehen mussten, birgt damit hohes wirtschafts- und industriepolitisches Gestaltungspotential. Ein besonderer Fokus des Staatseingriffs wirkt auf die Globalisierungsdimensionen Handel und Finanzmarktintegration durch. Hervorzuheben ist das

*NextGenerationEU*-Programm, mit dem sich die Europäer spürbar in Richtung einer Investitionsunion bewegen und neue Perspektiven der europäischen Integration erschließen können (Abschn. 4.2).

- Deutlich gewinnen die Nationalstaaten gegenüber den globalen Netzwerken während der Pandemie an Bedeutung. Ob es sich hier allerdings um eine temporäre Machtverschiebung oder eine umfassende Rückkehr des Staates handelt und damit durch einen strukturellen Bedeutungsgewinn die nationalen Hierarchien ein neues Paradigma begründen, ist weniger trivial. In der Vergangenheit haben große Schocks einen sogenannten *Displacement-Effekt* nach sich gezogen und über lange Perioden einen stärkeren fiskalpolitischen Staatseingriff begründet. Wie lange beispielsweise die Staaten, die von ihnen geretteten und erworbenen Unternehmensanteile zu halten gedenken, wird maßgeblich vom vorherrschenden gesellschaftlichen Selbstverständnis abhängen (Abschn. 4.3).

- Offen ist bislang, wie sich Unterschiede in der *gesellschaftspolitischen Wirkung der Pandemie* erklären lassen und wie nachhaltig die Pandemie diese Dimension mittelfristig beeinflusst. Es geht um die Wirksamkeit gesellschaftlicher Repräsentation in den Institutionen, Verfahren und Regeln der Verfassung, die durch Infektionsschutzpolitik unter Stress geraten und zu der Frage führen, ob und wie individuelle Freiheitsrechte dabei klug gesichert werden können, ohne nachhaltig Schaden anzurichten. Bedingt durch die staatlich organisierte Propaganda und die extremen Durchgriffsrechte der autoritären Zentralregierung befindet sich Peking in einer strukturellen Vorteilsposition gegenüber dem US-amerikanischen Individualismus, der eine Pandemiebekämpfung grundsätzlich erschwert, weil die Differenzierungen schon auf der County-Ebene beginnen. Die EU steht zwischen diesen beiden zunehmend an Attraktivität verlierenden Polen und besinnt sich auf die deliberative Kraft ihrer demokratischen Institutionen. Das kostet zwar Zeit und Mühe, hat aber die Chance, gesellschaftspolitische Spaltungen einzuhegen, statt zu überdehnen (Abschn. 4.4).

- Der Blick nach vorn fragt nach den *Gewinnern und Verlierern der Pandemie* und danach, ob sich ein *neues Gleichgewicht der Mächte* entwickelt. Ein Faktor ist dabei sicherlich, wie gut die einzelnen Volkswirtschaften durch die Krise gekommen sind. Darüber hinaus aber muss immer mitgedacht werden, welche neuen Bündnispartner die Akteure potenziell in ihre Allianzen einbinden können. Denn klar ist schon heute: China wird sich auf absehbare Zeit zur größten Volkswirtschaft der Welt entwickeln, könnte mit seiner harten Geopolitik aber in ebenso naher Zukunft an seine Grenzen stoßen. Die Transatlantiker haben derweil den Umgang mit Räumen begrenzter Staatlichkeit wie in Afrika eingeübt und müssen sich nun konsequent als Alternative zum chinesischen Geld gerieren. Denn gerade Schwellen- und Entwicklungsländer sind von der Krise und dem Strukturwandel getroffen und werden in den nächsten Jahren auf externe Mittel angewiesen sein. Ein weniger paternalistisches Auftreten als in der Vergangenheit dürfte dabei nicht schädlich sein (Abschn. 4.5).

## 4.1 Der Retter im Lockdown: Liquiditätssicherung durch die öffentliche Hand

Das flächendeckende Herunterfahren der Volkswirtschaften hat zwar auf die Dimensionen der Globalisierung in höchst unterschiedlicher Weise gewirkt, die betroffenen Unternehmen rund um den Globus wurden hingegen unweigerlich und gleichermaßen vor massive Liquiditätsengpässe gestellt. Ähnlich wie bei den umgesetzten Lockdown-Maßnahmen der *Großen Mächte* zeigen sich in der Ad-hoc gebotenen und erfolgten wirtschaftspolitischen Stabilisierung sowohl eine grundsätzliche qualitative Synchronität als auch einige wichtige Unterschiede (Tab. 4.1). Handlungsfähige und ambitionierte Regierungen können nach einem staatlich verhängten Lockdown kaum verantworten, ganze Branchen in die Krise und schließlich die Insolvenz schlittern zu lassen.

In Deutschland stand die Stabilisierung der Unternehmensliquidität an erster Stelle (Grömling et al. 2020). Gestützt werden mussten sowohl

**Tab. 4.1** Wirtschaftspolitik im ersten Lockdown: Liquiditätssicherung

|  | Deutschland | USA | China |
|---|---|---|---|
| Soforthilfen | 50 Mrd. EUR für Unternehmen < 10 Beschäftigte max. 15.000 EUR für 3 Monate (länderspezifisch abweichend); Direkthilfen der Länder (max. 141 Mrd. EUR) 15.000 EUR für 3 Monate | Direktzahlungen an erwachsene Bürger mit Jahresbruttoeinkommen von $75.000 ($1.200); Kinder ($500); direkte Steuerstundung (max. $293 Mrd.) als Teil des *CARES Act* | – |
| Unterstützung Arbeitnehmer, Arbeitslose | Kurzarbeitergeld; Erleichterte Grundsicherung (max. 7,5 Mrd. EUR); Mieterschutz; Einmalzahlung Kindergeld; MwSt-Senkung | Längere Lohnfortzahlung bei Krankheit oder Covid-19-Infektion (2/3 Gehalt); Subventionen zum Arbeitsplatzerhalt (max. $312 Mrd.) als Teil des *Paycheck Protection Program* sowie (max. $349 Mrd.) als Teil des *CARES Act;* Ausweitung Arbeitslosenunterstützung (max. $268 Mrd.) als Teil des *CARES Act;* Aussetzung Bildungskreditzahlungen; Lebensmittelhilfen; Unterstützung für Mieter und Hausbesitzer | Lockerung der Wohnungspolitik durch lokale Regierungen; Befreiung von Sozialversicherungsbeiträgen; Beschleunigte Auszahlung der Arbeitslosenversicherung und Ausweitung auf ausländische Arbeitskräfte |

(Fortsetzung)

**Tab. 4.1** (Fortsetzung)

| | Deutschland | USA | China |
|---|---|---|---|
| Mittelfristige Not-kredite | KfW-Kredite; KfW-Kreditgarantien (teils unbegrenzt) | Kreditzuschüsse; Erlassbare Darlehen und Garantien für KMUs (max. $732 Mrd.) | Vermehrte Kreditvergabe durch höhere Kreditvergabe-ziele (insb. an KMU sowie Haushalte); Ver-schiebung von Rückzahlungen; Kreditgarantien |
| Unterstützung für Großunternehmen | Wirtschafts-stabilisierungs-fonds (max. 600 Mrd. EUR); Erhöhung Abschreibungs-raten auf Investitionen | Kredite, Garantien und Backstopping der Fed (max. $510 Mrd.) als Teil des *CARES Act* | Erleichterter und verstärkter institutioneller Ankauf von UN-Anleihen; Hilfen Staats-unternehmen |
| Steuerliche Hilfsmaßnahmen | Stundungen Steuervoraus-zahlungen; Steuerstundung | Steuer- und Bei-tragsstundung | Steuerstundung, -erleichterung |
| Geldpolitik | PEPP (750 Mrd. EUR; weitere 600 Mrd. EUR; weitere 500 Mrd. EUR) | Leitzinssenkung, „Monetary Easing", Backstopping, PPPLF, MLF | Liquiditäts-spritze ins Bankensystem, Zinssenkungen, REPO-Geschäfte (insg. mind. $380 Mrd.) |

Quelle: Eigene Zusammenstellung; Internationaler Währungsfonds (2020a) und Bruegel (2020)

global tätige Unternehmen in den Lieferketten der Automobil- oder Flugindustrie als auch lokal tätige Gaststätten, Beherbergungsdienst-leister, Messebauer, Einzelhändler, Gewerbetreibende in den Bereichen Kultur und Sport. Die Situation war unübersichtlich und schnelles Krisenmanagement gefragt. Entsprechend zückte Bundesfinanzminister Scholz gleich zu Beginn des Lockdowns die „Bazooka" und verkündete gemeinsam mit Bundeswirtschaftsminister Altmaier am 13. März 2020 „ein Schutzschild für Beschäftigte und Unternehmen" (BMF und BMWi 2020). Dieses beinhaltete:

- eine Flexibilisierung des Kurzarbeitergeldes (60 Prozent des Netto-
gehalts [67 Prozent mit Kind] sowie Ersatz der Sozialversicherungs-
beiträge für Unternehmen),
- steuerliche Liquiditätshilfen für Unternehmen (Flexibilisierung; Steuerstundungen; Vorauszahlungen; Aussetzung Vollstreckungsmaßnahmen),
- milliardenschwere Schutzschilde für Betriebe und Unternehmen
(KfW-Kredite mit Risikoübernahmen von bis zu 80 Prozent) sowie
- Exportgarantien (Hermesdeckung).

Nachgesattelt wurde zudem mit Soforthilfen für Kleinstunter-
nehmer, einer generöseren und verlängerten Ausgestaltung des Kurzarbeitergeldes, einer Verlängerung der Insolvenzaussetzung, einer
höheren staatlichen Risikoübernahme bei KfW-Krediten sowie mit
einem 600 Mrd. EUR Wirtschaftsstabilisierungsfonds (WSF) für
Großunternehmen (BMF 2020b). Letzterer musste etwa genutzt
werden als die Lufthansa als erstes deutsches Großunternehmen in
der Covid-19-Krise in einen Liquiditätsengpass zu geraten drohte:
Ende Mai 2020 gab es aus dem WSF eine entsprechende Liquiditäts-
spritze für die Airline in Form einer als Eigenkapital anerkannten
„stillen Reserve" in Höhe von 4,7 Mrd. EUR in Kombination mit
einer 300 Mio. EUR starken Kapitalerhöhung. Die Komplexität einer
solchen Existenzsicherung für Großunternehmen zeigt sich darin, dass
dieses Rettungspaket ebenso eine weitere stille Reserve in Höhe von
einer Milliarde Euro sowie einen drei Milliarden Euro schweren KfW-
Konsortialkredit umfasste (BMWi 2020b).

Auch wenn so ein unübersichtliches Geflecht an Ad-hoc-Maßnahmen,
Fonds und Soforthilfen entstand, machten die Staatseingriffe doch
direkt und unmissverständlich deutlich, dass die Bundesregierung
den unterschiedlichen Wirtschaftsakteuren überaus kraftvoll unter
die Arme greifen würde. Abgesehen von den Überbrückungskrediten
von Kleinst- bis Großunternehmen wurde auch das steuerpolitische
Instrumentarium bedient; zwar wurden noch weitergehende Vorschläge
wie etwa eine negative Einkommensteuer in Kombination mit einer
rückwirkenden Senkung der Einkommensteuer und Körperschafts-
steuer nicht umgesetzt (Bofinger und Hüther 2020), ein pauschaler

Verlustrücktrag, Steuerstundungen sowie Stundungen und sogar Rück-
erstattung von Vorauszahlungen der Einkommens-, Körperschafts-,
Gewerbe- und Umsatzsteuer kamen hingegen zum Einsatz. Zudem galt:
Dort, wo sich anfangs nicht sichtbare Schwierigkeiten auftaten, besserte
das Krisenmanagement zeitnah und in dieser ersten Krisenphase zumeist
mit Augenmaß nach. Vergessen sollte man dabei auch nicht die vielfältigen Initiativen und Programme vonseiten der Bundesländer und
der Kommunen, die das Volumen der Bundeshilfen um 141 Mrd. EUR
sowie das Volumen der Kreditgarantien um 70 Mrd. EUR erhöhten.

Die Hilfsinstrumente machten an der Unternehmensgrenze keinen
Halt. Zwar entschied man sich aufgrund des extremen Streuver-
lusts gegen ineffiziente Maßnahmen wie ein zentralbankfinanziertes
Helikoptergeld, insbesondere die zwei Millionen Solo-Selbstständige
erhielten jedoch unbürokratisch und (vielerorts) zeitnah Soforthilfen,
die sie nur zum Teil zurückzahlen mussten (Diermeier und Obst
2020). Selbstständigen wurde zudem ein erleichterter Zugang zur
Grundsicherung ohne Vermögensprüfung bei Verbleib in der eigenen
Wohnung zugesichert. Für die Monate April bis Juni konnten Miet-
zinsen grundsätzlich ohne Kündigungsandrohung aufgeschoben werden.

Ein wichtiges Signal, dass sie auch unter ihrer neuen Präsidentin
Christine Lagarde alles zur Liquiditätssicherung im Euroraum unter-
nehmen würde, sendete die *Europäische Zentralbank* (Demary und
Matthes 2020). Zum einen konnten sich Banken über *Targeted
Long-Term Refinancing Operations* (TLTROs) zu einem negativen
Zins Liquidität beschaffen – wenn sie diese nachweislich an Unternehmen und Haushalte weitergaben. Zum anderen stellte sich die EZB
mit einem 750 Mrd. EUR schweren *Pandemic Emergency Purchase
Programme* (PEPP) schon am 18. März 2020 entschieden und nachhaltig gegen ein Hochschnellen der Zinsen auf Staatsanleihen verschiedener südeuropäischer Länder während der ersten Lockdown
Phase (Abb. 4.1). Schließlich wurde im Sommer 2020 eine PEPP-Auf-
stockung auf 1,35 Billionen EUR bewilligt. Im Dezember folgte eine
zweite Erhöhung der Mittel um weitere 500 Mrd. EUR. Das Programm
erlaubt nach ungewohnt flexiblen Kriterien den Ankauf privater und
öffentlicher Anleihen durch Zentralbanken im Eurosystem. Im Gegen-
satz zu vormaligen Programmen dürfen im PEPP auch griechische

Staatsanleihen angekauft werden, was auf die entsprechenden Anleihen-märkte beruhigend wirkte. Ökonometrische Evaluationen der Wirkung von europäischer Geldpolitik während der Pandemieperiode bestätigen die stabilisierende Wirkung für Aktienmärkte sowie für Renditen auf Staatsanleihen (Klose und Tillmann, 2021).

Eine Ad-hoc-Reaktion zeigte ebenso die *Europäische Union:* Bereits im April 2020 beschloss diese einen 540 Mrd. EUR schweren Rettungs-schirm, der klammen und Corona-betroffenen Mitgliedstaaten unter die Arme greifen sollte (Revoltella et al. 2020):

- In Höhe von 100 Mrd. EUR konnten Länder Kredite zur Finanzierung von Kurzarbeitergeld beantragen (SURE);
- der Europäischen Investitionsbank (EIB) wurde erlaubt, Kredite in Höhe von 200 Mrd. EUR an Unternehmen mit Investitionsvor-haben zu vergeben;
- der Europäische Stabilisierungsfonds (ESM) versorgte Regierungen, die mit erhöhten Ausgaben aus dem medizinischen Notstand zu kämpfen hatten, mit Kreditlinien bis zu 240 Mrd. EUR.

Aus Angst vor einer Haftungsgemeinschaft sträubten sich die deutsche Regierungskoalition sowie viele Vertreter nordeuropäischer National-staaten *(frugal four)* zu diesem Zeitpunkt gegen eine Finanzierung von Hilfen aus sogenannten gemeinschaftlich begebenen Corona-Bonds – und das, obwohl es durchaus gute Gründe für eine solche Anleihe gegeben hätte, um zu Beginn der Krise Zweifel an der gesamt-europäischen Solvenz im Finanzsystem im Keim zu ersticken und die EZB nicht alleine zu lassen, denn eigentlich war dies primär die Stunde der Finanzpolitik und nicht der Geldpolitik, die dadurch zusätzlich unter Handlungsdruck geriet (Südekum et al. 2020).

Zunächst zeigt sich sehr traditionell, dass in der EU an erster Stelle der Interessensausgleich und erst dann die Entscheidung über spezielle Programme steht, sodass sie mit ihren Mitteln und Strukturen weniger agil intervenieren kann als nationale Hierarchien oder die *Unelected Power* in den Zentralbanken. Entsprechend scheiterte zunächst eine Einigung auf gemeinsame Krisenanleihen und der beschlossene Dreiklang der Maßnahmen ließ einige Zeit auf sich warten, um wirkungsmächtig zu

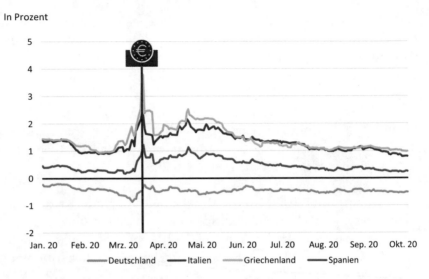

In Prozent

**Abb. 4.1** Renditen auf 10-jährige Staatsanleihen. (Quelle: Eigene Darstellung; Datenquelle: Investing.com)

werden. Dennoch hat die Staatengemeinschaft mit ihrer frühen Einigung in der Krise ein klares Signal der Solidarität gesetzt, dass sie die schwächeren Mitgliedsstaaten nicht im Stich lassen würde. Auf die spontane Krisenpolitik Anfang April folgte der größere Wurf – *NextGenerationEU* – einige Wochen später.

Mit Blick auf die *Liquiditätssicherung* handelten die Hierarchien in Washington und China qualitativ vergleichbar mit Brüssel, wenngleich den institutionellen Unterschieden gemäß mit erwartbarer Differenzierung (Tab. 4.1). In China etwa wurde der Hebel klar bei der Stabilisierung der Unternehmen angesetzt. Zentrale Akteure waren indes die Zentralbanker der *People's Bank of China,* die im großen Stil die Kreditvergabe stimulierten (offiziell mindestens in Höhe von umgerechnet 380 Mrd. US-$): Mit sogenannten umgekehrten Repo-Geschäften, bei denen die Zentralbank den Geschäftsbanken Papiere für eine gewisse Zeit abnimmt, wurden diese dazu bewegt, frische und günstige Kredite weiterzugeben. Besonders bedeutsam war dies aufgrund der angespannten Lage kleinerer Banken, die bereits vor 2020 Schwierigkeiten hatten, die Wirtschaft mit Krediten zu stützen

(Haasbroek 2020). Die Höhe der Staatshilfen an die großen Staatskonzerne ist aufgrund der undurchsichtigen Struktur grundsätzlich schwer zu beurteilen. Spürbar hat der chinesische Staat in der Ausnahmesituation aber auch den kleineren, privaten Unternehmen unter die Arme gegriffen. Hierfür wurden etwa zinslose Darlehen vergeben sowie Mietzinsreduktionen, Steuerbefreiungen sowie Rückerstattungen von Sozialabgaben gewährt. Als Teil eines großen Fiskalprogramms (4,5 Prozent des BIP) kam es darüber hinaus über eine Stärkung der Arbeitslosenversicherung und das Stunden von Haushaltskrediten zu einer verbesserten Unterstützung von Menschen, die etwa durch die Krise ihren Arbeitsplatz verloren hatten. Grundsätzlich lag der Fokus der Regierung in Peking darauf, bereits vor etwaigen Arbeitsmarktverlusten einzugreifen; die Krisenpolitik setzte deshalb bei den Unternehmen an.

Einen strukturell anderen Ansatzpunkt wählte die *Regierung in Washington.* US-Präsident Trump inszenierte sich als Retter in der Krise und ließ als Teil des *CARES Act* (Volumen insgesamt 2,3 Billionen US-$, 11 Prozent des BIP) seinen Mitbürgerinnen und Mitbürgern mit einem Jahreseinkommen von unter 75.000 US$ Schecks (mit seinem Konterfei) in Höhe von jeweils 1.200 US-$ zusenden (500 US-$ pro Kind; sukzessive geringere Summe für höhere Jahreseinkommen). Diese Liquiditätsspritzen wurden in der Öffentlichkeit zwar häufig als Helikoptergeld wahrgenommen, waren aber nicht von der Federal Reserve gegenfinanziert und belasten dementsprechend den Staatshaushalt. Geldpolitisch agierte die Fed mit ihrer *Paycheck Protection Program Liquidity Facility* (PPPLF) ähnlich der europäischen TLTROs und drückte hohe Summen an Zentralbankgeld in den Markt für Unternehmensanleihen (Demary 2020). Interessanterweise finanzierte die US-amerikanische Zentralbank mit einer neugeschaffenen *Municipal Lending Facility* zugleich direkt risikoreiche Anleihen von Bundesstaaten und sogar kleineren Städten. Offensichtlich bestand bei den Zentralbankern Sorge um die Finanzmarktstabilität, sollten entsprechende Gemeinden in die Insolvenz gezwungen werden.

Zudem besserte die US-Regierung kräftig bei der Arbeitslosenhilfe nach: Diese umfasste zum ersten Mal auch vormalig Selbstständige und wurde während der Lockdown-Periode um 600 US-$ wöchentlich erhöht. Zwar sah das *Paycheck Protection Program* (Volumen insgesamt 483 Mrd. US-$) auch Subventionen in wandelbare Kredite vor, um Arbeitsplätze zu erhalten, grundsätzlich entschied man sich jedoch abermals gegen das in Europa so erfolgreiche Modell des staatlich finanzierten Kurzarbeitergelds. Insbesondere in Deutschland hatte diese etablierte Krisenpolitik dazu beigetragen, die Verwerfungen auf dem Arbeitsmarkt einzuhegen (Diermeier und Hüther 2020). Von ähnlichem Niveau wie in Deutschland kommend stieg in den USA folglich die Arbeitslosenquote (nach ILO-Definition) im April 2020 sprunghaft auf über 14,7 Prozent – und damit auf ein fast dreimal so hohes Niveau wie in Deutschland, wo zu diesem Zeitpunkt fast 7 Mio. Arbeitnehmer Unterstützungen für Kurzarbeitergeld bezogen und sich der Anstieg der Arbeitslosenquote auf lediglich einen Prozentpunkt belief (Abb. 4.2). Selbst im von Covid-19 lange und hart gebeutelten Spanien stieg die Arbeitslosigkeit lediglich um 2,5 Prozentpunkte. Und soweit man den Zahlen aus China Vertrauen schenken kann, hielten sich die Disruption auf dem Arbeitsmarkt auch in Fernost in Grenzen. Lediglich von Januar auf Februar 2020 wurde hier ein kleiner Anstieg der Arbeitslosigkeit von 5,3 auf 6,2 Prozent vermeldet.

Aufgrund der zwischenzeitlich hohen Anreize, sich arbeitslos zu melden, ist der Anstieg in den USA sicherlich unaufgeregt zu interpretieren. Möglicherweise meldeten sich aufgrund der monetären Anreize viele Menschen arbeitslos, die auch vorher nicht erwerbstätig gewesen waren. Grundsätzlich spiegelt die Arbeitsmarktpolitik jedoch die andersartige *Herangehensweise der Systemwettbewerber* wieder: In Europa und China ist der Covid-19-Schock in der Lockdown-Periode aufgrund des Eingreifens auf Unternehmensebene im Jahr 2020 kaum auf den Arbeitsmarkt durchgedrungen. In den USA kam es kurzfristig zu einem sprunghaften Anstieg der Arbeitslosigkeit, dieser mag zum Teil den adversen Anreizen der zwischenzeitlich lukrativen Arbeitslosenmeldung geschuldet sein, ist aber mit Blick auf die Arbeitsmarktkrisenpolitik durchaus den unterschiedlichen Lösungen geschuldet.

Zusammenfassend gilt, dass sich alle betrachteten Länder in der Lockdown-Periode mit voller Wucht gegen die Liquiditätsengpässe in ihren Volkswirtschaften gestellt haben. Deutschland stellvertretend für Europa stabilisierte sowohl auf Unternehmensebene sowie bei Privathaushalten und wusste ähnlich wie China so die Rückkopplung auf

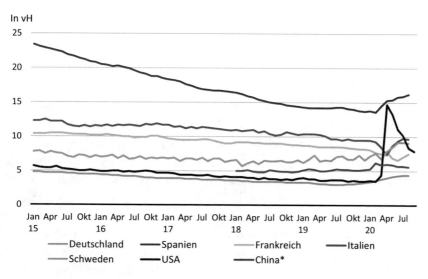

In vH

**Abb. 4.2** Arbeitslosenquoten. (Datenquelle: Internationale Arbeitsorganisation 2020; National Bureau of Statistics of China 2020)

den Arbeitsmarkt einzuhegen. Auf dem weniger stark regulierten US-Arbeitsmarkt kam es hingegen zu zwischenzeitlichen Verwerfungen – die aber ohne die Billionen schweren Programme sicherlich noch wesentlich größer ausgefallen wären. Zudem wurden die Regierungen massiv von den *Unelected Powers* in den jeweiligen Zentralbanken unterstützt, die sich abermals in eine tonangebende Krisenmanager-Rolle drängen ließen. Der entsprechende Anstieg in den Bilanzen von EZB, Fed und CPB wird die Zentralbanker noch einige Zeit beschäftigen.

Mit Blick auf die Globalisierungsdimensionen haben die liquiditätssichernden Maßnahmen in erster Linie versucht, die Kapitalmärkte zu stabilisieren und Unternehmen Zugang zu dringend benötigtem frischem Kapital zu gewährleisten. Obwohl die Eingriffe – mit der Ausnahme einiger internationaler Swap-Lines zwischen größeren Zentralbanken – auf nationale Märkte beschränkt waren, hat die Gleichzeitigkeit und Symmetrie der Einführung neuer Sicherheitsnetze eine für vergangene Krisen charakteristische globale Finanzkrise zu vermeiden vermocht. Mit der Liquiditätssicherung auf Unternehmensebene rund um den Globus wurde zudem garantiert, dass international tätige Unternehmen nach dem Hochfahren der Wirtschaft weiterhin auf altbekannte Zulieferer in der Wertschöpfungskette bauen konnten. Die vertrauensstabilisierenden Implikationen der Maßnahmen lassen sich zwar schwerlich beziffern, es darf jedoch davon ausgegangen werden, dass die Verwerfungen in der Dimension Handel wesentlich kritischer ausgefallen gefallen wären, hätte sich ein großer globaler Player dazu entschieden, seine Volkswirtschaft nicht mit Liquidität zu versorgen.

Besondere Unterschiede zeigen sich in der *Art und Weise* wie die Öffnung aus dem ersten Lockdown vollzogen wurde: Während sich das Hochfahren in China rasch und vom Staat gesteuert in kürzester Zeit durchpauken ließ, bedurfte es in Deutschland einer kontroversen und vielschichtigen Diskussion um medizinische Gefährdung und wirtschaftlichen Schaden. Seine charakteristische Sonderrolle im Systemkonflikt spielte zudem Donald Trump, der im US-Präsidentschaftswahlkampf seine Felle davonschwimmen sah und die Lockdown-Beschränkungen auf teilweise kuriose Weise parodierte. Auch wenn sich politische Reaktionen qualitativ ähneln, so folgen die konkret umgesetzten Maßnahmen in ihrer Ausgestaltung dem jeweiligen institutionellen Umfeld sowie der vorherrschenden politischen Kultur.

## 4.2  Wiederbelebung nach Plan: Der Exit aus dem Lockdown

Die Coronapandemie stellt für die Ökonomien weltweit einen massiven wirtschaftlichen Schock dar. Die als Reaktion auf die Pandemie durchgesetzten Lockdown-Maßnahmen wirkten sowohl auf die Angebotsseite der Unternehmen über Schließungen oder Verzögerungen in den (internationalen) Lieferketten und führten zu Produktionsrückgängen als auch auf die Nachfrageseite der Konsumenten durch geschlossene Geschäfte und über verringerte Einkommen (Bofinger et al. 2020). Um die einschneidenden wirtschaftlichen Auswirkungen zu begrenzen, insbesondere mit Blick auf den Einbruch des Bruttoinlandsprodukts und den Anstieg der Arbeitslosigkeit als Pendant, legten die Regierungen weltweit zahlreiche *Konjunktur- und Wachstumspakete* auf, dessen monetäre Volumina historisch ihres Gleichen suchen. Neben den fiskalischen Maßnahmen agierten die jeweiligen Zentralbanken, um den ökonomischen Schaden zu begrenzen (für eine Übersicht der jeweiligen fiskalischen und geldpolitischen Maßnahmen siehe IMF 2020c).

Die verabschiedeten Maßnahmen der Corona-Aktivierungspolitik haben analog zu den Corona-Lockdown-Politiken unterschiedliche *Wirkungen auf die Globalisierungsdimensionen.* Mit den Corona-Aktivierungspolitiken wurden primär die Dimensionen des Handels und des Kapitals gestützt (Tab. 4.2). In der *(sehr) kurzen Frist* – quasi als Ad-Hoc-Stabilisierung – wurde während des Lockdowns versucht, über Liquiditätszuschüsse Insolvenzen von Unternehmen zu verhindern und über Kurzarbeitergeld offene Arbeitslosigkeit zu vermeiden. In der *mittleren Frist* war es dann nach den ersten Lockerungen wichtig, die darin liegende Chance für die Wiederbelebung der globalen Wertschöpfungsketten zu unterstützen und zu stabilisieren sowie zugleich den privaten Verbrauch zu stärken. Das führte zur traditionellen Nachfragestimulierung. Begleitend wurde in Deutschland die Insolvenzantragspflicht länger ausgesetzt, um die Unternehmensinsolvenzen infolge der Pandemie zu verhindern, und das Kurzarbeitergeld verlängert, das damit zunehmend transformative Qualität bekam. Auf *längere Sicht* wurden wachstumspolitische Impulse gesetzt, um dem Übergang aus der Pandemie in den ohnehin anspruchsvollen Strukturwandel mehr Kraft zu geben. Mit dem zweiten, ausschließlich auf Dienstleistungen und konsumnahe Bereiche fokussierten Lockdown

**Tab. 4.2** Wirkung wirtschaftlicher Corona-Aktivierungspolitik auf Globalisierungsdimensionen

| Zeithorizont | Aktivierungspolitik | Handel | Migration | Kapital | Wissen |
|---|---|---|---|---|---|
| Kurzfristig | Geldpolitik | | | X | |
| | Liquiditätszuschüsse | X | | X | |
| | Fixkostenerstattung | | | | |
| Mittelfristig | Kurzarbeitergeld | X | | X | |
| | Nachfragepolitik | X | | X | |
| Langfristig | Wachstums-/ Investitionspolitik | X | | | X |

Quelle: Eigene Darstellung

waren zusätzlich liquiditätsstärkende Maßnahmen für die betroffenen Branchen erforderlich.

All diese Maßnahmen haben über die internationalen Wertschöpfungsketten und Konsumpräferenzen einen positiven Effekt auf den internationalen Handel. Bis auf die langfristig angelegte Wachstums- und Investitionspolitik haben alle genannten Maßnahmen ebenfalls einen positiven Einfluss auf die Stabilität des internationalen Kapitalverkehrs, da die Wahrscheinlichkeit für Insolvenzen und Zahlungsausfälle verringert werden. Auch die geldpolitischen Maßnahmen der Zentralbanken stabilisierten die internationale Kapitalmobilität, indem den Banken über dem Kapitalmarkt der Zugang zu einem ausreichenden Volumen von Finanzmitteln zu günstigen Konditionen zur Verfügung gestellt wurde.

Ein *Vergleich des ersten Lockdowns im Frühjahr 2020 mit dem zweiten im Herbst, Winter und Frühjahr 2020/2021* macht deutlich, wie unterschiedlich die ökonomischen Effekte und wirtschaftspolitischen Herausforderungen waren, vor allem aber auch, dass die grundsätzlichen Fragen für die Zukunft der Globalisierung mit dem ersten Lockdown gestellt waren. Die Unterschiede lassen sich stilisiert in verschiedener Hinsicht darstellen (Tab. 4.3), zentral ist der Befund, dass eine Störung oder gar Unterbrechung der globalen Liefer- und Wertschöpfungsnetzwerke so großen Schaden anrichtet, sodass dies aus Sicht der Politik möglichst ein zweites Mal zu unterbinden war. Der zweite Lockdown wirkte deshalb von Beginn an *asymmetrisch* auf die Volkswirtschaften und auf die Wirtschaftsbereiche, er birgt damit – je nach Wirksamkeit der wirtschaftspolitischen Kompensationsversuche für die betroffenen Binnensektoren – die Gefahr einer Spaltung der Ökonomie, und zwar zwischen robustem Industrie-Dienstleistungsverbund mit überwiegend Hochlohnjobs einerseits und bedrohten Existenzen in den konsumnahen Bereichen mit vielen geringer qualifizierten Tätigkeiten andererseits. Die zweite fundamentale Differenz liegt in der Verfügbarkeit von Impfstoffen seit dem Dezember 2020 und damit in der Möglichkeit, eine neue Normalität des privaten und öffentlichen Lebens – mit dem Virus und dafür spezifischen Impfstoffen – zu entwickeln.

In den USA, wo soziale Sicherungssysteme weniger stark greifen als in den europäischen Wohlfahrtsstaaten und wo man sich beharrlich

**Tab. 4.3** Stilisierter Vergleich des ersten mit dem zweiten Lockdown

| | Erster Lockdown (Frühjahr 2020) | Zweiter Lockdown (Herbst/Winter/Frühjahr 2020/2021) |
|---|---|---|
| Effekt | Symmetrischer abrupter Schock | Asymmetrischer (erwartbarer) Schock |
| Einschätzbarkeit der Dauer | Anfangs unbekannt, schnellstmöglich | Aussicht auf Impfstoff (Zulassung ab Dez. 2020) |
| Lieferketten (z. B. Frachtverkehr) | Unterbrochen | Grundsätzlich intakt, allerdings spezifische Engpässe bei hochfahrender Konjunktur |
| Weltwirtschaft (z. B. Einkaufsmanagerindex) | Synchroner Stillstand | Aufschwung Asien |
| Risiko Finanzkrise (z. B. Aktienvolatilität) | Hoch | Gering; allerdings angesichts der Teuerung bei Energie und Vorprodukten steigende Inflationssorgen mit möglichen Folgen für die Geldpolitik |
| Individuelle Mobilität (Google Mobilität) | −75 Prozent gegenüber Februar 2020 | −30 bis −50 Prozent gegenüber Februar 2020 |

Quelle: Eigene Darstellung

weigerte, Stabilisierungsinstrumente wie das Kurzarbeitergeld einzusetzen, bedurfte es im Herbst einer anderen Herangehensweise: Um den Liquiditätsengpässen breiter US-amerikanischer Bevölkerungsschichten entgegenzutreten, konnten sich Republikaner, Demokraten und schließlich auch Donald Trump nach monatelangen Verhandlungen Ende Dezember 2020 zu einem weiteren 900 Mrd. US-$ schweren Konjunkturpaket durchringen, das abermals Direktzahlungen und Arbeitslosenhilfen für US-amerikanische Bürger sowie Hilfen für Kleinstunternehmer vorsieht (White House 2020e). Der neue US-Präsident Joe Biden konnte zügig ein weitaus größeres Konjunkturpaket durch den Kongress bringen und am 11. März 2021 ausfertigen. Das Volumen von 1,9 Billionen US-$ erreicht fast zehn Prozent der jährlichen US-Wirtschaftsleistung; daraus werden einmalige Direktzahlungen für die meisten Steuerzahler (1.400 US-$), Steuererleichterungen für Familien mit Kindern, Unterstützung für Arbeitslose und Finanzierungshilfen für Coronavirus-Tests, die Impfkampagne sowie Schulöffnungen finanziert. Angesichts des Finanzvolumens kam es zu ersten Inflationsbefürchtungen, die sich im weiteren Verlauf des Jahres 2021 durch die Teuerung bei Energie und Vorprodukten bestätigt sahen. Allerdings sind dies Übergangsphänomene, vor allem aus dem Shutdown im Frühjahr 2020. Zudem entwickelte sich die nachfragegetriebenen Geldmengenaggregate eher undramatisch, ein Kreditboom blieb bisher aus und eine Preis-Lohn-Preis-Spirale im klassischen Sinne ebenfalls. Auch blieben im ersten Halbjahr die Inflationserwartungen stabil.

Nach der Einordnung der Wirkungskanäle auf globaler Ebene stellt sich die Frage, welche ökonomischen Folgen die Rettungsmaßnahmen für die einzelnen Ökonomien langfristig haben werden. Hierbei determinieren insbesondere folgende Dimensionen die volkswirtschaftlichen Effekte der politisch aufgelegten Hilfspakete:

1. Finanzielle Ausgangssituationen und Ausgabenvolumen in den jeweiligen Ländern.
2. Differenzierung nach kurzfristiger Liquiditätssicherung und langfristigen Wachstumseffekten einschließlich der mit Lockdown und Krisenpolitik angelegten sektoralen Effekte.
3. Nachhaltigkeit der Finanzierung.

Zu 1) Die *finanzielle Ausgangslage* der einzelnen Staaten beim Ausbruch der Coronakrise war sehr heterogen (Abb. 4.3). Im Zuge der Finanz- und Wirtschaftskrise 2008/2009 wurden zahlreiche Austeritätsmaßnahmen als auch Hilfsprogramme aufgelegt, Steuereinnahmen brachen ein und im Zuge dessen zog die Staatsverschuldung in vielen Ländern sprunghaft an. Beim Vergleich der ökonomisch größten europäischen Volkswirtschaften, den USA und China zeigt sich, dass es allein in Deutschland gelang die Staatsverschuldung als Anteil am Bruttoinlandsprodukt bis zum Ende des Jahres 2019 merklich zurückzufahren. Zum Ende des Jahres 2019 lag die Staatsverschuldung in Deutschland, nach zahlreichen Jahren des sowohl relativen als auch absoluten Schuldenabbaus, bei knapp 60 Prozent des

Staatsschulden in vH des Bruttoinlandsproduktes

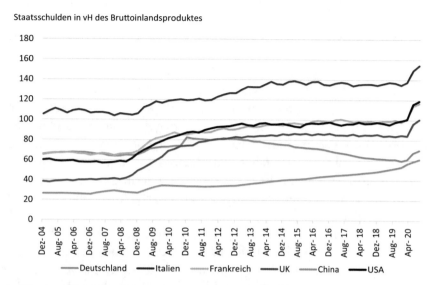

**Abb. 4.3** Verschuldungsniveau ausgewählter Länder. (Quelle: Bank for international settlements 2021)

Bruttoinlandsproduktes und erreichte damit ein Niveau, welches über 20 Prozentpunkte unter dem Niveau nach der Finanz- und Wirtschaftskrise lag und damit sogar erstmalig seit langem die Maastrichtkriterien erfüllte. Treiber der Konsolidierung waren der Beschäftigungsaufbau (die Steuerquote erreichte ein temporäres Hoch bei 24 Prozent) und die Zinsentwicklung (die Zins-Steuer-Quote verminderte sich von über 11 Prozent 2011 auf knapp über 3 Prozent 2019).

In den anderen Ländern stagnierte die relative Staatsverschuldung nach der Finanz- und Wirtschaftskrise im besten Fall. Dies mündete darin, dass die Staatsschulden in Frankreich und in den USA bereits vor der Coronakrise über der jährlichen Wirtschaftskraft lagen. In Italien lag dieser Wert mit knapp 140 Prozent des Bruttoinlandsproduktes sogar noch wesentlich höher. In diesem Ländersample ist China das einzige Land, welches mit knapp 40 Prozent Staatsverschuldung am Bruttoinlandsprodukt einen geringeren Wert aufwies als Deutschland. Diese heterogene Ausgangslage spiegelt sich in der unterschiedlichen Einschätzung der jeweiligen Bevölkerung wider: In Deutschland glauben fast doppelt so viele Menschen wie in Italien oder Frankreich, dass das eigene Land stark genug ist, die Krise allein zu bewältigen (de Vries und Hoffmann 2020).

Mit dem Ausbruch der Corona-Pandemie stiegen die relativen Verschuldungsniveaus in den ersten beiden Quartalen des Jahres 2020 sprunghaft an. Am größten war dieser Effekt bis einschließlich des zweiten Quartals 2020 in den USA. Hier stieg die relative Verschuldung um über 17 Prozentpunkte. Knapp dahinter kommen Frankreich mit 16 Prozentpunkten und Italien mit knapp 15 zusätzlichen Prozentpunkten. In Deutschland ist die direkte Auswirkung der Corona-Krise mit knapp acht weiteren Prozentpunkten zwar geringer, aber dennoch äußerst spürbar.

Der beschriebene Anstieg der Neuverschuldung im Jahr 2020 ist, neben dem ökonomischen Einbruch und den damit einhergehenden Effekten auf der Einnahmenseite, primär den diversen, teilweise äußerst umfangreichen Hilfspaketen geschuldet, die die einzelnen Regierungen aufgelegt haben. Zu differenzieren sind die Aktivierungsmaßnahmen zwischen solchen, die direkt auszahlungswirksam sind beziehungsweise entgangene Einnahmen darstellen und Stabilisierungsmaßnahmen, die

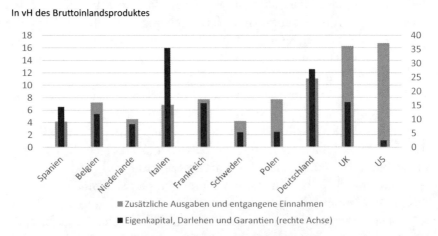

**Abb. 4.4**  Volumen der Corona-Maßnahmen ausgewählter Länder. (Datenstand: Januar 2021; Quelle: Internationaler Währungsfonds 2021b)

Absicherungen im Sinne von Krediten, Garantien und Bürgschaften darstellen und erst in einer Ausfallsituation zahlungswirksam werden.

In der Gesamtbetrachtung zeigt sich im Vergleich der wirtschaftlich stärksten EU-Mitgliedsländer inklusive Großbritannien, dass Deutschland bei den fiskalisch direkt wirksamen zusätzlichen Ausgaben, beispielsweise für das Kurzarbeitergeld, sehr viel Geld in die Hand genommen und gleichzeitig in beachtlichem Maße auf Einnahmen verzichtet hat, so über den temporär verringerten Mehrwertsteuersatz – zusammen 11 Prozent des Bruttoinlandsprodukts (Abb. 4.4). Freilich sind nicht alle Budgetmittel, die für die Kompensation des Lockdowns bereitgestellt wurden, auch tatsächlich abgeflossen; bei den gezielten Unternehmenshilfen und den Mitteln für den Wirtschaftsstabilisierungsfonds ist der Anteil tatsächlich genutzter Mittel eher überschaubar (vgl. Übersicht „Inanspruchnahme der deutschen Corona-Maßnahmen"). Das ist grundsätzlich bei der Wirksamkeit bzw. bei den volkswirtschaftlichen Effekten der Hilfen zu beachten. Im weiteren Verlauf der Pandemie konnte man den Eindruck gewinnen, dass trotz dramatischer Existenzsorgen vieler Unternehmen in den betroffenen Branchen die Politik die Dringlichkeit der Hilfen nicht mehr entsprechend reflektierte. Infolgedessen droht die erkennbare volkswirtschaftliche Spaltung.

Höhere Werte für die Budgetansätze zur fiskalischen Pandemiebekämpfung finden sich nur in Großbritannien und in den USA (zumal nach dem Biden-Konjunkturpaket), die ebenfalls als Vergleich in der Abbildung abgebildet sind. Auch bei den Absicherungen, zu denen beispielsweise Staatsgarantien oder die Ausweitung von Programmen der Förderbank KfW zählen, zeigt Deutschland, dass es mit über 30 Prozent des Bruttoinlandsproduktes mit aller Macht die wirtschaftlichen Folgen der Coronakrise einzudämmen versuchte. Einen höheren Anteil in Relation zur Wirtschaftskraft ist in der betrachteten Gruppe nur in Italien zu finden, die relativen Garantien in aller anderen Staaten fallen lediglich halb so hoch aus und die USA stellen sogar nur Garantien in Höhe 2,5 Prozent des Bruttoinlandsproduktes zur Verfügung. Im Vergleich zu den USA ist zusätzlich zu berücksichtigen, dass die direkten und indirekten Zuschüsse beziehungsweise Darlehen, die vonseiten der EU zur Verfügung gestellt werden, in diesen Daten nicht berücksichtigt sind.

## Inanspruchnahme der deutschen Corona-Maßnahmen

Die Bundesregierung und die Landesregierungen haben früh und schnell erkannt, dass massive Unterstützungen für die betroffenen Unternehmen notwendig sind, um die Existenz der Firmen zu retten. Am wirksamsten war die *Kurzarbeitergeldlösung,* für die im Jahr 2020 direkt rund 22 Mrd. EUR aufgewendet und für das Jahr 2021 seitens der BA 12,5 Mrd. EUR eingestellt wurden; das Instrument ist für größere Unternehmen allein aus Erfahrung einfach und schnell zu nutzen. Es hat neben der Stabilisierung der Beschäftigung das Liquiditätsmanagement der Unternehmen erleichtert und mit längerer Dauer Spielraum zur Bewältigung transformativer Aufgaben bei der Weiterentwicklung der relevanten Kompetenzen für den Strukturwandel eröffnet.

Bereits im März 2020 wurde vom Bund eine *Soforthilfe als Betriebskostenzuschuss* für Kleinunternehmen im Gesamtvolumen von bis zu 50 Mrd. EUR zur Verfügung gestellt. Die verschiedenen Überbrückungshilfen sowie die November- und Dezemberhilfe zur Existenzsicherung im zweiten Lockdown versprachen ebenfalls ausreichende Hilfen (Tab. 4.5). Die *Ankündigung* dieser umfangreichen Mittel hatte für sich bereits einen

**Tab. 4.4** Abflüsse der zugesagten deutschen Corona-Hilfen; in Mrd. EUR, Stand: März 2021

|  | bewilligt | maximales Volumen | Prozent |
|---|---|---|---|
| Soforthilfen für kleine Unternehmen, Selbstständige und Freiberufler | 14,1 | 18,0 | 76 |
| Überbrückungshilfen I | 1,5 | 24,6* | 15 |
| Überbrückungshilfen II | 2,2 | | |
| Überbrückungshilfen III | 1,0 | 39,5** | 25 |
| Novemberhilfe | 4,6 | | |
| Dezemberhilfe | 4,2 | | |
| Neustarthilfe | 0,6 | | |
| Zuschüsse 2020 | 17,3 | 42,6 | 41 |
| Zuschüsse 2021 | 23,1 | 65,0 | 35 |
| Wirtschaftsstabilisierungsfonds | 8,4 | 500,0*** | 2 |
| Großbürgschaften des Bundes | 2,7 | | |
| Bürgschaften der Bürgschaftsbanken | 1,9 | | |
| KfW-Sondermaßnahme | 48,8 | 100,0 | 49 |

* maximales Volumen im Haushalt 2020
** maximales Volumen für Corona-Unternehmenshilfen im Haushalt 2021 (inkl. Überbrückungshilfen I und II bei Auszahlung 2021), zusätzlich stehen 35 Milliarden Euro als globale Mehrausgabe für Kosten im Zusammenhang mit der Bewältigung der COVID-19-Pandemie zur Verfügung,
*** ohne Refinanzierung der KfW-Sondermaßnahme

Quelle: Eigene Darstellung

stabilisierenden Effekt. Die Aussichten auf die Fortführung der Unternehmen und die gleichzeitige Liquiditätssicherung und Kostenübernahme haben dazu beigetragen, dass Geschäftsbeziehungen weitergeführt und Pleiten verhindert werden konnten. Der Anstieg der Insolvenzen im Dezember 2020 ist hingegen ein deutliches Warnsignal.

Trotz der umfangreichen Ankündigungen sind die Mittel zur Existenzsicherung vieler Firmen lange Zeit enttäuschend langsam abgeflossen (Tab. 4.4). Während von den ursprünglich geplanten 50 Mrd. EUR für die Soforthilfen im letzten Nachtragshaushalt nur noch 18 Mrd. vorgesehen waren, sind davon nur 14,1 Mrd. EUR oder 78 Prozent ausgezahlt worden. Für die Überbrückungshilfen I und II standen zwar 24,6 Mrd. EUR zur Verfügung, zusammen sind lediglich 3,7 Mrd. EUR oder 15 Prozent ausgezahlt worden. Insgesamt standen im Bundeshaushalt 2020 42,6 Mrd. EUR zur Verfügung, von denen 17,3 Mrd. EUR oder 41 Prozent ausgezahlt wurden – weit weniger als die angekündigten 50 Mrd.

Für 2021 sind 39,5 Mrd. EUR für Corona-Unternehmenshilfen im Haushalt eingestellt, zusätzlich wurden im März 2021 weitere 25,5 Mrd. EUR budgetiert, von den insgesamt 65 Mrd. EUR wurden bis Jahrsmitte 23,1 Mrd. ausgezahlt (Tab. 4.5). Dies wird durch die finale Bearbeitung der Anträge auf die November- und Dezemberhilfen noch deutlich ansteigen. Dass die Sicherungsmittel für November erst im neuen Jahr ausgezahlt wurden, erschwert die Liquiditätssicherung der bedrohten Unternehmen. Zusätzlich zu den bestehenden Programmen standen weitere 35 Mrd. EUR als Mehrausgaben für Corona-Folgen zur Verfügung.

Auch der *Wirtschaftsstabilisierungsfonds* wird bisher kaum genutzt. Gerade einmal 8,4 Mrd. EUR für Rekapitalisierungsmaßnahmen sind verausgabt worden. Insgesamt stehen in dem Fonds jedoch 500 Mrd. EUR zur Verfügung. Zusätzliche 100 Mrd. EUR können zur Refinanzierung der KfW-Sonderprogramme eingesetzt werden. Bisher wurden im Rahmen dieser Programme 48,8 Mrd. EUR an Unternehmen ausgezahlt. Zusätz-

**Tab. 4.5** Deutsche Corona-Hilfen im zweiten Lockdown

| November – Dezember 2020 | | | Ab Januar 2021 | | |
|---|---|---|---|---|---|
| | | | | | Umsatzeinbrüche |
| Schließung seit 02. Nov. 2020 | Schließung seit 16. Nov. 2020 | Umsatzeinbruch mind. 40% im Nov und/oder Dez | Schließung Jan – Jun 2021 | von min. 40% in einem Monat | von min. 30% von Apr-Dez 2020 oder 50% in zwei aufeinanderfolgenden Monaten zwischen Apr-Dez 2020 |
| Direkt und indirekt betroffene UN aller Größen und Branchen | UN aller Branchen ohne Zugang zur November- /Dezemberhilfe | Unternehmen, Soloselbstständige und Freiberufliche aller Branchen | Unternehmen, Soloselbstständige und Freiberufliche aller Branchen | | |
| Novemberhilfe/ Dezemberhilfe | Überbrückungshilfe III für von Schließungen betroffene UN | Überbrückungshilfe III November-/Dezember-Fenster | Überbrückungshilfe III für Schließungen betroffene UN | Überbrückungshilfe III | |
| Bis zu 75 Prozent Erstattung des Umsatzes aus dem Vergleichsmonat 2019 | Fixkosten-Zuschuss (max. 500.000€ / Monat) | Fixkosten-Zuschuss (max. 200.000€ / Monat) | Fixkosten-Zuschuss (max. 500.000€ / Monat) | Fixkosten-Zuschuss (max. 200.000€ / Monat) | |

lich wurden von Bund und Bürgschaftsbanken Bürgschaften in Höhe von 45,7 Mrd. EUR ausgezahlt. Unter ordnungspolitischen Gesichtspunkten ist es positiv zu bewerten, dass es nur in sehr begrenzten Fällen zum Einstieg des Staates in Unternehmen kommen musste.

Wenn die Mittel zur Rettung der Unternehmen zu spät kommen, drohen hingegen genau die Zusammenbrüche, die es in der Krise zu verhindern gilt. Und es droht eine *Spaltung der Volkswirtschaft* in eine robuste Industrie und einen existenzbedrohten Mittelstand in den stark betroffenen Konsumbereichen.

Quelle: Bardt und Hüther (2021).

Zu 2) Eine wichtige Differenzierungsebene der *Hilfspakete sind die unterschiedlichen Zeithorizonte,* zu denen diese ihre Wirkung entfalten. Zu unterscheiden sind Maßnahmen mit einer kurzfristigen Wirkung, wie beispielsweise Hilfen zur Liquiditätssicherung, mittelfristig angelegte Hilfen wie beispielsweise dem Kurarbeitergeld sowie Wachstums- und Investitionsanreize, die eine langfristige Wirkung entfalten.

Maßnahmen, die insbesondere kurzfristig ihre Auswirkungen entfalten sollten, waren Liquiditätshilfen für Unternehmen in Form von Krediten und Zuschüssen und geldpolitische Maßnahmen. Ziel der Liquiditätshilfen war es Unternehmensinsolvenzen aufgrund von Liquiditätsengpässen zu vermeiden. Die Zentralbanken reagierten mit Aufkommen des Schocks durch die Coronapandemie ebenfalls umgehend. Die *geldpolitischen Maßnahmen* zielten darauf ab, kurzfristig die Finanzmärkte sowie das Bankensystem zu stabilisieren und mittelfristig die Realwirtschaft zu stärken. Hierzu wurden Leitzinsen gesenkt, Refinanzierungsgeschäfte für die Banken erleichtert und Anleihenkäufe ausgeweitet (für Einzelheiten und eine Analyse der ersten Auswirkungen siehe Bernoth et al. 2020 und Sachverständigenrat zur Begutachtung der gesamtwirtschaftlichen Entwicklung 2020). Zu bedenken ist freilich, dass die großen Volumina „unkonventioneller Maßnahmen" der Notenbank deren Handlungsfähigkeit einschränken, wenn es tatsächlich zu einer Veränderung der Inflationserwartungen kommt und damit Handlungsdruck entsteht.

Über die kurze Frist hinaus mittelfristig sollten in Deutschland unter anderem das *Kurzarbeitergeld* und die *aktive Nachfragepolitik* wirken. Aufseiten der Nachfragepolitik wurde beispielsweise zum Ankurbeln des Konsums in Deutschland die Mehrwertsteuer temporär bis Ende des Jahres 2020 um drei Prozentpunkte gesenkt. Empirische Auswertungen zeigen, dass die dadurch induzierten Preissenkungen auch an die Verbraucher weitergegeben wurden (Fuest et al. 2020) und die Konsumenten anregten, häufiger Einkaufsaktivitäten wahrzunehmen (Goecke und Rusche 2020). Die erprobte Wirksamkeit des Kurzarbeitergeldes führte dazu, dass in dieser Krise in vielen Staaten der Welt vergleichbare Hilfen zum Einsatz kamen (Tab. 4.6).

**Tab. 4.6** Kurzarbeitsprogramme während des Corona-Lockdowns

| | Zuvor bestehende Kurzarbeits-regelung | Krisenpolitische Anpassung | | | Neue Kurzarbeits-regelung |
|---|---|---|---|---|---|
| | | Erhöhter Zugang und Abdeckung | Erhöhte Leistungen | Erleichterter Zugang für Arbeiter in Nicht-Standard-Jobs | |
| Kanada | X | | | | |
| Tschechien | X | X | X | | |
| Dänemark | X | X | | | X |
| Finnland | X | X | X | X | |
| Frankreich | X | X | X | X | |
| Deutschland | X | X | X | X | |
| Griechenland | | | | | X |
| Italien | X | X | | X | |
| Japan | X | X | X | X | |
| Südkorea | X | X | X | | |
| Norwegen | X | X | X | | |
| Portugal | X | X | | X | |
| Slowakei | X | X | X | | |
| Slowenien | | | | | X |
| Spanien | X | X | X | X | |
| Schweden | X | X | X | | |
| Schweiz | X | X | | X | |
| Türkei | X | X | | X | |
| UK | | | | | X |
| USA | X | X | X | | |

Quelle: OECD (2020d)

Mit einer langfristigen Wirkungsperspektive wurden als Antwort auf die wirtschaftlichen Auswirkungen der Coronapandemie zahlreiche *Investitions- und Wachstumsprogramme* aufgelegt. Eines der bedeutendsten ist das Programm *NextGenerationEU*. Es umfasst ein Volumen von 750 Mrd. EUR von denen 360 Mrd. EUR als Darlehen gewähr und 390 Mrd. EUR als Finanzhilfen ausgezahlt werden sollen (Europäische Kommission 2020g). Mit diesem Programm soll Europa für die Zukunft gerüstet werden – Europa soll grüner, digitaler und resilienter werden. Bemerkenswert ist neben der finanziellen Schlagkraft dieses Programms insbesondere, dass die Europäische Kommission zwecks Finanzierung selbst am Kapitalmarkt tätig werden soll und sich die EU deutlich in Richtung einer *Investitionsunion* bewegt. Damit ist eine neue Perspektive der europäischen Integration eröffnet, denn bisher waren zentrale Finanzierungsaktivitäten der europäischen Organe nicht vorgesehen und wurden in vielen Mitgliedsstaaten kategorisch abgelehnt.

Kurz- bis langfristig standen und stehen damit in den Volkswirtschaften enorme Summen zur Verfügung, um den ökonomischen Effekten der Coronapandemie zu begegnen und die Zukunft zu gestalten. Allerdings sind die tatsächlichen ökonomischen Effekte abzuwarten. Eine Schätzung aus dem Herbst 2020 sieht die positiven Effekte der fiskalischen Aktivitäten im Jahr 2021 in China und den USA bei lediglich einem zusätzlichen Prozentpunkt des Bruttoinlandsproduktes, in Deutschland wird sogar nur ein halb so großer Wert erwartet (Allianz 2020). Für das Jahr 2022 wird in der gleichen Analyse für China und Deutschland ebenfalls nur ein Effekt von einem halben Prozentpunkt zusätzlichem Wachstum des Bruttoinlandsproduktes ausgegangen, in den USA sollen es 1,5 Prozentpunkte werden. Jüngere Schätzungen, die das Biden-Konjunkturpaket berücksichtigen kommen zu wesentlich höheren Werten.

Im ersten Halbjahr 2021 deuten alle Zeichen jedoch darauf hin, dass die Pandemie und ihre ökonomischen Auswirkungen endlich sind. Es bleibt die *Frage, wie sich die Staaten und die Zentralbanken aus der finanziellen Unterstützung der Wirtschaft am besten zurückziehen können.* Hierbei ist klar, dass sich der Bedarf der Wirtschaft an finanzieller Unterstützung, sowohl als Zuschuss als auch als Darlehen, nicht von einem auf den anderen Tag erledigt haben wird. Dies gilt sowohl im Vergleich zwischen den Ländern als auch zwischen den Branchen innerhalb der Wirtschaft eines Landes. Denn auf internationaler Ebene zeigen die Erfahrungen mit der Corona-Pandemie, dass die gesundheitlichen Entwicklungen und auch die politischen Gegenmaßnahmen beträchtlicher wirtschaftlicher Einschränkungen, sich zwischen Ländern zumindest auf der Zeitachse sehr unterschiedlich darstellen. Dementsprechend wird es Ökonomien geben, in denen sich der Staat eher aus der finanziellen Unterstützung zurückziehen kann als in anderen Ländern.

*Unterschiedliche Betroffenheit zeigt sich auch zwischen den Branchen* innerhalb der einzelnen Länder. Die Betroffenheit reicht von einzelnen „Pandemie-Gewinnern" wie beispielsweise Medizin- oder Biotechnologieunternehmen über Bereiche des öffentlichen Sektors, bei denen der Pandemieeffekt zumindest mit Blick auf die Wertschöpfung eher als neutral einzuschätzen ist, bis hin zu den am stärksten belasteten Branchen, wie beispielsweise der Kulturbereich, Sport, Luftverkehrsunternehmen, innerstädtischer Non-Food-Einzelhandel, Gastronomie oder die Tourismusbranche. Daher werden innerhalb einer Ökonomie bestimmte Branchen eine höhere und längere staatliche Unterstützung benötigen als andere; dies hat der zweite Lockdown sehr deutlich gemacht.

Beim Exit des Staates ist ein situativ angepasstes und branchenspezifisches Vorgehen notwendig. Grundsätzlich sollten die Staaten so lange wie nötig, aber so kurz wie möglich, der Wirtschaft eine helfende Hand reichen. Am wirksamsten und zugleich systematisch gut begründbar, wäre dafür eine unternehmensbezogene Negativsteuer, die unabhängig von sonstigen Umständen der fairen, durch die infrastrukturellen Voraussetzungen begründeten Beteiligung des Staates an den Unternehmenserträgen eine ebenso faire Beteiligung an den Unternehmensverlusten gegenüberstellt (Hentze 2020). Die Politik tut sich schwer mit solchen Instrumenten, weil sie das kraftvolle Handeln in der Krise tendenziell überflüssig machen.

Zu 3) In jedem Fall aber gilt, dass am Ende der Pandemie die *Staatsschulden in den jeweiligen Ökonomien* sprunghaft angestiegen sein werden. Wie nachhaltig die Finanzierung in den einzelnen Ländern gewesen sein wird, das hängt vor allem von dem zukünftigen Wirtschaftswachstum und den Zinszahlungen ab, die auf die ausgegebenen Staatsanleihen zu zahlen sind. Die Nachhaltigkeit der Fiskalpolitik wird verstanden als die Möglichkeit, die Staatsverschuldung – gemessen als Anteil des Bruttoinlandsproduktes – auf ein vorheriges Niveau zurückzuführen zu können (Blanchard et al. 1990).

Die Nachhaltigkeit der neuen Schuldenlast ist des Weiteren vom Startniveau der relativen Staatsverschuldung abhängig. Eine bereits vor der Coronakrise hohe Staatsverschuldung kann sich negativ auf die Nachhaltigkeit der fiskalischen Maßnahmen auswirken. Ein weiterer relevanter Faktor ist der Zinssatz, der mittelfristig, beispielsweise über die nächsten fünf Jahre, für die aufgenommenen Schuldtitel zu bedienen ist. Je geringer die zu zahlenden Zinsen, desto positiver stellt sich die Nachhaltigkeit der Finanzierung dar. Zudem spielt die zukünftige Wachstumsrate des Bruttoinlandsproduktes eine entscheidende Rolle. Je stärker eine Ökonomie wächst, desto größer sind die Möglichkeiten, Zinszahlungen zu leisten und umso nachhaltiger war die Finanzierung, mit deren Hilfe das Wachstum angeregt werden konnte.

Um für die einzelnen Länder eine empirisch fundierte Aussage über die Nachhaltigkeit der Finanzierungsvolumina, die als Antwort auf die wirtschaftlichen Folgen der Coronakrise aufgenommen wurden, tätigen zu können, sollen diese drei Größen – Ausgangsschuldenstand, Zinssatz, Wachstumsrate – zusammengefügt werden. Heterogen zeigt sich hierbei das Bild des Ausgangsniveaus der Staatsverschuldung der einzelnen Länder; recht einheitlich stellen sich hingegen das erwartete Wirtschaftswachstum und die Zinsentwicklung dar: Bedingt durch den starken wirtschaftlichen Einbruch im Zuge der Coronakrise wird insbesondere im Jahr 2021 mit einer kräftigen wirtschaftlichen Gegenbewegung gerechnet. Erwartungsgemäß wird sich diese in den weiteren Jahren abschwächen. Insgesamt ist das erwartete Wachstum des Bruttoinlandsproduktes in einem mittelfristigen Zeithorizont von etwa fünf Jahren allgemein jedoch recht hoch.

Zum Ende dieses mittelfristigen Zeithorizonts wird sich auf das Wirtschaftswachstum bereits auswirken, wie die Ökonomien mit den aktuellen Trends und Herausforderungen, wie beispielsweise dem Klimawandel beziehungsweise der Dekarbonisierung, der demografischen Alterung oder der fortschreitenden Digitalisierung, umgehen und ihre wirtschaftliche Aktivität entsprechend anpassen können. Zugleich zeigt sich weltweit eine Phase der expansiven Geldpolitik, deren Ende in dieser zeitlichen Perspektive nicht in Sicht ist. Damit einher geht die Annahme von geringen Inflationsraten für die mittlere Frist, daran ändert sich auch angesichts der im ersten Halbjahr 2021 höheren – eigentlich nur normalisierten – Inflationsraten nichts, da sich damit – aus den genannten Gründen – kein neuer Trend verbindet (Demary und Hüther 2021). Insgesamt ist deshalb die Annahme plausibel, dass die infolge der Coronakrise erhöhten Staatsschulden beherrschbar sind, ohne das besondere Austeritätsmaßnahmen geboten wären. Notwendig ist für die Wiedererreichung angemessener bzw. institutionell vorgegebener Zielwerte (Maastricht-Kriterien) allerdings, dass ein längerer Zeitraum dafür gewährt wird. So sieht der Tilgungsplan des Bundesfinanzministers für die Coronaschulden eine Periode von 20 Jahren vor, was angesichts der besonderen Investitionsbedarfe für den Strukturwandel, aber auch der erschöpften Möglichkeiten, durch weitere Erwerbsintegration die Einnahmenbasis des Staates zu verbreitern, realistisch erscheint. Eine relevante Differenzierung der Nachhaltigkeit zwischen den Ländern kann in einem Erwartungsszenario primär nur über die unterschiedlichen Ausgangsniveaus der Staatsverschuldung erfolgen (Abb. 4.5).

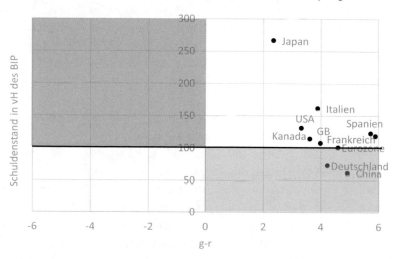

In vH; g = Wachstumsrate reales BIP 2021 (Prognose); r = Rendite auf 10-jährige Staatsanleihen

**Abb. 4.5** Verschuldungsniveau und Zins-Wachstums-Konstellation. (Quelle: Eigene Darstellung)

## 4.3    Die Rückkehr des Staates als Paradigmenwechsel?

Es zeigt sich, dass die Nationalstaaten während der Pandemie gegenüber globalen Netzwerken gerade durch die ökonomische Krisenbewältigung an Bedeutung gewonnen haben. Offen ist, wie stark die Rolle des Staates dadurch langfristig verändert wird, ob sich dieser wieder zurückzieht und es sich nur um eine temporäre Verschiebung handelt oder ob die Bedeutung des Staates in der Coronakrise einen Paradigmenwechsel begründet. Es ist nicht ausgeschlossen, dass Staat und staatliche Institutionen langfristig eine bedeutendere Rolle spielen als vor der Pandemie. Hierbei ist zwischen folgenden Dimensionen zu unterscheiden:

1. Wie muss die gesellschaftliche, medizinische und wirtschaftliche Lage nach der Krise aussehen, damit der Staat und die staatlichen Institutionen sich überhaupt zurückziehen können?
2. Wenn grundsätzlich die Möglichkeit besteht, die Bedeutung des Staates wieder zurückzufahren, ist es dann auch zu erwarten, dass dies geschehen wird?
3. Es darf nicht übersehen werden, dass sich in einer Krise als Ausnahmezustand nicht nur das Selbstverständnis der Regierenden grundlegend verändern kann, sondern ebenso die Erwartungen interessierter Gruppen an den Staat, die das Krisenhandeln als Muster auf Dauer sehen (Di Fabio 2020).

Zu 1) Vor dem Hintergrund der zuvor diskutierten *Nachhaltigkeit der Finanzierung* der Rettungsmaßnahmen wird zunächst der Frage nach dem Können gestellt: *Kann der Staat sich zurückziehen?* Wie gezeigt, werden die Nationalstaaten mit einem wesentlich höheren Schuldenstand aus der Coronakrise herauskommen: In den entwickelten Volkswirtschaften wird die Schuldenstandquote 20 Prozentpunkte höher sein als im Jahr 2019, in den USA und Japan um 24 Punkte, in der Eurozone um 15 Punkte höher (Internationaler Währungsfonds 2021b). Sehr hohe staatliche Verschuldungsniveaus bergen die Gefahr, dass sich die Bonität der Staaten verschlechtert, was auf dem Kapital-markt zu höheren Zinsen führt, die vom Staat auf seine ausgegebenen Anleihen zu zahlen sind. Ein Anstieg der Zinsen kann gerade bei einem hohen Bestand an Schuldtiteln in Relation zur gesamtwirtschaft-lichen Leistungskraft zu einem Problem werden, da in diesem Fall die Möglichkeit besteht, dass sich durch einen Anstieg der Zinsen die Boni-tät weiter verschlechtert – eine Abwärtsspirale kann in Gang kommen an dessen Ende ein Staatsbankrott stehen kann. Das Risiko steigender Zinsen infolge einer sich verstärkenden Inflation, die wiederum aus einer Überforderung der gesamtwirtschaftlichen Produktionskapazitäten aufgrund voluminöser Konjunkturpakete resultieren kann, wurde in den USA angesichts der Biden-Konjunkturpakets diskutiert. Es spricht allerdings viel dafür, dass dies nur eine Normalisierung der Inflations-entwicklung bedeutet und keine strukturellen Effekte dauerhafter höherer Inflation oder in Form von Überraschungsinflation haben wird (Demary und Hüther 2021).

Die *Schuldenregeln* in der Europäischen Währungsunion und die einzelstaatlichen Verfassungsnormen für die zulässige Kreditaufnahme verlangen entsprechende Anpassungspfade der öffentlichen Haus-halte zur Rückkehr an die Maastrichtkriterien bzw. das Vorkrisen-niveau. Für eine gesamtwirtschaftlich rücksichtsvolle Tilgung müssen diese Pfade zeitlich gestreckt, jedenfalls großzügig definiert werden. Es macht keinen Sinn, einen exogenen Schock wie die Pandemie fiskalisch zu behandeln wie einen endogenen ökonomischen Zusammenbruch. Die Idee der Schuldenaufnahme zur Kompensation ist doch gerade, die Volkswirtschaft vor nachhaltigem Schaden zu bewahren. Tatsäch-lich wird Covid-19 strukturelle Schäden hinterlassen – in den besonders betroffenen Wirtschaftsbereichen, durch den Ausfall von Bildungs-zeiten, durch die sozialen Folgen, da wäre es absurd, den Prozess durch eine forcierte Tilgung der Erholung weiter zu erschweren.

Die Erfahrungen der Dekade nach der Finanzkrise zeigen die Heraus-forderungen. Ganz wesentlich ist dabei die an den internationalen Kapitalmärkten unterstellte Schuldentragfähigkeit, und damit der Blick auf die fiskalische Situation einerseits und die volkswirtschaftliche Dynamik andererseits. Zwar zog die globale Finanzkrise die Euro-Staats-schuldenkrise nach sich, doch hatte dies insbesondere mit den Regeln der

Währungsunion zu tun und dem aus Sicht vieler Kapitalmarktakteure nicht glaubwürdigen Haftungsausschluss für einzelne Staaten. Die Wette dagegen, ja sogar die Wette auf einen Zusammenbruch der Eurozone erschien 2011/2012 manchen als attraktiv. Erst die Entschlossenheit der Europäischen Zentralbank, den Euro „what ever it takes" zu sichern, hat dem Einhalt geboten. Die Beruhigung an den Märkten für Staatsanleihen – auch für die Krisenländer der Eurozone – hat nicht nur die Zinskonvergenz wieder erhöht, sondern allgemein den Zinssenkungstrend verstetigt.

Viele Volkswirtschaften konnten und können auf dem Weg der fiskalischen Stabilisierung nicht nur von sinkenden Zins-niveaus profitieren, sondern ebenso durch die Mobilisierung von Beschäftigungspotenzialen. Es ist hier nicht der Ort und nicht der Raum, die Debatte über die Faktoren niedriger Kapitalmarktzinsen zu führen, doch es spricht viel dafür, darin nicht nur expansive, vor allem unkonventionelle geldpolitische Maßnahmen gespiegelt zu sehen, sondern ebenso – und wohl vor allem – die demografische Alterung, die sich für alle OECD-Staaten ermitteln lässt („dynamische Ineffizienz"). Die dadurch erklärbare Situation eines strukturellen Kapitalüberhangs ist Gegenstand intensiver Debatten (von Weizsäcker und Krämer 2019). Damit verbindet sich nicht die simple These, dass diesmal alles anders ist, wohl aber die Frage, ob und in welchem Maße die Staaten bei der Rückführung ihrer Corona bedingten Schulden dadurch Entlastung erfahren.

So können unterschiedliche Wege eingeschlagen oder auch kombiniert werden, um langfristig mit diesem Schuldenanstieg zurecht zu kommen: dynamisches Wirtschaftswachstum, Steuererhöhungen, verringerte Staatsausgaben oder eine erhöhte Inflationsrate. Je nach ein-geschlagenem Weg ergeben sich unterschiedliche Auswirkungen auf die langfristige Bedeutung von nationalstaatlichen Institutionen:

- Erleichtert wird die Aufgabe, wieder tragfähige Staatsfinanzen her-zustellen, dadurch, dass der risikobereinigte Zinssatz niedriger liegt als die gesamtwirtschaftliche Dynamik (Abb. 4.5). Im Zustand *„dynamischer Ineffizienz"* könnten Volkswirtschaften heute mehr konsumieren, ohne damit auf künftigen Konsum verzichten zu müssen oder die Spielräume späterer Generationen einzuschränken.

Wenn die staatliche Kreditaufnahme durch zukunftsweisende Investitionen die verzerrte Kapitalallokation der Märkte kompensiert, dann lassen sich so künftige steuerliche Zusatzlasten („excess burden") vermeiden. Hauptursache der dynamischen Ineffizienz in den als „sichere Anlagehäfen" bewerteten Industrieländern ist die *demografische Dominanz* infolge der Alterungsprozesse. Das spricht dafür, dass der risikobereinigte Realzins (Zins auf Staatsanleihen) länger sehr niedrig bleibt. Dafür spricht ebenso, dass die Anleger eine hohe Liquiditätsprämie zu zahlen bereit sind, da Sicherheit und Liquidität der Anlage in unübersichtlichen Zeiten weiterhin besonders präferiert werden dürften. Zudem müssen institutionelle Investoren regulierungsbedingt darauf achten, entsprechend liquide Anlagen in ihren Portfolios zu haben.

- Gelingt es, in den Ökonomien den Wachstumspfad ausreichend zu stärken, damit die Zuwachsrate des Bruttoinlandsproduktes größer als der Zinssatz bleibt, ist es möglich, mit der induzierten zusätzlichen Wirtschaftskraft die Kosten der Kreditaufnahme zu bedienen. *Eine Ökonomie wächst gewissermaßen aus den Schulden heraus.* Durch das erhöhte Wirtschaftswachstum generiert der Staat höhere Steuereinnahmen, die er ceteris paribus für eine geringe Neuverschuldung oder den Schuldenabbau nutzen kann. Über einen mittleren Zeithorizont könnte über diesen Weg der pandemiebedingte Anstieg der Verschuldung (gemessen an der Schuldenquote) rückgängig gemacht werden – so wie es Deutschland mit den Schulden aus der Finanz- und Wirtschaftskrise gelungen war, vor allem über eine Erhöhung der Erwerbsquote. In diesem Szenario muss der Staat mit Blick auf seine unternehmerische Rolle weniger aktiv sein und seine im Zuge der Krise aufgebauten privatwirtschaftlichen Aktivitäten könnte er alsbald zurückfahren.

- Bei sonst gleichen Bedingungen könnte über eine Erhöhung der *Steuereinnahmen des Staates* die Neuaufnahme von Schulden vermieden oder Altschulden getilgt werden. Höhere Steuern führen jedoch immer zu einer verzerrenden Wirkung („excess burden"), die sich negativ auf die wirtschaftliche Aktivität auswirken kann, dadurch würde sich ein mögliches Herauswachsen aus den Schulden als fraglich erweisen. Wichtig sind dafür die zuvor bereits erreichte

Steuerquote, der Grenzsteuersatz, die Pro-Kopf-Steuerlast – und zwar jeweils im internationalen Vergleich. Höhere Steuereinnahmen und eine höhere Steuerquote über eine Erhöhung der Steuersätze oder die Einführung einer neuen Steuer sind gesamtwirtschaftlich anders zu beurteilen als eine Erhöhung des Steueraufkommens durch erfolgreiche Arbeitsmarktintegration. Je nach Bedingungskonstellation vor allem mit Blick auf die internationale Wettbewerbsfähigkeit kann die wirtschaftliche Aktivität durch Steuererhöhung negativ beeinflusst werden. Ob es einer begleitenden Anpassung der Steuersätze bedarf, hängt natürlich auch davon ab, ob die Wachstumsstrategie trägt und in welchem Maße die Konsolidierung der Corona-Schulden zeitlich gestreckt oder gar in eine ewige Annuität überführt werden kann.

- Grundsätzlich könnte auch ein verringertes *Niveau der staatlichen Ausgaben* helfen, den Schuldenberg einer Ökonomie zu reduzieren. In diesem Szenario würde sich die Bedeutung der staatlichen Intervention durch konsumtive Ausgaben verringern. Allerdings zeigt sich, dass Staatsausgaben sich aus diversen Gründen selten in diese Richtung entwickeln. Daher wird dies auch kein Weg sein, der die Nationalstaaten aus den hohen Verschuldungsniveaus der Coronapandemie führen wird. Zudem bestehen in den Industrieländern nicht unerhebliche Investitionsbedarfe im Bereich der öffentlichen Infrastruktur, zugleich sind viele begleitende öffentliche Verwaltungen unterausgestattet oder mangels Digitalisierung nicht in der Lage, die verfügbaren Investitionsmittel zu administrieren und die neuen Infrastrukturen zu bewirtschaften.
- Historisch häufig zu beobachten war die Entschuldung von Staaten über eine *Phase erhöhter Inflationsraten*. Die für die Schuldenfinanzierung aufgenommenen Schuldentitel sind in der Regel sicher verzinst, aber nicht indexiert. Eine (unerwartet) erhöhte Inflationsrate in der Laufzeit des jeweiligen Schuldtitels führt zu einer Verringerung des realen Wertes. Insgesamt nimmt der reale Wert der nominalen Staatsverschuldung bei einer höheren Inflation stärker ab, zudem führt ein progressives Steuersystem, das ebenfalls nicht indexiert ist, zu einem überproportionalen Anstieg der Steuereinnahmen („kalte Progression"). Hier wäre jedoch ein aktiver Part der jeweiligen Zentralbanken notwendig. Wie wahrscheinlich dieses

Szenario ist, kann nicht einheitlich für alle Staaten zu beantwortet werden. Für die europäischen Länder beziehungsweise die Europäische Zentralbank, scheint dieser Weg recht unwahrscheinlich, da diese per Gesetz der Preisniveaustabilität verpflichtet ist, die sie bei einer Inflationsrate von knapp unter zwei Prozent als erreicht ansieht (Europäische Union 2012). In den anderen Nationalstaaten ist dieser Weg wahrscheinlicher. Da jedoch Zentralbanken, mal mehr mal weniger, unabhängige Institutionen – *unlected powers* – sind, wären Regierung und Parlament enge Grenzen gesetzt, um eine laxe, inflationsfreundliche Politik einzuleiten. Manche erwarten angesichts der hohen Staatsschulden dennoch eine „fiskalische Dominanz", die den Druck auf die Notenbanken in eine entsprechende reale Entwertung der Staatstitel überführt.

Realistischerweise ist ein *fiskalpolitisches Arrangement* zu erwarten, nach dem unter den obwaltenden Kapitalmarktbedingungen und den wirksamen Schuldenregulierungen versucht wird, gesamtwirtschaftlich angemessen eine nachhaltige Fiskalposition zu erreichen. Dabei zeigt sich, dass die charmante Lösung, über die volkswirtschaftliche Angebotsseite einen kräftigeren Wachstumspfad anzustoßen, auf begrenztere Potenziale – zum angesichts der demografischen Alterung – treffen könnte. Generell sind die Hoffnungen auf eine bessere Produktivitätsentwicklung in den Industrieländern nach dem säkularen Verfall der Arbeitsproduktivitätszuwächse nicht gut begründet (Abb. 4.6). Alle Überlegungen, dass die digitale Transformation den Produktivitätstrend dreht oder erhöht, haben sich bisher nicht empirisch bestätigen lassen. Man sollte dabei nicht vergessen, dass die Digitalisierung es zwar erleichtert, die Komplexität der wirtschaftlichen Strukturen und der praktischen Lebenswelt besser zu durchdringen, zu beherrschen und sogar zu steuern. Doch diese Netzwerke verursachen selbst erhebliche Transaktionskosten und begründen neue Bedarfe der Kontrolle, der Souveränitätssicherung und der Compliance in einer Welt immens großer und immer schneller wachsender Datenbestände.

In vH; je Beschäftigten; jährliche Wachstumsraten; Eurozone als Fläche

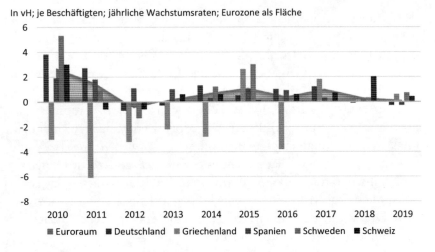

**Abb. 4.6**   Reale Arbeitsproduktivität. (Quelle: Eurostat)

Die Erhöhung der Erwerbsquote und des Arbeitsvolumens eröffnet je nach Volkswirtschaft unterschiedliche Spielräume. In Deutschland waren dies zentrale Treiber für die Konsolidierung der Staatsfinanzen und die Rückführung der gesamtstaatlichen Schuldenquote auf das mit den Regeln der Eurozone kompatible Niveau von maximal 60 Prozent. Nur wird man in der kommenden Dekade, zumal bei einer rückläufigen Bevölkerungsentwicklung, nicht daraufsetzen können, das gleiche Potenzial erneut mobilisieren zu können. Man wird jedenfalls mehr Kraft, Zeit und Findigkeit dafür benötigen. Der Ländervergleich zeigt, dass andere europäische Volkswirtschaften durchaus größere, weil bisher nicht gehobene Potenziale haben (Abb. 4.7).

Zu 2) Wenn ein Weg gewählt wird, bei dem sich der Staat zurückziehen kann, bleibt offen, ob dies tatsächlich geschieht. Hierzu ist ein Blick in die Geschichte und die Analyse des sogenannten *Displacement Effekts* hilfreich. Dieser Effekt beschreibt den persistenten Bedeutungsgewinn des Staates im Zuge von Kriegen und Krisen, der sich als (teilweise) irreversibel herauskristallisierte und in einer Niveauverschiebung mündete, die zum langfristigen Expansionstrend der Staatsausgaben beitrug (Peacock und Wiseman 1967; zum Effekt des Kalten Krieges: Rowley und Tollison 1994). Für die aktuelle Coronakrise würde dies

In vH; Erwerbsquote = Erwerbstätige + Erwerbslose / Bevölkerung im erwerbsfähigen Alter (15-64)

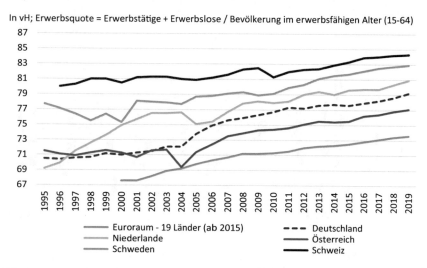

**Abb. 4.7** Erwerbsquote im Ländervergleich. (Quelle: Eurostat)

bedeuten, dass nach der Krise ein Mehr an Staat übrigbliebe – mehr bezogen auf den Umfang, nicht zwingend auf die Intensität der Staatstätigkeit zuvor. Denn die Regulierungsdichte ist vom Ausgabenvolumen unabhängig zu sehen.

Zunächst zeigt sich, dass im Zuge der Corona-Hilfsmaßnahmen tatsächlich die Staatsquote in zahlreichen Ländern stark gestiegen ist (Abb. 4.8). Im Jahr 2020 stieg die Staatsquote, gemessen als die staatlichen Ausgaben relativ zum Bruttoinlandsprodukt, in allen betrachteten Ländern nahezu auf einen Wert von 50 Prozent. In Belgien und Frankreich liegt die Staatsquote bereits bei über 60 Prozent des BIP. Auch die USA sind mit einer Staatsquote von knapp 48 Prozent im Jahr 2020 kein Ausreißer nach unten. Im Vergleich zu den Werten aus dem Jahr 2019 verzeichnen alle Länder starke Anstiege. Die geringste Steigerung ist in Schweden, mit einem Wert von zusätzlichen vier Prozentpunkten, zu beobachten. In den Niederlanden, Frankreich, Polen und Deutschland stiegen die Staatsquoten um etwa sieben Prozentpunkte an. In Spanien, Italien, dem Vereinigten Königreich und sogar den USA erhöhte sich die Staatsquote um etwa zehn Prozentpunkte.

In vH des Bruttoinlandsproduktes; Veränderung in Prozentpunkten

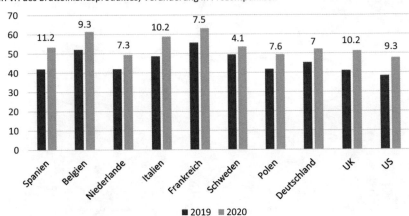

**Abb. 4.8** Öffentliche Ausgaben. (Datenstand: Oktober 2020; Quelle: Europäische Kommission 2020h)

In allen betrachteten Volkswirtschaften haben sich die Staatsquoten mindestens an die 50-Prozent-Marke angenähert, meist liegen sie nun deutlich darüber. Die offene Frage ist, ob langfristig die Niveaus der Staatstätigkeit aus der Zeit vor der Krise wieder erreicht werden oder ob ein *Displacement Effekt* zu beobachten sein wird. Es ist zu erwarten, dass viele Tätigkeiten und Unterstützungen durch den Staat zeitnah verschwinden werden, sobald die Notwendigkeit dieses Angebotes durch das Überwinden der Coronakrise nicht mehr besteht. Hierbei ist beispielsweise an das Kurzarbeitergeld zu denken oder viele andere der in Abschn. 4.2 diskutierten staatlichen Maßnahmen. Entscheidend dürfte auch sein, wie anspruchsvoll die Bedingungskonstellation aus Schuldenregeln und Kapitalmarktsituation ist. Für die Frage, ob die Globalisierung wegen der unsicherheitsbedingten Kompensationsbedarfe zu einem trendmäßigen Anstieg der Staatsausgabenquote führt oder diesem durch den Wettbewerb um die Steuerbasis Grenzen (Effizienzeffekt) setzt, ist der Befund offen (Rodrik 1998; Schulze und Ursprung 1999).

Ob sich der Staat als starker Akteur zurückziehen wird und wenn ja wie schnell, ist beispielsweise fraglich für *Staatsbeteiligungen* an Unternehmen, die im Zuge der Krise eingegangen wurden. Um bestimmte (große) Unternehmen vor den wirtschaftlichen Auswirkungen der Corona Maßnahmen zu schützen und vor der Insolvenz zu retten, beteiligten sich Staaten in einigen Fällen direkt an diesen Konzernen.

Wie lange diese Staatsbeteiligungen gehalten werden, hängt von dem vorherrschenden gesellschaftlichen Selbstverständnis und der industriepolitischen Relevanz sowie den finanziellen Rahmenbedingungen ab. Es ist zu erwarten, dass Staatsbeteiligungen früher abgestoßen werden, wenn beim gesellschaftliche Selbstverständnis Eigenständigkeit und Eigenverantwortung der Unternehmen im Vordergrund stehen. Sollten Beteiligungen des Staates an Unternehmen weniger kritisch betrachtet werden oder sogar gesellschaftlich beziehungsweise, mit Blick auf China, politisch befürwortet werden, wird das privatwirtschaftliche Engagement des Staates länger anhalten. Neben dem gesellschaftlichen Selbstverständnis spielt zudem das wirtschaftliche und finanzielle Umfeld für einen möglichen Ausstieg eine Rolle. Anders als in der Finanzkrise können sich mit Staatsbeteiligungen in der Pandemie auch industriepolitische Erwägungen verbinden. Das gilt einmal für Airlines, die als nationale Infrastruktur in Zusammenhang mit zentralen Flughafenfunktionen (Hub) für einen Wirtschaftsstandort unabdingbar sein können. Das gilt ebenso für kritische medizinische Kompetenzen und Kapazitäten, wie es mit Impfstoffentwicklung und -produktion verbunden ist.

Wenn der Staat sich zurückzieht, muss das privatwirtschaftliche Unternehmen robust genug sein, um nicht in die Insolvenz zu geraten. Zudem sollte das Engagement des Staates zumindest nicht in einem finanziellen Desaster enden, auch wenn es nicht auf der Aussicht auf Gewinn gründet. Dies ist auch mit Blick auf die gesellschaftliche Akzeptanz zukünftiger Staatsbeteiligungen von Bedeutung. Dass in der Vergangenheit nicht alles reibungslos ablief, zeigt das Beispiel des Einstieges des deutschen Staates bei der Rettung der Commerzbank im Zuge der Finanz- und Wirtschaftskrise im Jahr 2009. Diese Staatsbeteiligung besteht, wenn auch nicht mehr im ursprünglichen Umfang, über eine Dekade später immer noch. Der Staatsausstieg wird den Steuerzahlern voraussichtlich einem Milliardenverlust bescheren.

Auf indirekte Weise tragen auch die Notenbanken zum Erhalt von Unternehmen bei und wirken dabei nachhaltig auf die Marktstruktur ein. Bereits unabhängig von den besonderen geldpolitischen Reaktionen in der Pandemie wurde darüber diskutiert, ob die Niedrigzinspolitik nicht zu einer *Zombifizierung* der Unternehmenslandschaft führe. Denn so würden Unternehmen überleben, die bei *höheren Zinsen* (gemeint „normaleren Zinsen") unprofitabel wären, da die Zinskosten dann den Vorsteuergewinn überstiegen. Tatsächlich hat die Geldpolitik in der Covid19-Krise zusammen mit dem Aussetzen der Insolvenzantragspflicht (in Deutschland) dazu beigetragen, dass viele Unternehmen nicht aus dem Markt ausscheiden mussten (Röhl 2020): Die Anzahl der Unternehmensinsolvenzen erreichte mit etwas über 17.000 Fällen 2020 einen neuen Tiefststand. Vor allem der schwere Wirtschaftseinbruch infolge des Lockdowns im Frühjahr 2020 ließ eigentlich einen kräftigen Anstieg der Insolvenzzahl um etwa 15 Prozent erwarten; rechnerisch ergeben sich damit Ende 2020 circa 4.500 weniger Insolvenzen als erwartbar. Doch verbindet sich damit wirklich ein Problem? Das Zombifizierungsargument beruht auf der „Annahme, niedrige Leitzinsen könnten der entscheidende Grund für ihre angebliche Zunahme sein" (Bindseil und Schaaf 2021). Doch die Banken haben unverändert auch bei niedrigen Notenbankzinsen die Pflicht, ein solides Kreditrisikomanagement zu betreiben und die Geschäftsmodelle der Kreditnehmer umfassend zu analysieren. Und: Die bereits nach der Finanzkrise 2008/2009 erwartete Zombifizierung ist nie nachgewiesen worden (Bindseil und Schaaf 2021).

Zu 3) Unabhängig von fiskalischen Indikatoren mag sich angesichts der Schwere der Krise und vor allem der in den Demokratien gänzlich ungewohnten Eingriffe in die verfassungsrechtlich verbürgten Freiheitsrechte und Grundrechte der Bürgerinnen und Bürger für interessierte Gruppen die Frage stellen, ob diese *Lektion des Notstands* nicht auch auf andere *Grenzsituationen* – wie den Klimanotstand z. B. – übertragen werden kann. Der Begriff des Klimanotstands adressiert genau diesen Gedankengang: Man soll Freiheitsrechte für ein nur unspezifisch zu definierendes Gut künftiger Generationen eingrenzen, gar die Demokratie einschränken (Di Fabio 2020).

Diese Perspektive ist nicht unplausibel, weil argumentativ dafür vorgebaut wurde, indem man die Demokratie als grundsätzlich nicht leistungsfähig genug für die Bewältigung der entsprechend großen

Transformation bewertete. Die Diskussion über das Hauptgutachten 2011 des Wissenschaftlichen Beirat Globale Umweltveränderungen (WBGU 2011) war von diesen Fragen geprägt (von Weizsäcker 2011).

„Langsamkeit ist allerdings keine inhärente Eigenschaft demokratischer Systeme und Institutionen. Wie der Umgang mit der Finanz- und Wirtschaftskrise im Herbst 2008 zeigt, sind Demokratien durchaus in der Lage, schnell auf finanzielle und wirtschaftliche Krisensituationen zu reagieren und weitreichende Reformentscheidungen zu treffen. Unter dem Druck der Finanz- und Wirtschaftskrise wurden in kürzester Zeit milliardenschwere Bankenrettungsschirme und Konjunkturpakete verabschiedet. … Deshalb sind außergewöhnliche Rechtsbefugnisse wie z. B. Notstandsgesetze zur Bewältigung existenzieller Krisen auch in Demokratien verbreitet. … Für die Transformation zu einer nachhaltigen Gesellschaft mangelt es nicht an politischer Programmatik (policies, Politikfelder), die Probleme liegen im politischen Prozess (politics, politischer Wettbewerb und Machtkampf)." (WBGU 2011, S. 205).

Es wird an anderer Stelle in dem Gutachten der demokratische Rechtsstaat als Referenzrahmen der Großen Transformation benannt. Es ist deshalb nicht frei gegriffen und ohne Berechtigung, wenn der frühere Richter am Bundesverfassungsgericht Udo Di Fabio (2020) bereits zum Jahreswechsel 2020/2021 auf diese Perspektive hingewiesen hat. In der Corona-Krise entstand der Eindruck „die Politik wird alles richten, sie kann alles. … Die neue Leichtigkeit der Versorgung mit fiskalischer Liquidität ist vermutlich ein Segen, um eine noch heftigere Corona-Rezession … zu verhindern. Aber sie wird zum Fluch, wenn man meint, auf längere Sicht die Bindungen des Rechts und die Gesetzmäßigkeiten ökonomischer Zusammenhänge wie Ballast über Bord werfen zu können." Über die Folgen der Corona-Politik unter dem Rubrum des Ausnahmezustands für die Funktionsfähigkeit des demokratischen Rechtsstaats wird man erst aus der Retrospektive urteilen können, es ist aber wichtig, dies besonders in Zeiten mit in westlichen Demokratien weit verbreiteten Symptomen einer Krise der Repräsentation wahrzunehmen. Denn auf Dauer gilt, dass verlässliche und willkürfreie Verfahren nicht nur überzeugend Gerechtigkeit und Fairness garantieren, sondern zugleich der Freiheit aller dienen.

Hier liegt zugleich die große *ethische Herausforderung praktischer Politik in solchen Situationen:* Die Politik muss vom Einzelfall abstrahieren und die Funktionsweise von Gesellschaft und Wirtschaft im Auge haben. Doch je mehr der Eindruck entsteht, dass unser Wissen umfassender wird, desto mehr entsteht auch die Erwartung, dass entsprechende Risiken nicht mehr nur eingedämmt, sondern gänzlich beseitig werden können. Tatsächlich kennen wir viele Beispiele, in denen dies durch medizinisch-technischen Fortschritt, aber auch andere Maßnahmen wie im Straßenverkehr gelungen ist. Es kann indes nicht überall und zu jederzeit gelingen. Also ist die Politik auf Abwägung verwiesen, aber ebenso auf die Verantwortung jedes einzelnen. Die politische Abwägung muss unterschiedliche Lösungen in den Blick nehmen. Da der gesellschaftliche und ökonomische Lockdown mit erheblichen geldpolitischen und finanzpolitischen Kompensationsprogrammen verbunden wurde, ist der Eindruck befördert worden, dass nicht nur alles geht, sondern auch alles erreicht werden kann.

Die Herausforderungen der Politik werden noch dadurch vergrößert, dass der Lockdown als Antwort auf die Pandemie selbst soziale und gesundheitliche Folgen sowie psychische Krankheiten zur Folge hat, vor allem dort, wo die wirtschaftliche Existenz bedroht ist (z. B. für die USA: Bianchi et al. 2021). Das weist darauf hin, dass in Politik und Gesellschaft nur eine Abwägung zwischen unterschiedlichen Wirkungsbündeln mit unterschiedlichen Wahrscheinlichkeiten möglich ist. Diese Abwägung ist herausfordernd, weil mehrere Dimensionen zu beachten sind und die bittere Erkenntnis lautet: *Jedes Handeln hat Kosten zur Folge.* Diese Kosten können in unterschiedlichen Sachzusammenhängen auftreten; indem andere Gesundheitsrisiken nicht mehr angemessen behandelt werden können; indem andere Institutionen – wie das Bildungssystem in ihrer Aufgabenerfüllung eingeschränkt werden; indem einzelne Wirtschaftsbereiche – wie der Sozialkonsum – ihre Grundlagen verlieren; indem kulturelle Traditionen und religiöse Praktiken in ihrem Fortbestand bedroht werden; indem volkswirtschaftlicher Schaden entsteht, weil Wertschöpfungsketten unterbrochen werden. Politik in der Demokratie muss deshalb die Kraft zur Differenzierung haben, was realistische Ziele ebenso voraussetzt wie eine Wirkungsanalyse unterschiedlicher Interventionen. Unrealistisch ist ein allgemeines Lebensschutzversprechen, dass kein politisches System durchhalten kann.

*Deshalb bleibt es zentral:* Die Hinnahme der Mehrheitsentscheidung, die auf der Einbeziehung aller Minderheitsrechte fußt, und die Akzeptanz von parlamentarischen Prozeduren verlangen, auf die moralische Überhöhung der eigenen Position oder gar der eigenen Identität zu verzichten. Das wird zunehmend eine Herausforderung – aus Gründen, die an verschiedenen Stellen des Buches bereits beleuchtet wurden und sich hier – wie im Brennglas – verdichten: Die *Aporie einer überzeugenden Zukunftserzählung* (Abschn. 1.2), die *normative Spannung zwischen Demokratie und Globalisierung* (Abschn. 1.4), die *Risse im Fundament des transatlantischen Westens* (Abschn. 2.2) sowie die *Bedeutung ungewählter Mächte* (Abschn. 2.5). Dadurch weist die politische Reaktion in der Covid-19-Pandemie weit über die fiskalischen Aspekte hinaus und erhält sehr grundsätzliche Bedeutung, vor allem mit Blick auf die *„(Ent-)Demokratisierung der Demokratie"* (Manow 2020).

## 4.4 Gesellschaftspolitischer Lockdown in der Krise der Repräsentation

Der massive Eingriff des Staates in die Freiheits- und Bürgerrechte hat die Gesellschaften westlicher Demokratien vor eine Zerreißprobe gestellt, die schon seit geraumer Zeit – wenngleich in unterschiedlicher Schärfe und Tiefe – eine Krise der Repräsentation erleben, weil die „Somewheres" (Goodhart 2017) sich vielfach nicht mehr wahrgenommen – repräsentiert – fühlen. Auf der einen Seite hat sich die Bevölkerung in vielen europäischen Ländern deutlich hinter das Krisenmanagement ihrer Regierungen gestellt und die extremen Ränder so geschwächt (Diermeier 2020). Auf der anderen Seite zeigt bereits eine Befragung des Pew Research Center aus dem Sommer 2020 eine starke Divergenz in der Zufriedenheit mit der landesspezifischen Corona-Politik (Abb. 4.9a). Während Menschen in Dänemark, Australien und Deutschland ihren nationalen Hierarchien ein gutes Management bescheinigen und dem auch in Schweden immerhin 71 Prozent der Bevölkerung zustimmen, bewertet eine leichte Mehrheit der Bevölkerung im Vereinigten Königreich sowie in den USA die nationale Krisenpolitik eher negativ (Devlin und Connaughton 2020). Der Ausgang der Präsidentschaftswahl in den USA dürfte wesentlich durch das miserable Krisenmanagement durch Donald Trump und die Eskalation in den Herbstmonaten bei der Entwicklung der Neuinfektionen beeinflusst sein, obgleich Trump in der Präsidentschaftswahl 2020 trotz alledem mit 74 Mio. Stimmen mehr mobilisieren konnte als Barack Obama in jeder seiner zwei Wahlkampagnen.

Hinzu kommt, dass viele Menschen in der aktuellen Situation in den westlichen Demokratien eine zunehmende *Spaltung der Gesellschaft* wahrnehmen. Insbesondere in den USA (77 Prozent) ist dieses Empfinden ausgeprägt, aber auch in Deutschland beobachtet eine Mehrheit (54 Prozent) der Befragten in der Covid-19-Krise eher eine Spaltung als eine Einigung der Gesellschaft (Abb. 4.9b). In Europa fällt das Gefühl einer zunehmenden Spaltung durch das Virus besonders stark unter Anhängern rechtspopulistischer Parteien aus. Diese versuchen, wie schon bei den multiplen Verwerfungen der vergangenen Dekaden, aus der Krisensituation politisches Kapital zu schlagen (Devlin und Connaughton 2020). Mit zunehmender Dauer der Pandemie wurde die Spaltung durch ein politisches Dilemma forciert: Das Regierungshandeln schien auf große Zustimmung zu stoßen, das hat die Kritik daran schnell radikalisiert und für viele desavouiert, sodass man mit abwägenden Stellungnahmen nicht nur Querdenker auf den Plan rief, sondern ebenso am anderen Ende des Spektrums Lockdown-Fanatiker. Differenzierende Entscheidungen sind politisch unattraktiv, da sie Verantwortung dorthin fokussieren, während die Verlängerung oder Verschärfung des umfassenden Lockdowns dies an alle delegiert. So erklären sich Forderungen, den Lockdown auszuweiten; vielen ist dabei offenkundig politische Gleichheit wichtiger als epidemiologische Wirksamkeit.

Bemerkenswert ist, dass die – selbst in den USA – weitverbreitete Annahme, mehr globale Kooperation hätte zu weniger Corona-Infektionen geführt, in Deutschland lediglich von 38 Prozent der Befragten geteilt wird (Devlin und Connaughton 2020). Möglicherweise

**a**

Zustimmung in vH der Befragten

Das eigene Land hat im Umgang mit dem Ausbruch
   des Coronavirus einen guten Job gemacht

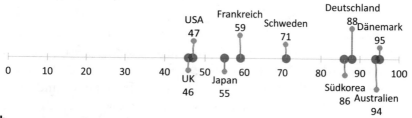

**b**

Zustimmung in vH der Befragten

Das Land ist jetzt vereinter als vor dem Ausbruch des Coronavirus

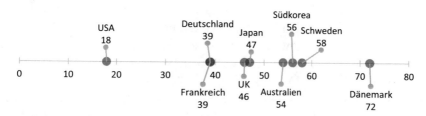

**Abb. 4.9** **a** Zustimmung zur nationalen Corona-Politik. **b** Sozialer Zusammenhalt während Corona. (Quelle: Devlin und Connaughton 2020)

spielt hier die berechtigte Erkenntnis mit, dass in einer global vernetzen Gesellschaft auch die beste internationale Kooperation Schwierigkeiten haben dürfte, ein Virus an nationalen Grenzen zu stoppen. In den USA zeigt sich auch in dieser Frage abermals die Spaltung der Gesellschaft. Die ideologische Differenz zwischen Anhängern des linken und des rechten Lagers während der Pandemie fällt mit Blick auf die Vorteile internationaler Kooperation in den USA mit Abstand am größten aus – gefolgt vom Vereinigten Königreich. Nachdem Präsident Trump vier lange Jahre gegen die multilaterale Ordnung und den Systemfeind in China kommuniziert und agitiert hatte, erntete er während der Ausnahmesituation unter seinen Anhängern die Früchte des Misstrauens gegenüber der internationalen Kooperation.

Versucht man die unterschiedlichen *gesellschaftspolitischen Stimmungs-bilder* nachzuvollziehen, bedarf es einer Betrachtung der institutionellen Unterschiede zwischen den Ländern sowie der Differenzen bei vorherrschenden Normen und Werten zwischen den Gesellschaften. Grundsätzlich ist anzuerkennen, dass die Exekutive in den *Great Power* mit ihren jeweils besonderen institutionellen Bedingungen Handlungsfähigkeit bewiesen hat, indem sie zwar mit qualitativen Unterschieden aber doch grundsätzlich mit vergleichbaren Reaktionen auf die Pandemie antworteten. Systematisiert man Institutionen wie Mahoney und Thelen (2010) nach der Stärke vorhandener Vetospieler sowie nach der Größe des Spielraums diskretionärer Deutung eines Ordnungssystems (siehe auch HDG, Abschn. 5.1), zeigen sich die strukturellen Differenzen besonders im Systemkonflikt. Während die chinesische Exekutive in einer politischen Welt mit weniger Vetospielern agiert, sind diese in den westlichen Demokratien aufgrund der aktiven Zivilgesellschaft und den handlungsfähigen Rechtssystemen deutlich ausgeprägter. Auf diskretionäre Handlungsspielräume konnte zudem der US-Präsident mit seinen Exekutivvollmachten zurückgreifen, zumal mit höriger Mehrheit im Senat. Die vielen nicht präsidentiell organisierten Demokratien in Europa konnten im Ad-hoc-Krisenmanagement weniger klar durchregieren, bedarf es doch immer einer parlamentarischen Rückversicherung, föderaler Konsultationen oder aber einer entsprechenden (vorübergehenden) Regelanpassung.

Die eingeübten institutionellen Settings prägen die politische Kultur und die Erwartungen der Bevölkerung an politische Entscheidungsprozesse in Ausnahmesituationen wie der Covid-19-Krise. In den USA ist das politische System grundsätzlich konfrontativer ausgerichtet als in den Ländern, wo politische Opponenten grundsätzlich als potenzielle zukünftige Koalitionspartner wahrgenommen werden (müssen). Im Vorfeld der US-Wahlen gaben erschreckenderweise ein Drittel der Befragten Demokraten wie Republikaner an, es wäre für ihre Partei vertretbar, Gewalt zu nutzen, um politische Ziele voranzutreiben (Diamond et al. 2020). Gespiegelt wird das Misstrauen gegen die politischen Gegner in einer Medienskepsis, die seitens der Republikaner ein epidemisches Ausmaß angenommen hat. Mit der Ausnahme von FOX News findet sich keine etablierte Nachrichtenquelle, die mehr als ein

Drittel der Anhänger der republikanischen Partei als glaubwürdig einstuft (Jurkowitz et al. 2020).

Nationalstaaten mit einer langen Tradition des Verhältniswahlrechts haben demgegenüber den Vorteil, in ihren Mehrparteiensystemen mit Koalition und Konkordanz den Interessensausgleich institutionalisiert zu haben. Folglich sind die Menschen geübter in der „Anerkennung der unausweichlichen Pluralität konkurrierender Grundsätze" (Sen 2012, S. 134), der es bedarf, um strittigen Entscheidungen das Eskalationspotential zu nehmen. Gleiches gilt für das Mediensystem, das grundsätzlich ein hohes Vertrauen genießt – in Deutschland misstraut gerade einmal jeder Zehnte dem öffentlichen Rundfunk (Johannes-Gutenberg-Universität Mainz 2020). In China wiederum lassen sich gesellschaftliche Konflikte sowieso viel weniger im suppressiven politischen System spiegeln, das sich zum Ziel gemacht hat, Kritik im Keim zu ersticken. Freie Informationsverfügbarkeit findet sich nicht einmal im stark überwachten und kontrollierten Internet.

Hinzu kommen Normen und Wertesysteme, die den Beschränkungen von Bürgerrechten und Freiheitsrechten entgegenstehen und die staatlichen Strukturen nachhaltig prägen. Den einen Extrempol bilden die USA, deren vorherrschendes Normenkonstrukt der Philosoph Michael Sandel mit Blick auf einen am Gemeinwohl orientierten Wohlfahrtsstaat wie so einordnet: „In einer so individualisierten Gesellschaft wie unserer ist es schwer, Solidarität zu entwickeln, sonst hätten wir ja auch ein besseres Gesundheitssystem" (Spiegel 2020). Tatsächlich lehnen die US-Amerikaner (gefolgt von den Briten) im internationalen Vergleich deutlicher als Menschen in anderen Ländern die Aussage ab, „den meisten Menschen kann man trauen", die höchste Zustimmung gibt es demgegenüber für „man muss vorsichtig sein" (Abb. 4.10).

Besonders in den Gebieten, die sich während der US-amerikanischen geografischen *Verwestlichung* im 19. Jahrhundert (siehe HDG, Abb. 4.3) lange Zeit im dünn besiedelten westlichen „Grenzland" befanden, hat offensichtlich eine Staatsaversion begründende, eigenbrötlerische Art die Zeit überdauert, sodass ein Großteil der Bevölkerung noch heute einem „rugged Individualism" anhängt und der Regierung eine schwächere Durchsetzungskraft attestiert werden muss (Bazzi et al.

2020). Entsprechend ablehnend zeigten sich die Menschen gegenüber staatlich verordneter Abstands- und Hygienemaßnahmen wie dem *Social Distancing* oder der Maskenpflicht aber auch gegenüber den Apellen aus der Wissenschaft. Bereits mit Blick auf die Bekämpfung früherer Seuchen war den USA eine auf den besonderen Individualismus zurückzuführende Renitenz der Bevölkerung bescheinigt worden, die – aufgrund der für eine Demokratie erstaunlich mangelhaft ausgeprägten hygienetechnischen Daseinsvorsorge – viele Todesopfer nach sich gezogen hat (Troesken 2015).

Eine staatskritische und wissenschaftsskeptische Grundstimmung in Kombination mit einer politischen Führungsfigur jedoch, die über die gesamte Amtszeit, aber insbesondere während der Pandemie, die Kredibilität wissenschaftlicher Institutionen zu untergraben versuchte (Nature 2020), zeigte sich in der aktuellen Gesundheitskrise als toxische Mischung: Die dadurch vertiefte gesellschaftliche Spaltung ist unübersehbar und nicht zufällig haben tief verschwörungstheoretisch verankerte Gruppen, wie etwa QAnon, ihren globalen Siegeszug angetreten (Firsova und Eder 2020). Eine effektive Pandemieeindämmung macht der US-amerikanische Individualismus in einer höchst polarisierten Zivilgesellschaft mit sprunghafter politischer Führung und weitgehender Regionalisierung (auf County-Ebene) praktisch unmöglich.

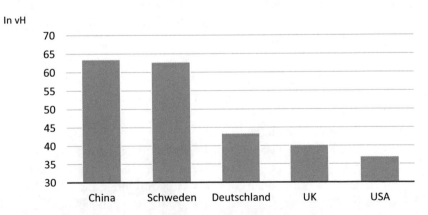

**Abb. 4.10** Vertrauen im internationalen Vergleich: Zustimmung zu „Den meisten Menschen kann man trauen". (Quelle: World Values Survey 2020)

Anders stellt sich die Situation hingegen China dar (Tab. 4.7). Der dirigistisch agierenden chinesischen Politik spielt der Ausnahmezustand in die Hände; mit Beschränkungen von Bürgerrechten und Freiheitsrechten kennt sich der Überwachungsstaat aus. Die Skrupel sind gering und mit dem Herausdrängen der unerwünschten ausländischen Zivilgesellschaft aus China und nun ebenso aus Hong Kong muss sich die Regierung keinem innenpolitischen Gegenwind mehr stellen. Das Mediensystem ist längst ein verlängerter Arm der Kommunistischen Partei Chinas (Hamilton und Ohlberg 2020, Kap. 9).

Nach dem in Kap. 2 beschriebenen chinesischen Herrschaftsprinzip *tian xia* („unter dem Himmel") vereinigen sich schließlich die Beherrschten schließlich vermeintlich freiwillig unter der Partei-Knute (Zhao 2020). Dabei darf durchaus spekuliert werden, inwiefern die subkutane Unzufriedenheit langsam zu brodeln beginnt (Solonina 2020). Denn insbesondere die sich sowieso schon als abgehängt einstufende Landbevölkerung leidet unter den scharfen Einschränkungen. Wo sich Eltern keine digitalen Medien leisten konnten, fiel der Schulunterricht für die Kinder während des langen Lockdowns schlicht aus. Wo Menschen in prosperierende Agglomerationsgebiete pendeln mussten, brach ihnen der Lebensunterhalt weg. Wo sich im Ländlichen der Protest gegen die Vernachlässigung durch die Regierung formierte, wurde besonders hart durchgegriffen. Die Kombination aus analogem Blockwartsystem und digitaler Nachverfolgung hat sich als effektives Werkzeug zur Pandemieunterdrückung gezeigt. Ob die Chinesen ihrem Regime tatsächlich aus patriotischem Glauben an die chinesische Sache besondere

**Tab. 4.7** Gesellschaftspolitische Bedingungen für einen erfolgreichen Infektionsschutz

|  | Rolle Medien/Zivilgesellschaft | Rolle Politik | Bedingungen für Infektionsschutz |
|---|---|---|---|
| US-Amerikanischer Individualismus | Polarisierend | Ambivalent | Schwierig |
| Chinesischer Konformismus | Staatstreu | Dirigistisch | Günstig |
| Europäischer Deliberativismus | Abwägend-kritisch | Erklärend | Unbestimmt |

Quelle: Eigene Darstellung

Durchgriffsrechte gewähren, dem propagandistischen Staatsapparat Glauben schenken oder die harschen Maßnahmen schlichtweg für notwendig halten, tritt für die Verantwortlichen in den Hintergrund. Um eine Pandemie einzudämmen, hält die Partei mehr als je alle Karten in der Hand.

Die beiden transpazifischen Systemkombattanten sind mit sehr unterschiedlichen Voraussetzungen in die Pandemiebekämpfung gestartet. Obwohl sich China aufgrund seiner Durchgriffskraft bis auf die kleinste Ebene in einer vermeintlichen Vorteilsposition befindet, steht es doch in einer anderen Dimension hintenan. So hatte selbst Chinas langjähriger Diktator Mao Tse-Tung auf die Schwierigkeit hingewiesen, in einem derart totalitaristischen, hierarchischen und zentralistischen System, Zielkonflikte adäquat auf- und wahrzunehmen:

> „Ohne Demokratie werdet ihr nicht erfahren, was an der Basis geschieht; die allgemeine Lage wird unklar sein; ihr werden nicht genug Meinungen von allen Seiten sammeln können; so kann es keine Verständigung zwischen Oben und Unten geben; die Parteiorgane an der Führungsspitze werden bei ihren Entscheidungen auf einseitiges oder inkorrektes Material zurückgreifen müssen, und damit wird es schwierig, Subjektivismus zu vermeiden; es wird unmöglich sein, Einheit aller im Verstehen und Einheit im Handeln zu erreich und wahrhafter Zentralismus wird unmöglich." (Mao *zitiert nach* Sen 2012, S. 372)

Was bei Mao als Mittel zum Zweck besserer Informationsgewinnung und Steuerung verstanden werden muss, darin erkennt Armatya Sen die Essenz kollektiver Entscheidungsfindung: „Gerechtigkeit ohne Diskussion' kann eine sehr beklemmende Vorstellung sein" (Sen 2012, S. 363), konstatiert der Philosoph mit Blick auf die Notwendigkeit zum offenen Diskurs, der unterschiedliche Interessen wahrnimmt und gegeneinander abwägt. Dem chinesischen Modell widerspricht die „Anerkennung der unausweichlichen Pluralität konkurrierender Grundsätze" (Sen 2012, S. 134) mit jeder Faser des Seins, und die verhärteten bipolaren Fronten in den USA lassen sich schwerlich mit einem funktionierenden deliberativen Demokratieansatz übereinbringen. Demgegenüber erscheinen die Europäische Union und ihre Mitgliedsstaaten fast schon als Hort des Interessenausgleichs, der Anerkennung von Pluralität und Zielkonflikten sowie der Kompromissfindung. Allerdings ist der zivilgesellschaftliche und mediale Diskurs auch in Europa weit entfernt vom Ideal einer Diskursethik nach Habermas (1984).

*Politische Protagonisten widersprechen sich, vergleichbaren Gegenständen werden unterschiedliche Prädikate zugewiesen; Akteure erscheinen opportunistisch, die an den eigenen Überzeugungen gemessene Wahrhaftigkeit der Standpunkte anderer wird bezweifelt; Einzelnen wird aufgrund ihrer politischen Couleur die Legitimität ihrer Ansprüche abgesprochen, ohne diese überhaupt anzuhören.* Habermas selbst beobachtet seit langem die „Tendenzen des Zerfalls der Öffentlichkeit" (Habermas 1990, S. 57). Auch wenn sich die Lage in Europa zuspitzten mag, sicherlich ist die Verrohung des öffentlichen Raums nicht mit derjenigen in den USA vergleichbar. Noch immer gibt es breite Zustimmung zu einem deliberativen Demokratieverständnis, dem gesellschaftlichen Wesenskern der Moderne. Niedrigschwellige Zugangsbedingungen unter Wahrung von Interessensgleichberechtigung und Minderheitenschutz ermöglichen einen intensiven öffentlichen Diskurs der konkurrierenden Standpunkte. Im Kontext der Pandemie bedeutet dies aber, dass Krisenpolitik dann ins Leere läuft, wenn die Politik keine überzeugenden Erklärungen für ihre Maßnahmen vorbringen kann. Zwecks mangelnder Überzeugungskraft schielen dann die demokratischen Verantwortlichen auf die Erfolge ihrer autokratischen Nachbarn und versuchen, – sicherlich auf einem anderen Niveau und qualitativ kaum vergleichbar aber doch in der Motivation ähnlich – über die Anwendung von Zwang bei Menschen mit lang angelegten *Lockdowns* Verhaltensanpassungen zu erreichen.

Die zwar *in der Sache* hart aber in der *Art und Weise* wesentlich weniger eskalativ geführte Diskussion um die Corona-Maßnahmen ist ein Beispiel dafür, dass die EU die Kunst der Kompromissfindung Im aufgeheizten medialen und zivilgesellschaftlichen Diskurs immer noch leidlich beherrscht. Dass die einschneidenden Maßnahmen in der Evaluation vieler EU-Bürger besser abgeschnitten haben als dies in den USA der Fall war, ist in diesem Kontext wenig verwunderlich. Denn wie für deliberative Institutionen angedacht, haben sich Politiker die Mühe gemacht, die Eingriffe deutlich zu begründen und zu erklären.

Eine spürbare Trübung des grundsätzlich zustimmenden Blickes auf die Institutionen in Europa durch seine Bürger setzte jedoch mit zunehmenden Unklarheiten und Unstimmigkeiten bei der Impfstoffbeschaffung ein. Schwache Kommunikation, schlechte Verhandlungen, unzureichende Mittel, unklare vertragliche Regelungen sowie eine dadurch zunächst unzureichende Impfstoffverfügbarkeit ergaben ein ungünstiges Bild. Damit ist viel Vertrauen unnötig verloren gegangen. Dabei war es nach dem unkoordinierten Handeln der europäischen Staaten während des ersten Lockdowns umso wünschenswerter, nun den Mehrwert Europas seinen Mitbürgern gegenüber eindrücklich zu vermitteln. Diese Chance ist vertan worden.

Die schlechten Noten, die Washington von der europäischen Bevölkerung für ihre Corona-Krisenpolitik ausgestellt werden (9 Prozent der Deutschen geben an, die USA hätten „einen guten Job gemacht") (Silver et al. 2020a), mögen teils aus den historisch gewachsenen Schwierigkeiten der US-Pandemieabwehr resultieren, sie sind aber ebenso dem damals vorherrschenden und obskur anmutenden Opportunismus aus dem Weißen Haus geschuldet. Obwohl China von den Europäern eine wesentlich bessere Krisenpolitik bescheinigt wird (41 Prozent der Deutschen geben an, China hätte „einen guten Job gemacht") (Silver et al. 2020a), verliert auch diese *Great Power* innerhalb der europäischen Bevölkerung deutlich an Ansehen. Während 2002 noch 37 Prozent der Deutschen einen negativen Blick auf China hatte (16 Prozent im Vereinigten Königreicht), steigt der Anteil 2020 auf 71 Prozent (auf 74 Prozent im Vereinigten Königreicht) (Silver et al. 2020b). Wer also im „globalen Kampf der Narrative" (Borrell 2020) die Nase vorn hat, bleibt weiterhin offen; China verliert jedenfalls deutlich an Boden.

Fest steht: Die „Krisenbewältigung" in den USA hat aufs Bizarrste die gesellschaftspolitischen Spaltungen und die politischen Verwerfungen zur Schau gestellt, die Administration Trump hat auf bewährte Weise die Krise der Repräsentation zu nutzen versucht, allerdings nicht mit dem erwarteten durchschlagenden Erfolg, wie am 3. November von den Wählern testiert. Das zuerst vertuschende und dann wenig bis kaum bürger- und menschenrechtskompatible Vorgehen in China in Kombination mit einer wohl geostrategisch motivierten

„Maskendiplomatie" hat Peking in Europa letztlich sogar Sympathien gekostet. Damit katalysiert Covid-19 die gesellschaftspolitischen Zentrifugalkräfte des Systemkonflikts – auch für die Europäer.

Bei der Suche nach Identität (Fukuyama 2019) kristallisiert sich in der Pandemie mehr und mehr heraus, dass weder die USA noch China einen veritablen Ordnungsrahmen für Europa bieten können. Vielmehr macht sich beim Umgang mit den anderen Großmächten eine „Erschöpfung und Müdigkeit bei leichter Reizbarkeit" (Ajouri 2009, S. 20) breit. Komplex genug ist die Situation innerhalb der Staatengemeinschaft selbst. Die europäischen Gesellschaften ringen in sich und miteinander mit den Zielkonflikten der Pandemie. Auf der einen Seite wünscht man sich eine starke Exekutive, die eine effiziente Pandemiebekämpfung vornimmt. Auf der anderen Seite bedarf es einer angemessenen Grundrechtsabwägung, die auf einer möglichst breiten parlamentarischen Diskussion fußt und die die Freiheiten nur so weit wie nötig einschränkt sowie auch die wirtschaftlichen Strukturen in das Post-Corona Zeitalter überführt. Weder der Blick über den Atlantik noch der Weg über die Seidenstraße gen Osten bieten für diese schwierige Abwägung Orientierung.

## 4.5 Gewinner und Verlierer: Neues Gleichgewicht der Mächte?

Betrachtet man mit etwas Distanz die Pandemie in ihren Auswirkungen auf die Transmissionswege der Globalisierung (Kap. 3) und ebenso die politischen Strategien sowie die gesellschaftlichen Reaktionen im Umgang mit dieser Herausforderung (Kap. 4), so fügt sich die Frage an, wie sich im Lichte der strukturellen Veränderungen (Kap. 1) das globale Machtgefüge verändern wird. Die Pandemie war für alle politischen Systeme und alle gesellschaftlichen Muster ein Stresstest. Das Herunterfahren des sozialen Lebens, die Einschränkung individueller Rechte, die weitgehende oder umfassende Kontrolle des Einzelnen, das Verbot wirtschaftlicher Tätigkeit – nur in Kriegsphasen und bei extremen Naturkatastrophen sind solche Eingriffe erwartbar und zu erinnern.

1. Wird sich der Systemkonflikt in der *Great Power Competition* verschärfen oder entschärfen? Haben sich die Einflussmöglichkeiten der verschiedenen Mächte durch die Pandemie systematisch verändert? Gibt es klar identifizierbare Gewinner und Verlierer der Covid-19-Pandemie?

2. Liefert der Kampf gegen das Sars-Cov2-Virus die *neue Zukunftserzählung* für eine Gesellschaft, die entweder durch den Impfstoff oder durch die Niederringung des Virus (NoCovid und ZeroCovid-Strategien) eine neue Lebenswirklichkeit geschaffen hat und damit andere Werte in den Mittelpunkt rückt?

3. Relativieren das Virus und die Pandemie jene *Illusionen* der zweiten Globalisierung, die sowohl in den entwickelten Industrieländern als auch in den Ländern im Entwicklungsstatus zu Enttäuschungen führten? Denkbar ist, dass das Virus eine neue Form globaler Solidarität und Kooperation begründet.

4. Das Virus und die Bekämpfung der Pandemie haben die *demokratischen Verfassungen* in einer Weise herausgefordert. Demokratien können bei der Pandemiebekämpfung systematisch auf die Verantwortung ihrer Bürgerinnen und Bürger setzen, was tatsächlich nicht geschah. Das wird Folgen haben.

5. Sind die wechselseitigen Abhängigkeiten der Gesellschaften bzw. Volkswirtschaften gestiegen oder geschwunden? Entstehen *neue Netzwerke* in der Forschung und den kritischen Produktionen, die den Hierarchien die Kooperation abnötigen werden?

Die gesellschaftlichen Voraussetzungen für den Umgang mit Grundrechtseinschränkungen sind in den verschiedenen politischen Systemen unterschiedlich (vgl. Tab. 4.7). Das beschränkt oder befördert nicht nur die Wirksamkeit des Infektionsschutzes, es hat zugleich nachhaltige Bedeutung dafür, ob und wie eine Gesellschaft die Erfolge und Misserfolge in der Pandemiebekämpfung bewertet. Der Stresstest durch die Pandemie trifft zwar alle Makrosysteme, eine besondere Herausforderung ist er aber für die Regierungen. Denn ein Staatsversagen – oder besser: ein Politikversagen – in einer existenziellen, lebensbedrohenden Krise wird nicht verziehen. Der *Staat als große Versicherungsgemeinschaft* für solche Fälle von allgemeinen Notlagen oder Naturkatastrophen musste sich deshalb in der Krise besonders erweisen. Welcher politische Ansatz, welche Strategie – insoweit es durchweg eine einheitliche gab oder geben konnte – bei der Erfüllung dieses staatlichen Basisauftrags erfolgreicher war, wird man erst aus historischer Perspektive in einer Rückschau mit hinreichendem zeitlichem Abstand würdigen können. Grundsätzlich können freie, demokratische und damit partizipative Gesellschaften besser auf die Verantwortungsfähigkeit der Bürger setzen. Hieraus darf allerdings keineswegs naiv geschlussfolgert werden, dass dieser inhärente Vorteil liberaler Demokratien auch genutzt wurde. Mit zunehmender Dauer der Pandemie im Herbst und Winter 2020/2021 wurden die Ermüdungserscheinungen der freiheitlich-demokratischen Gesellschaften schließlich unübersehbar, zumal dann, wenn die Wirksamkeit staatlichen Handelns aufgrund von Unwillen, Unfähigkeit, Überforderungen oder institutionellen Hemmnissen (wie einer föderalen Ordnung) zunehmend schwächer wurde. Wo Demokratien keine konsistente Pandemiepolitik mehr anbieten und als *Enabler individueller Pandemiebekämpfung* ausfallen, setzten sie gleichwohl das Vertrauen ihrer Bevölkerungen wie den Erfolg ihrer Strategie aufs Spiel. Während die Politik dann nur noch unverdrossen auf den groben Lockdown setzen konnte, verlangte die Gesellschaft immer stärker nach differenzierten und flexiblen Antworten.

Dabei hätten die vermeintlichen Erfolge im Ursprungsland der Pandemie die demokratischen Pandemiebekämpfer kalt lassen müssen. Seit Beginn der Pandemie sah sich die *Volksrepublik China* einer speziellen Herausforderung gegenüber, wo das Sars-CoV-2 Virus – nach allem, was durch ein Team der Weltgesundheitsorganisation bekannt wurde – in Wuhan auf den Menschen übergegangen ist und die Behörden rund drei Wochen zu spät die notwendigen Meldungen an die WHO weitergegeben haben. Dieses Reputationsrisiko versuchte man dadurch einzuhegen, dass man mit Maskenexporten nach Europa den starken Helfer spielte, obgleich die Effekte überschaubar waren („mask diplomacy"). Dabei sind diese Aktionen auf eine gemischte Reaktion gestoßen und haben nur äußerst begrenzt auf das Reputationskonto der Volksrepublik eingezahlt, wenn nicht gemindert. So wurde sowohl vonseiten US-amerikanischer wie auch europäischer Politiker diesen Aktionen eine geopolitische Motivlage zugeordnet, obgleich die Lieferungen tatsächlich stärker regional verankert und orientiert waren (Fuchs et al. 2021).

Viel wirksamer war der makroökonomische Impuls, den die chinesische Zentralregierung gezielt bereits früh im Krisenjahr 2020 setzen konnte. Dadurch wurde ab April des Jahres für viele andere Volkswirtschaften ein wichtiger Beitrag gesamtwirtschaftlicher Stabilisierung möglich, und China selbst konnte im Jahr der Krise noch einen Zuwachs beim Bruttoinlandsprodukt mit immerhin 2,3 Prozent realisieren. Das beeindruckt auf den ersten Blick, doch es schwindet der Glanz, wenn man die Fortdauer der strukturellen Probleme der chinesischen Volkswirtschaft betrachtet. Daran – z. B. der Verschuldung der Staatsunternehmen, einem eher schwachen Konsum, der Labilität des Finanzsystems, der fehlenden Lösung für die soziale Absicherung der großen Einkommensrisiken im Lebensverlauf, den Herausforderungen des demografischen Wandels – hat sich nichts geändert.

In den *Vereinigten Staaten* hat die neue Administration erst einmal Ordnung in das politische Chaos gebracht und die wissenschaftliche Expertise wieder stärker in den Mittelpunkt der politischen Entscheidungsfindung zur Pandemiebekämpfung gebracht. Der wirtschaftliche Einbruch in den USA blieb im Jahr 2020 mit 3,5 Prozent erstaunlich gering, damit verglichen war die Eurozone deutlich kräftiger getroffen, wo das Bruttoinlandsprodukt um 6,8 Prozent schrumpfte, in einigen Ländern – wie Frankreich mit 8,2 Prozent und Vereinigtes Königreich mit 9,9 Prozent – noch deutlich stärker; in Deutschland nur mit 4,8 Prozent. Der Grund für diese Unterschiede lag weniger in einer besonderen wirtschaftspolitischen Kompensation, auch wenn der fiskalische Impuls in Reaktion auf den ersten Lockdown in Höhe wie Struktur länderspezifisch schwankte. Der volkswirtschaftliche Reflex auf die Pandemiepolitik macht einmal mehr die unterschiedlichen angebotsseitigen Strukturen und Spezialisierungsmuster der Länder: Während Deutschland durch seine starke exportorientierte Industrie schnell und wirksam vom chinesischen Impuls und den sich belebenden Weltmärkten zehren konnte, war dies Frankreich und dem Vereinigten Königreich mit ihrer schwachen Industrie verwehrt.

Bedeutsam war die Wirksamkeit der Lockdown-Beschlüsse im täglichen Leben der Bürgerinnen und Bürger, dabei wirken sich unterschiedliche gesellschaftliche Orientierungen, unterschiedliche Akzeptanz zentralstaatlicher oder regionalpolitischer Maßnahmen, unterschiedliche kulturelle Üblichkeiten, Verhaltensmuster und Traditionen aus. Entsprechend erwiesen sich in asiatischen Ländern durchgreifende Eingriffe in das private und öffentliche Leben als leichter durchsetzbar, und zwar sowohl aufgrund der politischen Drohung wie der kulturellen Üblichkeiten. In Europa dagegen wurde stärker auf privat zu organisierende Formen des *Social Distancing* gesetzt, die nicht zu einem vollständigen Erliegen des gesellschaftlichen sowie ökonomischen Lebens führten und auch bei der Öffnung von Bildungseinrichtungen flexibler reagierten.

Eine wichtige Differenzierung ergab sich bei der Nutzung der neuen *Corona-Impfstoffe*. Zwar hat sich Europa schon seit langem als Standort für Impfstoffproduktionen profiliert, immerhin 80 Prozent aller Impfstoffe weltweit werden hier produziert. Und auch bei der Forschung nach Corona-Impfstoffen waren europäische Pharmaunternehmen früh im Markt. Dennoch ist es der Europäischen Union nicht gelungen, diesen im Herbst 2020 absehbaren Vorteil durch kluge Beschaffungspolitik mit entsprechenden Verträgen zu nutzen, dass früh und umfangreich in der EU geimpft werden konnte. Tatsächlich waren die USA und das Vereinigte Königreich dafür besser und schneller aufgestellt. Vor allem die USA haben früh, stark und damit angemessen agiert, als im Frühjahr 2020 (!) mit der „Operation Warp Speed" ein Programm mit einem Volumen von 18 Mrd. US-$ aufgelegt wurde. Dadurch konnte die Entwicklung der Impfstoffe, deren Massenproduktion beschleunigt, aber auch die Herstellung von Spritzen, entsprechenden Nadeln, Phiolen und spezielle Transportbehältnisse frühzeitig angeregt werden, sodass es dadurch keine Lieferprobleme gab.

Interessanterweise zeigt sich die VR China beim Impfen lange im Hintertreffen, sodass ein für das ambitionierte Land unvorteilhaftes Szenario immer wahrscheinlicher wird: Wenn in den USA und in der EU im vierten Quartal 2021 die Impfungen umfassend durchgeführt und die Grenzen geöffnet bleiben, dürfte dies in China erst für ein Drittel der Menschen gelten. Wegen der gewählten ZeroCovid-Strategie müssten dann die Grenzen weiterhin geschlossen bleiben; China würde so zum „Verlierer im Impfrennen" (Ankenbrand 2021a). Der vermeintliche Vorteil der staatskapitalistischen Hierarchien, nämlich ohne

lange Abstimmungsprozesse alles wirkmächtig auf eine Karte setzten
zu können, scheint derzeit gegenüber den agilen privatwirtschaftlichen
Netzwerken zu verpuffen. Dabei wirkt sich auch aus, dass nach der
„mask diplomacy" die chinesische Führung eine „Impfstoffdiplomatie"
startete, die einerseits das eigene Land bei der Pandemiebekämpfung
zurückwarf, andererseits international erneut machtpolitische Unter-
stellungen beförderte. Dazu trug auch bei, dass Chinas Politik und
Medien die europäischen Impfstoffe versuchten, zu diffamieren.

Die medizinischen Produkte waren aus politisch naheliegenden
Gründen in der Pandemie der Bereich, wo schnell *Exportbeschränkungen*
verfügt wurden (Abb. 4.11). Das galt auch für Impfstoffe, für die in den
USA erst dann ein Export zugelassen wurde, wenn für die heimische
Bevölkerung genügend verfügbar war. Im Zuge des Lieferstreits mit
AstraZeneca unterband auch die EU 2021 den Export des Corona-Impf-
stoffes. In der Krise ist dies verständlich, danach und bei hinreichender
Verfügbarkeit von Impfstoffen sollte eher die Frage darauf gerichtet sein,
wie man gemeinsam Forschung und Distribution organisiert. In Europa
gelang dies – wenn auch nicht mit der erhofften Geschwindigkeit – trotz
der Tatsache, dass Gesundheitspolitik unverändert eine Angelegenheit der

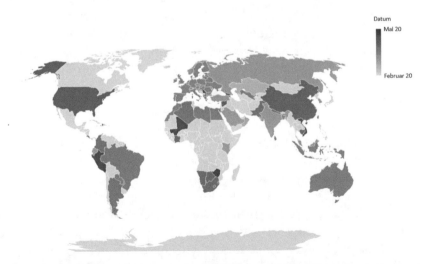

**Abb. 4.11** Exportbeschränkung im Handel mit medizinischen Produkten seit
Beginn der Pandemie. (Quelle: International Trade Centre 2021)

**Tab. 4.8**   Gewinner und Verlierer infolge der Pandemie

| | Eurozone | USA | VR China |
|---|---|---|---|
| BIP in vH<br>2020<br>2021 (Consensus Forecast) | −6,8<br>+4,3 | −3,5<br>+5,7 | +2,3<br>+8,1 |
| Arbeitslosen-<br>quote/Anstieg<br>Arbeitslosigkeit<br>in vH<br>2019<br>2020<br>2021 | 7,6<br>8,9 (+17 Prozent)<br>9,1 (+2 Prozent) | 3,7<br>8,9 (+141 Prozent)<br>7,3 (−18 Prozent) | 3,6<br>3,8 (+5,5 Prozent)<br>3,64 (−4 Prozent) |
| Covid-19-<br>Sterberate je<br>100.000 in vH<br>(Stand: KW 10<br>2021) | 127 (per 100k<br>pop.) | 162 (per 100k<br>pop.) | 0,34 (per 100k<br>pop.) |
| Corona-Strategie | Kontrolle<br>des Virus;<br>Sicherung der<br>medizinischen<br>Versorgung, idR<br>zentral | Kontrolle des<br>Virus; primär<br>einzelstaatlich,<br>auf County-<br>Ebene | Zero Covid,<br>massive Ein-<br>schränkungen,<br>zentrale<br>Steuerung |
| Impfstrategie:<br>Erreichung der<br>Herdenimmuni-<br>tät | EU-Impfstoff-<br>strategie<br>(17.06.2020;<br>Volumen<br>2,7 Mrd. EUR),<br>erste Zulassung<br>21.12.2020<br>BioNTech/<br>Pfizer (Vertrag<br>11.11.2020) | „Operation<br>Warp Speed"<br>(15.05.2020;<br>Volumen 18 Mrd.<br>US$, Forschungs-<br>förderung),<br>erste Zulassung<br>11.12.2020<br>BioNTech/Pfizer | Zulassung 31.<br>Dezember 2020<br>für ersten Covid-<br>19-Impfstoff<br>des Staats-<br>unternehmens<br>Sinopharm |

Quellen: **Coronakrise – Impfstoffstrategie|EU-Kommission (europa.eu), Corona-virus: Operation Warp Speed (defense.gov), IMF World Economic Outlook Oct 2020; IMF World Economic Outlook January 2021 Update; ECDC Data on 14-day notification rate of new COVID-19 cases and deaths**

Nationalstaaten ist. Das ist grundsätzlich positiv, unabhängig von der tatsächlichen Umsetzung, die viel Kritik hervorgerufen hat.

Für die Frage nach den *Gewinnern und Verlierern infolge der Pandemie* sind aufgrund der vorliegenden Befunde (Tab. 4.8) nur erste

Indikationen möglich, um Antworten auf die eingangs gestellten fünf Fragen gemäß der Argumentation des ersten Kapitels zu geben: 1) So ist für den *Wettstreit der Großen Mächte* nicht nur der Umgang mit der Pandemie bedeutsam, sondern die neue Konstellation mit Joe Biden und dem Investitionsabkommen der EU mit China. Die Bedingungen verschieben sich, und zwar – so die These – aufgrund beider Bedingungskonstellationen nicht zugunsten Chinas, sondern des neu konfigurierten transatlantischen Westens. 2) Es ist nicht ausgeschlossen, aber noch zu diffus, ob die Covid-19-Krise die Gesellschaften näher zueinander bringt, weil Solidarität sich in höhere *Kooperationsneigung* umsetzt: Die Hoffnung kann man haben, auch wenn der Ausnahmezustand die Bedeutung des Nationalstaats betont. Zugleich ist das Pandemieerlebnis sicher keine Überwindung oder gar Auflösung der „Erschöpfung und Müdigkeit bei leichter Reizbarkeit" (Ajouri 2009, S. 20), die für viele etablierte Gesellschaften angesichts einer fehlenden Zukunftserzählung zu diagnostizieren ist. Dafür reicht auch extreme Entschleunigung, wie durch den Stillstand des öffentlichen Lebens, nicht aus. 3) Die *Enttäuschungen der zweiten Globalisierung* sind nicht geschwunden und die daraus folgenden Fragen nach inklusivem Wachstum nicht überzeugend oder gar nicht beantwortet. Daran hat die Pandemie wenig geändert, wenngleich die Betroffenheit Afrikas deutlich geringer war als befürchtet; die Sicherheitsillusion der Industrieländer und die Effizienzillusion in den Entwicklungsländern wirken weiter.

4) Die *Demokratien* scheinen einen Vorteil zu haben, der aber noch nicht durchgängig testiert ist. Jedenfalls ist das höhere Tempo und die Flexibilität, mit dem Diktaturen angesichts fehlender Rechtfertigungsprozeduren und Legitimation oftmals zu punkten versuchen, in einer Pandemie wiederum im Nachteil, deren nachhaltige Bekämpfung das Vertrauen und die Verantwortung der Bürgerinnen und Bürger benötigt. Die Vorbildfunktion demokratischer Verfassung kann dadurch in der Globalisierung gestärkt werden. Eine weitere Stärkung erfahren die Demokratien zwar nicht mit dem Blick auf die relative Effektivität der Corona-Maßnahmen, jedoch durch die Sicherung der Menschenrechte. Autokratien haben die Gewalt die Bürger des eigenen Landes breit, im Sinne der geografischen und zeitlichen Dimension, einsperren

zu können, egal ob über vernagelte Haustüren oder rote Codes in der staatlichen Gesundheits-App. Zwar ist das ein äußerst wirksames Mittel gegen die Ausbreitung der Pandemie, doch der zu zahlende Preis der freiheitlichen Rechte ist unzumutbar hoch. Auch in einer absoluten Ausnahmesituation wie der soeben durchlebten dürfen sich demokratische Entscheidungsfindungsprozesse nicht von grundlegenden und lange eingeübten Ordnungsprinzipien entfernen. *Die Autokratisierung der Pandemiebekämpfung ist kein demokratisch gangbarer Weg.* In diesem Sinne ist die Hoffnung von Thea Dorn (2020) auf eine Pandemiebekämpfung unter demokratisch-freiheitlichen Nebenbedingungen zu verstehen:

„Die freiheitlich verfasste Demokratie ist die einzige aller bekannten Staatsformen, in der es gelingen kann, eine lebbare, humane Balance zwischen der „gegebenen Wirklichkeit" und der „Idee" herzustellen, will sagen: die Welt, so wie sie ist, mit all ihrem Chaotischen, Feindlichen, Verletzenden demütig zu akzeptieren und gleichzeitig das stolze Ideal der aufgeklärten Zivilisation zu verfolgen, den Menschen gegen das Schicksal zu wappnen, bessere Verhältnisse auf Erden herzustellen. Diesen äußerst fragilen Balanceakt können Demokratien nur vollbringen, wenn sie sich zum Geist des zwangsläufig Unvollkommenen, des Kompromisses, des Ausgleichs, des Gemäßigten, kurz: des Anti-Radikalen bekennen".

5) *Neue globale Netzwerke* sind in pharmazeutischen Forschungskooperationen entstanden, was allein angesichts der notwendigen finanziellen Ressourcen geboten ist. Bereits im Jahr 2017 ist in Davos *CEPI* als innovative weltweite Zusammenarbeit zwischen privatem, öffentlichem und Dritten Sektor begründet worden, um Impfstoffe gegen künftige Epidemien zu entwickeln (https://cepi.net/about/whyweexist/). Im Jahr 2020 entstand in Reaktion auf Covid-19 COVAX als Zusammenarbeit zwischen CEPI, der Impfallianz Gavi und der Welt Gesundheitsorganisation, bereits zum Jahresende 2020 hatten 88 Länder Verpflichtungserklärungen unterzeichnet und 92 Volkswirtschaften mit niedrigem und mittlerem Einkommen sind zur Teilnahme berechtigt. Die Impfallianz Gavi ist im Jahr 2000 (ebenfalls in Davos) gegründet worden, um die Impfraten in den Entwicklungsländern zu erhöhen.

Im ökonomischen Kontext dürfte die Unterbrechung der Wertschöpfungsketten die Kooperation zwischen verschiedenen Standorten intensivieren, wenn man nicht regressiv die Raumstruktur der globalen Arbeitsteilung verändern will. Die wirtschaftlichen Interessen mögen dabei manchen Sicherheitsinteressen beteiligter Staaten widersprechen, doch letztlich ist der Verzicht auf Spezialisierungsvorteile mit hohen sozialen Kosten für alle verbunden. Daran knüpft sich die Hoffnung, dass nach der Pandemie die Netzwerke auch jenseits der pharmazeutischen Forschungsinteressen wieder stärker werden und den Wettbewerb um gute Staatlichkeit forcieren. Entscheidend dürfte dafür sein, ob und wie die Pandemie-Erfahrung die Bedeutung von Grenzen relativiert, weil Zuständigkeiten und Verantwortungen sich angesichts von Covid-19 nicht mehr in der gewohnten Form an Grenzen orientieren können. Die Rechtfertigung von Grenzen wird durch das Virus neu gestellt – im Positiven wie im Negativen. Das führt zu der Frage von Onora O'Neill, wo und wie „man Grenzen auf eine spezifische Weise durchlässiger macht – und daher auf andere spezifische Weise weniger effektiv" (O'Neill 2019, S. 17 f.). Diese Gerechtigkeitsfrage ist durch Covid-19 neu zu stellen und zu klären.

# 5

# Perspektiven der Globalisierung: Netzwerke mit verlässlichen Institutionen

*Die Perspektiven der Globalisierung haben sich verschoben,* sind neu justiert worden. Konnten wir beim Abschluss des Manuskripts „Die erschöpfte Globalisierung" im Herbst 2017 zwar mit Skepsis, doch mit konkreten Handlungsoptionen die Chancen einer inklusiven, dritten Globalisierung skizzieren, so haben sich die Bedingungen dafür seitdem grundlegend verändert (vgl. Kap. 1). Die ohnehin unvermeidlichen Widersprüche, Dilemmata, Spannungen und Konflikte der Globalisierung sind unter veränderten strukturellen Bedingungen zu würdigen.

Der zum *Systemkonflikt* verschärfte Systemwettbewerb hat die Frage nach dem vorherrschenden Einfluss, der dominierenden Macht, dem Hegemonen unausweichlich gestellt (vgl. Kap. 2). Das Versagen der Präsidentschaft Trump auf internationalem Parkett, getarnt als der selbstbezügliche Versuch, die Vereinigten Staaten autonom größer zu machen, hat in der Weltordnung Brüche verursacht und Lücken provoziert. Im Ergebnis hat sich die politische Statik der Welt zuungunsten des transatlantischen Westens verändert, zumal die chinesische Führung sich in der Verantwortung für Jahrhundertziele sieht und dafür eine ideologische Regression konsequent betreibt.

M. Hüther et al., *Erschöpft durch die Pandemie,*
https://doi.org/10.1007/978-3-658-34345-3_5

Die *Pandemie* hat die Transmissionswege der Globalisierung zum Teil einschneidend verändert, zum Teil gar nicht betroffen, insgesamt aber beachtliche strukturelle Effekte ausgelöst und die Sichtweisen auf die weltweite Arbeitsteilung verändert (vgl. Kap. 3). Jedes Land schien zunächst auf sich selbst zurückgeworfen zu sein, die Chancen der Kooperation waren nachrangig. Die institutionellen Schwierigkeiten – das Selbstverständnis der Vereinten Nationen nach 75 Jahren, Funktionsprobleme des Internationalen Währungsfonds und der Welthandelsorganisation, die Überforderung der Weltgesundheitsorganisation, die Bindungsschwäche des Pariser Klimaabkommens, die Steuerungsdefizite der G7 und G20-Formate, die Identitätsfragen des transatlantischen Westens u. a. m. – sind im Verlauf der Pandemie gleichermaßen spürbar und bedeutend gewesen.

Der Kampf um Leben und Tod wurde derart medial begleitet, dass in der Politik eine Arbeitslogik zum Tragen kam, die auf maximale Risikovermeidung setzte, wo es doch immer nur um risikoadjustiertes Management und Verhalten gehen konnte (Kap. 4). Die nationalen Hierarchien haben so oder so eine neue Bedeutung gewonnen, wenn es um den Ausnahmezustand geht. Anders als in der Finanzkrise, war diesmal die ganze Gesellschaft betroffen. Die positiven Erfahrungen mit der schnellen *Impfstoffverfügbarkeit* und der gestärkten internationalen Bereitschaft, in diesem Bereich zum Wohle aller Menschen zusammenzuarbeiten, stehen dem krisenspezifisch entgegen. Ob daraus eine neue Stärke internationaler Institutionen gewonnen werden kann, ist derzeit noch völlig offen.

Bei all dem spielt eine Rolle, dass sich in den letzten Jahren noch viel deutlicher herauskristallisiert hat, vor welchen fundamentalen *Herausforderungen die Gesellschaften der entwickelten Welt* stehen. Überforderungen resultieren aus Entwicklungen, die früher ganz selbstverständlich als Fortschritt firmiert hätten. Doch das Ineinandergreifen von technologischen Modernisierungsschüben, der Ungewissheit über die Transformation der Industrieökonomie in die Nachhaltigkeitsökonomie und einer gesellschaftlich-narrativen Leere haben Spannungen, Sorgen und Widersprüche begründet, und zwar zusätzlich zu dem mehrfach zitierten Befund der „Erschöpfung und Müdigkeit bei leichter Reizbarkeit" (Ajouri 2009, S. 20) als Signum einer Stimmungslage ähnlich der des *Fin de Siècle*.

Der anstehende *wirtschaftliche Strukturwandel* geht in seiner Dimension weit über das hinaus, was in den vergangenen Jahrzehnten seit der Mitte des letzten Jahrhunderts oder seit der Öffnung Chinas nach dem Jahr 1978 zu bewältigen und zu gestalten war. Es verbinden sich deshalb in unbekanntem Maße Fragen über künftige Macht und künftigen Einfluss, wenn die industrieökonomischen Strukturen nicht mehr wie in der Vergangenheit tragen. Damit sind Zweifel begründet, ob die Zweite Globalisierung mit ihren vielfältig grenzüberschreitenden Wertschöpfungsketten im Industrie-Dienstleistungsverbund die selbstverständlich erwarteten Effizienzvorteile noch generieren kann.

Das *Janusgesicht der Globalisierung* aus riesigen Zugewinnen an Lebensmöglichkeiten und gleichermaßen gewaltigen Anpassungserfordernissen beginnt so sich zu verändern. Dazu trägt bei, dass die Handlungsfähigkeit des Staates wie schon in der Finanzkrise nicht nur getestet, sondern im Grundsatz auch bestätigt und gar gestärkt wurde. Bei einem Nullzinsniveau ist die fiskalische Begleitung dieser Krise trotz zum Teil höherer Schuldenstände als vor einer Dekade leichter möglich. Am Staat soll es nicht liegen, so rufen uns die Kapitalmärkte zu; manch einer leitet daraus eine grundsätzlich neue Finanzierungslogik für die Staatsaufgaben ab, die aus den scheinbar unlimitierten Bedingungen durch negative Zinsen auf Dauer in einer entsprechend flexiblen Geldpolitik resultiert. Doch darin liegt für saturierte Gesellschaften – wie der deutschen – die Gefahr, dass wegen der unbegrenzten finanziellen Feuerkraft die Anstrengungen für kluge und flexible Lösungen in den verschiedenen Handlungsfeldern der Pandemie erlahmen und unnötig undifferenziert agiert wird.

*Die Bedingungen der Globalisierung haben sich verschoben,* sind neu justiert worden. Wenn Gesellschaften neue Zukunftserzählungen benötigen, um wieder agil zu werden, um den unvermeidbaren Veränderungen des Alltäglichen eine plausible Rahmung zu geben, dann hat die Überzeugungskraft der Vergangenheit arg gelitten. Die Erfolge erscheinen kleiner, die Misserfolge entsprechend größer. Das Erlebnis, es könnte alles auch ganz anders gehen – mit mehr Staat, mit stillgelegter Wirtschaft und mit ruhendem öffentlichem Leben – lässt bei einigen den Gedanken reifen, dass die ohnehin mühsame Freiheit mit der dazu gehörenden Verantwortung doch weniger wichtig

sein könnte. Die Ideen des Postwachstums oder gar der Wachstums-
rückgabe (degrowth) erhalten Auftrieb, ohne dass sie sich dabei als
solche enttarnen müssen. Die Pandemie offeriert ein neues Äußeres,
obgleich das Impfstoffwunder ohne ein balanciertes Miteinander
von staatlich finanzierter Grundlagenforschung und privater Risiko-
sowie Investitionsbereitschaft nicht vorstellbar gewesen wäre; und
der besondere Erfolg der US-Impfkampagne wäre ohne eine massive
Nutzung marktwirtschaftlicher Anreize („Operation Warp Speed")
undenkbar gewesen:

- Das *Zur-Freiheit-Verdammt-Sein* würde überwunden, folgte man
  den Protagonisten des Stillstands, den Moralisten des Lockdowns.
  Doch was würden wir gewinnen? Hier zeigt sich ein fundamentales
  Missverständnis, denn *„die Antwort auf Furcht ist nicht Mut, sondern
  gesicherte Freiheit"* (Müller 2019). Die Balance zwischen dynamischer
  Veränderung der Lebensbedingung und der angemessenen Sicherheit
  im Wandel findet sich nicht im Stillstand des öffentlichen Lebens,
  nicht im Verzicht auf die Begegnung, den Austausch, die Aushandlung, die Kommunikation, den Konflikt mit anderen, sondern
  in der Einsicht, dass Freiheit mit der Pandemieerfahrung nicht die
  Absage an Gemeinsamkeit in der Gesellschaft erfordert, dass Freiheit vielmehr immer der kollektiven Rahmung bedarf. Genau
  diese Rahmung muss neu definiert werden, weil die Unsicherheit
  der Lebensbedingungen weiter zunehmen und die Gewinne aus
  Globalisierung selbst unsicherer werden. Der *Ort der Sicherheit und
  der Stabilität sind die Kommunen,* deren Aufblühen im 19. Jahrhundert im Zuge der Abwanderung der Bevölkerung aus ländlichen
  Gebieten (Verstädterung) und der Veränderung der Lebensweise
  (Urbanisierung) die Globalisierung über Netzwerkbildung wesentlich
  vorantrieb. Doch Städte und Urbanisierung sind durch Pandemie
  und Pandemiebekämpfung fundamental bedroht (Abschn. 5.1).
- Um die Potenziale der Globalisierung zu erfassen, sind die Positionen
  der unterschiedlichen *volkswirtschaftlichen Geschäftsmodelle* nach
  der Pandemie und im Angesicht der großen Transformation der

Dekarbonisierung und der Digitalisierung zu benennen. Daraus ergeben sich Perspektiven für die verschiedenen Modelle in der Transmission weltweiter Vernetzung. Die Dekarbonisierung verlangt den staatlich definierten, möglichst global abgestimmten Handlungsrahmen aus zeitlichen Zielvorgaben und dazu passenden Instrumenten der Forschungsförderung, der Qualifikation, der Standortentwicklung. Die Unternehmen können dann ihren Beitrag leisten, wenn sie stabile Erwartungen über eben diese Ziele und Instrumente entwickeln können. Die *Dekarbonisierung* der energieintensiven Produktion, die im Wesentlichen über grünen Strom (Wasserstoff) laufen muss, begründet neue globale Abhängigkeiten und erfordert intensive Kooperationen. In der *Digitalisierung* ist die Definition von Standards für die Interoperabilität, von Wettbewerbsbedingungen für Plattformen sowie Regelungen für Datensicherheit und Datensouveränität die Aufgabe der Hierarchien, und zwar auch hier notwendigerweise global abgestimmt; die privaten Akteure kreieren dann ihre Netzwerke (Abschn. 5.2).

• Wenn es darum gehen soll, der *Globalisierung als Freiheitsfolge und Freiheitsversprechen* eine erneuerte, stabile Grundlage zu geben, dann sind die veränderten Bedingungen ernst zu nehmen und zu adressieren. Die Vorstellung einer wirklich inklusiven („dritten") Globalisierung muss deshalb weitere Themen berücksichtigen, ohne die Grundlagen zu vergessen (HDG, Abschn. 5.1): Dazu gehören nicht mehr nur die Klimapolitik, die Gestaltung der Digitalisierung und das Management der strukturellen Heterogenität aus globalem Handel und karger Subsistenzwirtschaft in den Entwicklungsländern, sondern ebenso und drängend die Fragen der Weltgesundheit im Konzert mit den zentralen Transmissionen weltweiter Integration. Vermutlich trägt der Gesundheitssektor die nächste Welle der Globalisierung – ein neuer Kondratieff (Abschn. 5.3)?!

## 5.1 Gegen die Abwicklung der Moderne: Neue Urbanisierung

Die Covid-19-Pandemie und die im Grundsatz überall gegebene Antwort des *Social Distancing* haben mit längerer Dauer und damit verbundenen Perspektivlosigkeit für die vom Lockdown betroffenen Branchen weitaus tiefergehende Folgen als die mögliche Insolvenz von Geschäften und Betrieben. Hotels, Restaurants, Bars, Kulturtreibende und Kultureinrichtungen, soziale Dienste, Sport und Veranstaltungen aller Art – sie waren vom Lockdown existenziell bedroht, viele haben nicht überlebt. Bedroht wurde damit zugleich das, was im Kern der Modernisierungsprozesse nach 1820 stand. Die Moderne – als Ausreifung der damit verbundenen Trends seit dem späten 19. Jahrhundert (Lenger 2014, S. 12) – droht mit dem Lockdown und seiner Bedrohung städtischen Lebens nachhaltig beschädigt zu werden, damit aber auch die Globalisierung, die ohne Verstädterung und Urbanisierung nicht denkbar ist.

Wir legen einen zeitlich wie thematisch weiten Begriff der Moderne zugrunde, der die großen Linien gesellschaftlichen Wandels der letzten zweihundert Jahre thematisiert. Zeitgenössisch haben sich allerlei Präfixe und Qualifikationen eingeübt, wie „Postmoderne", „andere Moderne", „zweite Moderne", „Welt-Moderne", „flüchtige Moderne", „kulturelle Moderne" oder „Spätmoderne", wenn speziellere Pfade oder spätere Zeiträume in den Blick genommen werden sollen (Hüther 2021). Der Begriff der Moderne taugt als Epochenbegriff, darauf beruhend konkretisiert als Zustandsbeschreibung der Gegenwart und zur Bündelung von großen Trends. Das kommt in den zitierten Variationen des Begriffs zum Ausdruck. Der weite Blick auf die Moderne und die Modernisierung dahin, rechtfertigt sich aus der Tatsache, dass die Chancen der Industrialisierung sich nicht in Kapitalakkumulation und Produktivitätsgewinnen, im volkswirtschaftlichen Strukturwandel von der Agrarwirtschaft zur Industrie und zum Dienstleistungssektor sowie dem Ausbruch aus der malthusianischen Falle zu nachhaltigem Bevölkerungswachstum erschöpften, sondern ganz fundamental die Lebensweise und den Alltag der Menschen beeinflussten: Verstädterung und Urbanisierung, Mobilität und Reisen, Trennung von privater und beruflicher Sphäre, die Stärkung des öffentlichen Raums durch die Abgrenzung der Privatheit – all dies waren bedeutsame Kennzeichen der großen gesellschaftlichen Modernisierung nach 1800, die auf den Chancen der Industrialisierung ebenso fußte wie auf den revolutionären Durchbrüchen zur politischen Selbstbestimmung und individuellen Freiheit:

1. Eindrucksvoll manifestiert sich das in der westlichen – europäischen – Welt als ungeahntes *Wachstum der Städte* und als damit einhergehender *Wandel der Lebensbedingungen.* Lebten in Europa zu Beginn des 19. Jahrhunderts rund 19 Mio. Menschen in Städten, so waren es am Ende des Jahrhunderts über 108 Mio. Menschen; die Anzahl der Großstädte mit über 100.000 Einwohnern erhöhte sich von 21 auf 148. Ein wichtiger Faktor waren die Fortschritte bei der Hygiene, in der Wasserversorgung und bei der Sterilisierung der Milch (Lenger 2014, S. 55 f.). Die Urbanisierung eröffnete und forderte neue Möglichkeiten öffentlicher Verständigung. Bücher, Zeitschriften und Zeitungen fanden in drastisch gesteigerten Auflagenzahlen eine rasche und umfassende Verbreitung im intellektuell emanzipierten und ökonomisch zunehmend unabhängigen städtischen Bürgertum; künstlerische Ansprache und gelehrte Gesellschaften eröffneten neue Aktivitätsmuster. Diese griffen auch auf das Ökonomische über, für das die Städte als Märkte und Messeplätze immer schon eine herausragende Bedeutung hatten. Mit der Modernisierung des 19. Jahrhunderts konnten Städte unterschiedliche Profile ausprägen: als Konsumentenstadt, als Produzentenstadt z. B. (Weber 1922, S. 728 ff.). Die Öffentlichkeit konstituierte sich grundlegend neu und gewann die Qualität, nationale öffentliche Räume zu begründen und mit fortschreitender kommunikationstechnischer Entwicklung (transatlantische Telegraphenkabel) diese global zu vernetzen.

2. Verstädterung und Urbanisierung waren möglich, weil immer weniger Menschen in der Landwirtschaft benötigt wurden und weil die Bewegung zwischen städtischen Standorten angesichts der Eisenbahn immer leichter und für jedermann möglich wurde. *Mobilität, Reisen und Migration* sind deshalb ebenso unverrückbar ein Signum

der Moderne. Das Reisen von Stadt zu Stadt verhieß dabei eine Mobilität zwischen vergleichbaren Lebensräumen, die in ihrer Infrastruktur, aber auch hinsichtlich der kulturellen Optionen durch einen gewissen Standard geprägt waren. Gleichzeitig aber war es möglich, unterschiedliche örtliche Funktionsbündel zu definieren und Leistungen an kritische Bevölkerungsgrößen (zentralörtliche Funktionen) zu binden. Theater und Museen waren und sind grundsätzlich nur in Städten möglich, sie finden dort ihre alltägliche Bedeutung; aber nicht in allen Städten konnte alles vorgehalten werden. Die Hierarchisierung der Städte – ebenso die zuvor genannte unterschiedliche Profilierung – verlangte und förderte zugleich die Mobilität der Bürger.

3. Wer mobil sein kann, der verfügt über ein gewisses Maß an *Zeitsouveränität,* eines jedenfalls, das die agrarische Welt nicht zu bieten vermochte. Dahinter stand die Auflösung des „Ganzen Hauses" (Otto Brunner) als alltagsprägendem Ort der Vormoderne, in dem die private Lebensführung mit der beruflichen vermengt war. Diese Vermengung aufzulösen, war unvermeidbar ein Aspekt der Urbanisierung. Denn Wohnung und Arbeitsstätte waren separiert, um überhaupt die kapitalgetragenen Produktivitätsgewinne durch Skalierung gewinnen zu können. Heimarbeit war die alte Welt, Fabrikarbeit die neue. Das aber hatte zur Folge, dass die Arbeitszeit geregelt werden musste, um verlässliche Bedingungen der Lebensführung zu haben. Die Gestaltung der Wochen- und der Jahresarbeitszeit, die Verteilung im Wochenrhythmus und die Festlegung von Feiertagen waren – nicht verwunderlich – wichtige Kampfthemen für die aufkommende Gewerkschaftsbewegung. Denn verlässliche Zeitstrukturen und so definierte Zeitsouveränität eröffneten die Möglichkeit, am politischen und gesellschaftlichen Leben teilzuhaben und sich selbst kulturell und inhaltlich weiterzubilden.

*Urbanisierung, Mobilität, Zeitsouveränität* sind zentrale Kennzeichen der Modernisierung, die nicht unabhängig voneinander gedacht werden können. Zusammen erklären sie die Dynamik und auch die Diskontinuitäten der Moderne, und zwar durch die Geschwindigkeit des Wandels sozialer Ordnungen und Systeme, durch die geografische

Reichweite des Wandels sozialer Umgestaltung und durch die Schaffung gänzlich neuer, nicht-traditionaler Institutionen. „Die Moderne ist in ihrem inneren Wesen auf Globalisierung angelegt", mit der Konsequenz neuer Formen globaler Interdependenz und damit Komplexität. Dafür greifen – so Anthony Giddens (1995, S. 14 f., 84) – drei Trends ineinander: die Trennung von Raum und Zeit, die Schaffung von überlokalen sozialen Strukturen der Einbettung sowie die Erzeugung systematischen („reflexiven") Wissens über das gesellschaftliche und soziale Leben. Moderne Gesellschaften globalisieren sich und entwickeln dabei die Kraft der Reflexion über sich selbst; dies verschafft die Chance auf eine neue Art der Bindung und der Orientierung. Insofern – so Giddens – „bringt die Moderne die Institutionalisierung des Zweifels mit sich", man möchte hinzufügen: auch gegen sich selbst. „Der Begriff der Globalisierung [lässt sich] demnach im Sinne einer Intensivierung weltweiter sozialer Beziehungen [definieren], durch die *entfernte Orte* ... miteinander verbunden werden, ..." (Giddens 1995, S. 85).

Wir hatten auf die Rolle der Metropolen für die Entwicklung der Moderne und damit die Globalisierung in „Die erschöpfte Globalisierung" hingewiesen, eine besondere Bedeutung hatten dabei die *Weltausstellungen* (zuerst 1851) als „Anspruch der westlichen Moderne auf universale Gültigkeit" (HDG, Abschn. 2.5; vgl. Lenger 2014). Dadurch fanden die urbanen Eliten ihren globalen Wirkungsraum, den sie als Avantgarde durch Standardisierungen und Konventionalisierungen in vielen Lebensbereichen prägten; die Metropolen waren die Hotspots der organisierten Moderne, die Knoten in den Netzwerken der Migration und der Wissensdiffusion. Diese Kraft hat sich über die ganze Zweite Globalisierung hinweg weiterentwickelt: „Heute lebt die Mehrheit der Weltbevölkerung in Städten. Und der Anteil der städtischen Bevölkerung nimmt in vielen Teilen der Welt weiter zu. Ob diese Entwicklung als ökologische und soziale Bedrohung der Zukunft unseres Planeten zu betrachten ist oder ob sie vielmehr große Chancen birgt, wird intensiv diskutiert" (Lenger 2014, S. 11).

*Städte sind die Pionierorte der Infrastrukturen* – bis heute. Die Entstehung größerer Städte und Metropolen war der bauliche Ausdruck repräsentativen Wohlgefühls einer Nation an der Fortschrittsgrenze. In den Städten musste und konnte ausprobiert und geprüft werden, was an Neuem technisch darstellbar war. Sie sind in ihrer Entwicklung geprägt durch eine ständige Balance zwischen den technischen Möglichkeiten, eine große Anzahl von Menschen in unterschiedlichsten Lebenssituationen handlungsfähig zu machen, deren Existenzen zu sichern sowie einigermaßen robust und konfliktfrei gesellschaftlich organisieren zu können, und den Herausforderungen, die sich aus der Selbstermächtigung und der Selbstorganisation der Menschen in sozialer, wirtschaftlicher, politischer, religiöser, kultureller, sportlicher Hinsicht ergeben. Städte sind Agglomerationsräume, die ihr Umland profilieren, sie sind Knoten der überregionalen Netze und bilden dadurch die Anker für Arbitrageoptionen in unterschiedlichen Märkten. Städte als Treiber und Maschinenräume der Moderne machen eine Wirtschaftsregion dynamisch, eine Gesellschaft agil und einen Staat als Lebenswelt attraktiv. Kurz: sie machen den Unterschied, sie machen den Staat. Städte definieren Raumstrukturen, indem sie die Muster der Arbeits-, Wissens- und Risikoteilung definieren und steuern.

In der städtischen Dichte des Lebens entsteht grundsätzlich Spannung, Dynamik und der permanente Druck zur Veränderung, in den Städten der Moderne, die durch Infrastrukturen und Angebote der Daseinsvorsorge geprägt sind, findet dies in noch höherem Maße statt. Das ist der Ausgangspunkt für die ökonomische Analyse von *Agglomerationseffekten* und deren Bedeutung für die volkswirtschaftliche Entwicklung. Dabei greifen Fragen nach der Innovationskraft eines Landes mit solchen nach der räumlichen Struktur des Wirtschaftens ineinander. In der deutschen Debatte ist das von Herbert Giersch konzeptionell zusammengeführt worden und unter dem Begriff der *Vulkantheorie* eingegangen (Giersch 1995). Die wirtschaftliche Ordnung im Raum wird in der Tradition der *Thünenschen Kreise* aus dem Miteinander von Zentrum und Peripherie, von Kern und Rand abgeleitet (Thünen 1826). Dabei wird vereinfachend unterstellt, dass die Fläche homogen ist, also für sich genommen keine Anreize für die wirtschaftliche Nutzung setzt, sondern diese sich allein aus dem Zusammenspiel zentralörtlicher Agglomeration und der zunehmenden Entfernung der Peripherie ableiten.

Das Zentrum war bei Thünen sowohl die Stadt im Umland als auch ein Hof in der Gutswirtschaft, es greifen dieselben Argumente. Die Stadt zeichnet sich durch einen Pool gemeinsamer Güter aus, die als öffentliche Güter eine gemeinsame Bereitstellung oder als Allmendegüter eine gemeinsame Bewirtschaftung erfordern, die sich erst durch die *Fühlungsdichte von Menschen* als wirksam und effizient erweist. Kosten des Transports, der Kommunikation, der Aushandlung und der Koordination führen dazu, dass bestimmte Leistungen nur in Städten angeboten werden. Es geht um Verbundvorteile, die sich vor allem aus der Kommunikation, dem Wissensaustausch, der gesamthaften Wahrnehmung der anderen ergibt und als Humankapital sowie als Sozialkapital zu Buche schlägt. In den öffentlichen Räumen, die Städte konstituieren, bedarf es zwingend eines *„common sense of interest"* (eines gemeinsamen Sinnes für ein gemeinsames Interesse, wie es David Hume formuliert hat). „Im Kontrast zum dünn besiedelten Land erscheint die Stadt als die Stätte des informellen gegenseitigen Lernens und Belehrens: Die Ballung selbst wird zum tieferen Grund für die Ballung. Das ist kein unzulässiger Zirkelschluss, sondern die Beschreibung eines kumulativen Prozesses: Menschen, die miteinander kommunizieren, kommen nicht umhin, voneinander zu lernen. ... Das Kernstück der Urbanität ist somit gleichsam das informelle Kollegium, das Seminar, das Symposium, vielleicht sogar das Palaver auf dem Marktplatz" (Giersch 1995, S. 275).

Das ist der Grund, warum Städte wachsen. Sie können bieten, was der ländliche Raum nicht zu bieten hat. Wie weit das Wachstum der Städte geht, das hängt von technischen Gegebenheiten (Kommunikation, Transport, Verkehr, Energie, ...) ebenso ab wie von bewussten und unbewussten politischen Interventionen (steuerliche Regelungen wie die Pendlerpauschale, Bepreisung von Staukosten, Verkehrstarife ...). Jedenfalls scheint das Muster von Kern und Rand für die räumliche Ordnung der Gesellschaft und der Wirtschaft robust prägend. Das entscheidende ökonomische Argument ergibt sich aus der Verbindung von Thünens Idee mit der Vorstellung von Schumpeter für Wachstum durch innovative Kraft der schöpferischen Zerstörung. Giersch hat den Kern – die Stadt – als „schöpferisches Team" identifiziert, das die Offenheit, die Fühlungsdichte und den Wettbewerb – als

„Brainstorming der Suchenden" – in neue Ideen umsetzt, sodass die Stadt wie ein Vulkan wirkt, „der ständig, wenn auch nicht regelmäßig, neues Wissen ausspeit, ein technisches Wissen, das dann wie Lava den Berg hinabfließt, um in einem Prozess der schöpferischen Zerstörung bis zum Rand hin befruchtend wirkt" (Giersch 1995, S. 280).

Die Vulkantheorie beruht nicht auf der statischen Vorstellung einer für immer gegebenen Stadt-Land-Struktur, dafür sind schon historische Events und Zufälligkeiten zu wirkungsmächtig. Besonders technische Innovationen können die Struktur grundsätzlich ändern. Diese Struktur ist differenziert durch die Ordnung der Zentren: globale Zentren, Hauptzentren, Zentren niederer Ordnung. Es ist ein vielfältiges Gebilde, das sich in den vergangenen zwei Jahrhunderten herausgebildet hat und offenbar bis heute attraktiv ist. Das Beziehungsgeflecht der Zentren unterschiedlicher Ordnung ergibt sich aus der tatsächlich nicht heterogenen Fläche im Raum, aber ebenso aus Zufälligkeiten wie strategischen Optionen. Eine dieser Optionen zeigte sich früh im Prozess der Modernisierung, als sich Metropolen als Leit- und Hauptstädte ihrer Gesellschaften und Nationen ausbildeten und – wie erwähnt mit Blick auf die Weltausstellungen – für die Erste Globalisierung im 19. Jahrhundert eine besondere Rolle wahrnahmen. Diese Metropolen sind die Zentren oberster Ordnung, die Vulkane mit unglaublicher Reichweite, und zwar national wie global.

Die Vulkantheorie von Giersch findet ihre modelltheoretische Fortsetzung in der *Endogenen Wachstumstheorie*, die Innovationsprozesse durch die Nachahmung von Basisneuerungen in die Breite getragen werden und so die Produktivität steigern (Romer 1990). Dahinter steht die Vorstellung dichter Kommunikation um den Innovationskern herum, ohne damit eine Theorie der räumlichen Wirkung zu verbinden. Dies leistete die *Neue Wirtschaftsgeografie*, die den Blick der Wachstumstheorie gleichermaßen für Konvergenz und Divergenz von Wirtschaftsräumen und damit Agglomerationseffekte öffnete (Krugman 1995). Daraus lässt sich, je nach Annahme über die Transportkosten, die Ausbildung von Zentrum-Peripherie-Strukturen erklären. Die ökonomische Theorie – das sollte mit diesem Ausflug deutlich werden – hat sich zwar eher am Rande, aber immer auch der Frage gewidmet, wie räumliche Strukturen des Wirtschaftens zu erklären sind. Alle jüngeren

Trends stellen indes die Frage, ob und wie Zentren – Städte – ihre Bedeutung für Innovationen und Wachstum halten können: Die Übernutzung der kommunalen Allmende in Mega-Cities, deren Organisierbarkeit, Sicherheit und Integrationskraft zunehmend zweifelhaft ist, fragt nach der Zukunft der Urbanisierung. Das gilt ebenso für die Auswirkungen der Digitalisierung, die durch andere Arbeitsformen die räumliche Dichte – die Fühlungsvorteile der Agglomeration – in ihrer Bedeutung befragen. Allerdings erweist sich auch in der digitalen Welt des 21. Jahrhunderts mit ihrer technisch vollständig möglichen (räumlichen und zeitlichen) Entkopplung der Arbeits- und Wissensteilung vom realen menschlichen Miteinander, dass Agglomerationseffekte weiterhin an den konkreten Ort gebunden sind: „Superstar Cities" attrahieren „Superstar Companies", in der Folge nehmen die regionalen Disparitäten zu, Städte können den Rang oberster Zentralität tauschen (Moretti 2012). Die Möglichkeiten des 3D-Drucks (*Augmented Manufacturing*) führen dazu, dass die Transportkosten die Arbeitskostendifferentiale in diesen Produktionsbereichen dominieren und für sich genommen andere Raumstrukturen auslösen können. Und nun kam die Pandemie und die Pandemiebekämpfung hinzu, die der Urbanität eine Absage erteilen mussten.

Und selbst wenn man die Verstädterung in ihren ökologischen und sozialen Auswirkungen – wofür es gute Gründe gibt – kritisch beurteilt, gilt doch auch, dass in Städten wirklich effizient gewirtschaftet, besonders dort der Ausgleich der Interessen erreicht und vor allem die Fernbeeinflussung globaler Art eingeordnet sowie kompensiert werden kann. Denn in den Städten bündelt sich die wirtschaftliche Kraft, findet sich die zivilgesellschaftliche Bindung, wirkt der kulturelle Ausgleich – und in Städten gibt es die infrastrukturellen Voraussetzungen effizienter Kooperation in der modernen Massengesellschaft (van Laak 2018). *Städte sind materialisierte Öffentlichkeit* und darüber nicht nur Ausdruck des demokratischen Selbstverständnisses, sondern dadurch in besonderer Weise globalisierungsfähig.

Städte als Lebensräume ermöglichen besondere *Effizienzvorteile durch Agglomeration;* in ihnen werden externe Effekte vielfach wirksam. Das planvolle, vor allem aber das zufällige Zusammentreffen der Menschen schafft Potenziale, wie wir sie aus Netzwerken und Clustern im rein wirtschaftlichen Verständnis kennen. Denn Infrastrukturen gewinnen andere Nutzungseffekte und dadurch einen höheren Wirkungsgrad, gleichzeitig entstehen aus dem Miteinander selbstbewusster Menschen in urbanen Strukturen Impulse und Anregungen. Städtisches Leben kann mehr an bildenden, sozialen, kulturellen, zivilgesellschaftlichen Impulsen anbieten und vermitteln. *„Gesellschaftliche Öffentlichkeit"* ist eine „Form wechselseitiger Verständigung", die auf dem „Bewusstsein als einer sozialen Form der Selbstbezüglichkeit" beruht, „die Menschen als Menschen benötigen, um überhaupt einen *Begriff von sich,* von ihrer *Gemeinschaft mit Anderen* und (dies vor allem) von ihrer Welt zu haben. So leben sie gemeinsam in einer *Weltöffentlichkeit"* (Gerhardt 2012, S. 26, 18).

Wenn man es weiterdenkt, dann liegt die große, kaum zu über-schätzende Bedeutung der Verstädterung und Urbanisierung darin, die Moderne erst nachhaltig möglich und globalisierungsfähig gemacht zu haben. Dort findet die *politische Öffentlichkeit* rechtsstaatlich verfasst ihren Anker, dort entwickelt sich täglich die *gesellschaftliche Öffentlich-keit* aus den Meinungen, Haltungen und Einstellungen der Bürger, dort wird „Öffentlichkeit als eine Form des Bewusstseins" bedeutsam – jederzeitige Möglichkeit und Realität (Gerhardt 2012, S. 36 f.). Die urbane Weltöffentlichkeit ist nicht durch eine digitale Weltöffentlich-keit zu ersetzen, denn sie lebt sehr basal vom wirklichen, vollumfäng-lichen Umgang mit Anderen: „Wenn es reichte, sich das Dasein zu denken oder es in Filmen anzusehen, könnten wir uns mit den Medien begnügen. Was in der bloßen Vorstellung geschieht, kann, wie die Kunst beweist, äußerst bedeutsam sein. Aber es ist nicht wirklich" (Gerhardt 2012, S. 548).

Die Pandemie und mehr noch deren Bekämpfung verlangten *Social Distancing.* Das war im Grundsatz unbestritten, gestritten wurde aber über die Länge des Lockdowns, über seine Generalisierung, über den Verzicht auf differenzierte Antworten. Bei der Betrachtung der Folgen ging es vor allem um die Existenzsorgen der Gewerbetreibenden in den betroffenen Branchen, und zwar zu Recht. Die Politik vermittelte den Eindruck, angesichts scheinbar unbegrenzt verfügbarer finanzieller Mittel wäre dies kein Problem, man könne – so Bundesfinanzminister Scholz – lange durchhalten. Das war ein Irrtum, denn er übersah die strukturellen Wirkungen auf die Städte und vor allem das städtische

Leben. Kein Gewerbetreibender will sein Geschäft länger einzig durch Subventionen getragen sehen, er wird über kurz oder lang nach Alternativen suchen. Je mehr aufgeben, umso größer ist der Flurschaden. Dann kommt eines zum anderen; Gaststätten und Bars, Kinos und private Theater schließen, der stationäre Einzelhandel – ohnehin durch Online-Plattformen unter Druck – verliert auch noch sein Umfeld. Messen und große Veranstaltungen, sportliche Betätigung in Vereinen und Sportereignisse und vieles mehr sind in Frage gestellt. Hinzu kommt, dass durch das Homeoffice ebenfalls ein Trend verstärkt wird, die Innenstädte veröden zu lassen, jedenfalls ihnen den Agglomerationsvorteil aufgrund zufälliger und beiläufiger Kommunikation zu nehmen.

Die These, die sich aus all dem ableitet, lautet: Der drohende Verfall der Innenstädte ist mehr als nur eine phasenweise Ruhigstellung und damit eine Unterbrechung etablierter Normalität. Vielmehr ist damit zu rechnen, dass sich die Qualität der Städte als Zentren kulturellen, gesellschaftlichen, wissenschaftlichen und wirtschaftlichen Lebens verändern wird. Und das hat angesichts der enormen Bedeutung der Verstädterung und Urbanisierung für die *globale Moderne* der Zweiten Gloabslierung weitreichende Folgen. Die Erschöpfung der Globalisierung erfährt damit von ungeahnter Seite eine Unterstützung, wenn die Knotenpunkte weltweiter Netze – als das die Metropolen, aber auch Städte von geringerer Größe fungieren – so geschwächt werden. Der Glaube, die Digitalisierung mit ihren Kommunikationsmöglichkeiten könne das ersetzen, erscheint aus den genannten Gründen zumindest als naiv.

Städte und urbanes Leben erweisen sich auch heute als *Räume gesicherter Freiheit.* „Stadtluft macht frei nach Jahr und Tag", so hieß es im Mittelalter. Urbanes Leben verschafft jene Sicherheit, die der Furcht vor der Fern- und Fremdbeeinflussung entgegenwirkt, so können wir es heute formulieren. Nicht von ungefähr ist es so, dass die „Anywheres" – optimistisch, divers, dynamisch, erwartungsvoll vorwärtsblickend – als urbane Elite die Globalisierung tragen. Die Herausforderung liegt nun darin, aus dieser Perspektive ein tragfähiges und akzeptables Angebot für die „Somewheres" zu machen. Das kann und muss in den Städten stattfinden, indem dort glaubwürdige Sicherheitsoptionen für die sozialen Spannungsfelder offeriert und neue Anknüpfungspunkte für die ländlichen Räume geschaffen werden. Urbanisierung ist neu zu denken, um die globale Moderne zu sichern: offen für das Umfeld, sozial und nicht nur identitätsbezogen divers, kulturell integrierend, unterschiedliche Dynamiken des Wandels verbindend.

Es muss gelingen, dass die „Somewheres" nicht nur in rückwärtsgewandten Utopien ihre Antworten – oder genauer: ihre vermeintliche Sicherheit – suchen, sondern in einer *inklusiven Urbanisierung*. Hier beginnt konkret die gesellschaftliche Arbeit für eine inklusive Globalisierung (HDG, Abschn. 5.1), denn Städte sind die partizipativen Experimentierräume für eine öffentliche Kommunikation, die der Fragmentierung und Individualisierung der sozialen Medien entgegenwirkt, für eine bildungspolitische und zivilgesellschaftliche Integration, die der Migration ihre Sprengkraft nimmt, und für eine klimapolitische Lösung, die sozial verträglich ist. Die in der Übersicht „Globalisierung: Verständnis, Folgen, Herausforderungen" (Kap. 1) genannten Aspekte der Globalisierung finden in den Städten wie im Brennglas zusammen.

## 5.2 Kooperationen und Netzwerke für Digitalisierung und Dekarbonisierung

Die Pandemie hat die Unterschiede der Geschäftsmodelle im Systemkonflikt herausgestellt. Während aus Ländern wie Deutschland ein hoch spezialisierter Mittelstand Nischenmärkte global dominiert, hat sich ein großer Teil der Industrie aus den USA nach China verabschiedet. Auch die verbliebene Zukunftsindustrie, das Silicon Valley, gerät aufgrund wettbewerbs- und kartellrechtlicher Skepsis im Ausland zunehmend unter Druck, seine Technologien sind aber gleichzeitig gefragter denn je, ermöglichen sie doch die Steuerung hochkomplexer Wertschöpfungsketten rund um den Globus. Die strukturellen Wirkungen der Covid-19-Pandemie hängen maßgeblich davon ab, inwiefern sich die Neubewertung des Trade-Offs zwischen Sicherheit und Effizienz in Zukunft in einem *Reshoring* bestimmter Produktionslinien spiegelt. Weder das auf Arbeitskostenvorteile setzende China noch der Technologieanbieter USA könnten dann ihre Vorteilspositionen ausspielen.

Der 14. Fünfjahresplan, der die chinesische Volkswirtschaft von 2021–2026 prägen soll, scheint in die entsprechende Richtung zu zeigen: Autonom soll die chinesische Wirtschaft werden, der Binnenmarkt eine neue Bedeutung erhalten; trotzdem braucht es einen starken Staat, der zentral steuert, wenn auch nicht mehr über konkrete Zielvorgaben (Ankenbrand 2021). Schwerwiegende Auswirkungen würde ein Reshoring in jedem Fall für die Produktion in Deutschland nach sich ziehen. Im Vergleich mit den USA und China sind die Verflechtungen der deutschen Wertschöpfungsketten mit internationalen Partnern am stärksten (Abb. 5.1). Mit Ausnahme des Krisenjahres 2009 lag der Anteil der ausländischen Wertschöpfung an den deutschen Exporten in der Dekade 2006 bis 2016 immer über dem Wert von einem Fünftel. Der Vergleich mit weiteren europäischen Ländern zeigt dort eine noch höhere Bedeutung der internationalen Lieferkettenverflechtungen.

Auf der anderen Seite zeigt sich in den USA eine wesentlich geringere Bedeutung. Die ausländische Wertschöpfung an den Bruttoexporten rutschte am Ende der genannten Dekade sogar unter den Wert von zehn Prozent, was die Nachrangigkeit der internationalen Wertschöpfungsketten für das Geschäftsmodell der USA anzeigt (siehe auch Congressional Research Service 2020). Für China war die internationale Verflechtung um das Jahr 2005 am größten, die Tendenz ist dem massiven Binnen-

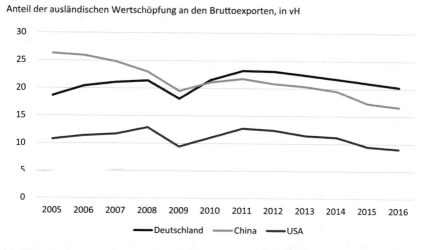

Anteil der ausländischen Wertschöpfung an den Bruttoexporten, in vH

**Abb. 5.1**   Bedeutung internationaler Wertschöpfungsketten. (Quelle: OECD)

wachstum geschuldet, seitdem jedoch tendenziell rückläufig. Lag der Anteil der ausländischen Wertschöpfung an den chinesischen Brutto-exporten in den Jahren 2005 und 2006 noch über 25 Prozent, und damit fünf bis sechs Prozentpunkte höher als für Deutschland, nahm diese Bedeutung für China so stark ab, dass sich die relative Bedeutung im Vergleich zu Deutschland drehte und im Jahr 2016 in China knapp vier Prozentpunkte niedriger lag als hierzulande. Zuletzt ist in Peking der politische Wille deutlich geworden, diesen Trend weiter zu beschleunigen.

Die Gründe für die unterschiedliche Bedeutung der globalen Wert-schöpfungsketten sind mannigfaltig. Einer der Treiber für den Grad der Verflechtung innerhalb der internationalen Wertschöpfungs-ketten oder -netzwerken sind der *jeweilige Anteil der Industrie sowie die Kooperationen zwischen Industrie und Dienstleistungen:*

- Das amerikanische Wachstumsmodell basiert primär auf dem Dienst-leistungssektor und weniger auf dem Industriesektor; dies zeigt sich an dem relativ geringen Anteil der Wertschöpfung der US-amerikanischen Industrie am Bruttoinlandsprodukt sowie an dessen zeitlicher Entwicklung.
- Dem entgegen stehen vor allem Deutschland, aber teilweise auch Europa, wo die ökonomische Bedeutung der Industrie weiter-hin ausgeprägt ist, und sich intensive, grenzüberschreitende Wert-schöpfungsketten im Industrie-Dienstleistungsverbund etabliert haben. Entsprechend bedeutsam sind internationale Wert-schöpfungsketten für die deutsche Volkswirtschaft und entsprechend groß wären die negativen Effekte eines *Reshoring* für die deutsche und europäische Volkswirtschaft (siehe auch Felbermayr et al. 2020).
- Für China ist die Bedeutung der Industrie, gemessen am Anteil des Bruttoinlandsproduktes, noch größer als in Deutschland. Dennoch ist die Relevanz der internationalen Verflechtungen auf-grund der großen Binnenwirtschaft und Bevölkerung der Volks-republik geringer. Je größer ein Land, desto wahrscheinlicher, dass für den Produktionsprozess notwendige Güter, Dienstleistungen oder Kompetenzen im Binnenmarkt vorliegen und nicht auf inter-nationale Kooperationen zurückgegriffen werden muss. Mit Blick auf die komparativen Vorteile oder den notwendigen Voraussetzungen

für eine Produktion, wie beispielsweise Arbeitskosten, den Zugang zu Seltenen Erden oder langjähriger Erfahrung, ist dieses Argument selbst für sehr große Volkswirtschaften jedoch begrenzt.

Neben der Sichtweise auf ausländische Güter und Dienstleistungen, die für die inländische Produktion notwendig sind, sind die *Finanzierung der inländischen Produktionsmöglichkeiten* und damit ebenfalls die internationalen Finanzströme von Bedeutung. Bei den Entwicklungen der ausländischen Direktinvestitionen zeigt sich weltweit ein massiver Rückgang im Pandemiejahr 2020 von über 40 Prozent, mit einer pessimistischen Prognose für das Jahr 2021 (UNCTAD 2021). Im Niveau bedeutet dies den niedrigsten Wert seit 1990 und einen um etwa ein Drittel niedrigeren Wert als in der Finanzkrise 2009 (UNCTAD 2021). Beim Fokus auf Deutschland, China und die USA zeigt sich über die letzten beiden Dekaden, dass der Zustrom an ausländischen Direktinvestitionen nach China nahezu stetig anstieg (Abb. 5.2). Jedoch war das Wachstum der ausländischen Direktinvestitionen geringer als das des chinesischen Bruttoinlandsproduktes, sodass die relative Bedeutung über die Zeit abnahm. Der Trend des

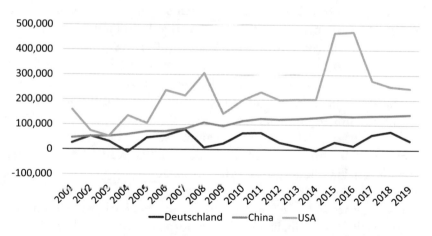

**Abb. 5.2**   Volumen ausländischer Direktinvestitionen. (Quelle: UNCTAD 2021, S. 4)

leichten Anstiegs der ausländischen Direktinvestitionen nach China setzte sich im Pandemiejahr 2020 mit einem Wachstum von vier Prozent ungehindert fort (UNCTAD 2021). Für Deutschland und die USA zeigen ausländische Direktinvestitionen keinen klaren Trend über die Zeit, in der Tendenz ist die Entwicklung leicht rückläufig. Diese Entwicklung beschleunigte sich im Pandemiejahr nochmals massiv, als die ausländischen Direktinvestitionen nach Deutschland um über 60 Prozent und in die USA um fast 50 Prozent eingebrochen sind (UNCTAD 2021).

Dieser starke Rückgang der ausländischen Direktinvestitionen stellt jedoch für die Finanzierung von potenziellen Investitionsprojekten in den USA und Deutschland keine Gefährdung dar: Expansive Geldpolitik und demografischer Wandel sowie die Maturität der Volkswirtschaften tragen ihren Teil dazu bei, dass Kapital weder in den USA noch in Deutschland ein besonders knappes Gut darstellt. Begrenzt ist daher auch die Bedeutung der ausländischen Finanzierungsströme für die jeweiligen Geschäftsmodelle.

Bedeutend ist es, die unterschiedlichen Geschäftsmodelle und ihre Zukunftsperspektiven angesichts der großen *Transformationen der Dekarbonisierung und der Digitalisierung* zu betrachten, mit denen sich alle Länder konfrontiert sehen. Zum Erreichen der Klimaschutzziele stellt die Dekarbonisierung der Energie, der Produktion, der Mobilität und des Wohnens den entscheidenden Faktor dar. Da die Emission von Kohlenstoff im Produktionsprozess sowie im Konsum und insbesondere die ökologischen Auswirkungen der Emissionen nicht vor nationalen Grenzen haltmacht, ist ein möglichst global abgestimmter Handlungsrahmen für eine effiziente Umsetzung geboten. Noch immer mangelt es aber an einer geopolitischen Hierarchie oder entsprechenden Institutionen, die etwa den im Pariser-Klimaabkommen verhandelten Handlungsrahmen durchzusetzen weiß. So bleiben große Zweifel, ob geopolitisch gelöst wird, was nur global zu lösen ist. Eine Chance eröffnet sich aber immerhin mit der neuen US-Regierung für die von William Nordhaus (2015) entworfene Idee eines *Klima-Clubs*, in dem eine Ländergruppe einen gemeinsamen $CO_2$-Preis anstrebt und durch einen entsprechenden Grenzausgleich absichert. Ob sich die USA wie aus Brüssel erhofft dafür tatsächlich auf eine gemeinsame

$CO_2$-Bepreisung einlassen oder eher auf eine vergleichbare Regulierung setzen, ist derzeit noch offen. Eine schnelle Einigung gilt derzeit als unwahrscheinlich (Dröge, 2021).

Auf nationaler Ebene wäre zudem angezeigt, verlässliche und klar definierte Zielvorgabe zu liefern, die mit passenden Programmen und Instrumenten der Forschungsförderung, der Qualifikation und der Standortentwicklung flankiert werden. Bei der Gestaltung der Rahmenbedingungen ist das Risiko von *Carbon Leakage* zu beachten, die, beispielsweise durch Emissionshandel, induzierte Verlagerung der Produktion und damit auch der Emission ins Ausland. Allgemein werden Unternehmen nur mit stabilen Erwartungen, klaren Zielvorgaben und einer international abgestimmten Politik ihren bestmöglichen Beitrag leisten (können).

Die Corona-Pandemie hatte zur Folge, dass der politische und gesellschaftliche Fokus sich vom Klimawandels hin zur Auswirkung und Bekämpfung der Pandemie verschoben hat. Diese Verdrängung sollte jedoch nur ein temporärer Effekt sein. Zumal mit der Pandemie die Liste der negativen Auswirkungen des Klimawandels ein weiteres Element hinzugewonnen hat (Harvard T.H. Chan 2021; Settele et al. 2020). Bereits kurzfristig ist zu erwarten, dass der Klimawandel im politischen und gesellschaftlichen Diskurs seine Bedeutung von vor der Pandemie abermals einnehmen wird. Die Tatsache, dass die USA unter Präsident Biden sich wieder den internationalen Klimazielen und -abkommen verpflichtet fühlen, sollte grundsätzlich positiv wirken. Das gilt ebenso für die verstärkte politische Verpflichtung der chinesischen Führung zum Klimaschutz. Dabei ist es völlig unerheblich, welche Motive – in den USA das ausgeprägte Bewusstsein in den Küstenstaaten, in China die schier erdrückende Umweltbelastung durch die bisherige Produktionsweise – dazu beitragen; entscheidend ist nur, dass diese nachhaltig wirken.

Bei der Transformation der *Digitalisierung* kommt den Hierarchien ebenfalls als Aufgabe zu, den Handlungsrahmen in Form von Standards für die Interoperabilität, von Wettbewerbsbedingungen für Plattformen sowie durch Regelungen für Datensicherheit und Datensouveränität zu definieren. Aufbauend auf diesen Vorgaben kreieren die privaten Akteure dann selbstbestimmt ihre Netzwerke. Aktuell unterscheiden sich die Protagonisten in Teilen substanziell in der Regulierung des digitalen Raums: Die Wettbewerbsbedingungen für Plattformen werden traditionell in den USA recht freizügig definiert. Es zeichnet sich jedoch ein Wandel ab, der sich unter anderem in den zahlreichen Klagen des US-Justizministeriums und der US-Staaten gegen Google und dessen Marktdominanz spiegelt. In Europa werden die Wettbewerbsbedingungen für Plattformen im Vergleich am strengsten ausgelegt. Was unter anderem zur Folge hat, dass bereits zahlreiche milliardenschwere Strafen wegen des Marktmacht-Missbrauchs gegen Google verhängt worden sind.

Beim Datenaustausch kippte der Europäische Gerichtshof im Jahr 2020 das *Privacy-Shield-Abkommen,* welches einen allgemeingültigen Rahmen für den Austausch von Daten zwischen den USA und der EU ermöglichte. Infolgedessen werden vermehrt individuelle Lösungen notwendig, die für beteiligten Unternehmen auf beiden Seiten des Atlantiks einen höheren Aufwand nach sich ziehen und insbesondere Unsicherheiten bei den europäischen Unternehmen hervorrufen. Beim Datenschutz handelt China äußerst autoritär. Staatliche Interessen dominieren klar und werden ohne Rücksicht auf private Datenrechte durchgesetzt. In den USA ist der Umgang mit dem Datenschutz recht freizügig und in Europa steht der Schutz des Konsumenten, implementiert durch die DSGVO, im Fokus.

Mit Blick auf die Geschäftsmodelle unterschiedlicher Plattformen sind China und die USA besonders dominant an den Business-to-Consumer und Consumer-to-Consumer Schnittstellen und können durch ihren Erfolg diese Märkte gestalten sowie dafür Standards setzen. Den Kern der Geschäftsmodelle bilden die personenbezogenen Daten der Konsumenten, daneben verbirgt sich ein großes ökonomisches Potenzial im Austausch von nicht-personenbezogenen Daten zwischen Unternehmen. Hier hat Europa auf Grund der hohen Bedeutung der Industrie und der mittelständischen Strukturen für den Industrie-Dienstleistungsverbund grundsätzlich eine gute Ausgangsposition, sich als Vorreiter zu etablieren. Um eine unabhängige europäische Infrastruktur aufzubauen, die den entsprechenden Datentransfer ermöglicht, wurde die Initiative GAIA-X vom Bundesministerium für Wirtschaft und Energie ins Leben gerufen und anschließend unter der Mitwirkung von Frankreich und weiteren europäischen Partnern ausgerollt. Diese Dateninfrastruktur kann, vor dem Hintergrund der von Europa gewünschten technischen Unabhängigkeit, ein wichtiger Baustein für die Vorreiterrolle Europas bei der ökonomischen und vertrauenswürdigen Nutzung nicht personenbezogener Daten sein. Allerdings zeigen sich hierbei noch Herausforderungen unter anderem mit Blick auf die Bekanntheit von GAIA-X in der Wirtschaft (Röhl et al. 2021).

Die Corona-Pandemie hat der Digitalisierung einen frischen Schub verliehen. Auf der einen Seite wurde die Nutzung von digitalen Ansätzen und Lösungen auf ein viel höheres Niveau gehoben, wie man beispielsweise an der Bedeutung von Anwendungen wie bestimmter Videokonferenztechnologien erkennen kann (Engels et al. 2020). Auf der anderen Seite offenbarte die Pandemie Bedarfe und offene Lücken bei der Nutzung von Digitalisierung, die dringend und möglichst zeitnah geschlossen werden sollten. Beispielhaft ist hier die digitale Verwaltung oder der digitale Unterricht zu nennen.

Für die *Unternehmen in marktwirtschaftlichen Systemen* gilt der Befund, dass eine Krise stets zu besonderen strukturellen Anstrengungen führt. Dort, wo dies besonders genutzt werden kann und wird, entstehen Vorteile für die Zeit nach der Krise. Für den Standort Deutschland mehren sich die Anzeichen, dass derzeit durchaus in erheblichem Maße neue Potenziale angelegt werden. Einzelne große Auslandsinvestitionen – wie die 1 Mrd. US-$ von Ford am Standort Köln in das erste Electrification Center in Europa, die Gigafactory von Tesla bei Berlin, die diversen chinesischen Milliarden-Investitionen in Batteriezellfertigung, die 1 Mrd. EUR Investition von Apple in die Chipproduktion am Standort München – lassen erahnen, wie die Chancen hierzulande für die grundlegende Modernisierung unserer Volkswirtschaft in dieser großen doppelten Transformation sind. Entscheidend dürften die vorhandenen *Netzwerke* aus Wissensinfrastruktur und Fertigung sowie die *Kooperationsfähigkeit* unserer Unternehmen sein. Dadurch gewinnen Dekarbonisierung und Digitalisierung eine gemeinsame Perspektive: Die digitale Feinsteuerung der Produktion ist ein wesentlicher Faktor für die effiziente Nutzung und das Einsparen von Energie; hier ist die deutsche Volkswirtschaft durch die Automatisationserfahrung seit fünf Jahrzehnten im Vorteil. Die vorhandenen

Infrastrukturen – wie die Rohrleitungssysteme – schaffen eine gute Ausgangsposition für die Nutzung von Wasserstoff bei der Energieversorgung der Grundstoffindustrien. Kurzum: Deutschland hat gewaltige Chancen für den Strukturwandel; die Phase der Pandemie wurde von den Unternehmen auch für die Transformation der Belegschaften genutzt. Entscheidend dürfte sein, dass die staatliche Infrastruktur – Stromnetz, Breitband, 5G, Verkehr – nun entsprechend entwickelt wird.

## 5.3 Institutionen der dritten Globalisierung: Welthandel – Weltsicherheit – Weltgesundheit – Weltklima

Die Mutation des Systemwettbewerbs zum Systemkonflikt hatte längst ihre Spuren in den internationalen globalen Institutionen hinterlassen, als Covid-19 der Welt auf dem vorzeitigen Höhepunkt des globalen Kräfteringens ein kurzzeitiges Innehalten aufzwang:

- Die US-amerikanische Blockade des *Appellate Body* hatte in Kombination mit dem chinesischen Beharren auf seinen Privilegien die *Welthandelsorganisation* an den Rand der Handlungsunfähigkeit gebracht. Um den Zollkrieg mit China WTO-konform zu legitimieren, haben die USA sich wiederum auf Fragen der nationalen Sicherheit berufen.
- Eine Reform des *Weltsicherheitsrates der UNO* gilt als praktisch ausgeschlossen, dafür beharren die ständigen Mitglieder zu starr auf ihren Privilegien. Die USA waren sogar aus dem UN-Menschenrechtsrat ausgetreten, hatten parallel wichtige Abrüstungsabkommen mit Russland auslaufen lassen sowie das mühsam verhandelte JCPOA-Abkommen mit dem Iran aufgekündigt. Derweil hat China mit seinem Verteidigungsbudget zu den EU-27 aufgeschlossen (Abb. 5.3).
- Zudem hatten der Bruch der Trump-Administration mit dem *Pariser Klimaabkommen* sowie das Klimaleugnertum auf oberster politischer

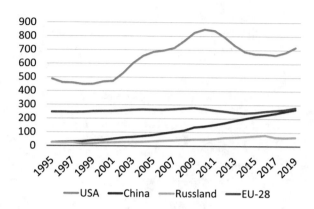

**Abb. 5.3** Verteidigungsbudgets in den großen Weltregionen (Quelle: Bardt 2021)

Ebene der USA die globalen Anstrengungen gegen den Klimawandel mehr denn je als Kampf gegen Windmühlen erscheinen lassen und gleichzeitig China die Chance geboten, sich als vermeintlich Vorreiter gegen die Klimaerwärmung in Stellung zu bringen.

- Schließlich hat die Pandemie die *Weltgesundheitsorganisation* auf den Prüfstand gestellt (Historie und aktuelle Kontroversen zur WHO vgl. Übersicht „Die Weltgesundheitsorganisation – Struktur und Stolpersteine") und in Zeiten größter internationaler gesundheitlicher Herausforderung die Verwundbarkeit unserer internationalen Ordnung aufgezeigt.

Obwohl die Bedeutung einer intensiveren Kooperation *aller* internationaler Hierarchien während einer viralen Pandemie für *alle* Beobachtbar offensichtlich sein muss, haben die *Great Power* aus den USA und China die bereits heillos überforderte WHO für ihre (innen-)politischen Zwecke instrumentalisiert und zu ihrem geopolitischen Spielball gemacht. Als letzte Eskalationsstufe erklärten die USA inmitten der verheerendsten Pandemie seit hundert Jahren ihren Austritt aus der Weltgesundheitsorganisation.

### Die Weltgesundheitsorganisation – Struktur und Stolpersteine

Gegründet 1948 als Sonderorganisation der Vereinten Nationen in der Geburtsstunde des Bretton-Woods-Multilateralismus nach dem Zweiten Weltkrieg, liest sich die Verfassung der WHO ganz im Ton des damals vorherrschenden Zeitgeists: So besteht das Ziel der Organisation darin, eine „leitende und koordinierende Stelle des internationalen Gesundheitswesens" zu konstituieren und „allen Völkern zur Erreichung des bestmöglichen Gesundheitszustandes zu verhelfen" (Art. 1 und 2 der WHO Verfassung; WHO 1948). Entsprechend dem multilateralen Gedanken steht die WHO-Mitgliedschaft allen Mitgliedern der Vereinten Nationen frei und wird derzeit auch von fast allen UN-Mitgliedsstaaten wahrgenommen. Im Kontext der Streitigkeiten über die Rolle der WHO beim Ausbruch des Corona-SARS-CoV-2 Virus und die vermeintlich mangelnde Kritik am chinesischen Krisenmanagement haben die USA unter Präsident Trump den Austritt aus der Organisation für Juli 2021 angekündigt. Der demokratische Präsidentschaftskandidat Joe Biden hatte bereits im Wahlkampf deutlich gemacht, den Austritt zurücknehmen zu wollen; was er als eine seiner ersten Amtshandlungen auch vollzogen hat.

Die WHO-Mitglieder treten jährlich zur Weltgesundheitsversammlung zusammen, bestimmen den Generaldirektor sowie die inhaltlichen Schwerpunkte der kommenden Agenda. Ein Exekutivrat aus Gesundheitsexperten der Mitgliedsstaaten ist dann in der Verantwortung, die Beschlüsse der Versammlung umzusetzen. Historisch war die WHO in erster Linie für die Koordination der internationalen Kooperation von Gesundheitsfragen innerhalb der Vereinten Nationen zuständig. Erst sukzessive übernahm die Organisation weitere Aufgaben und managte internationale Gesundheitskampagnen, arbeitete Empfehlungen wie den WHO-Kodex zur Vermarktung von Muttermilchersatzprodukten oder die Liste unentbehrlicher Arzneimittel aus und baute Datenbanken mit Gesundheitskennziffern auf. Bereits an diesen wenigen Beispielen wird deutlich: Die WHO bedient eine große Diversität an Themen. Hinzu kommen gesundheitliche Aspekte, die sich aus sozialen Fragen sowie Umwelt- und Bildungsgesichtspunkten ergeben. Schon vor einem Jahrzehnt hatte die damalige Generaldirektorin daher festgestellt: Die Breite der inhaltlichen Ausrichtung kann die Organisation nicht langfristig in gewünschter Tiefe und Qualität leisten (WHO 2011).

Der fehlende inhaltliche Fokus wird noch verstärkt durch eine Unwucht, die in der WHO-Finanzierungsstruktur besteht. So beträgt der Anteil der fixierten Mitgliedsbeiträge („Assessed Contributions") lediglich 17 Prozent am gesamten Haushalt; die restlichen Mittel entfallen auf freiwillig gezahlte Beiträge und Zuschüsse. Da die WHO auch privaten Geldgebern gegenüber offen ist, hat sich in den vergangenen Jahrzehnten eine latente Anhängigkeit von privatwirtschaftlichen Stiftungen,

Unternehmen und Verbänden entwickelt. So wird etwa die Bill und Melinda Gates Foundation nach den USA als zweitgrößter Geldgeber der WHO geführt (WHO 2020d). Nicht nur muss die Organisation den stark divergierenden Ansprüchen praktisch aller Länder der Welt gerecht werden, sie muss sich auch ständig in der Privatwirtschaft um finanzielle Mittel bewerben. Die Finanzierung der WHO steht auf äußerst wackeligen Beinen. Deutschland und Frankreich haben im Zuge der Krise bereits angekündigt, ihre Beiträge deutlich aufzustocken. Eine gemeinsame Antwort der EU-27 steht hingegen noch aus (Bergner et al. 2020).

Einen weiteren grundsätzlichen Kritikpunkt stellt die mangelnde Effizienz der Krisenbekämpfung dar. Vorgeworfen wird der WHO, dass sie keine exekutive Eingreiftruppe aufbieten kann, die man im Kontext der Pandemieabwehr vielleicht erwarten könnte. Die Organisation beschränkt sich immer noch auf die beratende und koordinierende Tätigkeit, die ihr bei der Gründung übertragen wurde. Auch dieser Vorwurf ist lang bekannt. Mit Reformen wurde bereits im Jahr 2016 versucht, die Handlungsfähigkeit bei Notfällen zu verbessern, etwa durch die Schaffung eines einheitlichen Programms mit eigenem Haushalt, eigenem Personal, einheitlichen Regeln und Prozessen sowie einer klaren Autoritätslinie (WHO 2016a). Zudem wurde 2016 im Zuge der Verbreitung des Ebola-Virus eine *Global Health Emergency Workforce* eingeführt. Hier können sich nationale Experten registrieren lassen, um im Notfall besonders schnell Zugang zu Krisengebieten zu erhalten (WHO 2016b). Auch wenn diese neuen Programme der WHO eine wichtige Flexibilität und Handlungsfähigkeit verschaffen, so ersetzten sie nicht eine eigens einsetzbare Expertengruppe, die sie aktiv in eine gefährdete Region senden kann. Noch immer beruhen alle Maßnahmen auf dem Goodwill des betroffenen Gebiets, unabhängige Experten hinzuzuziehen sowie auf dem Goodwill eines Landes, Experten zu diesem Zwecke freizustellen. Der WHO bleibt die Rolle der Koordinatorin im Hintergrund.

Auf eine effektivere Koordinierungsfunktion sowie auf die Implementierung eines Pandemie-Frühwarnsystems der WHO zielt schließlich der Reformvorschlag ab, den der deutsche Gesundheitsminister gemeinsam mit Frankreich angekündigt hat. Zudem sieht dieser vor, den Einfluss einzelner Staaten zu reduzieren und die WHO-Finanzierung zu stabilisieren.

Quellen: In Anlehnung an Kirby (2020) und Lee (2008).

Der zwischenzeitliche Rückzug der USA aus den internationalen Organisationen ließ für jeden erkennbar werden, wie weit die diplomatische Eskalation zwischen den Akteuren auf unterschiedlichsten Ebenen fortgeschritten ist. Es zeigt sich hingegen ebenso, dass die Zugehörigkeit aller EU-27 Mitgliedsstaaten, Chinas und mit den punktuellen Ausnahmen während der Trump-Präsidentschaft auch der USA zu den multilateralen Institutionen zu Welthandel, Weltgesundheit, Weltsicherheit und Weltklima – selbst wenn als ehrliche Absichtserklärung gedeutet – kaum ausreichen, ein der Größe der Probleme angemessenes Miteinander anzuregen. Vielmehr hat sich in den vergangenen Jahren gezeigt, die für Epochenbrüche scheinbar so typische „Erschöpfung und Müdigkeit bei leichter Reizbarkeit" (Ajouri 2009, S. 20) spiegelt sich geradezu im Umgang der großen Mächte innerhalb der jeweiligen Institutionen, die wiederum mehr und mehr blutleer erscheinen.

Die Erschöpfung der Zweiten Globalisierung ist gerade auch eine *institutionelle Erschöpfung*. Das führt zu der vielleicht trivialen, aber doch bedeutsamen Erkenntnis, dass der Multilateralismus nicht voraussetzungslos ist. Wenn gesellschaftlich dominierende nationale Egoismen sich auf oberster Ebene die Vorfahrt nehmen, verhindert die aktuelle Machtkonstellation es den fähigsten internationalen Organisationen, für alle Mitglieder gangbare Kompromisse auszuarbeiten. Die Nachkriegserkenntnis, dass kein Akteur einfach übergangen werden soll, hat zu einer selbstverständlichen Verankerung des Vetorechts in unserem Institutionennetz geführt und dem einzelnen Nationalstaaten auch auf globaler Ebene das letzte Wort gesichert. Dieses Recht kann als Vorkehrung gegen Fern- und Fremdbeeinflussungen plausibel verstanden und legitimiert werden; als ein Freibrief zur beliebigen Behinderung und Verhinderung multilateraler Lösungen kann und sollte die Vetooption jedoch nicht verstanden werden.

Der Kompromiss der Nationalstaaten steht unausweichlich im Kern des in Bretton-Woods entstandenen multilateralen Ordnungssystems. In den Fokus rückt damit die besondere globale Verantwortung der Nationalstaaten, und zwar für sich wie für die gemeinsame Ordnung. Die Nationalstaaten dürfen sich nicht hinter einem wie auch immer gearteten „Globalisierungsparadoxon" verstecken, sondern sind vielmehr gefragt, die demokratische Rückbindung der internationalen Organisation zu stärken sowie aktiv auf diese ein- und in diesen mitzuwirken. Als durchaus verheißungsvoll dürfen die ersten Monate der Biden-Präsidentschaft gewertet werden. Der neue US-Präsident nahm bereits direkt nach Beginn seiner Amtszeit den Austritt aus dem Pariser-Klimaabkommen zurück und verkündete auf einem eigens anberaumten Online-Klimagipfel am 22. April 2021 auf internationalem Parkett die entsprechenden Klimaschutzziele der USA sowie eine enge multilaterale Kooperation – auch mit Ländern wie China. Zudem kehrten die USA unter Biden in den UN-Menschenrechtsrat zurück und vollzogen den Austritt aus der Weltgesundheitsorganisation nicht. Sie gaben ihre Blockade gegen die neue WTO-Präsidentin auf, verlängerten das bilateralen nuklearen Abrüstungsvertrag „New Start" mit Russland und signalisieren dem Iran ein Interesse am Wiedereintritt in das JCPOA-Abkommen. Innerhalb der G7 haben die USA die Planung eines gemeinsamen Infrastrukturhilfeprogramms für Schwellenländer und Entwicklungsländer angestoßen, mit dem Ziel, eine Alternative zur chinesischen Seidenstraße zu konstitieren. Dass die neue US-Administration diese Schritte vollzieht, ohne dabei die schwelenden Konflikte zu ignorieren oder kleinzureden, ist besonders bemerkenswert.

Letztlich zeigt sich in Präsident Bidens Haltung ein Verständnis für den *Hypertext und das Transferprotokoll einer multilateral gesteuerten Globalisierung* (HDG, Abschn. 4.3). Das Transferprotokoll der Globalisierung beruht auf der Erkenntnis, dass Räume mit unterschiedlichem kulturellem Hintergrund sowie mit begrenzter Staatlichkeit in multilateralen Organisationen repräsentiert werden müssen und selbst dann mit Offenheit und Mitwirkung rechnen dürfen, wenn dies mit entsprechenden Konflikten einhergeht. Der Hypertext definiert mit Privateigentum, Vertragsfreiheit und Haftung die durch internationale Institutionen durchsetzbaren Mindestnormen, die einer größtmöglichen Anzahl an heterogenen Nationalstaaten, die Partizipation an der Globalisierung ermöglichen.

Damit zeigt sich jedoch auch: Ohne akzeptierten Hypertext und akzeptiertes Transferprotokoll der Globalisierung muss das internationale Wirtschaften hinterfragt werden. Auf der einen Seite gilt dies, wenn es zu ständigen einseitigen Urheberrechtsverletzungen ohne rechtlich durchsetzbare Haftungsregelung kommt. Auf der anderen Seite muss der transatlantische Westen mit aller diplomatischer und wirtschaftspolitischer Klarheit antworten, wenn autoritäre Regime ihren (außen-)politischen Aggressionen auf der Krim oder in Hong-Kong freien Lauf lassen oder sich zu massiven Menschenrechtsverletzungen gegenüber Bevölkerungsminderheiten hinreißen lassen. Hier geht es nicht – wie von den Aggressoren häufig argumentiert – um das legitime Durchsetzen spezieller kultureller Traditionen. In letzter Konsequenz steht mit der Androhung eines gänzlichen *Decoupling* der Superlativ dieser Strategie bereits im Raum. Die Trump-Administration hat es jedoch an der Erklärung mangeln lassen, mit welchen Kosten der gänzliche Verzicht auf die Spezialisierungsvorteile ganzer Wirtschaftsräume zu Hause einhergeht. Und ganz grundsätzlich ist zu hinterfragen, wie eine solche Strategie im Multilateralismus gangbar sein soll. Wesentlich plausibler – auch weil weniger final und irreversibel – ist demnach die Reaktion der Europäischen Union auf chinesische Sanktionen der Kritik an den Menschenrechtsverletzungen in Xinjiang. Einerseits wird das gerade erst ausgehandelte Investitionsabkommen auf Eis gelegt, andererseits tastet man sich trotz fundamentaler Differenzen an ein Freihandhandelsabkommen mit Chinas Regionalkonkurrent Indien heran. Vor wie nach der Pandemie ist das Ziel von Diplomatie und wirtschaftspolitischer Sanktionspolitik schließlich die Deeskalation durch die Identifikation legitimer Interessen und das Aufzeigen von Vorteilspositionen für alle. Zwar muss es dabei rote Linien geben, es bedarf aber ebenso immer einer Perspektive, die eine Tür zur Rückkehr an den Verhandlungstisch ermöglicht.

Das ist auch der institutionelle Weg in die Dritte, in die Post-Covid-19-Globalisierung. Die intensive *Verschränkung von Welthandel, Weltsicherheit, Weltklima und Weltgesundheit* macht die Aushandlungen dabei nicht gerade einfacher, zugleich aber auch drängend und unausweichlich; man kann sich weniger daran vorbei mogeln. Längst können die einzelnen Dimensionen nicht mehr isoliert gedacht werden. Wenn Freihandelsabkommen etwa Fragen des Klimaschutzes ignorieren, wird der wirkmächtige Handel einerseits seiner globalen Verantwortung nicht gerecht, andererseits verspielen die Verträge die bedeutsame Zustimmung grundsätzlich freihandelskritischer Milieus. Am jüngsten Freihandelsabkommen zwischen der Schweiz und Indonesien, das erstmalig konkrete Transparenzanforderungen an die Palmölproduktion stellt und so Regenwald-Rodungen zu verhindern versucht, könnten sich die EU und Mercosur durchaus ein Beispiel nehmen. Wenn Grenzausgleichzahlung auf Importe zur Verhinderung von *Carbon Leakage* als Bruch mit WTO-Recht gewertet wird, bremst dies nationale Vorreiter im Klimaschutz. Eine offene Diskussion über die Einbettung von nationalen oder regionalen Klimaschutzbestimmung in den WTO-Rechtsrahmen stellt eine zentrale Handlungsanforderung an den Welthandel dar.

Wenn nationale Sicherheitsinteressen vorgeschoben werden können, um Handelsbarrieren zu legitimieren, schwächt dies die Akzeptanz international anerkannter Regularien zum freien Handel. Eine Schärfung der Definition von Sicherheitsinteressen im Sinne der Welthandelsorganisation ist unumgänglich. Wenn die Verletzung von Eigentumsrechten zur Steigerung der globalen Impfstoffproduktion gefordert wird, nimmt dies den privatwirtschaftlichen Netzwerken die Vorteile gegenüber der autokratischen Pandemiepolitik und verkennt die extrem anspruchsvollen produktionstechnischen Voraussetzungen moderner mRNA-Impfstoffe. Eine freiwillige, durch die WHO gesteuerte Lizenzierung von Impfstoffen, ist hingegen durchaus denkbar. Wenn Grenzen für den freien Güterverkehr mit gesundheitspolitischer Begründung geschlossen werden, nimmt dies auch der Produktion medizinischer oder anderer lebensnotwendiger Produkte die Vorteile international diversifizierter Lieferketten. Ein Kodex für künftige Pandemien könnte sicherstellen, in welchen durch die WHO definierten Ausnahmesituationen ein Land welche Güter zurückhalten darf.

In den Mittelpunkt der eng verwobenen Globalisierungsdimensionen ist damit deutlich die *Gesundheitspolitik* gerückt. Klar hat sich gezeigt, wie sehr die effektive Pandemiebekämpfung an einer funktionalen Weltgesundheitsorganisation hängt. Diese allerdings wird selbst reformiert und zukunftsfest in der folgenden Globalisierungsperiode in ein hartes Ringen mit den nationalen Hierarchien eintreten müssen – mit ungewissem Ausgang. Noch immer werden unabhängige WHO-Experten darauf angewiesen sein, von nationalen Regierungen Zugangsberechtigungen zu Orten, Menschen und Daten zu erhalten. Gleichzeit haben globale Kooperationen in der Impfstoffforschung, -produktion und -distribution ihr Potenzial angedeutet. Noch ist es zu früh, abschließend zu bewerten, ob der Gesundheits-

sektor einen neuen Kondratieff -Zyklus begründen kann, breite Aus-
strahleffekte in weitere Sektoren und Globalisierungsdimensionen
werden allerdings bereits heute sichtbar. Die Pharmaindustrie agiert
eindrucksvoll an der *Technology Frontier* und hat sich in der Pandemie
gleichermaßen zum Zugpferd sowie Schutzschild der Globalisierung
entwickelt. Auch die Impfstoffindustrie bedarf intensiver institutioneller
Begleitung. Der Blick auf die WHO COVAX-Initiative ist nur eine von
vielen globalen Gesundheitspolitiken, die in den kommenden Jahren
besonders interessiert evaluiert werden dürften – insbesondere von
Seiten ärmeren Entwicklungsländer. Mit US-Präsident Biden hat sich
auch die G7-Runde zuletzt wieder als schlagkräftiges Format erwiesen
und im Februar 2021 wichtige Mittel für die Pandemiebekämpfung
zusammengetragen. Auch nach den beträchtlichen Finanzierungs-
zusagen beläuft sich die Covax-Finanzierungslücke jedoch weiterhin auf
22,9 Mrd. US-$ (WHO 2021).

Mit der Rückkehr der USA inmitten der Pandemie an den Verhandlungstisch ist die Überwindung nationaler Egoismen für eine
inklusive Globalisierung wesentlich plausibler geworden. Bedeutsam
für die institutionelle Begleitung einer solchen inklusiven Globalisierung ist, dass auch Interessen prominent repräsentiert und wirkmächtig durchgesetzt werden, die nicht ausschließlich durch die *Great
Power* abgedeckt sind. Daran wird sich der institutionelle Multilateralismus in Zukunft messen lassen müssen – auch in der künftigen
Pandemiebekämpfung. Wie weit entfernt ein solches Ideal allerdings
immer noch ist, darauf deutet die Erkenntnis hin, dass die Konflikte
der Großmächte wie in der Vergangenheit auch in der Zukunft die
zentralen Institutionen der Globalisierung prägen werden. Die Aushandlungen der Streitigkeiten erscheint wegen der vielen harten
Interessengegensätzen und in Ermangelung eines durchsetzbaren
Hypertextes der Globalisierung kaum erfolgversprechend. Dabei läuft
eine weitere Konfrontation in der fragilen aktuellen Lage latent Gefahr,
die letzten Verhandlungchips aus der Hand zu geben, bis allein die
militärische Eskalation als letztes Mittel bestehen bleibt.

Der Ort, in dem die entsprechenden Interessenunterschiede vor
der völligen Eskalation verhandelt werden sollten, der UN-Sicher-
heitsrat, wirkt alldieweil nicht erst durch die skurrilen Positionen der

Trump-Administration wie ein Schatten seines einst angedachten interessensausgleichenden und multilateralen Charakters. Seit vielen Jahren offensichtlich und hinlänglich kritisiert, ist die Dominanz der *Great-Power*-Interessen über diejenigen aller anderen in einem multilateralen System schlichtweg fehl am Platze. Zwar spiegelt der Sicherheitsrat die globalen Machtverhältnisse, die Sitzverteilung ist – wenngleich historisch begründbar – heute ungleich, exklusiv, wahllos und vor allen Dingen nicht-repräsentativ (Lättilä 2019). Da eine simple Ausweitung des Vetorechts auf eine größere Anzahl an Ländern zwar die Repräsentativität der Entscheidungen erhöhen würde, aber die bereits aktuell häufig zutage tretende Pattsituation noch vervielfältigen würde, kann nur der Übergang hin zu qualifizierten Mehrheitsentscheidungen einen gangbaren Weg konstituieren. Unter den vielen kursierenden Vorschlägen überzeugt insbesondere der Übergang zu einem zweischichtigen System, das bei einzelstaatlichen Resolutionen die regionalen Gruppen einbindet (Lättilä 2019). Resolutionen würden nur noch dann verabschiedet, wenn qualifizierte Mehrheiten innerhalb der betroffen Regionalgruppe, sowie im gesamten Rat erreicht würden. Aus dem Bestimmen übereinander würde ein Bestimmen miteinander. Bei inter-staatlichen Konflikten würden Abwehrmechanismen unterlaufen, indem die qualifizierte Mehrheit des gesamten Rates alleinig zählte. Hier ließe sich durchaus ein weiterer Kontrollmechanismus andenken, über Zustimmungspflicht von gerade nicht-geographiespezifischen Ländergruppen, die sich zuvor zu bestimmten Zwecken oder aufgrund von strukturähnlichen Gemeinsamkeiten zusammengeschlossen haben (z. B. als Klima-Club). Eine solche Reform hätte den Vorteil, dass Repräsentativität und Handlungsfähigkeit des UN-Sicherheitsrates gleichermaßen verbessert würden und nicht mehr nur die arbiträre Logik der Machtverhältnisse spiegelten. Da insbesondere China, Russland und die USA aber seit Jahren Reformeifer vermissen lassen und lieber auf ihre eingesessenen Positionen pochen, bleiben die entsprechenden Überlegungen weiterhin theoretischer Natur. Im Systemkonflikt von eigenen Privilegien abzusehen, könnte schließlich intern sowie von den Systemgegnern als Schwäche gedeutet werden. Die öffentliche Kompromisssuche entgegen dem Primat der nationalen Egoismen gehört sicherlich nicht zur Stärke der *Great Power*.

# Literatur

ABC News. 2017. 10 times Trump attacked China and its trade relations with the US. https://abcnews.go.com/Politics/10-times-trump-attacked-china-trade-relations-us/story?id=46572567. Zugegriffen: 19. Okt. 2020.

Acemoglu, Daron, und James A. Robinson. 2015. The rise and decline of general laws of capitalism. *Journal of Economic Perspectives* 29 (1): 3–28.

Acker, Kevin, Deborah Brautigam, und Yufan Huang. 2020. Debt relief with Chinese characteristics. *China Africa Research Initiative Policy Brief* 46.

Ajouri, Philip. 2009. *Literatur um 1900: Naturalismus – Fin de Siècle – Expressionismus.* Berlin: Akademie.

Alkire, Dabina, Jakob Dirksen, Ricardo Nogales, und Christian Oldiges. 2020. Multidimensional poverty and COVID-19 risk factors: A rapid overview of interlinked deprivations across 5.7 billion people. *OPHI Briefing* 53. https://ophi.org.uk/wp-content/uploads/B53_Covid-19_vs3-2_2020_online.pdf. Zugegriffen: 30. Nov. 2020.

Allcott, Hunt, Billy A. Ferguson, Levi Boxell, Matthew Gentzkow, Jacob C. Conway, und Benny Goldman. 2020. What explains temporal and geographic variation in the early US coronavirus pandemic? *NBER Working Paper* 27965.

Allianz. 2020. Living on with a Covid-19 Hum. https://www.allianz.com/content/dam/onemarketing/azcom/Allianz_com/economic-research/

publications/specials/en/2020/september/2020_09_24_SCENARIO.pdf. Zugegriffen: 21. Dez. 2020.

Allison, Graham. 2017. *Destined for war: Can America and China escape Thucydides's Trap?* Melbourne: Scribe.

Angell, Norman. 1972. *The great illusion: A study of the relation of military power in nations to their economic and social advantage.* New York: Garland.

Ankenbrand, Hendrik. 2021a. Verliert China das Impfrennen? *Frankfurter Allgemeine Zeitung* vom 01.02.2021, S. 17.

Ankenbrand, Hendrik. 2021b. China setzt jetzt noch stärker auf Rüstung. *Frankfurter Allgemeine Zeitung* vom 04.03.2021. https://www.faz.net/ aktuell/wirtschaft/neuer-fuenf-jahres-plan-china-setzt-statt-internet-jetzt-auf-ruestung-17225942.html. Zugegriffen: 7. März 2021.

Ankenbrand, Hendrik, Christoph Hein, Roland Lindner, und Gustav Theile. 2020. Tanz zwischen den Fronten. *Frankfurter Allgemeine Zeitung* vom 25.07.2020, S. 20.

Ash, Timothy Garton. 2019. *Ein Jahrhundert wird abgewählt. 1980–1990 Europa im Umbruch.* München: Hanser.

Assembly. 2019. The impact on the UK of a restriction on Huawei in the telecoms supply chain, a report for mobile UK, London.

Assheuer, Thomas. 2020. Was macht der Weltgeist. *DIE ZEIT* vom 06.08.2020, S. 41–42.

Balmford, Ben, James Annan, Julia Hargreaves, Marina Altoè, und Ian Bateman. 2020. CrossCountry comparisons of Covid19: Policy, politics and the price of life. *Environmental and Resource Economics* 76: 525–551.

Bank for International Settlements. 2021. Credit to the non-financial sector. https://www.bis.org/statistics/totcredit.htm. Zugegriffen: 6. Apr. 2021.

Banting, Keith, Wil Kymlicka, Allison Harell, und Rebecca Wallace. 2020. Beyond national identity: Liberal nationalism, shared membership and solidarity. In *Liberal nationalism and its critics: Normative and empirical questions*, Hrsg. Gina Gustavsson und David Miller, 205–225. Oxford: Oxford University Press.

Bardt, Hubertus. 2021. Verteidigungsausgaben in Deutschland: Hohe Friedensdividende und niedrige NATO-Quote. *IW-Trends – Vierteljahresschrift zur empirischen Wirtschaftsforschung* 48: 41–59. https://www.iwkoeln. de/studien/iw-trends/beitrag/hubertus-bardt-hohe-friedensdividende-und-niedrige-nato-quote-500206.html. Zugegriffen: 8. Apr. 2021.

Bardt, Hubertus, und Michael Hüther. 2020. Überlegungen zur Lockerung des Lockdowns. *Wirtschaftsdienst* 100 (4): 277–284.

Bardt, Hubertus, und Karl Lichtblau. 2020. Industriepolitische Herausforderungen: Horizontale Ansätze und neue Aufgaben für den Staat. *IW-Analyse* Nr. 139. Köln: IW Medien. https://www.iwkoeln.de/studien/iw-analysen/beitrag/hubertus-bardt-karl-lichtblau-horizontale-ansaetze-und-neue-aufgaben-fuer-den-staat.html. Zugegriffen: 8. Apr. 2021.

Bardt, Hubertus, und Michael Hüther. 2021. Corona-Hilfen – schleppende Auszahlung. *IW-Kurzbericht* Nr. 2. https://www.iwkoeln.de/studien/iw-kurzberichte/beitrag/hubertus-bardt-michael-huether-schleppende-auszahlung-497329.html. Zugegriffen: 24. Febr. 2020.

Barkin, Noah. 2020. Watching China in Europe – October 2020. Blog Post. https://www.gmfus.org/blog/2020/10/05/watching-china-europe-october-2020. Zugegriffen: 30. Nov. 2020.

Barrot, Jean-Noel, und Julien Sauvagnat. 2016. Input specificity and the propagation of idiosyncratic shocks in production networks. *The Quarterly Journal of Economics* 131 (3): 1543–1592.

Bayes, Tom. 2020. *China's growing security role in Africa: Views from West Africa, implications for Europe.* Berlin: Konrad-Adenauer-Stiftung.

Bazzi, Samuel, Martin Fiszbein, und Mesay Gebresilasse. 2020. Rugged individualism and collective (in)action during the Covid-19 pandemic. *CEPR Discussion Paper* DP15232.

Beer, Sonja. 2020a. Russland: Wirtschaft und Handelsbeziehung unter Stress. *IW-Report* Nr. 32. https://www.iwkoeln.de/studien/iw-reports/beitrag/sonja-beer-wirtschaft-und-handelsbeziehung-unter-stress.html. Zugegriffen: 8. Apr. 2021.

Beer, Sonja. 2020b. Die Corona-Krise in den Entwicklungs- und Schwellenländern: Eine Katastrophe naht. *IW-Kurzbericht* Nr. 57. https://www.iwkoeln.de/studien/iw-kurzberichte/beitrag/sonja-beer-eine-katastrophe-naht-468147.html. Zugegriffen: 8. Apr. 2021.

Bergmann, Knut, Matthias Diermeier, und Judith Niehues. 2017. Die AfD: Eine Partei der sich ausgeliefert fühlenden Durchschnittsverdiener. *Zeitschrift Für Parlamentsfragen* 58 (1): 57–75.

Bergner, Susan, Remco van de Pas, Louise van Schaik, und Maike Voss. 2020. Upholding the World Health Organization – Next steps for the EU. *SWP-Comment* 47.

Bernoth, Kerstin, Geraldine Dany-Knedlik, und Anna Gibert. 2020. Geldpolitische Maßnahmen der EZB und der Fed gegen die Corona-Krise wirken wenig. *DIW aktuell* 31.

Bianchi, Francesco, Giada Bianchi, und Dongho Song. 2021. The long-term impact of the COVID-19 unemployment shock on life expectancy and mortality rates. *NBER Working Paper* 28304. https://www.nber.org/system/files/working_papers/w28304/w28304.pdf. Zugegriffen: 31. Jan. 2021.

Bierling, Stephan. 2020. *America First. Donald Trump im Weißen Haus. Eine Bilanz*, 2. Aufl. München: Beck.

Bindseil, Ulrich, und Schaaf, Jürgen. 2021. Keine Angst vor Zombie-Firmen. *Frankfurter Allgemeine Sonntagszeitung* vom 31.01.2021, S. 21.

Blanchard, Olivier, Jean-Claude Chouraqui, Robert P. Hagemann, und Nicola Sartor. 1990. The sustainability of Fiscal policy: New answers to an old question. *NBER Working Paper* R1547.

Blasetti, Alessandro, Patrick Droß, Mathis Fräßdorf, und Julian Naujoks. 2020. Offenheit im globalen Lockdown: Ein Zukunftsmodell für die Wissenschaft? Wissenschaftszentrum Berlin für Sozialforschung. https://wzb.eu/de/forschung/corona-und-die-folgen/offenheit-im-globalen-lockdown-ein-zukunftsmodell-fuer-die-wissenschaft. Zugegriffen: 30. Nov. 2020.

BMF. 2020a. Kampf gegen Corona: Größtes Hilfspaket in der Geschichte Deutschlands. https://www.bundesfinanzministerium.de/Content/DE/Standardartikel/Themen/Schlaglichter/Corona-Schutzschild/2020-03-13-Milliarden-Schutzschild-fuer-Deutschland.html. Zugegriffen: 30. Nov. 2020.

BMF. 2020b. Milliarden-Hilfsprogramme für Deutschland. https://www.bundesfinanzministerium.de/Content/DE/Standardartikel/Themen/Schlaglichter/Corona-Schutzschild/2020-03-13-Milliarden-Schutzschild-fuer-Deutschland.html. Zugegriffen: 30. Nov. 2020.

BMF, und BMWi. 2020. Ein Schutzschild für Beschäftigte und Unternehmen Maßnahmenpaket zur Abfederung der Auswirkungen des Corona-Virus. Berlin. https://www.bundesfinanzministerium.de/Content/DE/Pressemitteilungen/Finanzpolitik/2020/03/2020-03-13-download-de.pdf?__blob=publicationFile&v=4. Zugegriffen: 30. Nov. 2020.

BMG. 2020. Gemeinsamer Krisenstab BMI/BMG fällt weitere Beschlüsse. *Pressemitteilung* vom 04.03.2020. https://www.bundesgesundheitsministerium.de/weiterere-beschluesse-krisenstab-bmi-bmg.html. Zugegriffen: 30. Nov. 2020.

BMI. 2020a. Wie wir COVID-19 unter Kontrolle bekommen. Unveröffentlichtes Strategiepapier. https://fragdenstaat.de/dokumente/4123-wie-wir-covid-19-unter-kontrolle-bekommen/. Zugegriffen: 30. Nov. 2020.

BMI. 2020b. Vorübergehende Grenzkontrollen an den Binnengrenzen zu Österreich, der Schweiz, Frankreich, Luxemburg und Dänemark, *Pressemitteilung* vom 15.03.2020. https://www.bmi.bund.de/SharedDocs/pressemitteilungen/DE/2020/03/grenzschliessung-corona.html. Zugegriffen: 30. Nov. 2020.

BMWi. 2020a. China – Wirtschaftliche Beziehungen. https://www.bmwi.de/Redaktion/DE/Artikel/Aussenwirtschaft/laendervermerk-china.html. Zugegriffen: 21. Okt. 2020.

BMWi. 2020b. Bundesregierung verständigt sich auf finanzielle Unterstützung für die Lufthansa. *Pressemitteilung* vom 25.05.2020. https://www.bmwi.de/Redaktion/DE/Pressemitteilungen/2020/20200525-bundesregierung-verstaendigt-sich-auf-finanzielle-unterstuetzung-fuer-die-lufthansa.html. Zugegriffen: 30. Nov. 2020.

Bofinger, Peter, und Michael Hüther. 2020. Her mit der Negativ-Steuer für den Mittelstand. *Die Welt* vom 27.03.2020.

Bofinger, Peter, Sebastian Dullien, Gabriel Felbermayr, Clemens Fuest, Michael Hüther, Jens Südekum, und Beatrice Weder di Mauro. 2020. Wirtschaftliche Implikationen der Corona-Krise und wirtschaftspolitische Maßnahmen. *Wirtschaftsdienst* 100 (4): 259–265.

Böge, Friederike. 2021. China und die Corona-Krise: Pekings autoritäre Reflexe. *Frankfurter Allgemeine Zeitung* vom 02.01.2021. https://www.faz.net/aktuell/politik/ausland/china-und-die-corona-krise-pekings-autoritaere-reflexe-17126886.html?premium. Zugegriffen: 10. Jan. 2021.

Böge, Friederike und Till Fähnders. 2020. „Wenn ihr China zum Feind macht, wird China der Feind sein". *Frankfurter Allgemeine Zeitung* vom 19.11.2020. https://www.faz.net/aktuell/politik/ausland/china-setzt-australien-mit-handelsbarrieren-unter-druck-17058871.html?premium. Zugegriffen: 18. Jan. 2021.

Borrell, Josef. 2020. The Coronavirus pandemic and the new world it is creating. 23. March 2020. https://eeas.europa.eu/headquarters/headquarters-homepage/76379/coronavirus-pandemic-and-new-world-it-creating_en. Zugegriffen: 30. Nov. 2020.

Brautigam, Deborah. 2020. A critical look at Chinese 'debt-trap diplomacy': The rise of a meme. *Area Development and Policy* 5 (1): 1–14.

Brown, Wendy. 2012. Wir sind jetzt alle Demokraten. In *Demokratie? Eine Debatte*, Hrsg. Giorgio Agamben, Alain Badiou, Slavoj Žižek, Jacques Rancière, Jean-Luc Nancy, und Wendy Brown, 55–71. Berlin: Suhrkamp.

Bruegel. 2020. The fiscal response to the economic fallout from the corona-virus. https://www.bruegel.org/publications/datasets/covid-national-dataset/. Zugegriffen: 30. Nov. 2020.

Bundesinstitut für Risikobewertung. 2020. BfR Corona-Monitor. https://www.bfr.bund.de/de/a-z_index/covid_19_corona-244541.html. Zugegriffen: 30. Nov. 2020.

Bundesregierung. 2020a. Leitlinien zum Indo-Pazifik. Deutschland – Europa – Asien. Das 21. Jahrhundert gemeinsam gestalten. https://www.auswaertiges-amt.de/blob/2380500/33f978a9d4f511942c241eb4602086c1/200901-indo-pazifik-leitlinien--1--data.pdf. Zugegriffen: 21. Okt. 2020.

Bundesregierung. 2020b. Ende der Grenzkontrollen. 21.06.2020. https://www.bundesregierung.de/breg-de/themen/coronavirus/ende-der-grenz-kontrollen-1760390. Zugegriffen: 30. Nov. 2020.

Bünder, Helmut. 2020. Wie schwer wird der 5G-Ausbau ohne Huawei? *Frankfurter Allgemeine Zeitung* vom 25.08.2020. https://www.faz.net/aktuell/wirtschaft/digitec/wie-schwer-wird-der-5g-ausbau-ohne-huawei-16919210.html?premium. Zugegriffen: 30. Nov. 2020.

Case, Anne, und Angus Deaton. 2020. *Death of despair and the future of capitalism.* Princeton: Princeton University Press.

Chakravorti, Bhaskar, Ravi Chaturvedi, und Christiana Filipovic. 2019. Ease of doing digital business 2019. The Fletcher School, Tufts University.

Chipman Koty, Alexander. 2020. What is the China standards 2035 plan and how will it impact emerging industries? China briefing. https://www.china-briefing.com/news/what-is-china-standards-2035-plan-how-will-it-impact-emerging-technologies-what-is-link-made-in-china-2025-goals/. Zugegriffen: 30. Nov. 2020.

Chipman Koty, Alexander, und Dorcas Wong. 2020. The US–China trade war: A timeline. https://www.china-briefing.com/news/the-us-china-trade-war-a-timeline/. Zugegriffen: 22. Juli 2020.

Chowdhry, Sonali, und Gabriel Felbermayr. 2020. The US–China trade deal: How the EU and WTO lose from managed trade, *Kiel Policy Brief* 132.

Clinton, Hillary. 2018. Speech at the India Today conclave 2018 in Mumbai. https://www.businessinsider.com/hillary-clinton-says-trump-won-backwards-states-in-2016-2018-3?r=DE&IR=T. Zugegriffen: 30. Nov. 2020.

Cohen, Jon. 2020. A WHO-led mission may investigate the pandemic's origin. Here are the key questions to ask. Sciencemag, 10.07.2020. https://www.

sciencemag.org/news/2020/07/who-led-mission-may-investigate-pandemic-s-origin-here-are-key-questions-ask. Zugegriffen: 30. Nov. 2020.

Confessore, Nicholas, und Karen Yourish. 2016. 2 Billion worth of free media for Donald Trump. New York Times, 15.03.2016. https://www.nytimes.com/2016/03/16/upshot/measuring-donald-trumps-mammoth-advantage-in-free-media.html. Zugegriffen: 30. Nov. 2020.

Congressional Research Service. 2020. Global value chains: Overview and issues for congress. *Congressional Research Service* R46641. https://crsreports.congress.gov/product/pdf/R/R46641. Zugegriffen: 30. Nov. 2020.

De Vries, Catherine E., und Isabell Hoffmann. 2020. Der Empathie Effekt – Die COVID-19-Pandemie und ihre Auswirkungen auf die öffentliche Meinung in der EU. Bertelsmann Stiftung. https://www.bertelsmann-stiftung.de/fileadmin/files/user_upload/eupinions_Empathie_Effekt.pdf. Zugegriffen: 30. Nov. 2020.

Demary, Markus. 2020. Wirtschaftspolitik in Zeiten der Corona-Krise: Von der Corona-Krise zur Krise im Euroraum? *Deutschland & Europa* 80: 54–59.

Demary, Markus, und Michael Hüther. 2020. Corona-Pandemie und die Stabilität des Bankensystems. Ursachen in Der Realwirtschaft Kurieren. *Wirtschaftsdienst* 100 (11): 862–868.

Demary, Markus, und Jürgen Matthes. 2020. Auswirkungen der Corona-Krise auf die europäischen Finanzmärkte. *IW-Kurzbericht* Nr. 30. https://www.iwkoeln.de/studien/iw-kurzberichte/beitrag/markus-demary-juergen-matthes-auswirkungen-der-corona-krise-auf-die-europaeischen-finanzmaerkte-464468.html. Zugegriffen: 8. Apr. 2021.

Demary, Markus, und Michael Hüther. 2021. Global inflation: Low for long or higher for longer? *IW-Report* Nr. 12. https://www.iwkoeln.de/studien/iw-reports/beitrag/markus-demary-michael-huether-low-for-long-or-higher-for-longer.html. Zugegriffen: 8. Apr. 2021.

Denyer, Simon. 2016. By 2030, South China Sea will be 'virtually a Chinese lake,' study warns. *The Washington Post* vom 20.01.2016. https://www.washingtonpost.com/news/worldviews/wp/2016/01/20/by-2030-south-china-sea-will-be-virtually-a-chinese-lake-u-s-study-warns/. Zugegriffen: 30. Nov. 2020.

Deuber, Lea, Christoph Giesen, und Frederik Obermaier. 2019. VW und die Frage der Verantwortung. *Süddeutsche Zeitung* vom 25.11.2019. https://www.sueddeutsche.de/politik/china-cables-vw-verantwortung-xinjiang-uiguren-1.4696626. Zugegriffen: 30. Nov. 2020.

Devlin, Kat, und Aidan Connaughton. 2020. Most approve of national response to COVID-19 in 14 advanced economies. Pew Research Center. Global attitudes & trends. https://www.pewresearch.org/global/2020/08/27/most-approve-of-national-response-to-covid-19-in-14-advanced-economies/. Zugegriffen: 30. Nov. 2020.

DGEpi. 2020. Stellungnahme der Deutschen Gesellschaft für Epidemiologie (DGEpi) zur Verbreitung des neuen Coronavirus (SARS-CoV-2). Deutsche Gesellschaft für Epidemiologie. 19.03.2020. Ulm.

Di Fabio, Udo. 2020. Corona-Pandemie und Klimanotstand. Zur Lage der liberalen Demokratien. *Frankfurter Allgemeine Zeitung* vom 31.12.2020.

Diamond, Larry, Lee Drutman, Tod Lindberg, Nathan Kalmoe, und Lilliana Mason. 2020. Americans increasingly believe violence is justified if the other side wins. *Politico.* https://www.politico.com/news/magazine/2020/10/01/political-violence-424157. Zugegriffen: 30. Nov. 2020.

Diermeier, Matthias. 2015. *Das russische Paradoxon. iwd* 22/2015. Köln: IW Medien.

Diermeier, Matthias. 2020. Die politische Ökonomie in Zeiten von Corona. *IW-Kurzbericht* Nr. 43. https://www.iwkoeln.de/studien/iw-kurzberichte/beitrag/matthias-diermeier-die-politische-oekonomie-in-zeiten-von-corona-465207.html. Zugegriffen: 8. Apr. 2021.

Diermeier, Matthias, und Michael Hüther. 2020. Regionalanalyse Industrie: Geringe Arbeitslosigkeit trotz hoher Corona-Betroffenheit. *IW-Kurzbericht* Nr. 81. https://www.iwkoeln.de/studien/iw-kurzberichte/beitrag/matthias-diermeier-michael-huether-geringe-arbeitslosigkeit-trotz-hoher-corona-betroffenheit-477634.html. Zugegriffen: 8. Apr. 2021.

Diermeier, Matthias, und Thomas Obst. 2020. Helikopter gegen die Krise? *IW-Kurzbericht* Nr. 28. https://www.iwkoeln.de/studien/iw-kurzberichte/beitrag/matthias-diermeier-thomas-obst-helikopter-gegen-die-krise-464213.html. Zugegriffen: 8. Apr. 2021.

Diermeier, Matthias, Florian Güldner, und Thomas Obst. 2020. Der chinesische Albtraum: Verschuldungsrisiken auf der Seidenstraße. *IW-Kurzbericht* Nr. 88. https://www.iwkoeln.de/studien/iw-kurzberichte/beitrag/matthias-diermeier-thomas-obst-verschuldungsrisiken-auf-der-seidenstrasse-478361.html. Zugegriffen: 8. Apr. 2021.

Diermeier, Matthias, Hannah Frohwein, und Aljoscha Nau. 2021. One for one and none for all – The Radical Right in the European Parliament. LEQS Discussion Paper, No. 167.

Döpfner, Mathias. 2020. Wir müssen uns entscheiden. *Die Welt.* 03.05.2020. https://www.welt.de/debatte/kommentare/plus207687477/Mathias-Doepfner-Wir-muessen-uns-zwischen-Amerika-und-China-entscheiden. html. Zugegriffen: 30. Nov. 2020.

Dorn, Thea. 2020. Im Wahn der Beherrschbarkeit. *DIE ZEIT.* Nr. 8/2021, S. 11.

Dreher, Axel, Peter Nunnenkamp, und Rainer Thiele. 2008. Does US aid buy UN general assembly votes? A disaggregated analysis. *Public Choice* 136 (1–2): 139–164.

Dröge, Susanne. 2021. Ein CO2-Grenzausgleich für den Green Deal der EU: unktionen, Fakten und Fallstricke. SWP-Studie 9.

Du, Juan. 2020. *The Shenzhen experiment. The story of China's instant city.* Cambridge: Harvard University Press.

DW, 2020. COVID-19: Wie hart wird Afrika getroffen? DW vom 27.04.2020. www.dw.com/de/covid-19-wie-hart-wird-afrika-getroffen/a-53261217. Zugegriffen: 11. Feb. 2021.

Economist. 2012. China's Achilles heel. *Economist* vom 21.04.2012. https://www.economist.com/china/2012/04/21/chinas-achilles-heel. Zugegriffen: 30. Nov. 2020.

Economist. 2016. Our bulldozers, our rules. *Economist* vom 02.07.2016. https://www.economist.com/china/2016/07/02/our-bulldozers-our-rules. Zugegriffen: 30. Nov. 2020.

Economist. 2018a. China's predicament. *Economist* vom 14.08.2018. https://www.economist.com/special-report/2018/08/14/chinas-predicament. Zugegriffen: 30. Nov. 2020.

Economist. 2018b. The perils of China's "debt-trap diplomacy". *Economist* vom 06.09.2018. https://www.economist.com/asia/2018/09/06/the-perils-of-chinas-debt-trap-diplomacy. Zugegriffen: 30. Nov. 2020.

Economist. 2019. The ins and outs of China's new foreign investment law. *Economist* vom 21.03.2019. http://country.eiu.com/article. aspx?articleid=1827777566. Zugegriffen: 30. Nov. 2020.

Economist. 2020a. Special report: The new world order. *Economist* vom 20.06.2020.

Economist. 2020b. America's war on Huawei nears its endgame. *Economist* vom 16.07.2020. https://www.economist.com/briefing/2020/07/16/americas-war-on-huawei-nears-its-endgame. Zugegriffen: 30. Nov. 2020.

Economist. 2020c. Locked out – When and how let migrants move again. *Economist* vom 01.08.2020.

Economist. 2020d. Don't carry flag-carriers. *Economist* vom 01.08.2020.

Economist. 2020e. Less globalisation, more tech: The changes covid-19 is forcing on to business. *Economist* vom 11.04.2020. https://www.economist.com/briefing/2020/04/11/the-changes-covid-19-is-forcing-on-to-business. Zugegriffen: 30. Nov. 2020.

Eder, Thomas. 2019. Forum zur Neuen Seidenstraße: „China will vor allem heimische Unternehmen mit Aufträgen versorgen". Merics. https://merics.org/de/pressemitteilung/forum-zur-neuen-seidenstrasse-china-will-vor-allem-heimische-unternehmen-mit. Zugegriffen: 30. Nov. 2020.

Engels, Barbara, Armin Mertens, und Marc Scheufen. 2020. Corona: Neuerungen in der beruflichen Kommunikation. *IW-Kurzbericht* Nr. 35. https://www.iwkoeln.de/fileadmin/user_upload/Studien/Kurzberichte/PDF/2020/IW-Kurzbericht_2020_Neuerungen_berufliche_Kommunikation.pdf. Zugegriffen: 2. März 2021.

Erlanger, Steven. 2019. European elections will gauge the power of populism. New York Times vom 19.05.2019. https://www.nytimes.com/2019/05/19/world/europe/european-parliament-elections-populists.html. Zugegriffen: 30. Nov. 2020.

Espinoza, Javier, und Sam Fleming. 2020. EU seeks new powers to penalise tech giants. *Financial Times* vom 20.09.2020. https://www.ft.com/content/7738fdd8-e0c3-4090-8cc9-7d4b53ff3afb. Zugegriffen: 30. Nov. 2020.

Europäische Kommission. 2018. EU steps up its strategy for connecting Europe and Asia. *Pressemitteilung* vom 19.09.2018.

Europäische Kommission. 2020a. EU-Vietnam trade agreement enters into force. *Pressemitteilung* vom 31.08.2020. https://trade.ec.europa.eu/doclib/press/index.cfm?id=2175. Zugegriffen: 30. Nov. 2020.

Europäische Kommission. 2020b. Eastern partnerships indicative TEN-T maps. https://ec.europa.eu/transport/themes/international/european_neighbourhood_policy/eastern_partnership/tent-maps_en. Zugegriffen: 30. Nov. 2020.

Europäische Kommission. 2020c. COMMISSION RECOMMENDATION Cybersecurity of 5G networks. https://ec.europa.eu/digital-single-market/en/news/cybersecurity-5g-networks. Zugegriffen: 30. Nov. 2020.

Europäische Kommission. 2020d. Trade: EU and 16 WTO members agree to work together on an interim appeal arbitration arrangement. *Pressemitteilung* vom 24.01.2020. https://ec.europa.eu/commission/presscorner/detail/en/IP_20_113. Zugegriffen: 30. Nov. 2020.

Europäische Kommission. 2020e. Kommission will Versorgung mit persönlichen Schutzausrüstungen in der Europäischen Union sichern. *Pressemitteilung* vom 15.03.2020. https://ec.europa.eu/commission/presscorner/detail/de/ip_20_469. Zugegriffen: 30. Nov. 2020.

Europäische Kommission. 2020f. Public open data: Access to reusable public sector information. https://ec.europa.eu/cefdigital/wiki/display/CEFDIGITAL/Public+Open+Data%3A+access+to+reusable+public+sector+information. Zugegriffen: 30. Nov. 2020.

Europäische Kommission. 2020g. Der nächste langfristige Haushalt der EU und NextGenerationEU: Wichtige Fakten und Zahlen. mff_factsheet_agreement_de_web_20.11.pdf(europa.eu). Zugegriffen: 21. Dez. 2020.

Europäische Kommission. 2020h. European Economic Forecast. Autumn 2020. https://ec.europa.eu/info/sites/info/files/economy-finance/ip136_en_2.pdf. Zugegriffen: 30. Nov. 2020.

Europäische Union. 2012. Vertrag über die Arbeitsweise der Europäischen Union (Konsolidierte Fassung). *Amtsblatt der Europäischen Union* 326/49.

Europäische Union. 2017. Verordnung 2017/1601 zur Einrichtung des Europäischen Fonds für nachhaltige Entwicklung.

Europäisches Parlament. 2016. Resolution on China's market economy status. 2016/2667(RSP). https://oeil.secure.europarl.europa.eu/oeil/popups/ficheprocedure.do?lang=en&reference=2016/2667(RSP). Zugegriffen: 31. März 2021.

Europäisches Parlament. 2019. EU Legislation in Progress. PE 614.667 Briefing. https://www.europarl.europa.eu/RegData/etudes/BRIE/2018/614667/EPRS_BRI(2018)614667_EN.pdf. Zugegriffen: 30. Nov. 2020.

Europe PubMed Central. 2020. https://europepmc.org/. Zugegriffen: 9. Nov. 2020.

European Centre for Disease Prevention and Control. 2021. Data on 14-day notification rate of new COVID-19 cases and deaths. https://www.ecdc.europa.eu/en/publications-data/data-national-14-day-notification-rate-covid-19. Zugegriffen: 22. März 2021.

Eurostat. 2020. Asylum and first time asylum applicants by citizenship, age and sex – Annual aggregated data (rounded). https://ec.europa.eu/eurostat/de/web/asylum-and-managed-migration/data/main-tables. Zugegriffen: 23. Sept. 2020.

Eurostat. 2021. Asylum and first time asylum applicants by citizenship, age and sex – Monthly data (rounded). https://ec.europa.eu/eurostat/

databrowser/view/MIGR_ASYAPPCTZM__custom_753254/default/table?lang=en. Zugegriffen: 30. März 2021.

Ezrow, Lawrence, und Timothy Hellwig. 2014. Responding to voters or responding to markets? Political parties and public opinion in an era of globalization. *International Study Quarterly* 58 (4): 816–827.

FAZ. 2020. Afrikas Corona-Rätsel. *Frankfurter Allgemeine Zeitung* vom 01.12.2021. www.faz.net/aktuell/gesellschaft/gesundheit/coronavirus/afrikas-corona-raetsel-niedrige-neuinfektionen-und-weniger-tote-17079469.html. Zugegriffen: 11. Feb. 2021.

FAZ. 2021a. Die Delegierten schaffen die Demokratie ab. *Frankfurter Allgemeine Zeitung* vom 05.03.2021.

FAZ. 2021b. Neues Gegengewicht für China und Russland. *Frankfurter Allgemeine Zeitung* vom 09.03.2021. https://zeitung.faz.net/faz/wirtschaft/2021-03-09/neues-gegengewicht-fuer-china-und-russland/581945.html. Zugegriffen: 9. März 2021.

FAZ. 2021c. Europäer misstrauen China. Die helfende Rolle in der Pandemie hat das Image Pekings nicht wirklich verbessert. *Frankfurter Allgemeine Zeitung* vom 05.01.2021. https://zeitung.faz.net/faz/wirtschaft/2021-01-05/europaer-misstrauen-china/554159.html. Zugegriffen: 5. März 2021.

Felbermayr, Gabriel, und Holger Görg. 2020. Die Folgen von Covid-19 für die Globalisierung. *Perspektiven Der Wirtschaftspolitik*. 21 (3): 263–272.

Felbermayr, Gabriel, Alexander Sandkamp, Hendrik Mahlkow, und Steffen Gans. 2020. *Lieferketten in der Zeit nach Corona. Supply Chains in the Post-Corona Era.* Kurzgutachten im Auftrag der IMPULS Stiftung. https://www.ifw-kiel.de/fileadmin/Dateiverwaltung/IfW-Publications/-ifw/Policy_Papers/2021/Lieferketten_in_der_Zeit_nach_Corona_Endbericht.pdf. Zugegriffen: 2. März 2021.

Ferguson, Niall. 2008. *The ascent of money: A financial history of the world.* The Penguin Press HC (zuerst: Ferguson, Niall, und Moritz Schularick. 2006. Chimerica and global asset markets).

Ferguson, Niall. 2018. *Der Westen und der Rest der Welt. Die Geschichte vom Wettstreit der Kulturen*, 3. Aufl. Berlin: List TB.

Ferguson, Niall, und Moritz Schularick. 2011. The End of Chimerica. *International Finance* 14 (1): 1–26.

Ferracane, Martina. 2017. Restrictions on cross-border data flows: A taxonomy. *ECIPE Working Paper* 1/2017.

Fildes, Nic. 2020. Vodafone to strip Huawei from 'core' network at cost of £200m. *Financial Times* vom 05.02.2020. https://www.ft.com/content/b4bbd752-47f0-11ea-aeb3-955839e06441. Zugegriffen: 30. Nov. 2020.

Firsova, Elizaveta, und Teresa Eder. 2020. QAnon goes global. AICGS. https://www.aicgs.org/2020/09/qanon-goes-global/. Zugegriffen: 30. Nov. 2020.

Fraser, Nancy. 2017. Vom Regen des progressiven Neoliberalismus in die Traufe des reaktionären Populismus. In *Die große Regression. Eine internationale Debatte über die geistige Situation der Zeit*, Hrsg. Heinrich Geiselberger, 77–91. Berlin: Suhrkamp.

French, David. 2020. There's a question my confederate ancestors taught me to ask. Persuasion. https://www.persuasion.community/p/theres-a-question-my-confederate. Zugegriffen: 30. Nov. 2020.

French, Howard. 2018. *Everything under the heavens: How the past helps shape China's push for global power*. New York: Penguin Random House.

Fritsch, Manuel, und Jürgen Matthes. 2020. Factory Europe and its ties in global value chains. *GED Focus Paper*. Köln.

Fuchs, Andreas, Lennart Kaplan, Krisztina Kos-Katos, Sebastian S. Schmidt, und Felix Turbanisch. 2021. China sent masks, gloves and gowns to many U.S. states. Here's who benefited. *Washington Post* vom 30.01.2021 (online edition).

Fuest, Clemens, Florian Neumeier, und Daniel Stöhlker. 2020. Die Preiseffekte der Mehrwertsteuersenkung in deutschen Supermärkten: Eine Analyse für mehr als 60 000 Produkte. *Ifo Schnelldienst Digital* 1 (13).

Fukuyama, Francis. 1992. *Das Ende der Geschichte, wo stehen wir?* München: Kindler.

Fukuyama, Francis. 2018. *Identity. contemporary identity politics and the struggle for recognition*. London: Profile Books.

Fukuyama, Francis. 2019. *Identität. Wie der Verlust der Würde unsere Demokratie gefährdet*. Hamburg: Hoffmann und Campe.

Galloway, Scott. 2017. *The four: Die geheime DNA von Amazon, Apple, Facebook und Google*. Kulmbach: Börsenmedien AG.

Galper, Anna, Sebastian Horn, Scott Morris, Bradley Parks, und Christoph Trebesch. 2021. How China lends - A rare look into Debt contracs with foreign governments. https://www.ifw-kiel.de/fileadmin/Dateiverwaltung/IfW-Publications/-ifw/Journal_Article/2021/How_China_Lends.pdf. Zugegriffen: 8. Apr. 2021.

Gerhardt, Volker. 2012. *Öffentlichkeit. Die politische Form des Bewusstseins*. München: Beck.

Gianetti, Marilena, Daniela Federici, und Michele Raitano. 2009. Migrant remittances and inequality in Central Eastern Europe. *International Review of Applied Economics* 23 (3): 289–307.

Giddens, Anthony. 1995. *Konsequenzen der Moderne*. Frankfurt a. M.: Suhrkamp.

Giersch, Herbert. 1995. Wirtschaft und Moral im Raum: Variationen über ein Thema von Thünen. Ders., Abschied von der Nationalökonomie. *Wirtschaften im weltweiten Wettbewerb*. Frankfurt a. M.: FAZ Buch 2001, S. 271–287.

Gill, Indermit, und Homi Kharas. 2007. An East Asian renaissance: Ideas for economic growth. Washington D.C.: World Bank. https://documents.worldbank.org/en/publication/documents-reports/documentdetail/517971468025502862/an-east-asian-renaissance-ideas-for-economic-growth. Zugegriffen: 30. Nov. 2020.

Global Trade Alert. 2020. Global dynamics. https://www.globaltradealert.org/global_dynamics/day-to_0930. Zugegriffen: 30. Jan. 2021.

Göbel, Heike, Julia Löhr, und Johannes Pennekamp. 2020. Ich bin nicht der Oberlehrer der Welt. *Frankfurter Allgemeine Zeitung* vom 11.07.2020. https://www.faz.net/aktuell/wirtschaft/konjunktur/wirtschafts-minister-peter-altmaier-zu-china-corona-und-maskenpflicht-16855438.html?premium. Zugegriffen: 30. Nov. 2020.

Godement, François, und Abigaël Vasselier. 2017. China at the gates: A new power audit of EU-China relations. https://www.ecfr.eu/publications/summary/china_eu_power_audit7242. Zugegriffen: 30. Nov. 2020.

Goecke, Henry, Jürgen Matthes, und Jan Wendt. 2020. Sind Realtime Schifffahrtsdaten für die Prognose des deutschen Außenhandels verwendbar? *IW-Kurzbericht* Nr. 87. https://www.iwkoeln.de/studien/iw-kurzberichte/beitrag/henry-goecke-juergen-matthes-jan-marten-wendt-sind-realtime-schifffahrtsdaten-fuer-die-prognose-des-deutschen-aussenhandels-verwendbar-479529.html. Zugegriffen: 8. Apr. 2021.

Goecke, Henry, und Christian Rusche. 2020. Mehrwertsteuersenkung: Erste Effekte sichtbar. *IW-Kurzbericht* Nr. 90. https://www.iwkoeln.de/studien/iw-kurzberichte/beitrag/henry-goecke-christian-rusche-erste-effekte-sichtbar-481527.html. Zugegriffen: 8. Apr. 2021.

Goldberg, Pinelopi, und Tristan Reed. 2020. The effects of the coronavirus pandemic in emerging market and developing economies: An optimistic preliminary account. *BPEA Conference Draft*. https://www.brookings.edu/

bpea-articles/the-effects-of-the-coronavirus-pandemic-in-emerging-market-and-developing-economies/. Zugegriffen: 30. Nov. 2020.

Goodhart, David. 2017. *The road to somewhere: The populist revolt and the future of politics.* London: C. Hurst & Co.

Google. 2020. Regional mobility reports. https://www.google.com/covid19/mobility/. Zugegriffen: 30. Nov. 2020.

Goschin, Zizi. 2014. Remittances as an economic development factor. Empirical evidence from the CEE countries. *Procedia Economics and Finance* 10: 54–60.

Gosewinkel, Dieter. 2020. Die Renaissance nationaler Grenzen. Anhaltende Abschottung Ist Juristisch Fraglich. *WZB Mitteilungen* 168: 17–19.

Grabosch, Robert. 2019. *Unternehmen und Menschenrechte: Gesetzliche Verpflichtungen zur Sorgfalt im weltweiten Vergleich.* Berlin: Friedrich-Ebert-Stiftung.

Grömling, Michael, Michael Hüther, Martin Beznoska, und Markus Demary. 2020. Wirtschaftspolitische Antworten auf die Corona-Krise – Liquidität hat Vorrang! *IW-Policy Paper* Nr. 4. https://www.iwkoeln.de/studien/iw-policy-papers/beitrag/michael-huether-michael-groemling-liquiditaet-hat-vorrang.html. Zugegriffen: 8. Apr. 2021.

Gurara, Daniel, Stefania Fabrizio, und Johannes Wiegand. 2020. COVID-19: Without help, low-income developing countries risk a lost decade. *IMFBlog.* 27.08.2020. https://blogs.imf.org/2020/08/27/covid-19-without-help-low-income-developing-countries-risk-a-lost-decade/. Zugegriffen: 30. Nov. 2020.

Haasbroek, Michiel. 2020. Coronavirus crisis impacts China's credit system. Merics. https://merics.org/de/analyse/coronavirus-crisis-impacts-chinas-credit-system. Zugegriffen: 30. Nov. 2020.

Habermas, Jürgen. 1984. *Vorstudien und Ergänzungen zur Theorie des kommunikativen Handelns,* Frankfurt a. M.: Suhrkamp.

Habermas, Jürgen. 1990. *Strukturwandel der Öffentlichkeit: Untersuchungen zu einer Kategorie der bürgerlichen Gesellschaft.* Frankfurt a. M.: Suhrkamp.

Hamilton, Clive, und Mareike Ohlberg. 2020. *Die lautlose Eroberung: Wie China westliche Demokratien unterwandert und die Welt neu ordnet.* München: DVA.

Hartocollis, Anemona, und Miriam Jordan. 2020. U.S. rescinds plan to strip visas from international students in online classes. *New York Times* vom 14.07.2020. https://www.nytimes.com/2020/07/14/us/coronavirus-international-foreign-student-visas.html. Zugegriffen: 30. Nov. 2020.

Harvard T.H. CHAN School of Public Health. 2021. Coronavirus, climate change, and the environment – A conversation on COVID-19 with Dr. Aaron Bernstein, Director of Harvard Chan C-CHANGE. https://www. hsph.harvard.edu/c-change/subtopics/coronavirus-and-climate-change/. Zugegriffen: 2. März 2021.

Hatchett, Richard, Carter Mecher, und Marc Lipsitch. 2007. Public health interventions and epidemic intensity during the 1918 influenza pandemic. *PNAS* 104 (18): 7582–7587.

He, Mai, Li. Li, Louis Dehner, und Lucia Dunn. 2020. Cremation based estimates suggest significant under- and delayed reporting of COVID-19 epidemic data in Wuhan and China. *Published medRxiv Preprint.* https:// doi.org/10.1101/2020.05.28.20116012.

Hein, Christoph. 2020. Wie China Krisenstaaten an sich bindet. *Frankfurter Allgemeine Zeitung* vom 03.09.2020. https://www.faz.net/aktuell/wirtschaft/ pekings-machtausbau-wie-china-krisenstaaten-an-sich-bindet-16933351. html?premium. Zugegriffen: 5. März 2021.

Hentze, Tobias. 2020. Zur Ausgestaltung der Corona-Hilfen im Jahr 2021. *IW-Policy Paper* Nr. 27. https://www.iwkoeln.de/studien/iw-policy-papers/ beitrag/tobias-hentze-zur-ausgestaltung-der-corona-hilfen-im-jahr-2021. html. Zugegriffen: 2. März 2021.

Hillman, Jonathan. 2018. China's belt and road is full of holes. *CSIS Briefs.* https://csis-website-prod.s3.amazonaws.com/s3fs-public/ publication/180917_ChinasBelt_final.pdf?USSKPmJPFHq0v. lSyr2wZu9H9HSrlTUh. *Zugegriffen: 30. Nov. 2020.*

Horn, Sebastian, Carmen Reinhart, und Christoph Trebesch. 2020. China's overseas lending. *NBER Working Paper* 26050.

Hua, Sha, und Stephen Scheuer. 2019. Wie gefährlich ist Huawei? Einblicke in das Innenleben des umstrittenen Tech-Konzerns. *Handelsblatt* vom 15.03.2019. https://www.handelsblatt.com/unternehmen/it-medien/ chinesischer-telekomausruester-wie-gefaehrlich-ist-huawei-einblicke-in-das-innenleben-des-umstrittenen-tech-konzerns/24096758.html?ticket=ST-20079103-SCNer4WxikKk5d7yeL3p-ap2. Zugegriffen: 30. Nov. 2020.

Hufbauer, Gary. 2011. WTO judicial appointments: Bad Omen for the trading system. Peterson Institute for International Economy. https://www. piie.com/blogs/realtime-economic-issues-watch/wto-judicial-appointments-bad-omen-trading-system. Zugegriffen: 30. Nov. 2020.

Huntington, Samuel. 1997. *The clash of civilizations and the remaking of world order.* New York: Touchstone.

Hüther, Michael. 2020a. Der lange Schatten der Hyperinflation. Oder: Die Sicherheitspräferenz der Deutschen und deren Folgen für Staatsfinanzen, Kapitalanlage und Unternehmensfinanzierung. *List Forum.*https://doi.org/10.1007/s41025-020-00203-2.

Hüther, Michael. 2020b. Migranten in der Leistungsbilanz – die Rolle von Rücküberweisungen für den europäischen Kohäsionsprozess. Mimeo.

Hüther, Michael. 2021. Public Valley: Marktwirtschaft und Demokratie in der digitalen Transformation. In *Die Politische Ideologie des Silicon Valley*, Hrsg. Udo Di Fabio. Tübingen: Mohr Siebeck (im Erscheinen).

Hüther, Michael, Matthias Diermeier, und Henry Goecke. 2019. *Die erschöpfte Globalisierung. Zwischen transatlantischer Orientierung und chinesischem Weg.* 2., aktualisierte Auflage. Wiesbaden: Springer Nature (zitiert als HDG).

Institute of International Finance. 2020. *Capital flows report: Sudden stop in emerging markets.* Washington, D.C.

Instituto Superiore di Sanità. 2020. Studio ISS su acque di scarico, a Milano e Torino Sars-Cov-2 presente già a dicembre. CS N°39/2020.

International Trade Centre. 2021. https://www.macmap.org/en/covid19. Zugegriffen: 17. Febr. 2021.

Internationale Arbeitsorganisation. 2020. ILOSTAT. Unemployment rate by sex and age, seasonally adjusted series (%)|monthly. https://www.ilo.org/shinyapps/bulkexplorer58/?lang=en&segment=&id=UNE_DEA1_SEX_AGE_RT_M. Zugegriffen: 30. Nov. 2020.

Internationaler Währungsfonds. 2019a. Investment and capital stock dataset. 1960–2017. August 2019. https://www.imf.org/external/np/fad/publicinvestment/data/data080219.xlsx. Zugegriffen: 30 Nov. 2020.

Internationaler Währungsfonds. 2019b. Russian Federation: 2019 article IV consultation-press release. Staff report. *Country Report* 19/260. https://www.imf.org/~/media/Files/Publications/CR/2019/1RUSEA2019001.ashx. Zugegriffen: 30. Nov. 2020.

Internationaler Währungsfonds. 2020a. World Economic Outlook Database. Oktober 2020. https://www.imf.org/external/pubs/ft/weo/2020/01/weodata/download.aspx. Zugegriffen: 30. Nov. 2020.

Internationaler Währungsfonds. 2020b. International financial statistics. https://data.imf.org/?sk=4c514d48-b6ba-49ed-8ab9-52b0c1a0179b&sId=1409151240976. Zugegriffen: 30. Nov. 2020.

Internationaler Währungsfonds. 2020c. Policy responses to COVID-19. https://www.imf.org/en/Topics/imf-and-covid19/Policy-Responses-to-COVID-19. Zugegriffen: 30. Nov. 2020.

Internationaler Währungsfonds. 2021a. General government gross debt. https://www.imf.org/external/datamapper/GGXWDG_NGDP@WEO/OEMDC/ADVEC/WEOWORLD/. Zugegriffen: 7. Apr. 2021.

Internationaler Währungsfonds. 2021b. Fiscal monitor update: Government support is vital as countries race to vaccinate. https://www.imf.org/en/Publications/FM/Issues/2021/01/20/fiscal-monitor-update-january-2021. Zugegriffen: 31. Jan. 2021.

Johannes-Gutenberg-Universität Mainz. 2020. Langzeitstudie Medienvertrauen. Forschungsergebnisse der Welle 2019. https://medienvertrauen.uni-mainz.de/forschungsergebnisse-der-welle-2019/. Zugegriffen: 30. Nov. 2020.

Johns Hopkins University. 2020. CSSEGISandData/COVID-19. https://github.com/CSSEGISandData/COVID-19. Zugegriffen: 7. Apr. 2021.

Johnston, Lauren. 2019. The belt and road initiative: What is in it for China? *Asia & the Pacific Policy Studies* 6 (1): 40–58.

Jurkowitz, Mark, Amy Mitchel, Elisa Shearer, und Mason Walker. 2020. U.S. media polarization and the 2020 election: A nation divided. Pew Research Center. https://www.journalism.org/2020/01/24/u-s-media-polarization-and-the-2020-election-a-nation-divided/. Zugegriffen: 30. Nov. 2020.

Kaeding, Michael, Manuel Müller, und Julia Schmälter. 2020. Die Europawahl 2019: Ringen um die Zukunft Europas. In *Die Europawahl 2019 – Ringen um die Zukunft Europas*, Hrsg. Michael Kaeding, Manuel Müller, und Julia Schmälter, 9–26. Wiesbaden: Springer.

Kantar. 2020. Informationsverhalten während der Corona Pandemie. Ergänzender Schwerpunkt zur Mediengewichtungsstudie 2020-I. https://www.die-medienanstalten.de/themen/forschung/mediengewichtungsstudie. Zugegriffen: 7. Apr. 2021.

Kashiwagi, Yuzuka, Yasuyuki Todo, und Petr Matous. 2018. Propagation of shocks by natural disasters through global supply chains. *RIETI Discussion Paper Series* 18-E-041.

Kimmage, Michael. 2020. *The abandonment of the west.* New York: Basic Books.

Kirby, Jen. 2020. How to fix the WHO, according to an expert. *Vox.com* 29.05.2020. https://www.vox.com/2020/4/19/21224305/world-health-organization-trump-reform-q-a. Zugegriffen: 30. Nov. 2020.

Kirchberger, Sarah. 2015. *Assessing China's naval power – Technological innovation, economic constraints and strategic implications.* Berlin: Springer.

Kirchberger, Sarah, und Patrick O'Keeffe. 2019. Chinas schleichende Annexion im Süd-chinesischen Meer – Die strategischen Hintergründe. *SIRIUS – Zeitschrift für Strategische Analysen* 3 (1): 3–20.

Kirchhoff, Jasmina, Armin Mertens, und Marc Scheufen. 2020. Der Corona-Innovationswettlauf in der Wissenschaft. Eine Analyse der wissenschaftlichen Publikationen zur Bekämpfung der Corona-Pandemie und die Bedeutung für den Pharma-Standort Deutschland. *IW-Report* Nr. 17. https://www.iwkoeln.de/studien/iw-reports/beitrag/jasmina-kirchhoff-armin-mertens-marc-scheufen-der-corona-innovationswettlauf-in-der-wissenschaft.html. Zugegriffen: 8. Apr. 2021.

Kissinger, Henry A. 1992. *Thoughts on Europe, America and The "New World Order".* Arthur Burns Memorial Lecture (Atlantikbrücke, mimeo).

Klose, Jens und Peter Tillmann. 2021. COVID-19 and Financial Markets: A Panel Analysis for European Countries. *Journal of Economics and Statistics* 241 (3): 297–347.

Kluge, Janis. 2018. Kreml startet riskante Rentenreform. *SWP-Aktuell* 2018/A 35. Berlin.

Kolev, Galina. 2020. China steuert auf Exportzielland Nummer eins zu. *IW-Kurzbericht* Nr. 84. https://www.iwkoeln.de/studien/iw-kurzberichte/beitrag/galina-kolev-china-steuert-auf-exportzielland-nummer-eins-zu-478486.html. Zugegriffen: 8. Apr. 2021.

Kolev, Galina, und Jürgen. Matthes. 2020. Multilaterale Abkommen: Enthusiasmus und Enttäuschung. *Wirtschaftsdienst* 100 (5): 320–324.

Kratz, Agatha, Mikko Huotari, Thilo Hanemann, und Rebecca Arcesati. 2020. Chinese FDI in Europe: 2019 update. *Merics Papers on China.* April 2020. Berlin.

Krugman, Paul. 1995. *Development, Geography and Economic Theory.* Cambridge MA: MIT Press.

Krugman, Paul. 2019. Running on MMT (Wonkish). *New York Times* vom 25.02.2019. https://www.nytimes.com/2019/02/25/opinion/running-on-mmt-wonkish.html. Zugegriffen: 30. Nov. 2020.

Kumm, Mattias. 2020. Arbeit am Exit als Staatspflicht. Regierungen müssen ihre Bürger vor dem Verlust der Freiheit schützen. *WZB Mitteilungen* 168: 14–16.

Lättilä, Ville. 2019. A new proposal for UN Security Council Reform. Oxford Research Group. https://www.oxfordresearchgroup.org.uk/blog/a-new-proposal-for-un-security-council-reform. Zugegriffen: 22. März 2021.

Lee, Kelley. 2008. *Global institutions: The World Health Organization (WHO)*. Abington: Routledge.

Légifrance. 2020. Décret n° 2020–190 du 3 mars 2020 relatif aux réquisitions nécessaires dans le cadre de la lutte contre le virus covid-19. https://www.legifrance.gouv.fr/jorf/id/JORFTEXT000041679951/. Zugegriffen: 30. Nov. 2020.

Lenger, Friedrich. 2014. *Metropolen der Moderne. Eine europäische Stadtgeschichte seit 1850*. München: Beck.

Leonhard, Jörn. 2018. *Der überforderte Frieden. Versailles und die Welt 1918–1023*. München: Beck.

Lepore, Jill. 2019. *Diese Wahrheiten. Eine Geschichte der Vereinigten Staaten von Amerika*. München: Beck.

Lessenich, Stephan. 2019. *Grenzen der Demokratie*. Stuttgart: Reclam.

Lin, Justin, und Yong Wang. 2020. Structural change, industrial upgrading, and middle-income trap. *Journal of Industry, Competition and Trade* 20 (2): 359–394.

Lipset, Seymour Martin. 1960. *Political man – The social bases of politics*. New York: Doubleday.

Loembé, Marguerite Massinga, Akhona Tshangela, Stephanie J. Salyer, Jay K. Varma, Ahmed E. Ogwell Ouma, und John N. Nkengasong. 2020. COVID-19 in Africa: The spread and response. *Nature Medicine* 26: 999–1003.

Lowy Institute. 2020. Lowy Institute Asia Power Index. https://power.lowyinstitute.org/. Zugegriffen: 30. Nov. 2020.

Macchini, Daniele. 2020. Con le nostre azioni influenziamo la vita e la morte di molte persone. L'Eco Di Bergamo 08.03.2020. https://www.ecodibergamo.it/stories/bergamo-citta/con-le-nostre-azioni-influenziamola-vita-e-la-morte-di-molte-persone_1344030_11/?fbclid=IwAR1Y0iix3iyWAgnNiE3sXDyPt6LQI5g5ineQe30MAasFXglAzp6NLHrt51k. Zugegriffen: 30. Nov. 2020.

Mahoney, James, und Kathleen Thelen. 2010. A theory of gradual institutional change. In *Explaining institutional change: Ambiguity, agency and power*, Hrsg. Dies. Cambridge: Cambridge University Press.

Manow, Philip. 2020. *(Ent-)Demokratisierung der Demokratie*. Berlin: Suhrkamp.

Matthes, Jürgen. 2019. Zur Abhängigkeit der deutschen Wirtschaft von China im Außenhandel – Eine Faktensammlung. *IW-Report* Nr. 43. https://www.iwkoeln.de/studien/iw-reports/beitrag/juergen-matthes-zur-abhaengigkeitder-deutschen-wirtschaft-von-china-im-aussenhandel-eine-fakten-sammlung.html. Zugegriffen: 8. Apr. 2021.

Matthes, Jürgen. 2020. Die europäische Handelspolitik und China. *IW-Analyse* Nr. 138. Köln: IW Medien. https://www.iwkoeln.de/studien/iw-analysen/beitrag/juergen-matthes-schritte-zu-einer-neuen-balance-mit-fairem-wettbewerb.html. Zugegriffen: 8. Apr. 2021.

Mayer-Schönberger, Viktor, und Thomas Ramge. 2020. *Machtmaschinen – Warum Datenmonopole unsere Zukunft gefährden und wie wir sie brechen.* Hamburg: Murmann.

Mazzucato, Mariana. 2013. *The Entrepreneurial State: Debunking public vs. private sector myths.* London: Anthem Press.

McCarthy, Tom. 2015. Trump's flawed policies would threaten the global economy, say analysts. *The Guardian* vom 26.08.2015. https://www.theguardian.com/us-news/2015/aug/26/donald-trump-policy-threaten-global-economy. Zugegriffen: 30. Nov. 2020.

McKinsey Global Institute. 2020. *Risk, resilience, and rebalancing in global value chain.* Washington D.C.

Meier, Matthias, und Eugenio Pinto. 2020. Covid-19 supply chain disruptions. *Covid Economics* 48: 139–170.

Meo, S.A., Abukhalaf, A.A., Alomar, T.W. Aljudi, H.M., Bajri, W., Sami, J., Akram, S.J., und Hajjar, W. 2020. Impact of weather conditions on incidence and mortality of COVID-19 pandemic in Africa. *European Review for Medical and Pharmacological Sciences* 24 (18): 9753–9759.

Meyer, Stephan 2001. *Die anti-utopische Tradition: Eine ideen- und problemgeschichtliche Darstellung.* Frankfurt a. M.: Lang.

Meyer, Thomas, und Martina Kampmann. 1998. *Politik als Theater, Die neue Macht der Darstellungskunst.* Berlin: Aufbau.

Milne, Richard. 2020. Anders Tegnell and the Swedish Covid experiment. *Financial Times* vom 11.09.2020. https://www.ft.com/content/5cc92d45-fbdb-43b7-9c66-26501693a371. Zugegriffen: 30. Nov. 2020.

Mishra, Pankaj, 2017, Politik im Zeitalter des Zorns. Das dunkle Erbe der Aufklärung. In *Die große Regression. Eine internationale Debatte über die geistige Situation der Zeit,* Hrsg. Heinrich Geiselberger, 175–195. Berlin: Suhrkamp.

Monopolkommission. 2020. Wettbewerb 2020, XXIII. Hauptgutachten der Monopolkommission gemäß § 44 Abs. 1 Satz 1 GW.

Moretti, Enrico. 2012. *The New Geography of Jobs.* Hartcourt: Houghton-Mifflin.

Mosler, Warren. 1997. Full employment and price stability. *Journal of Post Keynesian Economics* 20 (2): 167–182.

Mounk, Yascha. 2018. *The people versus democracy – Why our freedom is in danger & how to safe it.* Cambridge: Harvard University Press.

Müller, Jan-Werner. 2019. *Furcht und Freiheit – Für einen anderen Liberalismus.* Berlin: Suhrkamp.

Nachtwey, Oliver, Robert Schäfer, und Nadine Frei. 2020. Politische Soziologie der Corona-Proteste. Grundauswertung. Universität Basel, Institut für Soziologie.

Nassehi, Armin. 2020. Die Unerträglichkeit des Seins. *DIE ZEIT* vom 26.08.2020. https://www.zeit.de/2020/36/sozialer-wandel-veraenderungsresistenz-babyboomer-generation-realismus-statt-revolution. Zugegriffen: 8. Apr. 2021.

National Bureau of Statistics of China. 2020. National data – The urban surveyed unemployment rate (%). https://data.stats.gov.cn/english/easyquery.htm?cn=A01. Zugegriffen: 30. Nov. 2020.

Nature. 2020. Why nature supports Joe Biden for US president. https://www.nature.com/articles/d41586-020-02852-x. Zugegriffen: 30. Nov. 2020.

Niehues, Judith, Ruth Maria Schüler, und Jana Tissen. 2021. Selektiver Medienkonsum und sozio-ökonomisches Unwissen: Ein Katalysator für Unzufriedenheit? *IW-Trends* (im Erscheinen).

Nikkei Asia. 2020. France places de facto 5G ban on Huawei gear by 2028. https://asia.nikkei.com/Spotlight/Huawei-crackdown/France-places-de-facto-5G-ban-on-Huawei-gear-by-2028. Zugegriffen: 8. Apr. 2021.

Nordhaus, William. 2015. Climate Clubs: Overcoming Free-Riding in International Climate Policy. *American Economic Review* 105 (4): 1339–1370.

NZZ. 2021. Britische Regierung will Lieferketten frei von Zwangsarbeit in Xinjiang halten. https://www.nzz.ch/international/deutschland/britische-regierung-will-lieferketten-frei-von-zwangsarbeit-in-xinjiang-halten-ld.1596079. Zugegriffen: 31. Jan. 2021.

O'Connor, Michael, und Jonathan Portes. 2021. Estimating the UK population during the pandemic. https://www.escoe.ac.uk/estimating-the-uk-population-during-the-pandemic/. Zugegriffen: 15. Febr. 2021.

O'Neill, Onora. 2019. *Gerechtigkeit über Grenzen. Pflichten in der globalisierten Welt.* München: Claudius.

Obermaier, Frederik, und Bastian Obermayer. 2019. Die wichtigsten Fakten zu den China Cables. *Süddeutsche Zeitung* vom 24.11.2019. https://www.

sueddeutsche.de/politik/china-cables-faq-1.4694488. Zugegriffen: 30. Nov. 2020.

Oberverwaltungsgericht Münster. 2020. Oberverwaltungsgericht bestätigt „Lockdown" im Kreis Gütersloh. *Pressemitteilung* vom 29.06.2020. https:// www.ovg.nrw.de/behoerde/presse/pressemitteilungen/52_200629/index. php. Zugegriffen: 30. Nov. 2020.

OECD. 2019. *Measuring the digital transformation: A roadmap for the future.* Paris.

OECD. 2020a. Dataset: Historical population, historical population data; theme: Demography and population. https://stats.oecd.org/OECDStat_ Metadata/ShowMetadata.ashx?Dataset=HISTPOP&ShowOnWeb=true& Lang=en. Zugegriffen: 30. Nov. 2020.

OECD. 2020b. Managing international migration under COVID-19. 10.06.2020. Paris. https://read.oecd-ilibrary.org/view/?ref=134_134314- 9shbokosu5&title=Managing-international-migration-under-COVID-19. Zugegriffen: 30. Nov. 2020.

OECD. 2020c. COVID-19 and international trade: Issues and actions. OECD Policy Responses to Coronavirus (COVID-19). http://www.oecd. org/coronavirus/policy-responses/covid-19-and-international-trade-issues- and-actions-494da2fa/#endnotea0z5. Zugegriffen: 30. Nov. 2020.

OECD. 2020d. Job retention schemes during the COVID-19 lockdown and beyond. https://www.oecd.org/coronavirus/policy-responses/job- retention-schemes-during-the-covid-19-lockdown-and-beyond-0853ba1d/. Zugegriffen: 30. Nov. 2020.

OECD. 2020e. Dataset: Trade in value added (TiVA): Principal indicators. https://stats.oecd.org/OECDStat_Metadata/ShowMetadata. ashx?Dataset=TIVA_2018_C1&Lang=en. Zugegriffen: 28. Jan. 2021.

Ohlberg, Mareike. 2019. Propaganda beyond the Great Firewall. Merics. https://merics.org/de/grafik/propaganda-beyond-great-firewall. Zugegriffen: 30. Nov. 2020.

Oprysko, Caitlin. 2020. Trump says he'll announce members of 'opening our country council' next week. *Politico* vom 10.04.2020. https://www. politico.com/news/2020/04/10/trump-members-opening-our-country- council-179324. Zugegriffen: 30. Nov. 2020.

Ourworldindata. 2020. http://ourworldindata.org/coronavirus-testing und https://ourworldindata.org/age-structure. Zugegriffen: 28. Jan. 2021

Pamuk, Humeyra, und Andrea Shalal. 2020. Trump administration pushing to rip global supply chains from China: Officials. *Reuters* vom 04.05.2020.

https://www.reuters.com/article/us-health-coronavirus-usa-china-idUSKBN22G0BZ. Zugegriffen: 30. Nov. 2020.

Peacock, Alan T., und Jack Wiseman. 1967. *The growth of public expenditure in the United Kingdom*. London: Allen&Unwin.

Peer, Mathias. 2020. Wie Indien zum Profiteur des US-China-Konflikts werden will. *Handelsblatt* vom 23.07.2020. https://www.handelsblatt.com/politik/international/asien-wie-indien-zum-profiteur-des-us-china-konflikts-werden-will/26031144.html?ticket=ST-15901815-GoS2WGConcNt1dy5czff-ap2. Zugegriffen: 30. Nov. 2020.

Pew Research Center. 2020. Most approve of national response to COVID-19 in 14 advanced economies. https://www.pewresearch.org/global/2020/08/27/most-approve-of-national-response-to-covid-19-in-14-advanced-economies/. Zugegriffen: 30. Nov. 2020.

Piketty, Thomas. 2015. *Das Kapital im 21. Jahrhundert*, 5. Aufl. München: Beck.

Pioneer. 2020. China stabs India in back, 20 soldiers martyred. http://www.pioneeredge.in/china-stabs-india-in-back-20-soldiers-martyred/. Zugegriffen: 30. Nov. 2020.

Politico. 2020. Google goes on the offensive against EU platform rules. https://www.politico.eu/article/google-battlesagainst-eu-platform-rules/. Zugegriffen: 2. Jul. 2020.

Pompeo, Michael. 2020. Announcing the expansion of the clean network to safeguard America's assets. *Pressemitteilung* vom 05.08.2020. https://www.state.gov/announcing-the-expansion-of-the-clean-network-to-safeguard-americas-assets/. Zugegriffen: 30. Nov. 2020.

Pörksen, Bernhard. 2018. *Die große Gereiztheit: Wege aus der kollektiven Erregung*. Hanser.

Preuss, Susanne. 2020. Rückzug aus China ist keine option. *Frankfurter Allgemeine Zeitung* vom 23.07.2020. https://www.faz.net/aktuell/wirtschaft/unternehmen/chefin-des-maschinenbau-konzerns-trumpf-ueber-globalisierung-16872079.html?premium. Zugegriffen: 30. Nov. 2020.

Putin, Wladimir. 2007. Rede auf der Münchner Konferenz zu Fragen der Sicherheitspolitik. https://www.ag-friedensforschung.de/themen/Sicherheitskonferenz/2007-putin-dt.html. Zugegriffen: 6. Okt. 2020.

Raab, Dominic. 2020. National security legislation in Hong Kong: Foreign Secretary's statement in Parliament. Oral statement to Parliament. https://www.gov.uk/government/speeches/foreign-secretary-statement-on-national-security-legislation-in-hong-kong. Zugegriffen: 30. Nov. 2020.

Ramzy, Austin, und Chris Buckley. 2019. 'Absolutely No Mercy': Leaked files expose how China organized mass detentions of Muslims – The Xinjiang papers. *New York times* vom 16.11.2019.

Reckwitz, Andreas. 2017. *Die Gesellschaft der Singularitäten. Zum Strukturwandel der Moderne.* Berlin: Suhrkamp.

Reckwitz, Andreas. 2019. *Das Ende der Illusionen. Politik, Ökonomie und Kultur in der Spätmoderne.* Berlin: Suhrkamp.

Reinemann, Carsten, Zieringer, Lisa, und Mareike Mithöfer. 2021. Dokumentation zur Ad hoc-Analyse „Meinungsklima Corona". https://www.researchgate.net/publication/350049227_Dokumentation_zur_Ad_hoc-Analyse_Meinungsklima_Corona. Zugegriffen: 29. März 2021.

Reinsch, William. 2018. A data localization free-for all? *CSIS.* https://www.csis.org/blogs/future-digital-trade-policy-and-role-us-and-uk/data-localization-free-all. Zugegriffen: 30. Nov. 2020.

Reuning, Kevin, und Nick Dietrich. 2018. *Media coverage, public interest and support in the 2016 republican invisible primary.* Cambridge: Cambridge University Press.

Revoltella, Debora, Rolf Strauch, und Maarten Verwey. 2020. Helping people, businesses and countries in Europe. https://www.eib.org/en/stories/economy-covid-19. Zugegriffen: 30. Nov. 2020.

Riedel, Rafal. 2020. Analyse: Das „Intermarium" und die „Drei-Meere-Initiative" als Elemente des euroskeptischen Diskurses in Polen. Bundeszentrale für politische Bildung. https://www.bpb.de/internationales/europa/polen/303999/analyse-das-intermarium-und-die-drei-meere-initiative-als-elemente-des-euroskeptischen-diskurses-in-polen. Zugegriffen: 30. Nov. 2020.

Rodrik, Dani. 1998. Why do more open economies have bigger governments? *Journal of Political Economy* 106: 999–1032.

Rodrik, Dani. 2011. *Globalisierungsparadox.* München: Beck.

Rodrik, Dani. 2017. *Straight talk on trade. Ideas for a Sane world economy.* Princeton: Princeton University Press.

Rodrik, Dani. 2020. Die Pandemie als Trendbeschleuniger. *Wirtschaftswoche* vom 31.05.2020. https://www.wiwo.de/my/politik/ausland/wirtschafts-trends-die-pandemie-als-trendbeschleuniger/25867118.html. Zugegriffen: 8. Apr. 2021.

Rogers, James. 2009. From Suez to Shanghai: The European Union and Eurasian maritime security. *EUISS Occasional Paper* 77.

Romer, Paul. 1990. Endogenous Technological Change. *Journal of Political Economy* 98 (5) Pt. 2: 71–102.

Roth, Michael. 2020. Die Sicherheit unserer Bürger steht auf dem Spiel. *Spiegel* vom 02.08.2020. https://www.spiegel.de/politik/ausland/china-als-europas-systemrivale-die-sicherheit-unserer-buerger-steht-auf-dem-spiel-gastbeitrag-a-c8a2df41-8b57-41d6-8540-40768dfd51f3. Zugegriffen: 30. Nov. 2020.

Rowley, Charles K., und Robert D. Tollison. 1994. Peacock and Wiseman on the growth of public expenditure. *Public Choice* 78 (2): 125–128.

Röhl, Klaus-Reiner. 2020. Droht eine Zombiefizierung der deutschen Wirtschaft? *IW-Kurzbericht* Nr. 130. https://www.iwkoeln.de/studien/iw-kurzberichte/beitrag/klaus-heiner-roehl-droht-eine-zombiefizierung-der-deutschen-wirtschaft-495885.html. Zugegriffen: 1. Febr. 2021.

Röhl, Klaus-Heiner, Lennart Bolwin, und Paula Hüttl. 2021. *Datenwirtschaft in Deutschland* – Wo stehen die Unternehmen in der Datennutzung und was sind ihre größten Hemmnisse?. https://www.iwkoeln.de/fileadmin/user_upload/Studien/Gutachten/PDF/2021/Hemmnisse_der_Datenwirtschaft_Studie_final.pdf. Zugegriffen: 2. März 2021.

Rudolf, Peter. 2020. Amerikanische Chinapolitik und transatlantische Beziehungen. *SWP-Aktuell* 68.

Ruggie, Gerard. 2018. Die soziale Konstruktion der Wirtschafts- und Menschenrechtsprinzipien der Vereinten Nationen. *Leviathan* 46 (1): 6–36.

Sachverständigenrat zur Begutachtung der gesamtwirtschaftlichen Entwicklung. 2020. Corona-Krise gemeinsam bewältigen, Resilienz und Wachstum stärken. Jahresgutachten.

Sauga, Michael. 2020. „Ich fürchte jedoch, dass die Eingriffe zum Dauerzustand werden". Spiegel Online vom 30.07.2020. https://www.spiegel.de/wirtschaft/achim-wambach-chef-der-monopolkommission-kritisiert-nationale-welle-in-der-wirtschaftspolitik-a-c2f0ecba-511c-40ae-a1a1-3e84f9403056. Zugegriffen: 30. Nov. 2020.

Schäuble, Wolfgang. 2020. Schäuble will dem Schutz des Lebens nicht alles unterordnen. Interview im *Tagesspiegel* vom 26.04.2020. https://www.tagesspiegel.de/politik/bundestagspraesident-zur-corona-krise-schaeuble-will-dem-schutz-des-lebens-nicht-alles-unterordnen/25770466.html. Zugegriffen: 22. Okt. 2020.

Schrappe, Matthias, Hedwig Francoirs-Kettner, Matthias Gruhl, Dieter Hart, Franz Knieps, Philip Manow, Holger Pfaff, Klaus Püschel, und Gerd Glaeske. 2021. Die Pandemie durch SARS-CoV-2/CoViD-19. *Thesenpapier* 7. Köln.

Schröder, Gerhard. 2021. Eine moralisierende Politik gegenüber China ist zum Scheitern verurteilt (Gastkommentar). *Handelsblatt* vom 04.03.2021.

Schularick, Moritz, Sascha Steffen, und Tobias Tröger. 2020. Bank capital and the European recovery from the Covid-19-crisis. *CEPR Discussion Paper* 14927.

Schularick, Moritz. 2006. *Finanzielle Globalisierung in historischer Perspektive.* Tübingen: Mohr Siebeck.

Schulze, Günther. G., und Heinrich W. Ursprung. 1999. Globalisation of the economy and the Nation State. *The World Economy* 22 (3): 295–352.

Schüler, Ruth Maria, Judith Niehues, und Matthias Diermeier. 2021. Politisches Informationsverhalten: Gespräche und traditionelle Medien liegen vorn, *IW-Report* Nr. 2. https://www.iwkoeln.de/studien/iw-reports/beitrag/ruth-maria-schueler-judith-niehues-matthias-diermeier-gespraeche-und-traditionelle-medien-liegen-vorn.html. Zugegriffen: 29. März 2021.

Segbers, Klaus. 2020. Kein Wandel durch Annäherung. *Frankfurter Allgemeine Zeitung* vom 21.07.2020. https://zeitung.faz.net/faz/politik/2020-07-21/5351027abdbb7108bb67364b4fe3789d/. Zugegriffen: 30. Nov. 2020.

Sen, Amartya. 2012. *Die Idee der Gerechtigkeit.* Ungekürzte Version. München: Deutscher Taschenbuch.

Senghaas, Dieter. 2002. Kulturelle Globalisierung – Ihre Kontexte, ihre Varianten. *Aus Politik Und Zeitgeschichte* B12 (2002): 6–9.

Settele, Josef, Sandra Díaz, Eduardo Brondizio, und Peter Daszak. 2020. COVID-19 stimulus measures must save lives, protect livelihoods, and safeguard nature to reduce the risk of future pandemics. IPBES Expert Guest Article. https://ipbes.net/covid19stimulus. Zugegriffen: 2. März 2021.

Shambaugh, David. 2019. U.S.-China rivalry in Southeast Asia: Power shift or competitive coexistence? *International Security* 42 (4): 85–127.

Shepherd, Christian, und Yuan Yang. 2020. China's coronavirus 'red guards' revive painful memories. *Financial Times* vom 02.03.2020. https://www.ft.com/content/fd2d8bf8-587a-11ea-abe5-8e03987b7b20. Zugegriffen: 30. Nov. 2020.

Shiller, J. Robert. 2020. *Narrative Wirtschaft: Wie Geschichten die Wirtschaft beeinflussen – Ein revolutionärer Erklärungsansatz.* Kulmbach: Plassen.

Siemons, Mark. 2020. Brückenkopf für ein neues Imperium. *Frankfurter Allgemeine Zeitung* vom 05.07.2020. https://www.faz.net/aktuell/feuilleton/china-artikuliert-machtanspruch-in-hongkong-16845858.html?printPagedArticle=true#pageIndex_2. Zugegriffen: 30. Nov. 2020.

Sigmund, Thomas. 2019. Deutsche Industrie sieht in der Uiguren-Frage die Politik am Zug. *Handelsblatt* vom 26.11.2019. https://www.handelsblatt.com/politik/international/internierungslager-in-china-deutsche-industrie-sieht-in-der-uiguren-frage-die-politik-am-zug/25272574.html?ticket=ST-10245841-Yunbvxyx4bYbhXAcAErj-ap2. Zugegriffen: 30. Nov. 2020.

Silver, Laura, Kat Devlin, und Christine Huang. 2020a. Negative views of both U.S. and China abound across advanced economies amid COVID-19. Pew Research Center. https://www.pewresearch.org/fact-tank/2020/10/06/negative-views-of-both-us-and-china-amid-covid-19/. Zugegriffen: 30. Nov. 2020.

Silver, Laura, Kat Devlin, und Christine Huang. 2020b. Unfavorable views of China reach historic highs in many countries. Pew Research Center. Global attitudes & trends. https://www.pewresearch.org/global/2020/10/06/unfavorable-views-of-china-reach-historic-highs-in-many-countries/. Zugegriffen: 30. Nov. 2020.

Sloterdijk, Peter. 2008. *Zorn und Zeit*. Frankfurt a. M.: Suhrkamp.

Solonina, Mayya. 2020. China's widening divide. Merics. Short analysis. https://merics.org/en/analysis/chinas-widening-divide. Zugegriffen: 30. Nov. 2020.

Spetalnick, Matt. 2020. U.S. targets Chinese Communist Party members in possible travel ban. Reuters. https://www.reuters.com/article/us-usa-china-travel/u-s-targets-all-chinese-communist-party-members-for-possible-travel-ban-source-idUSKCN24H2TQ. Zugegriffen: 30. Nov. 2020.

Spiegel. 2020. Tyrannei der Leistung. *Spiegel Gespräch* 39: 83–85.

Spinney, Laura. 2018. *1918 – Die Welt im Fieber: Wie die Spanische Grippe die Gesellschaft veränderte*. München: Hanser.

State Council China. 2015. China's military strategy – The State Council Information Office of the People's Republic of China May 2015. Beijing http://english.www.gov.cn/archive/white_paper/2015/05/27/content_281475115610833.htm. Zugegriffen: 30. Nov. 2020.

Statistisches Bundesamt. 2020. Aus- und Einfuhr (Außenhandel): Deutschland, Monate, Länder.

Steffens, Frauke. 2020. Krieg bedeutet Sterben. *Frankfurter Allgemeine Zeitung* vom 13.05.2020. https://www.faz.net/aktuell/politik/wahl-in-amerika/trumps-corona-politik-krieg-bedeutet-sterben-16767276.html. Zugegriffen: 30. Nov. 2020.

Steinmeier, Frank-Walter. 2020. Five world leaders: No time for geopolitical turf battles. *Financial Times* vom 31.03.2020. https://www.ft.com/content/c0178836-7274-11ea-90ce-5fb6c07a27f2. Zugegriffen: 30.Nov. 2020.

Stiglitz, Joseph E. 2003. *Globalization and its discontents*. New York: Norton.

Strand Consult. 2019. *The real cost to rip and replace of Chinese equipment in telecom networks*. Kopenhagen.

Summers, Larry. 2019. The left's embrace of modern monetary theory is a recipe for disaster. *The Washington Post* vom 05.03.2019.

Sunstein, Cass. 1999. The law of group polarization. *University of Chicago Law School, John M. Olin Law & Economics Working Paper* 91.

Sutton, Trevor, und Andy Green. 2020. Adieu to Laissez-Faire Trade. *Democratic Journal* vom 21.10.2020. https://democracyjournal.org/arguments/adieu-to-laissez-faire-trade/. Zugegriffen: 2. Nov. 2020.

Südekum, Jens, Gabriel Felbermayr, Michael Hüther, Moritz Schularick, Christoph Trebesch, Peter Bofinger, und Sebastian Dullien. 2020. Europa muss jetzt finanziell zusammenstehen. *Frankfurter Allgemeine Zeitung* vom 21.03.2020.

Swart, Mia. 2020. How the coronavirus has deepened human rights abuses in China. *Aljazeera* 12.03.2020. https://www.aljazeera.com/news/2020/3/12/how-the-coronavirus-has-deepened-human-rights-abuses-in-china. Zugegriffen: 30. Nov. 2020.

Telecom Regulatory Authority of India. 2016. TRAI releases the 'prohibition of discriminatory tariffs for data services regulations, 2016'. *Pressemitteilung* 13/2016.

Ther, Philippe. 2020. *Das andere Ende der Geschichte. Über die große Transformation*, 3. Aufl. Berlin: Edition Suhrkamp.

Thomas, Neil. 2020. Proselytizing power: The party wants the world to learn from Its experiences. https://macropolo.org/international-liaison-department-ccp/. Zugegriffen: 30. Nov. 2020.

Three Seas Initiative. 2020. Priority interconnection projects, 2019 status report. https://irp-cdn.multiscreensite.com/1805a6e8/files/uploaded/Priority%20Interconnection%20Projects%20-%202019%20Status%20Report.pdf. Zugegriffen: 30. Nov. 2020.

Three Seas Initiative Investment Fund. 2020. Perspectives for infrastructural investments in the Three Seas region. A special report. https://3siif.eu/wp/wp-content/uploads/2019/11/SpotData_Report_Three-Seas-region.pdf. Zugegriffen: 30. Nov. 2020.

Thünen, Johann Heinrich von. 1826. *Der isolirte Staat in Beziehung auf Landwirtschaft und Nationalökonomie*. Hamburg: Perthes.

Todo, Yasuyuki, Kentaro Nakajima, und Petr Matous. 2014. How do supply chain networks affect the resilience of firms to natural disasters? Evidence from the great east Japan earthquake. *Journal of Regional Science* 55 (2): 209–229.

Troesken, Werner. 2015. *The Pox of Liberty – How the constitution left Americans rich, free, and prone to Infection.* Chicago: The University of Chicago Press.

Trojanow, Ilija. 2017. *Nach der Flucht.* Frankfurt a. M.: Fischer.

Trump, Donald. 2018a. President Donald Trump: US has been ripped off by China for many years. https://www.youtube.com/watch?v=NULaUjY0EgU. Zugegriffen: 30. Nov. 2020.

Trump, Donald. 2018b. Bloomberg Asia Trump says U.S. has been 'Ripped Off' by China and the EU. https://www.bnnbloomberg.ca/video/trump-says-u-s-has-been-ripped-off-by-china-and-the-eu-1492503. Zugegriffen: 30. Nov. 2020.

Trump, Donald. 2018c. https://twitter.com/realdonaldtrump/status/969991653393039361. Zugegriffen: 30. Nov. 2020.

Trump, Donald. 2020a. https://twitter.com/realDonaldTrump/status/1269753231355371521. Zugegriffen: 30. Nov. 2020.

Trump, Donald. 2020b. https://twitter.com/realdonaldtrump/status/1278099002345619462. Zugegriffen: 30. Nov. 2020.

Tucker, Paul. 2018. *Unelected power: The quest for legitimacy in central banking and the regulatory state.* Princeton: Princeton University Press.

U.S. Bureau of Labour Statistics. 2020. Civilian unemployment rate. https://www.bls.gov/charts/employment-situation/civilian-unemployment-rate.htm. Zugegriffen: 30. Nov. 2020.

U.S. Congress. 2020a. S. 3832 – Endless Frontier Act, 21.05.2020. https://www.congress.gov/bill/116th-congress/senate-bill/3832/text. Zugegriffen: 30. Nov. 2020.

U.S. Congress. 2020b. H.R.7178 – CHIPS for America Act, 11.06.2020. https://www.congress.gov/bill/116th-congress/house-bill/7178?s=1&r=5. Zugegriffen: 30. Nov. 2020.

U.S. Department of Commerce. 2020a. Commerce addresses Huawei's efforts to undermine entity list, restricts products designed and produced with U.S. technologies. *Pressemitteilung* vom 15.05.2020. https://www.commerce.gov/news/press-releases/2020/05/commerce-addresses-huaweis-efforts-undermine-entity-list-restricts. Zugegriffen: 30. Nov. 2020.

U.S. Department of Commerce. 2020b. Commerce department further restricts Huawei access to U.S. technology and adds another 38 affiliates to the entity list. *Pressemitteilung* vom 17.08.2020. https://www.commerce.

gov/news/press-releases/2020/08/commerce-department-further-restricts-huawei-access-us-technology-and. Zugegriffen: 30. Nov. 2020.

U.S. Department of the Treasury. 2021. The Made in America Tax Plan. https://home.treasury.gov/system/files/136/MadeInAmericaTaxPlan_Report.pdf. Zugegriffen: 11. Apr. 2021.

U.S. Department of State. 2020a. Briefing with Senior U.S. government officials on the closure of the Chinese consulate in Houston, Texas. Special briefing. https://www.state.gov/briefing-with-senior-u-s-government-officials-on-the-closure-of-the-chinese-consulate-in-houston-texas/. Zugegriffen: 30. Nov. 2020.

U.S. Department of State. 2020b. The United States Sanctions Chinese State-Owned entity for its role in corruption in Cambodia. *Pressemitteilung* vom 15.09.2020. https://www.state.gov/the-united-states-sanctions-chinese-state-owned-entity-for-its-role-in-corruption-in-cambodia/. Zugegriffen: 30. Nov. 2020.

U.S. Embassy in Romania. 2020. Ambassador Adrian Zuckerman at the DOE Intergovernmental Agreement Signing Event. https://ro.usembassy.gov/ambassador-adrian-zuckerman-at-the-doe-intergovernmental-agreement-signing-event/. Zugegriffen: 30. Nov. 2020.

U.S. International Development Finance Corporation. 2019. The launch of multi-stakeholder blue dot network. https://www.dfc.gov/media/opic-press-releases/launch-multi-stakeholder-blue-dot-network. Zugegriffen: 30. Nov. 2020.

UK-Government. 2020. Huawei to be removed from UK 5G networks by 2027. *Pressemitteilung* vom 14.07.2020. https://www.gov.uk/government/news/huawei-to-be-removed-from-uk-5g-networks-by-2027. Zugegriffen: 30. Nov. 2020.

UN. 2019. World population prospects 2019: Special aggregates: Economic and trading groups. https://population.un.org/wpp/Download/SpecialAggregates/EconomicTrading/. Zugegriffen: 7. Apr. 2021.

UNCTAD. 2020. World Investment Report 2020 – International production beyond the pandemic. Genf. https://unctad.org/en/PublicationsLibrary/wir2020_en.pdf. Zugegriffen: 30. Dez. 2020.

UNCTAD. 2021. Global FDI flows down 42 % in 2020. Investment Trends Monitor 38/2021. https://unctad.org/system/files/official-document/diaeiainf2021d1_en.pdf. Zugegriffen: 2. März 2021.

UNESCO. 2020. Open access to facilitate research and information on COVID-19. https://en.unesco.org/covid19/communicationinformationresponse/opensolutions. Zugegriffen: 30. Dez. 2020.

United States Senate. 2020. Letter by Ted Cruz, Tom Cotton, Ron Johnson, 05.08.2020. https://www.cruz.senate.gov/files/documents/Letters/2020.08.05%20Final%20Mukran%20Port%20Letter.pdf. Zugegriffen: 30. Aug. 2020.

University of Oxford. 2020. Coronavirus government response tracker. https://www.bsg.ox.ac.uk/research/research-projects/coronavirus-government-response-tracker. Zugegriffen: 21. Sept. 2020.

Valero, Jorge. 2019. EU und Japan schließen weiteres Abkommen. *Euractiv* vom 30.09.2019. https://www.euractiv.de/section/finanzen-und-wirtschaft/news/eu-und-japan-schliessen-weiteres-abkommen/. Zugegriffen: 30. Sept. 2020.

Van Laak, Dirk. 2018. *Alles im Fluss. Die Lebensadern unserer Gesellschaft.* Frankfurt a. M.: Fischer.

Victor, Daniel, Lew Serviss, und Azi Paybarah. 2020. In his own words, Trump on the coronavirus and masks. *New York Times* vom 02.10.2020. https://www.nytimes.com/2020/10/02/us/politics/donald-trump-masks.html. Zugegriffen: 30. Okt. 2020.

Volkswagen AG. 2020. *Mobilität für kommende Generationen. Geschäftsbericht 2019.* Wolfsburg.

Von Weizsäcker, Carl Christian. 2011. Die Große Transformation: Ein Luftballon. *Frankfurter Allgemeine Zeitung* vom 30.09.2011. https://fazarchiv.faz.net/?dosearch=new&q=von+Weizs%C3%A4cker%2030.09.2011#hitlist. Zugegriffen: 30. Sept. 2020.

Von Weizsäcker, Carl Christian, und Hagen Krämer. 2019. *Sparen und Investieren im 21. Jahrhundert. Die Große Divergenz.* Wiesbaden: Springer Gabler.

Wagner, Christian, und Siddarth Tripathi. 2018. Indiens Antwort auf die chinesische Seidenstraßeninitiative. *SWP-Aktuell* 2018/A 01.

Wagner, Helmut. 2021. China's "Political-Economy Trilemma": (How) can it be solved? *The Chinese Economy.*

WBGU. 2011. *Welt im Wandel – Gesellschaftsvertrag für eine Große Transformation.* Berlin: Hauptgutachten.

Weber, Max. 1922. *Wirtschaft und Gesellschaft.* Tübingen: Mohr Siebeck.

WEF. 2019. *The global competitiveness report 2019.* Genf.

WEF. 2020. *The future of jobs report.* Genf.

Weltbank. 2020a. World bank country and lending groups. https://datahelpdesk.worldbank.org/knowledgebase/articles/906519. Zugegriffen: 30. Aug. 2020.

Weltbank. 2020b. World development indicators. https://databank.worldbank. org/source/world-development-indicators. Zugegriffen: 30. Aug. 2020.

Weltbank. 2020c. World bank predicts sharpest decline of remittances in recent history. *Pressemitteilung* vom 22.04.2020. https://www.worldbank. org/en/news/press-release/2020/04/22/world-bank-predicts-sharpest-decline-of-remittances-in-recent-history. Zugegriffen: 30. Aug. 2020.

Wengström, Erik. 2020. Coronavirus: Survey reveals what Swedish people really think of country's relaxed approach. https://theconversation.com/ coronavirus-survey-reveals-what-swedish-people-really-think-of-countrys-relaxed-approach-137275. Zugegriffen: 30. Aug. 2020.

White, Hugh. 2017. Without America: Australia in the New Asia. *Quarterly Essay* 68: 10–49.

White House. 2020a. Executive order on addressing the threat posed by WeChat, 06.08.2020. https://www.whitehouse.gov/presidential-actions/ executive-order-addressing-threat-posed-wechat/. Zugegriffen: 30. Aug. 2020.

White House. 2020b. Remarks by President Trump to the 75th Session of the United Nations General Assembly. 22.09.2020. https://www.whitehouse. gov/briefings-statements/remarks-president-trump-75th-session-united-nations-general-assembly/. Zugegriffen: 30. Sept. 2020.

White House. 2020c. Proclamation on suspension of entry as immigrants and nonimmigrants of persons who pose a risk of transmitting 2019 novel coronavirus. *Proclamation* vom 31.01.2020. https://www.whitehouse. gov/presidential-actions/proclamation-suspension-entry-immigrants-nonimmigrants-persons-pose-risk-transmitting-2019-novel-coronavirus/. Zugegriffen: 30. Aug. 2020.

White House. 2020d. Proclamation suspending entry of Aliens who present a risk to the U.S. labor market following the coronavirus outbreak. *Proclamation* vom 22.06.2020. https://www.whitehouse.gov/presidential-actions/proclamation-suspending-entry-aliens-present-risk-u-s-labor-market-following-coronavirus-outbreak/. Zugegriffen: 30. Aug. 2020.

White House. 2020e. Statement from the President vom 27.12.2020 https://www.whitehouse.gov/briefings-statements/statement-from-the-president-122720/. Zugegriffen: 30. Dez. 2020.

WHO. 1948. Verfassung der Weltgesundheitsorganisation. Genf. https://www. admin.ch/opc/de/classified-compilation/19460131/202007060000/0.810.1 .pdf. Zugegriffen: 30. Aug. 2020.

WHO. 2011. The future of financing for WHO: World Health Organization: Reforms for a healthy future. Report by the Director-General. Genf. https://apps.who.int/iris/bitstream/handle/10665/2125/A64_4-en. pdf?sequence=1&isAllowed=y. Zugegriffen: 30. Aug. 2020.

WHO. 2016a. Global Policy Group Statement on reforms of WHO work in outbreaks and emergencies. https://www.who.int/dg/speeches/2016/reform-statement/en/. Zugegriffen: 30. Aug. 2020.

WHO. 2016b. Building a global health emergency workforce for a better response. https://www.who.int/hac/emergency_workforce_february_2016/en/. Zugegriffen: 30. Aug. 2020.

WHO. 2020a. Neuartiges Coronavirus in China. *Erklärung*. 10.01.2020. https://www.euro.who.int/de/health-topics/health-emergencies/coronavirus-covid-19/news/news/2020/01/novel-coronavirus-emerges-in-china. Zugegriffen: 30. Aug. 2020.

WHO. 2020b. WHO experts to travel to China. Statement vom 07.07.2020. https://www.who.int/news-room/detail/07-07-2020-who-experts-to-travel-to-china. Zugegriffen: 30. Aug. 2020.

WHO. 2020c. Listings of WHO's response to COVID-19. https://www.who.int/news-room/detail/29-06-2020-covidtimeline. Zugegriffen: 30. Aug. 2020.

WHO. 2020d. Contributors. https://open.who.int/2018-19/contributors/contributor. Zugegriffen: 30. Aug. 2020.

WHO. 2020e. Infection fatality rate of COVID-19 inferred from seroprevalence data (Author: John P. A. Ioannidis). https://www.who.int/bulletin/online_first/BLT.20.265892.pdf. Zugegriffen: 30. Aug. 2020.

WHO. 2020f. 172 countries and multiple candidate vaccines engaged in COVID-19 vaccine Global Access Facility. *News Release* vom 24.08.2020. https://www.who.int/news-room/detail/24-08-2020-172-countries-and-multiple-candidate-vaccines-engaged-in-covid-19-vaccine-global-access-facility. Zugegriffen: 30. Aug. 2020.

WHO. 2021. G7 leaders commit US$ 4.3 billion to finance global equitable access to tests, treatments and vaccines in 2021. *News Release* vom 19.02.2021. https://www.who.int/news/item/19-02-2021-g7-leaders-commit-us-4.3-billion-to-finance-global-equitable-access-to-tests-treatments-and-vaccines-in-2021. Zugegriffen: 24. Febr. 2012.

Winkler, Heinrich August. 2015. *Die Zeit der Gegenwart: Die Geschichte des Westens*, Bd. 4. München: Beck.

Witt, Michael. 2020. Prepare for the U.S. and China to decouple. *Harvard Business Review* vom 26.06.2020. https://hbr.org/2020/06/prepare-for-the-u-s-and-china-to-decouple. Zugegriffen: 30. Aug. 2020.

Wolf, Martin. 2010. Chermany gegen den Rest der Welt. *Financial times Deutschland* vom 18.03.2010.

World Values Survey. 2020. Survey wave 7: 2017–2020. http://www.worldvaluessurvey.org/WVSOnline.jsp.

WTO. 2020. *Technological innovation, supply chain trade, and workers in a globalized world: Global value chain development report 2019.* Genf.

Yellen, Janet. 2021. Secretary of treasury Janet Yellen delivers speech from the Chicago Council on Global Affairs. https://www.youtube.com/watch?v=aBptvDcfBok. Zugegriffen: 11. Apr. 2021.

Zenglein, Max, und Anna Holzmann. 2019. Evolving made in China 2025 – China's industrial policy in the quest for global tech leadership. *Merics Papers on China* 8. Berlin.

Zhao, Tingyang. 2020. *Alles unter dem Himmel – Vergangenheit und Zukunft der Weltordnung.* Frankfurt a. M.: Suhrkamp.

Printed in the United States
by Baker & Taylor Publisher Services